华章图书

一本打开的书,一扇开启的门,
通向科学殿堂的阶梯,托起一流人才的基石。

www.hzbook.com

工业互联网安全
架构与防御

INDUSTRIAL
INTERNET SECURITY

魏强 王文海 程鹏 著

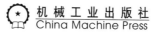

图书在版编目（CIP）数据

工业互联网安全：架构与防御 / 魏强，王文海，程鹏著. -- 北京：机械工业出版社，2021.8
（网络空间安全技术丛书）
ISBN 978-7-111-68883-9

I. ①工⋯ Ⅱ. ①魏⋯ ②王⋯ ③程⋯ Ⅲ. ①互联网络 - 应用 - 工业发展 - 网络安全 - 研究
Ⅳ. ① F403-39 ②TP393.08

中国版本图书馆 CIP 数据核字（2021）第 164118 号

工业互联网安全：架构与防御

出版发行：机械工业出版社（北京市西城区百万庄大街 22 号　邮政编码：100037）	
责任编辑：朱　劼	责任校对：马荣敏
印　　刷：北京诚信伟业印刷有限公司	版　　次：2021 年 9 月第 1 版第 1 次印刷
开　　本：186mm×240mm　1/16	印　　张：24.5
书　　号：ISBN 978-7-111-68883-9	定　　价：99.00 元

客服电话：（010）88361066　88379833　68326294　　投稿热线：（010）88379604
华章网站：www.hzbook.com　　读者信箱：hzjsj@hzbook.com

版权所有·侵权必究
封底无防伪标均为盗版
本书法律顾问：北京大成律师事务所　韩光 / 邹晓东

编 委 会

顾　问： 孙优贤　邬江兴　杜跃进　封化民

主　任： 魏　强　王文海　程　鹏

副主任： 姜思红　何宛馨　王志威　王红敏　王孟志

委　员：（以汉字拼音为序）

　　　　　方崇荣　冯文博　冯昭阳　耿洋洋　何远良　刘　可
　　　　　麻荣宽　孟　捷　那东旭　汪京培　王竟亦　王　坤
　　　　　王子琛　谢耀滨　谢一松　徐伟伟　余　飞　杨亚辉
　　　　　杨　莹　易　畅　张记卫　周家豪　张景岳　张镇勇
　　　　　朱舜恺　左　可

序 一

孙优贤　中国工程院院士

　　伴随自动化、计算机、通信等学科的持续发展和交叉创新，我国整体自动化水平得到巨大提升，尤其是石油、化工、电力、冶金、国防等工业领域。进入 21 世纪，随着工业化与信息化深度融合，以智能制造为方向的新一代工业制造技术，以大数据、自主智能、人机融合等为特征的新一代人工智能技术，以 5G、TSN、软件定义网络等为代表的新一代信息通信技术蓬勃发展，工业互联网应运而生。工业互联网将打破人机物的协同边界，推动制造业生产方式和企业形式产生根本性变革，向更高效、更智慧、更安全的形态发展，进而构造全新的工业生态与服务模式。随着工业互联网被列入我国"新基建"八大核心领域，该领域势必迎来新一轮的高速发展。

　　然而，网络安全与信息化是一体之两翼，驱动之双轮。在工业互联网信息化之初，网络安全问题就已初现端倪。从针对伊朗核电站控制系统的震网病毒事件到针对委内瑞拉电力系统的安全事件，工业互联网面临的安全威胁日益严峻。在全球信息化背景下，工业互联网暴露在网络攻击的"炮火"之下，不可避免地成为各种恶意势力攻击、破坏的首要目标，工业互联网安全已成为世界性难题！工业互联网安全是实现工业过程的全面深度感知、高效精准分析和智能决策优化的前提与基石。没有安全性保障，工业互联网的发展和应用将寸步难行。我们必须清醒地认识到，中国的网络安全之路仍处于发展阶段，任重而道远。为此，我国"十四五"规划中提出"加强国家安全体系和能力建设"这一目标，这给工业互联网安全的发展带来了前所未有的战略机遇。

　　机遇固然难得，挑战不容忽视。工业互联网以其大规模异质复杂的自然属性，呈现出信息物理高度融合、内外状态深度感知、系统功能交互涌现、动态结构自主演进等新特点。这使得工业互联网安全与传统的信息安全和物理系统安全有根本性的区别，我们需要从全新的视角审视、分析并研究工业互联网安全。值得肯定的是，经过相关学者与从业者的长期努力和探索，工业互联网安全已经在安全体系架构、防护技术手段以及典型行业应用等方面取得了阶段性的成果。但作为发展中的事物，我们需要系统性地梳理、总结当前的发展态势，为推进工业互联网安全的进一步"生长"提供建设性参考。

本书从工业互联网的基础定义与参考架构出发，通过分析其新特性来引出安全的新视角与新趋势。进一步，围绕威胁建模分析、异常状态检测、安全防御能力及前沿技术三个方面，以"威胁分析—安全检测—体系防御"为主线，系统地阐述了工业互联网安全的特点、应用及趋势，并且重点回答了如何利用工业互联网的新特点来分析可实现特定目标的恶意威胁、如何在设备与控制层面解析工业互联网中的异常行为、如何理解并实践防护技术矩阵等问题，为读者梳理出合乎逻辑且极具特色的安全脉络。

工业互联网安全是一个学科交叉性极强的方向。因此，本书的目标受众十分广泛，既包括控制、计算机、网络空间安全等学科的本科生与研究生，也包括相关行业从业者和研究人员等。本书内容由浅入深、循序渐进，通过实际案例与学科前沿相结合、现状总结与趋势发展相结合、理论分析与动手实践相结合的方式，生动地展示了工业互联网安全攻防对抗过程，可为不同类型的读者提供所需要的学习资料。本书的内容选取与规划严谨，且具有新思路，相信这本书将对工业互联网安全领域的知识传播、人才培养、学科发展起到巨大推动作用！

2021 年 4 月

序 二

邬江兴　中国工程院院士

纵观人类文明发展史，自石器时代就有了"连接"。从部落到城市，从自然语言到网络协议，"连接"改变的不仅是我们的生活方式，更是我们与世界相处的方式。工业互联网则把工业文明这颗人类创造的最璀璨的钻石镶嵌在巨大的网络之上，用信息技术为"机器崛起"谱写了"奇幻之路"，并引发我们思考人与机器的未来。

信息化的高速连接为一系列技术革命创造了可能性，学科交叉与技术融合也达到了空前的程度。人工智能和 5G 技术的聚变反应，将进一步推动 IoT 网络终端从"Thing"（物件化）走向"Life"（生命化），身边的设备也将变得更"懂"你。数字孪生技术借助实体的数字化表达来重塑世界，并基于数字化来驱动原本由原子驱动的世界。网络和工业的结合是一个双向能量交换、彼此增益的过程。这种结合释放出了无限潜力和美好前景，但也蕴藏着巨大的危机和痛点。在有序发展的平静水面之下，非安全的无序在暗流涌动——发展的"短板"和"堵点"并存！工业互联网从诞生伊始就面临着勒索的蔓延、跨域的威胁和非停产安全部署等难题。

工业互联网经历了"落地""发展""深耕"三次飞跃。遗憾的是，安全的能力进化并没有实现相应的质的飞跃。习近平总书记强调，坚持系统思维，构建大安全格局。注重可持续安全，就是坚持发展和安全并重，以实现持久安全；注重综合安全，就是统筹维护传统领域安全和非传统领域安全。安全要为制造业的高质量发展保驾护航，但很多企业对工业互联网存在着"不敢用、不会用、用不起"的困惑，关键就在于当前工业互联网领域的安全解决方案尚无法做到可量化设计与可验证度量，且功能安全与信息安全的一体化还处于筚路蓝缕的摸索之中。安全来自安全感，这种安全感是有温度的安全，更应是有刻度的安全。然而，受科技发展水平的制约与全球化时代上下游供应链的影响，目前尚没有办法杜绝信息系统或控制装置的漏洞和后门问题，也无法通过技术检测手段对安全性给出可量化的品质保证。

随着数字化驱动信息空间与物理空间不断融合，网络逐步扁平化，边界日益模糊化，传统的安全手段也逐渐失效，工业互联网正面临更加多元、复杂的安全问题。如何为工业互联网安全保驾护航,是这个时代所有从业者应该思考并解决的一个重要问题。在本书中,魏强教授等系统地思考、总结了工业互联网的安全问题,并对参考架构设计原则与各层的安全技术做了详细分析和阐述。全书思路新颖,很多观点令人耳目一新,但又发人深省。更难得的是,作者能够站在系统性思维的高度,去追寻工业互联网安全问题的根源,剖析安全的内涵,提出框架的构建原则,综合对手观察视角、对象防护视角、防御组织视角来看待工业互联网的安全问题。书中很多内容给人留下深刻印象,比如:对功能安全与信息安全一体化的耦合分析问题进行阐述;针对工业控制系统面临的典型威胁模式的分析翔实而独特;提出了暗涌现性的概念,直指漏洞和后门对现有安全系统动力学所带来的冲击和影响,等等。应该说,这是一本非常值得推荐的好书!

是为序。

2021 年 4 月

序　三

杜跃进　360集团首席安全官

我们正在进入第四次工业革命的下半场。上半场革命主要解决的是产品和消费者之间的信息不对称问题，而产品的制造还停留在大规模标准化生产模式的时代。目前，消费者只能去适应产品，还不能实现按照消费者的需要来生产产品。因此，下半场革命的重点是深入生产制造环节，解决产品生产和需求之间的信息不对称问题，最终实现以人为本的全链条的精准化、个性化服务。这些已经成为普遍的共识，因此工业互联网一经提出，便成为热点，也成为抓住第四次工业革命战略机遇的一个关键。

然而，随着这次工业革命的不断发展和深化，安全问题也在发生革命性的变化，而且变得空前重要。

传统的工业生产安全属于"牛顿定律"问题，解决的是环境挑战、设备故障、流程规范等方面的问题，总体上是可预测、可计算的。传统的信息网络安全主要是"孙子兵法"的问题，面对的是来自网络空间中的隐蔽攻击者的蓄意破坏，需要斗智斗勇。随着信息化、网络化、数字化、智能化的发展，信息和网络系统的安全、数据安全、生产业务安全等问题深度交织在一起，导致安全被重新定义。

我们已经可以看到上半场革命带来的一些变化：近二十年前，开始有关于如何通过互联网攻击工业系统的研究；十几年前，真实的攻击案例开始出现；如今，世界上网络安全领先的国家也出现遭受互联网攻击导致生产瘫痪的案例。在下半场革命中，工业行业和所有其他行业一样，会更加依赖软件、网络和数据，更多的蓄意破坏的方法也会随之出现。可以预见，安全风险会越来越大。

因此，我们不能再认为将工业生产和互联网隔离，网络攻击就和生产安全没有关系了；不能再认为网络安全只是解决计算机系统的问题，而不用考虑如何从生产安全的角度应对；不能再认为数据安全只是隐私保护等合规方面的要求，而意识不到在数据驱动一切的世界中，对数据的破坏攻击也可能直接导致生产安全问题；不能再认为工厂的院墙和保安足以保障生产安全，网络中看不见的对手不会拿自己当目标……

当前，摆在我们面前的一个紧迫任务是，伴随着工业互联网的发展，应不断研究新风险、发现新规律、总结新方法，并在此基础上让更多人了解工业互联网安全是什么，规律是什么，它和其他安全有什么不同，将来会有什么变化，该怎么应对，等等。这是构建工业互联网安全能力，确保实现工业数字化转型的必要工作。本书就是从这个角度出发，综合多方面视角，系统性地阐述工业互联网安全的脉络，并提出了很多具有创新性的前瞻思考，非常适合工业互联网安全相关人员参考和学习。

2021 年 4 月

前 言

我们正处于一个激动人心的时代,"新基建"将加速网络空间与物理空间的联通和融合。作为"新基建"八大领域之一,驶入快车道的工业互联网逐渐打破了"键盘鼠标"和"大国重器"之间的界限。在数字基础设施化和基础设施数字化的大潮之下,工业互联网已成为"新基建"的重要应用场景之一。

这是一个大安全时代,工业互联网安全正从概念诞生之初的"零散建设"走向落地生根的"全局建设"。在工业互联的进程中,互联网的角色也逐步进化:从工具到思维,再到基础设施。可以看到,以 To C 为主的多媒体消费互联网的安全能力远不能满足工业互联网的安全需求。工业互联网安全面临着"一优两忧"。"一优"指功能安全认识之优,体现为工业互联网在设计之际、发展之初,已将功能安全或可靠性问题考虑在内,秉承安全与发展并重的原则去建设。"两忧"指的是:由于信息技术和网络技术的相互渗透,使得功能安全问题与网络安全问题交织在一起,原有的可靠性理论与相关技术已不再适用;工业互联网所连接的系统建成时间跨度长、所连接的设备类型多且范围广,生产和消费的直接连接使攻击行为可能直达生产一线,严重动摇了传统的安全理念与技术基石。

工业互联网具有"变"的特点,因此安全也要随需应变。人–机–物互联下的制造业赋能转型,推动了"智造"理念之变;基于数据驱动的生产方式与运行模式特征愈发显著,驱动了生产要素之变;工业互联网平台的开放式生态环境,加速了工业安全体系从传统的边界防护向基于零信任的重点防护格局转变。在这些革命性的变化面前,无论是信息物理世界还是功能安全与网络安全,始终要为平台、数据、智能制造的发展提供强有力的保障。这就势必要求在变化中充分把握新的规律,始终走在变化的前头,既要解决传统的功能安全问题,又要能够应对新型的网络安全需求,不断用发展的思路解决发展中的问题。

工业互联网具有"融"的特性,因此安全也要从"融"应对。信息技术、制造技术以及融合性技术共同驱动工业互联网物理系统与数字空间的全面互联和深度协同,推进流程、数据与场景的加速融合;当"停滞的原子"和"狂奔的比特"结合,物理意义上的零部件开始附带信息,信息的流动又影响物质和能量的转化,两者之间奇妙而深度的融合构建出新的信息世界观,工业互联网就具备了信息物理二元世界的双向交互与反馈闭环特性;当"制造潮流"遇上"技术新星",碰撞产生的化学反应全面推动工业互联网的产业发展与技术进步,数字孪生、区块链、5G 等技术给工业互联网带来了数变、智变与质变。融合之下,各种问题的耦合效应、投射效应都给广义安全性带来了热点、难点和痛点。工业互联网安全本身具有鲜明的跨域知识融合的特点，涉及工业、通信、安全等多个领域，要推动工业互联网朝着更高质量、更有效率、更可持续、更安全的发展目标和模式迈进，就要以此"融"化彼"融"，安全也就处在当仁不让的位置了。

工业互联网具有"新"的特征，因此安全也要迎"新"而上。工业互联网基于全面互联而形成数据驱动的智能，可以说是一切皆新。一是新机遇，工业互联网赋能垂直产业，加速转型升级，打造具有国际竞争力的工业互联网平台，促进新模式和新业态向更高层次、更深内涵迁移，从而实现"换道超车"，使我国成为制造业强国。二是新理解，要准确把握工业互联网中物理安全、功能安全、信息安全的内涵及其关系，以及信息流的不规则流动给传统的物理安全、功能安全带来的思维冲击，同时，要理解确定性与不确定性、协同与非协同、离散与非离散、开放与封闭的对立统一。三是新挑战，在当前网络对抗的强度、频率、规模和影响力不断升级的情况下，推进工业互联网与安全生产协同发展，提升工业企业的本质安全水平，本身就蕴含着巨大的挑战。

随着工业互联网的规模化推广、平台的持续化深耕，作为三大核心要素⊖之一的安全，尽管在工业互联网安全保障体系的构建、数据安全保护体系的建立、工业互联网安全保障能力的体系化布局、安全技术手段的创新发展，以及重点行业的应用实践与创新探索等方面都取得了长足的进步，但我们还要清醒地认识到，作为发展中的事物，工业互联网安全领域仍有很多东西值得探索，包括具有实践借鉴意义的方法论以及系统性的知识体系、攻防两侧视角的专业性知识，并以此推动整个工业互联网安全领域的技术创新、成果转化、应用推广与生态建设。

本书就是在上述愿景中诞生的产物。在本书的成书过程中，得到了国家自然科学基金重点项目（编号：61833015）、国家重点研发计划项目（编号：2020YFB2010900，编号：2018YFB08-03501）、工业互联网创新发展工程项目（编号：TC190A449，TC19084DY）等的支持，我们高度凝练和系统总结了现有的成果。此外，我们参考了国内外最新理论和技术进展、产业界的新实践与新成果，希望较为系统地呈现工业互联网安全的知识体系。

本书的目标读者包括以下几类人员：

1）网络空间安全、自动化、计算机及相关专业的本科生和研究生，本书可以作为他们学习工业互联网安全的教材。

2）安全从业者，本书可以作为他们全面了解工业互联网安全知识的入门参考。

3）安全领域的研究人员，本书可以为他们深入理解和掌握工业互联网中的安全威胁、开展相关研究提供参考。

本书从工业互联网参考体系架构出发，将工业互联网视作一个复杂巨系统，说明工业互联网自身具有的特性。然后，从这些特性的视角出发，阐述工业互联网的安全问题，引导读者思考为什么工业互联网会面临这些安全问题，探究其根源。接着，从安全根源引出工业互联网

⊖ 工业互联网的三大核心要素是指网络、数据和安全。

面临的安全威胁，包括系统结构、物理世界分工、技术平台应用、信息物理融合等方面带来的威胁。最后，从攻防两侧的视角说明如何形成体系性的防御方案，保障工业互联网的安全。

考虑到工业互联网安全的涉及面很广，因此我们按照"威胁分析—安全检测—体系防御"这条主线来组织内容，这样更符合安全认知的基本规律。在选择具体内容方面，我们着重在以下三个方面做了创新：一是从对手观察视角、对象防护视角和防御组织视角等多个视角审视工业互联网的安全；二是在工业互联网面临的一系列安全威胁中，重点选择信息物理融合的安全威胁进行介绍；三是在五大防护对象（设备、控制、网络、数据、应用）中，突出介绍了"设备"和"控制"对象安全并独立成章。

1. 多视角选择问题

网络安全的本质是对抗，对抗中最重要的是提升本方能力，也就是保护自己的能力。因此，首先要学会用赢家思维，站在对手观察视角，像对手一样去思考，从而更好地掌握对手的套路，洞见对手所拥有的能力，知其趋势、依其模型、破其技术矩阵，从而做到应对有方。其次，站在对象防护视角有利于解决共性基础安全问题。从局部和整体的关系来说，这些对象的安全共同构成了整体安全。从覆盖面来说，这些对象涉及我国工业互联网平台实施架构中设备层、边缘层、企业层中的相关防护对象。同时，应该注意到，美国的工业互联网也涵盖端点保护、通信和连接保护、数据保护等所界定的防护对象。最后，从体系上考虑防护能力建设问题，必然要从宏观到微观、从安全规划到运营维护全面提升整体防御组织水平。今天的安全形势已经发生了巨大变化，买一些软硬件防护盒子，将它们简单堆叠或附加到系统上就能解决安全问题的时代已经过去，对手已经不是"脚本小子"，而可能是难缠的专业级选手。因此，体系防御既需要从目标、宏观、指导性层面掌握方法论，又需要了解安全防御技术的演进，理解防御理念的发展变化，更要面向实战加强主动设计与规划水平，学会运用场景化的安全运维技术。总之，面对工业互联网的新安全挑战，要转变安全思维，从被动防御过渡到主动防御，提升态势感知、监测预警等能力。

2. 主要威胁关切问题

工业互联网面临着各种各样的威胁，限于篇幅，本书不可能针对所有威胁源和威胁手段展开全面分析。工业互联网面临的传统网络安全威胁、工业云安全问题等在很大程度上可以归结为内生安全共性问题，解决这些问题的相关资料不难找到，因此本书不再赘述。本书重点关注工业互联网中信息物理融合或功能安全与网络安全交集这类新兴的安全威胁。随着信息化、智能化深入生产一线，操作技术和信息技术深度融合，生产系统直接连接到网上，生产和消费的双边网络效应凸显。结合特定的工艺和流程，传统攻击向量可以穿透网络空间直达物理空间，而物理世界的注入量可变成信息量，反过来通过物理世界对虚拟世界产生影响。此外，攻击者总是寻求例外之道，信息侧与物理侧攻击手段结合后的新型威胁不断涌现，这类威胁不易检测，让人防不胜防，所以本书在选取典型威胁模式的时候，聚焦于信息物理融合的安全威胁，并以工业控制系统为重要场景，建立相应的技术矩阵，进行威胁模式分析。

3. 保护对象关注问题

在工业互联网安全实施架构中，设备、控制、网络、应用、数据五大防护对象存在于设备层、边缘层和企业层。本书选择设备安全和控制安全作为重要的分析对象，主要基于以下三点考虑。一是对于工业互联网而言，设备与控制的安全是整个安全的数字化基石。工业互联网产业联盟执行理事 Soley 曾说过，"确保工业运行安全性和可靠性的关键在于确保连接到互联网的设备和系统是安全的"。二是从现实情况来看，设备网络安全问题十分突出，依然是重中之重。根据《中国工业互联网安全态势报告（2019）》的数据，2019 年工业互联网的安全问题主要是工业设备（如工控系统、物联网设备等）安全性需要提升，急需加强针对工业设备漏洞的防护。国家互联网应急中心发布的《2020 年上半年我国互联网网络安全监测数据分析报告》指出，网络恶意程序增长较快，安全漏洞大幅增长，工业互联网设备存在严重的安全隐患。三是限于本书篇幅，无法做到面面俱到。网络、应用、数据的安全也非常重要，尤其是数据，其包含生产经营相关业务数据、设备互联数据、外部数据等，且作为全新的生产要素资源在整个系统中共享流动，一旦出现安全问题，将会给信息物理世界造成极大损失。例如，预见性维护会收集环境运行情况的数据，帮助企业及时发现并替换有问题的设备，但如果这些数据被篡改或者落入有恶意的人手中，企业将面临停工停产甚至事故伤亡的风险。

本书的第 1 章、第 2 章、第 4 章、第 5 章主要由信息工程大学的魏强负责撰写，参与的人员有浙江大学的王文海，信息工程大学的耿洋洋、王红敏、刘可、杨亚辉、冯昭阳，浙江大学的王坤，360 安全人才能力发展中心的那东旭等；第 3 章、第 6 章、第 9 章主要由程鹏负责撰写，参与的人员有浙江大学的王孟志、王竟亦、张镇勇、汪京培、方崇荣、朱舜恺、左可、王子琛、王坤、谢一松、孟捷、张景岳、徐伟伟、易畅，信息工程大学的谢耀滨、麻荣宽等；第 7 章、第 8 章、第 10 章由 360 安全人才能力发展中心负责撰写，参与的人员主要有那东旭、王志威、周家豪、张记卫、余飞等。本书得以顺利完成，衷心感谢本书的合作者王文海老师、程鹏老师。本书在撰写过程中也得到了腾讯公司科恩实验室、郑州埃文公司的大力支持。

写书是一个艰苦的过程，极大地考验意志力、专业能力和时间管理能力。每每遇到困难，都得到了机械工业出版社华章分社朱劼老师的鼓励，其认真敬业的态度给我很大鼓舞。360 安全人才能力发展中心姜思红、何宛馨、杨莹为这本书的出版付出了大量的心血，在此一并致谢。

无数个深夜，打开电脑，伴随着思绪，屏幕上一个个字符跳动出来，一点一点组成了这本书。写书的过程也是成长的过程，与书为伴，有多少次起身时的霞满东窗，就有多少次思想撞击迸发而惊艳的时光。工业互联网仍处于快速发展中，限于作者的知识水平和认知高度，书中难免有疏漏、不当之处，用网络安全行业的说法——书中难免存在未知的缺陷，敬请各位同行、读者不吝指正，我们也将不断迭代和完善本书的内容。希望这本书能对我国工业互联网安全的发展和人才成长有所助力！

魏强

2021 年 4 月

目　录

序一
序二
序三
前言

第1章　绪论 ··················· 1
1.1　工业互联网的出现与发展 ········ 1
1.1.1　工业互联网出现的必然性 ····· 1
1.1.2　工业互联网发展的持续性 ····· 4
1.2　从架构看特性 ················ 8
1.2.1　工业互联网的参考体系架构 ··· 8
1.2.2　系统特性分析 ············· 10
1.3　从特性看安全 ················ 14
1.3.1　信息系统的开放性与控制系统的封闭性之间的矛盾 ············ 14
1.3.2　工业时代确定性思维和信息时代非确定性思维之间的冲突 ······ 15
1.3.3　信息物理融合带来的复杂性与一致性问题 ···················· 16
1.4　工业互联网安全威胁的特点 ····· 17
1.4.1　云边网端结构的攻击面更为广泛 ··· 17
1.4.2　面向供应链的攻击无处不在 ··· 17
1.4.3　工业互联网平台的网络安全风险日益严峻 ·················· 18
1.4.4　新技术和新应用带来新风险 ··· 18
1.4.5　信息物理融合安全威胁显著增加 ··· 19

1.5　工业互联网安全的发展趋势 ····· 19
1.5.1　多层次、智能化、协同化的安全保障体系逐步构建完善 ········ 19
1.5.2　人机物交互全生命周期一体化安全成为全局性目标 ············ 20
1.5.3　工业互联网的大数据深度挖掘和安全防护成为热点 ············ 20
1.5.4　内生安全防御和动态防御技术成为未来发展的重点 ············ 20
1.5.5　未知入侵和功能故障的全域智能感知成为重要手段 ············ 20
1.5.6　跨安全域与跨域安全的功能安全和信息安全一体化难题急需破解 ···· 21
1.6　本书的知识结构 ··············· 21
1.7　本章小结 ····················· 23
1.8　习题 ························· 23

第2章　工业互联网安全基础 ········ 24
2.1　工业互联网安全的特征与内涵 ··· 24
2.1.1　工业互联网安全的特征 ······ 24
2.1.2　工业互联网安全的内涵 ······ 26
2.2　工业互联网安全内涵的剖析 ····· 29
2.2.1　系统性审视 ················ 29
2.2.2　一体化考量 ················ 30
2.2.3　对立统一性蕴含 ············ 30
2.2.4　不失一般性 ················ 31
2.2.5　具有特殊性 ················ 32

2.3 攻击面和攻击向量的变化·················33
　2.3.1 横向扩散使攻击面变得庞大·········34
　2.3.2 工业数据暴露出全生命周期的
　　　　攻击面·····························34
　2.3.3 棕色地带存在"过时"的攻击面····34
　2.3.4 攻击向量跨越信息物理空间·········35
2.4 功能安全与信息安全一体化···········35
　2.4.1 IT 与 OT 的安全需求差异···········35
　2.4.2 功能安全与信息安全的平行发展····37
　2.4.3 功能安全与信息安全的融合需求····40
2.5 体系化安全框架构建原则···············44
　2.5.1 安全体系融入工业互联网系统设计···44
　2.5.2 一般性与特殊性相统一的过程构建···45
　2.5.3 对象防护与层次防护的整体
　　　　安全呈现·····························47
　2.5.4 提供功能安全与信息安全融合能力···47
　2.5.5 缓解暗涌现性对安全系统动力学的
　　　　冲击和影响····························48
2.6 主要工业互联网参考安全框架···········49
　2.6.1 我国工业互联网安全框架············49
　2.6.2 其他安全框架··························54
　2.6.3 工业互联网安全框架发展趋势·······55
2.7 本章小结···56
2.8 习题···56

第 3 章 信息物理融合威胁建模·············58

3.1 威胁建模···58
　3.1.1 信息物理融合威胁的特点············58
　3.1.2 信息物理融合威胁建模的新视角····59
3.2 安全故障分析模型（物理侧）···········62
　3.2.1 故障树分析法····························62
　3.2.2 事件树分析法····························65
　3.2.3 STAMP·····································67
3.3 网络安全威胁模型（信息侧）···········74
　3.3.1 KillChain 工控模型······················74

　3.3.2 ATT&CK 工控模型······················79
3.4 信息物理融合的威胁模型···············84
　3.4.1 STPA-SafeSec 威胁模型··············84
　3.4.2 端点系统架构层模型···················95
　3.4.3 面向智能电网业务特性的威胁
　　　　量化模型·······························107
3.5 本章小结·······································110
3.6 习题···110

第 4 章 威胁模式分析························111

4.1 典型事件和技术矩阵·······················111
　4.1.1 典型攻击事件···························112
　4.1.2 技术矩阵·································115
4.2 攻击可达性的典型模式···················116
　4.2.1 结合漏洞传播的 USB 摆渡攻击模式
　　　　及防护·····································117
　4.2.2 第三方供应链污染及防护············119
　4.2.3 基于推送更新的水坑模式及防护···121
　4.2.4 边缘网络渗透及防护···················122
4.3 横向移动性模式······························124
　4.3.1 利用 POU 在控制器之间扩散
　　　　及防护·····································125
　4.3.2 利用 POU 从控制器向上位机扩散
　　　　及防护·····································126
　4.3.3 利用工控协议从上位机向控制器
　　　　扩散及防护·······························128
　4.3.4 暴力破解 PLC 密码认证机制
　　　　及防护·····································130
4.4 持续隐蔽性模式······························131
　4.4.1 工业组态软件的 DLL 文件劫持
　　　　及防护·····································132
　4.4.2 隐蔽的恶意逻辑攻击及防护········134
　4.4.3 PLC 梯形逻辑炸弹及防护···········135
　4.4.4 利用 PLC 引脚配置 Rootkit
　　　　及防护·····································136

4.5 破坏杀伤性模式 ·············· 139
　4.5.1 过程控制攻击及防护 ········ 139
　4.5.2 针对 PLC 的勒索及防护 ····· 141
　4.5.3 欺骗 SCADA 控制现场设备
　　　　及防护 ················· 142
　4.5.4 干扰控制决策的虚假数据注入
　　　　及防护 ················· 144
　4.5.5 突破安全仪表系统及防护 ···· 146
　4.5.6 级联失效造成系统崩溃及防护 ··· 147
4.6 本章小结 ····················· 149
4.7 习题 ························· 149

第 5 章　设备安全分析 ··········· 150
5.1 设备安全分析基础 ············· 150
　5.1.1 设备安全分析的对象和重点 ··· 150
　5.1.2 设备安全分析的支撑技术与目标 ··· 154
5.2 设备发现 ····················· 157
　5.2.1 设备发现基础 ············· 158
　5.2.2 设备探测发现的常用方法 ···· 161
　5.2.3 设备真实性判断 ··········· 164
5.3 设备定位 ····················· 167
　5.3.1 基于互联网信息挖掘的设备定位 ··· 168
　5.3.2 基于网络特征分析的设备定位 ··· 171
　5.3.3 定位结果的信心度分析 ······ 178
5.4 设备漏洞分析 ················· 179
　5.4.1 工业互联网设备常见的漏洞和
　　　　分析方法 ··············· 179
　5.4.2 工业互联网可编程逻辑控制器的
　　　　漏洞分析 ··············· 185
　5.4.3 电子汽车漏洞评估 ········· 192
5.5 本章小结 ····················· 200
5.6 习题 ························· 201

第 6 章　控制安全分析 ··········· 202
6.1 控制层恶意代码分析 ··········· 203
　6.1.1 跨越信息物理空间的实体
　　　　破坏性攻击 ············· 204

　6.1.2 面向控制层的隐蔽欺骗载荷 ······· 211
　6.1.3 防御措施 ················ 216
6.2 控制协议安全测试 ············· 217
　6.2.1 私有协议逆向分析 ········· 218
　6.2.2 认证机制突破与绕过 ········ 221
　6.2.3 工控语义攻击的发现与验证 ··· 224
6.3 本章小结 ····················· 228
6.4 习题 ························· 228

第 7 章　工业互联网安全风险评估 ··· 229
7.1 风险评估的基本概念和方法 ····· 229
　7.1.1 风险评估要素及其关系 ······ 230
　7.1.2 工业互联网安全分析的原理 ··· 231
　7.1.3 安全风险评估的实施流程 ···· 231
7.2 风险评估的准备 ··············· 232
7.3 风险信息收集 ················· 233
7.4 风险计算分析 ················· 233
　7.4.1 发展战略识别 ············· 234
　7.4.2 业务识别 ················· 234
　7.4.3 资产识别 ················· 235
　7.4.4 战略、业务和资产的分析 ···· 237
　7.4.5 威胁识别 ················· 237
　7.4.6 脆弱性识别 ··············· 240
　7.4.7 已有安全措施的识别 ········ 241
　7.4.8 风险分析 ················· 243
　7.4.9 风险可接受准则 ··········· 245
　7.4.10 风险处置策略 ············ 245
7.5 风险评估处置 ················· 246
7.6 本章小结 ····················· 248
7.7 习题 ························· 248

第 8 章　安全防御技术基础 ······· 249
8.1 安全防御的演进 ··············· 249
8.2 安全设计与规划技术 ··········· 255
　8.2.1 网络隔离与访问控制 ········ 255
　8.2.2 数据加密与身份认证 ········ 257

XVII

　　8.2.3　入侵检测与攻击防御……………… 259
　8.3　安全运营与响应技术………………………… 262
　　8.3.1　资产侦测与安全管理……………… 264
　　8.3.2　数据保护与安全审计……………… 266
　　8.3.3　安全监测与态势评估……………… 269
　　8.3.4　应急处置与协同防护……………… 272
　8.4　常用的安全攻防技术………………………… 274
　　8.4.1　大数据安全侦查…………………… 274
　　8.4.2　威胁狩猎与安全分析……………… 275
　　8.4.3　工业蜜罐与网络诱骗……………… 278
　　8.4.4　入侵容忍与移动目标防御………… 281
　　8.4.5　内生安全与拟态防御……………… 284
　　8.4.6　工业云及嵌入式取证……………… 287
　　8.4.7　攻击源追踪与定位………………… 290
　8.5　本章小结……………………………………… 293
　8.6　习题…………………………………………… 293

第 9 章　安全防御前沿技术……………………… 295

　9.1　控制系统全生命周期的内生安全…………… 295
　　9.1.1　控制装备与软件平台的
　　　　　 安全增强技术………………………… 295
　　9.1.2　控制系统运行安全技术…………… 299
　9.2　工程文件全生命周期保护…………………… 302
　　9.2.1　逻辑组态存储时的安全技术……… 303
　　9.2.2　逻辑组态编译时的安全技术……… 306
　　9.2.3　逻辑组态传输时的安全技术……… 307
　　9.2.4　逻辑组态运行时的安全技术……… 309
　9.3　信息物理融合异常检测……………………… 311
　　9.3.1　基于水印认证机制的
　　　　　 异常检测方法………………………… 311
　　9.3.2　基于 D-FACTS 的信息物理协同
　　　　　 防御方法……………………………… 316
　9.4　控制逻辑代码安全审计……………………… 322
　　9.4.1　PLC 的程序运行机制与编程方法… 323
　　9.4.2　PLC 代码安全规范………………… 325

　　9.4.3　文本化编程语言安全分析方法…… 329
　　9.4.4　梯形图编程语言安全分析方法…… 332
　9.5　本章小结……………………………………… 336
　9.6　习题…………………………………………… 336

第 10 章　工业互联网安全技术应用与
　　　　　行业案例………………………………… 337

　10.1　工业互联网设备系统安全案例…………… 337
　　10.1.1　工业恶意软件 Triton 攻击
　　　　　　事件回顾…………………………… 337
　　10.1.2　工业恶意软件 Triton 的原理…… 338
　　10.1.3　工业恶意软件的防护…………… 341
　10.2　工业互联网安全风险评估案例…………… 343
　　10.2.1　案例背景………………………… 343
　　10.2.2　风险评估的准备………………… 343
　　10.2.3　要素识别………………………… 344
　　10.2.4　脆弱性和已有安全措施的
　　　　　　关联分析…………………………… 349
　　10.2.5　计算风险………………………… 349
　　10.2.6　风险评估建议…………………… 352
　10.3　智能制造行业安全技术防护
　　　　建设案例……………………………………… 353
　　10.3.1　案例背景………………………… 353
　　10.3.2　方案实现………………………… 354
　　10.3.3　案例结论………………………… 356
　10.4　工业系统应急响应取证安全案例………… 357
　　10.4.1　案例背景………………………… 358
　　10.4.2　取证过程………………………… 358
　　10.4.3　案例结论………………………… 360
　10.5　本章小结…………………………………… 362
　10.6　习题………………………………………… 362

后记………………………………………………… 364

参考文献…………………………………………… 366

第 1 章

绪　　论

　　人类社会发展至今，先后经历了三次工业革命。从技术进步和生产方式变革的角度，每一次工业革命都可以概括为：以某种重大理论创新和突破性技术成果为内在驱动，促进社会结构、经济体制和生产方式发生深刻变革。第一次工业革命以热力学理论与蒸汽机技术为索引，标志着人类社会进入"机械化时代"；第二次工业革命以电磁学理论和电力技术为牵引，标志着人类社会进入"电气化时代"；第三次工业革命以可计算理论、半导体物理学和计算机与信息技术为牵引，标志着人类社会进入"数字化时代"。进入21世纪，以微电子学和物联网、大数据、云计算及人工智能为代表的新一代信息通信技术（ICT）迅猛发展，并逐渐与传统制造业融合。这种信息化和工业化相互协调、深度融合的发展模式打破了虚拟数字世界和现实物理世界之间的壁垒，形成了一种以"数字化、网络化、智能化"为特征的创新性技术——工业互联网（Industrial Internet）。

1.1　工业互联网的出现与发展

　　在大机器生产时代，全世界人民享受着大规模生产带来的物质繁荣，但生产中的标准化与个性化、分散化与集约化、智能化与机械化的矛盾日益突出。进入20世纪后，针对个性化需求的长尾理论的出现，支撑了以大数据分析为基础的反馈式供应链经济发展，摩尔定律、登纳德缩比定律不断膨胀带来的算力之量变，以及基于大数据、大算力、神经网络算法的第三次人工智能浪潮下泛在智能的发展应用，正积累和孕育着新一轮的技术与产业革命。在一个工业化和信息化充分融合的系统中，生产者和使用者双向透明、多样化需求积累迸发、工业数据资源日益丰富、创新的使能技术不断迭代优化，应该说，这样一场工业革命恰逢其时。

1.1.1　工业互联网出现的必然性

　　从根本上说，工业互联网的出现源于五个方面的共同作用：传统制造模式升级的内在驱动；制造业价值链延伸的潜在需求；信息技术向传统制造业的加速渗透；无所不在的信息通信网络将设计链、制造链、需求链和供应链无缝贯通；工业生态体系重构迭代的变革需求。可以说，工业互联网的出现是时代之必然，"互联"和"优化"本质上是为了实现信息对称和生产效率的提升。

1. 传统制造模式升级的内在驱动

制造模式总是与生产水平的发展及市场需求紧密相关。传统制造模式存在生产质量低、生产时间长、生产效益少的缺陷，如果能够依靠互联网等信息技术手段改变制造流程、工艺，提升质量，实现柔性化以及批量化生产，那么制造业转型升级的效果将是惊人的。

制造模式面临着从自动化、数字化向智能化的转变。在这个过程中，将分散的生产要素和分离的生产环节统一为一体，采集丰富的数据进行分析，从而实现全局性优化，这是工业生产模式升级与发展方式转变的关键所在。制造技术不仅是产品的设计以及制造工艺环节的需求，更重要的是将其转变为集成的活动系统，使制造系统的操作以及使用变得更加自动化并且有序。

制造业从传统生产要素驱动向新型生产要素驱动转变有助于数字世界与机器世界进行更深层次的融合，这将给全球产业带来深刻的变革，也会在很多方面影响人的工作方式。机器、数据、人三要素融合推动制造范式变革所呈现的外部动态特征，将为企业带来新的创新发展机遇和巨大的商业价值。

2. 制造业价值链延伸的潜在需求

互联网技术打破了资源的"数字藩篱"，智能连接产品的爆炸式增长将重新定义整个产业链，从而对产业结构产生影响；设备、生产线、工厂、供应商、产品和客户将紧密地连接与融合，从而改变竞争的战略与格局；按照传统的工业生产方式很难实现制造业与服务业的跨越式发展，通过互联网则可以使工业经济各种要素和资源高效共享，从而推动先进制造业和现代服务业的深度融合与发展。

产业延伸是制造业创新的有效方法。在传统经济中，制造业与服务业是泾渭分明的。对于大多数生产型企业而言，制成品是企业利润的源泉，而实现制成品价值服务的其他环节要么游离于企业战略之外，要么只是作为生产过程的附属物。工业互联网则可以帮助制造业延伸产业链，形成跨设备、跨系统、跨厂区、跨地区的互联互通，从而提高效率，推动整个制造服务体系的智能化。

产业价值链的延伸又会促进商业模式、业态不断创新。产品价值面临三大变化：原先硬件创造的价值被软件创造的价值所共享；网络连接让用户在软件创新方面有了新的选择，价值从产品向云转变；商业模式从产品转向服务。工业互联网平台也超越了产业的分工，使传统制造业的价值链发生了变化，并且通过数字化、信息化手段提升了企业的生产效率和产品的品质。制造价值的实现形式从生产有形产品向提供整体解决方案转变。通过各类生产资源的优化配置和协同管理，帮助实体经济创新产品和服务、优化生产制造流程，不断催生出新模式和新业态。

3. 信息技术加速渗透的必然结果

新型信息技术将重塑制造业的数字化基础。互联和智能是工业互联网的基本要求和重要特征。信息技术领域的三大定律（摩尔定律、吉尔德定律、梅特卡夫定律）与计算性能、网络带宽和网络规模相关。在这三个定律的共同作用下，接入网络的设备达到了史无前例的规模，形成了设备无处不在、网络连接无时无刻、数据多少无可估量、价值无可比拟的工业环境。

开放互联网的理念给传统制造模式带来了变革。通过网络平台组织生产经营活动，制造企业能够实现资源的快速整合与利用，从而以低成本快速响应市场需求，催生出个性化定制、网络化协同等新模式和新业态。云计算为制造企业带来更灵活、更经济、更可靠的数据存储和软件运行环境，物联网帮助制造企业有效地收集设备、产线和生产现场产生的成千上万种类型的数据，人工智能强化了制造企业的数据洞察能力，最终实现制造企业的智能化管理和控制。信息技术与制造技术的融合将带动信息经济、知识经济、分享经济等新经济模式加速向工业领域渗透，培育可持续增长的新动能。

4. 信息通信网能将生产与需求各环节融合贯通

网络建立起企业与市场之间的紧密联系，使传统封闭的生产模式成为过去。来自市场消费者的信息可以实时或及时地传递到企业产品规划部门，进而转变为产品设计链的任务包，设计链的输出将成为制造链、资金链或供应链的输入，最终驱动成品库和产品销售网络及资金回笼环节做出适当的反应。这种产销一体的现代制造业不仅支持少品种大批量的规模化生产，也能适应多品种小批量的定制化生产。若没有无处不在的信息网络和高度协同的在线生产模式的支持，这几乎就是天方夜谭般的幻想，而工业互联网正是能将这一梦想变为现实的重要方式。

5. 工业体系重塑生态的变革需要

数据正在重塑工业体系。在物理世界里，工业领域的分工是经过长期发展、演变而形成的。传统的工业价值链是从生产端到消费端、以产品为中心而形成的上下游合作模式。工业互联网是基于传统工业的商务关系演化而成的新系统，它重构了工业知识创造、传播、复用的新体系，转换了工业视角，基于数据和算法解决机器/设备运行优化、生产运营优化、企业协同、用户交互与产品服务优化等问题，打造全周期、全流程、全生态的新型工业生态体系。

目前，工业互联网企业仍处于梳理资源优势、定义核心业务和边界的过程中。整个生产体系趋于扁平、灵活，由大企业和供应链主导型向产业生态主导型转变，组织形式由大规模生产向分布式生产转化。工业互联网平台是工业互联网的核心载体，构建基于工业互联网平台的生态体系是实现产业竞争新优势、抢占未来发展先机的关键途径。现在，主要有四类来自企业的工业互联网平台：来自装备与自动化企业的平台、来自生产制造企业的平台、来自工业软件企业的平台和来自信息技术企业的平台，这些平台均处于生态建设期。平台型企业使传统的垄断与竞争之间的界限变得模糊，通过与各主体建立紧密联系的生态而实现对产业链、价值链前所未有的掌控。

1.1.2　工业互联网发展的持续性

目前，世界各国竞相布局工业互联网，抢占新一轮工业革命的先机。工业互联网经过近十年的发展，经历了概念提出、体系建设、平台落地等阶段，现在仍处于完善体系建设和平台生态竞争的阶段。有时候，"网络 + 工业"呈现出有趣的对称融合。例如，网络具有"因大而小"的特点，工业则呈现"小中见大"的特征。"因大而小"指的是在六度分隔理论下大规模连接所带来的质变——更大的网络，更小的世界！于工业而言，即使工业互联网只能让效率提高 1%，其产生的效益也是巨大的，这种"1% 的威力"现象使微小的改进也能带来非凡的提升。

1. 概念的发展与认识的深化

工业互联网是一次成功预测和定义的技术革命。2011 年，孔翰宁、沃夫冈·瓦尔斯特和沃尔夫迪特尔·卢卡斯三位教授在德国汉诺威工业博览会上首次提出了"工业 4.0"的倡议。2012 年，GE 公司提出了工业互联网的概念，其中一个动因来自预测性维护应用的需要。工业互联网针对传统制造系统存在的综合预见性不足、互联广度不够、感知深度不足，以及在数据获取、计算分析、决策优化分离等方面难以将历史数据的分析结果实时、精准地作用到设备运行过程中等问题，基于设备、人和数据的互联、整合，为各种企业和经济体提供新的机遇。GE 公司将"1% 的威力"体现得淋漓尽致。一个经典案例是其改进了飞机发动机的故障预警机制，后来这一微小改进相关的业务被独立出来，形成独立的数字化部门，工业互联平台的鼻祖 Predix 就出自该部门。

多年来，工业互联网的概念和内涵不断发展变化。GE 公司最初将工业互联网定义为：在一个开放的全球化网络中，将人、数据和机器连接起来，打破机器与智慧边界的新技术。工业互联网将连接对象从人延伸到了机器，将现实物理世界中的客观对象抽象到虚拟数字世界，赋予其感知和交互能力。GE 公司认为，工业互联网融合了"工业革命"和"互联网革命"两大革命性的技术成果。这里的工业革命成果泛指传统制造业中的机器、设施、集群和工业系统等。互联网革命成果指的是先进计算、信息与通信系统、数据分析和低成本传感技术等。GE 公司提出建设工业互联网的初衷是利用信息通信技术实现人、机器和系统之间的互联互通，通过大量交互数据的流动、分析和共享，推动传统制造业的智能化变革，形成新的生产模式，最终促进经济高速发展。因此，对工业互联网而言，"互联"是基础，"数据"是核心，"智能"是本质。受限于当时的技术和生产条件，GE 公司提出的工业互联网发展模式有一定的局限性，但其网络化、数字化、智能化的技术思想已被业界视为标准。工业互联网发展至今，其技术手段更加先进、内涵更加丰富、应用场景更加多样，但其本质依然是信息通信技术和工业领域的深度融合，也是信息技术（Information Technology，IT）、通信技术（Communication Technology，CT）和运维技术（Operational Technology，OT）在实体经济中的有机结合。

2014年，GE公司联合AT&T、Cisco、Intel和IBM等公司成立了"工业互联网联盟"（Industrial Internet Consortium，IIC）。IIC对于工业互联网概念的定义是：一种物品、机器、计算机和人组成的互联网，它利用先进的数据分析方法，提供智能化的工业操作，改变商业产出。它包括全球工业生态系统、先进计算和制造、普适感知、泛在网络连接的融合。IIC则认为，工业互联网是能够满足工业智能化发展需求，具有低时延、高可靠、广覆盖特点的关键网络基础设施，是新一代信息通信技术与先进制造业深度融合而形成的新型业态与应用模式。

同时，业界对工业互联网架构的认识也在逐步深化。IIC于2015年6月推出了工业互联网参考架构（Industrial Internet Reference Architecture，IIRA），2019年6月更新至1.9版。德国"工业4.0平台"于2015年4月发布了《工业4.0实施战略》，提出了"工业4.0参考架构模型"（Reference Architecture Model Industry 4.0，RAMI 4.0）。日本工业价值链促进会（Industrial Value Chain Initiative，IVI）于2016年12月推出了智能工厂的基本架构——工业价值链参考架构（Industrial Value Chain Reference Architecture，IVRA）。2016年3月，工业4.0平台和美国IIC初步达成了合作意向，取得了RAMI 4.0和IIRA的一致性。2017年12月，美国IIC与德国工业4.0的机构共同发布了一份关于IIRA与RAMI 4.0对接分析的白皮书，指出IIRA与RAMI 4.0在概念、方法和模型等方面有不少对应和相似之处，差异之处则互补性很强，二者可以取长补短。

2016年，我国成立了工业互联网产业联盟（Alliance of Industrial Internet，AII），积极推动工业互联网的发展。2017年，国务院正式发布《关于深化"互联网+先进制造业"发展工业互联网的指导意见》，提出增强工业互联网产业供给能力，持续提升我国工业互联网发展水平，深入推进"互联网+"，形成实体经济与网络相互促进、同步提升的良好格局。2016年9月，我国发布了《工业互联网体系架构（版本1.0）》，2020年4月，正式发布了版本2.0。版本2.0基于方法论构建，包含业务、功能、实施三类视图，体现了"需求导向、能力引导、定义功能、指导实施"的价值化理念，以"面向数据流、自顶向下、层层映射、逐步求精"的结构化方式呈现。版本2.0充分考虑了TOGAF、DODAF等企业架构设计方法，构建了由业务需求到功能定义再到实施架构的层层深入的完整体系，突出了数据智能优化闭环的核心驱动作用，能够指导行业应用实践与系统建设。

2. 工业互联网平台的产业生态逐步落地成型

工业互联网平台是现代工业技术和新型信息通信技术深度融合进程中的新生事物，是工业互联网的核心承载体系，也是沟通物理现实世界和虚拟数字世界的桥梁，在工业互联网体系架构中至关重要。工业互联网平台具有以下特征。

- **平台技术架构逐渐清晰**

工业互联网平台在起步阶段存在体系架构标准缺失、关键技术能力不足、传统制造业数字化基础薄弱和安全风险形势严峻等问题。另一方面，工业互联网平台的出现又提供了广阔的想象空间，企业可以根据自身的需求和应用场景来打造特色鲜明的定制化的工业互联网平台。经过长期的摸索、实践和总结，各国已经构造出一大批优势不同、功能各异、模式创新的工业互联网平台。美国工业互联网联盟率先提出工业互联网的架构由边缘层、平台层和企业层组成。中国工业互联网产业联盟发布的工业互联网的核心要素包括边缘层、平台层和应用层。除此之外，工业互联网平台还包括用于支撑数据传输交换的网络基础设施，以及涵盖整个工业系统的安全管理体系，这些部分共同为工业互联网平台提供保障和支撑。

- **平台产业生态逐步形成**

工业互联网经过理念和技术的验证，以及局部场景下的试点，逐步走向落地部署的阶段。在工业互联网平台的产业生态中，产业链上游是为平台提供技术支撑的技术型企业，这类企业包括云计算、数据采集、分析、集成和管理、边缘计算等厂商；产业链中游是平台企业，包括装备与自动化企业（如 GE、西门子、ABB 等公司）、生产制造企业（如树根互联、航天科工等公司）、信息通信企业（如 IBM、微软、华为等公司）和工业软件类企业（如 SAP、用友等公司）；产业链下游是垂直行业用户和第三方开发者，它们的主要工作是创新、开发各类工业 APP，为平台注入新的价值。在产业链上游，边缘计算、人工智能、微服务、容器等开源技术成为构建平台的关键支撑。在产业链下游，系统集成商则力争打通平台解决方案在用户现场部署的"最后一公里"。

- **政策有力推动工业互联网的建设步伐**

2018 年 5 月，工业和信息化部联合多部委印发《工业互联网发展行动计划（2018—2020 年）》，开展"工业互联网发展 323 行动"，即三大体系、两类应用、三大支撑。2018 年 7 月，工业和信息化部印发了《工业互联网平台建设及推广指南》（以下简称"指南"）和《工业互联网平台评价方法》。指南提出，要培育一批跨行业、跨领域的工业互联网平台和一批面向特定行业、特定区域的企业级工业互联网平台。2019 年 1 月，工业和信息化部印发《工业互联网网络建设及推广指南》，指出要初步建成工业互联网基础设施和技术产业体系，包括建设满足试验和商用需求的工业互联网企业外网标杆网络、建设一批工业互联网企业内网标杆网络、建成一批关键技术和重点行业的工业互联网网络实验环境、建设 20 个以上网络技术创新和行业应用测试床，形成先进、系统的工业互联网网络技术体系和标准体系等。2020 年 3 月，工业和信息化部印发《关于推动工业互联网加快发展的通知》，要求各有关单位加快新型基础设施建设、加快拓展融合创新应用、加快健全安全保障体系、加快壮大创新发展动能、加快完善产业生态布局、加大政策支持力度。在政策的有力推动下，我国平台应用进展迅速，大中小企业协同推进，平台应用场景逐步聚焦，垂直行业应用走向纵深，工业互联网平台技术创新持续深化，技术体系也从支撑"建平台"走向支持"用平台"。

总体来说，工业互联网平台仍然处于发展初期：一是在技术领域，平台技术研发投入成本较高，现有技术水平尚不足以满足全部工业应用需求；二是在商业领域，平台市场还没有出现绝对的领导者，大多数企业仍然处于寻找市场机会的阶段；三是在产业领域，仍需要持续构建优势互补、协同合作的平台产业生态。

3. 创新技术赋能驱动快速发展

物联网、大数据、人工智能等新一代信息技术是新一轮科技革命中创新最活跃、交叉最密集、渗透性最强的领域。这些新技术在实体经济的深度应用，引发了系统性、革命性、群体性的技术革新和模式变革。制造业的智能化升级叠加新兴技术革新，驱动工业互联网飞速发展。下面以边缘计算、数字孪生、5G 为例阐述。

工业互联网的边缘计算能够解决工业现场大量异构设备和网络带来的复杂性，以及工业生产的实时性和可靠性问题。各大公司纷纷布局边缘计算产品，例如亚马逊公司发布了"AWS Greengrass"边缘侧软件，微软公司发布了"Azure IoT Edge"等边缘侧产品，阿里云也投入边缘计算技术领域并推出边缘计算产品 Link Edge。边缘计算在推动工业互联网发展方面，形成了两条较为清晰的技术路径：一是通过 ICT 基础设施的"下沉"为工业互联网应用提供计算能力；二是通过对工业现场设备的升级改造，打造具有计算能力、可为第三方应用提供开放接口的边缘设备，典型的实现是工业边缘网关。

数字孪生是打造工业数字空间的核心技术。2014 年以后，随着物联网、人工智能和虚拟现实技术的不断发展，更多的工业产品、工业设备具备了智能的特征，数字孪生也逐步扩展到包括制造和服务在内的完整的产品阶段，数字孪生的形态和概念也不断丰富。微软的 Azure IoT、亚马逊的 AWS IoT 等平台都构建了描述设备状态的数字孪生模型，可以根据实时数据调整设备状态，为上层应用提供准确信息。博世公司的 IoT 平台集成了 Things 组件，在实时描述设备状态的同时描述模型间的关联和层次关系，有效支撑设备监控、预测性维护、质量和流程优化等分析应用。Predix 将数字孪生定义为"设备状态数据 + 分析"，并基于 ANSYS CAE 仿真模型构建风力涡轮机的数字孪生分析系统。该系统融合了机理公式和设备信息模型，能够支撑运营优化和预测性维护服务。数字空间和物理空间如何交互以及如何通过交互来优化物理世界的正常运转是工业互联网体系架构中最重要的内容。《工业互联网体系架构（版本 2.0）》进一步强化了数字空间和物理空间交互闭环的重要性。

5G 技术是驱动工业互联网蓬勃发展的关键技术之一，工业互联网是 5G 的重要应用场景，二者的融合发展已经成为产业界探索的方向。5G 具有的超大带宽、超低时延、海量连接的特性，为工业互联网这种新型基础设施的建设及融合创新应用提供了关键支撑。"5G+ 工业互联网"将催生新一代信息通信技术与先进制造业深度融合的新兴业态与应用模式。2019 年 11 月，工业和信息化部发布《"5G+ 工业互联网"512 工程推进方案》，提出将工业互联网与 5G 深度融合、叠加，产生更大的创新发展力量，促进制造业数字化、网络化、智能化升级。随着 5G 技术标准的形成，5G 在工业控制、海量数据采集、零部件追踪、远程控制等领域将得到广泛应用，技术交织、融合后形成的复杂场景方案也会有更加广阔的应用前景。

1.2 从架构看特性

如果将工业互联网视为一个"整体"或者"统一体",那么它是由相互联系、相互作用的网络、平台、安全等功能要素构成的具有稳定结构和特定功能的有机整体,具有系统应有的层次性、开放性、目的性等特点。但从架构、发展规律的角度分析,它又具有体系复杂性、融合涌现性、威胁广谱性、演化持续性等重要特性。

1.2.1 工业互联网的参考体系架构

现阶段,国际上还没有正式发布专门的工业互联网平台框架性标准,目前一般采用 ISO/IEC/IEEE 42010:2011《系统和软件工程体系结构描述》,该标准基于共同目标的约束导出不同的描述视图,共同构成参考框架。

IIRA 是美国工业互联网联盟推出的工业互联网参考架构,用于指导工业互联网系统的开发和部署,加快布局工业互联网(见图 1-1),它包括商业视角、使用视角、功能视角和实现视角四个层级,旨在通过标准来引领技术创新、互联互通、系统安全。其构建思路是从工业互联网系统要实现的商业目标出发,明确工业互联网系统运行和操作的主要任务,进而确定工业互联网的核心功能、关键系统模块及相互关系。其中,最核心的是参考架构中的功能视角,该视角确定了工业互联网系统要具备的关键功能及其相互关系,包括控制、运营、信息、应用和商业五个功能域。这些域的实现可以产生许多架构模式,例如三层架构模式、分层数据总线架构模式等。IIRA 注重跨行业的通用性和互操作性,提供了一套方法论和模型,通过业务价值推动系统的设计,把数据分析作为核心,驱动工业互联网系统从设备到业务信息系统的端到端的全面优化。

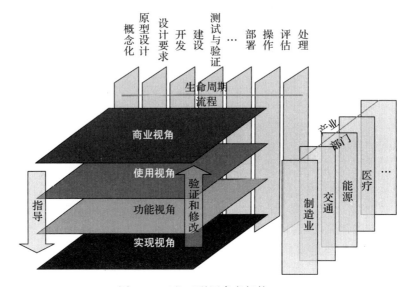

图 1-1 工业互联网参考架构 IIRA

德国"工业 4.0 平台"于 2015 年 4 月发布了《工业 4.0 实施战略》,其中一项重要内容是提出了"工业 4.0 参考架构模型"(Reference Architecture Model Industry 4.0,RAMI 4.0),对工业 4.0 的内涵与体系进行了具体描述。工业 4.0 的总体视图包含功能、价值链和工业系统三个维度。其构建思路是从工业角度出发,结合已有的工业标准,将以"信息物理生产系统"为核心的智能化功能映射到产品全生命周期价值链和全层级工业系统中,突出以数据为驱动的工业智能化图景。具体模型如图 1-2 所示。

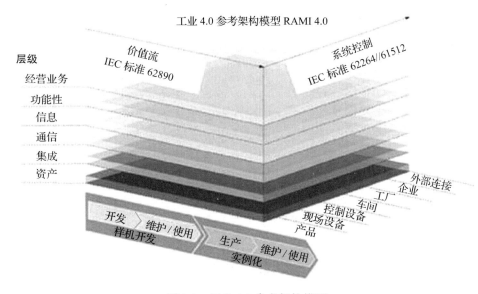

图 1-2 工业 4.0 参考架构模型

对比而言,IIRA 包括商业视角、使用视角、功能视角和实现视角四个层级,论述了系统安全、信息安全、弹性、互操作性、连接性、数据管理、高级数据分析、智能控制、动态组合九大系统特性。RAMI 4.0 深度聚焦于制造过程和价值链的生命周期,为其建立功能维度、价值链维度和工业系统维度的三维模型,对工业 4.0 的内涵与体系进行了直观和具体的描述。IIRA 从制造业一直追求的质量、成本和效率(产出)等传统要素以及环保要求的管理角度出发,结合生产环境的资产(人、流程、产品和工厂)角度和作业流程(计划、执行、查验和反应)角度,细分出智能制造单元,对信息化在生产过程中的优化进行了细致的分析,进而提出了智能制造的总体功能模块架构。

美、德两国提出的参考架构都面向制造业数字化、网络化、智能化领域,强调数据在工业智能化中的核心作用,通过数据感知、传输、集成、处理、分析、决策与反馈,形成设备和运营优化的数据驱动闭环,促进工业系统全层级、全价值链的智能化。

我国工业互联网产业联盟(AII)提出的《工业互联网体系架构(版本 2.0)》形成了工业、软件、通信融合的方法论,具有网络、平台、安全三大功能体系。

"网络"是工业互联网的基础,通过采用网络互联、标识解析、泛在连接等关键技术,实现人、物、设备、车间、企业等要素，以及设计、研发、生产、管理、服务等环节的泛在、深度互联，实现信息/数据在生产数据的各单位之间、生产系统与商业系统的各主体之间的无缝传输，最终构建出新型的机器通信接入方式、设备有线与无线的连接方式，支持形成实时感知、协同交互的生产模式。

"平台"是面向制造业数字化、网络化、智能化需求，构建基于海量数据采集、汇聚、分析的服务体系，是支撑制造资源在连接、弹性供给、高效配置方面的载体。从构成来看，工业互联网平台包含三个要素：数据采集（边缘层）、工业 PaaS（平台层）和工业 APP（应用层）。对于工业互联网而言，平台是核心；对于工业互联网平台而言，工业 PaaS（平台层）是核心。

"安全"是工业互联网的保障，围绕设备、控制、网络、平台、数据安全，从制度/机制、技术手段、产业发展三个方面构建工业互联网安全保障体系。该体系应能提升设备、网络、控制、数据和应用的安全防护能力，避免网络设施和系统软件受到内部和外部的攻击，降低未经授权访问企业数据的风险，确保数据传输和存储的安全性，构建工业智能化发展的安全可信环境，实现对工业生产系统和商业系统的全方位保护。

总结而言，工业互联网具有新模式、新业态、特色应用以及三大优化闭环。

1）面向机器设备运行优化的闭环，其核心是将机器数据、生产数据以及工艺数据汇聚起来，通过云计算、大数据、边缘计算等技术进行分析，实现对机器设备的动态优化调整，构建智能机器和柔性产线。

2）面向生产运营优化的闭环，其核心是基于信息系统、制造执行系统、控制系统的数据的汇聚，通过云计算、大数据、边缘计算等技术进行分析，实现生产运营管理的动态调整，形成各种场景的智能生产模式。

3）面向企业、用户、产品的服务优化闭环，其核心是基于供应链、用户需求和产品服务数据的汇聚，通过云计算、大数据等技术进行分析，实现企业资源和商业活动的创新，形成智能化生产、网络化协同、个性化定制、服务化延伸等诸多新模式、新业态。

1.2.2 系统特性分析

工业互联网是一个开放的系统，有显著的内在异质性；在系统规模上，工业互联网是不同层次结构的统一体。工业互联网的系统组成部分之间、系统与环境之间有多重的关系及相互作用。从系统的角度来看，工业互联网具有体系复杂性、融合涌现性、威胁广谱性、演化持续性等特性。

1. 体系复杂性

工业互联网可以被看作网络化的控制系统，它包含一个个简单的、处于互联网边际的控制系统。复杂性是工业互联网系统的自然属性，是由无数小系统聚沙成塔发展而来。工业互联网体系和业务的复杂性决定了支撑网络具有复杂和多元的特征。

(1）开放性

工业互联网的开放性体现在连接的开放、生态的开放、产业的开放，而且面向信息系统及物理世界有大量的开放性接口。丰富的业务场景与工业场景使得工业互联网与环境（特别是工业现场环境）关联密切且相互作用。这种开放性给工业互联网的安全带来了复杂性。

（2）规模性

工业互联网中的组件数目、连接规模、承载的业务量都是巨大的。工业互联网链接人、数据、智能资产和设备，融合了远程控制和大数据分析等模型算法，建立针对传统工业设备制造业提供增值服务的完整体系，具有应用工业大数据降低运营成本、增加运营回报的业务逻辑，同时覆盖了工业的全流程。作为"系统的系统""网络的网络"，工业互联网的规模可想而知。

（3）结构层次性

从结构上来看，工业互联网具有鲜明的多层次、多功能特征。无论是IIC发布的工业互联网参考架构还是中国工业互联网产业联盟提出的工业互联网体系架构，都具有多层次、多功能域、多视角（视图）的特点。不同层次结构会融合成不同的功能闭环，如网络、数据、平台的优化闭环，有的层次结构中甚至可以嵌入层次结构，例如端点的工业控制系统，依照普渡参考模型，拥有6层结构。

（4）动态非线性

从发展演化的角度来看，平台、模式、环境都在动态变化，工业互联网自身的发展就是一个长期迭代、试错、演进的过程。从技术融合与发展的角度来看，在工业互联网发展的过程中，也不断引入新的技术，如时间敏感网络（TSN）、5G、确定性网络（DetNet）、工业无源光纤网络（PON）等。科技往往会在某一时刻出现爆炸式的发展，而科技本身遵循着非线性发展规律。从系统特性上看，工业互联网是一个具有弹性的系统，具有容错、自我配置、自我修复、自我组织与计算的自主计算的能力。弹性从广泛意义上被描述为系统的持久性和应对变化及扰动的能力，而弹性本身往往是非线性的。

2. 融合涌现性

涌现性通常是指多个要素组成系统后，出现了系统组成前单个要素所不具备的性质。从微观视角来看，工业互联网包含大量小型、分散的子系统，由各类IT、OT、CT技术及系统组成。从宏观视角来看，这些子系统链接成了车间、企业、产业、平台等功能单元，各类技术之间组成相关的功能元件、彼此交叉融合，构成信息物理空间的系统性技术。因此，工业互联网的融合涌现性可以从组件构成、技术融合、联接堆叠角度考察。从组件构成角度来看，平台汇聚的新生态竞争日趋激烈；从技术融合角度来看，计算资源和物理资源集成的呈现性日益显著；从联接堆叠模型角度来看，系统间的广泛互操作性正在形成。

（1）新生态竞争性逐步形成

工业互联网作为一个具有复杂性和多样性的全新生态系统，其平台有显著的"马太效应":当其工业 APP 和用户达到一定规模、形成双边市场时,平台将会爆发式增长,形成"赢者通吃"的竞争局面。工业互联网平台正处在平台产业生态构建的关键窗口期,企业纷纷推出平台,吸引用户上云、上平台,从而快速打造生态圈。在生态圈里,工业互联网领域的公司也将由单一的产业个体向价值链的参与者转变,通过建立并发展紧密的战略合作关系,成为解决方案供应商的生态系统的一部分。平台之间既合作又竞争,目标是吸引更多用户为生态输入价值。2013 年以来,全球各类产业主体积极布局,工业互联网平台已经进入全面爆发期,至 2019 年 2 月,全球已有 366 家工业互联网平台。

(2)技术融合呈现性日益显著

依托云计算、物联网、大数据及人工智能等新一代信息技术,融合工业产品全生命周期活动的各个环节和制造工艺等工业知识,工业互联网将连接对象延伸到工业全系统,并打破企业的物理和组织边界,实现产业链上下游协同,资源共享,从而在制造范式变革上呈现离散形态的组织模式创新。

IT、OT、CT 技术的融合促使计算进程和物理进程组件紧密集成,OT 应用的实时性要求、IT 应用的数据密集驱动、CT 应用的高可靠性需求对融合形成新的技术形态带来重要影响。这种融合在技术发展上呈现出共同解的可满足性特点。例如,面向构建低时延、高可靠、广覆盖的网络基础设施、实现工业全要素泛在深度互联的要求,TSN 等技术应运而生。这些技术通过单一网络解决复杂性问题,实现了周期性数据与非周期性数据在同一网络中传输,能够平衡实时性要求与数据容量大负载传输的需求等。

(3)广泛联接的可互操作

工业互联网由不同厂商生产的不同组件装配而成,在联接参与者之间提供功能域内、系统内跨功能域,以及跨系统进行数据交换的能力。联接性在整个架构中的任务是支持参与互联的系统中的端点之间进行数据交换,包含技术可互操作性、语法可互操作性和语义可互操作性等。通信中的可互操作要解决平台、编码方式、通信协议、数据格式等不同而造成的异构问题,同时要保证构建出的系统具有良好的实时性和可扩展性。为了解决联接性和可互操作性,IIC 在 2017 年 2 月发布了《工业物联网的联接性框架》白皮书,工业 4.0 平台和 IIC 在 2017 年 12 月联合发布《架构对接和可互操作性》白皮书。当数量可观的现场数据源(设备、传感器、各类数据采集装置和边缘计算设备等)能够进行有效联接并具备可互操作性,才能形成实时、适时和及时的数据流动,工业互联网才会产生新的价值流和价值链。

3. 威胁广谱性

由于工业互联网显著扩大了攻击面,导致安全风险来源广泛;同时因为组件众多、面向信息物理融合的特点,导致工业互联网受到的威胁类型更加多样。由于内在异质性及层次结构,工业互联网中的攻击向量呈现多阶段、多样化的特点。

(1)威胁对象及类型分布广泛

工业互联网在设备、控制、网络、应用、数据这 5 个层面上都会受到威胁。从威胁类型来说,包括意外威胁、系统固有威胁(软硬件、网络)、恶意攻击威胁、管理威胁等。

威胁来源极为广泛，涵盖从个人到商业对手、从犯罪分子到恐怖组织、从内部人员到外部入侵者。威胁目标对象则涉及各行各业。例如，自2011年以来，包括Stuxnet、Duqu、Shammon和Night Dragon等在内的一系列恶意代码针对能源领域进行了大量的攻击。2015年以来，车联网及汽车控制系统也受到高度关注，安全专家在试验中成功入侵了某车企的车载系统，刷入带有病毒的固件并向CAN总线发送指令从而控制了汽车，2016年又通过OBD接口再次攻击了另一款汽车的ECU系统。2018年以来，腾讯科恩实验室陆续发现了宝马信息娱乐系统（或主控单元）、远程信息处理控制单元（TCU或T-Box）、中央网关模块的漏洞，以及特斯拉Autopilot系驾驶系统的缺陷等。

（2）安全风险影响因素繁杂

安全风险的影响因素包含系统的内因与外因两部分，风险既和其自身资产要素及运作机理密切相关，也与其跨越物理空间与信息空间的具体运行环境、交互行为密不可分。从内因上分析，可以从层次性、连接性、复杂性、规模性、异构性等系统性质来探讨安全风险；从外因的角度而言，安全风险会受到人员动机、技术成熟度、可用性要求、管理要求及水平等因素的影响。具体而言，这些因素包括信息技术产品后门漏洞存在的必然性，内生安全技术水平的制约性，全球化条件下供应链的脆弱性，以及应对复杂网络级联效应的弹性能力缺失、产品全生命周期安全性保障困难、遗留资产及专有协议的安全考虑不足等。

（3）攻击模式更为复杂和多样

目前，针对工业互联网的攻击模式更加多样化，既包括传统的面向信息系统的代码注入式攻击，也包括针对工业大数据的采集、传输、存储全生命周期的攻击，以及针对工业云平台的IaaS、PaaS以及SaaS等服务的攻击。

模式的复杂性体现为多阶段、多向量、多途径的特征。从流模式上看，有控制流、能量流、数据流的复合式攻击；从层次上看，有结合针对传感层、控制层等的攻击达成影响的模式；从攻击套路上，有锁死设备、损害装备、破坏质量、使系统震荡等；从空间传播上看，有的攻击从信息空间穿透到物理空间，有的攻击则是从物理空间注入信息空间。随着工业互联网平台的升级和产业链的不断延伸，未来还会出现更新颖、更复杂的安全威胁。

4. 演化持续性

建设工业互联网是具有前瞻性、全局性的系统工程，涉及工业和信息技术等领域的环节和主体。在其发展过程中，层次结构与功能结构在持续重组、调整与演进。工业互联网将形成复杂、全新的生态系统。思科公司的IoT架构师保罗·迪迪埃曾说"工业IoT是一个演变发展的过程，而非一次彻底的革命"。

（1）信息物理融合系统在发展

信息物理融合系统（CPS）是一种综合了计算、网络和物理环境的多维复杂系统，通过3C（Computation、Communication、Control，计算、通信和控制）技术的有机融合与深度协作，实现大型工程系统的实时感知、动态控制和信息服务。CPS的概念从20世纪80

年代的嵌入式系统演变而来，经历了泛在计算、普适计算、环境智能，直到 2006 年才发展成为信息物理系统。CPS 的特征可描述为：以数据与模型为驱动，具有感知和控制交互闭环、内嵌的计算能力、严格的目标与时空约束等。CPS 是工业互联网的重要推动力，其核心技术支撑着工业互联网实现物理实体世界与虚拟信息世界的互联互通。CPS 真正系统性地实现了信息和物理二元世界的双向交互和反馈闭环。目前，CPS 在智能电网、智慧交通、智慧医疗等领域均得到了应用。

由于 CPS 的作用是将物理世界抽象为一个数字化的虚拟世界，但物理世界存在着很多非常复杂的大系统，物体之间有各种显性/隐性的复杂关联，因此从这些复杂的系统抽象出虚拟的映射是非常困难的，必将是一个漫长的过程。

（2）生态系统演化在加速

整体而言，工业互联网的架构、平台、技术都在不断演进。同时，作为具有非连续性、极度分散且持续演变的动态异构域特征的复杂系统，工业互联网中演化的参变量很多，且呈现加速增加的趋势。另外，就智能决策而言，随着网络化、数字化水平不断提升，工业数据日趋完善，将给生产力和运营成本带来革命性变化，极大地扩展工业领域可解问题的边界。在演进过程中，制造业态的更新和新生态的生成将是逐步发展的。系统的创新与重塑有其自身的演进路径，在竞争性生态下，未来也可能带来平台级、系统级的颠覆。

1.3 从特性看安全

工业互联网安全是全局性、多层次、多维度的系统性安全。工业互联网的发展面临诸多安全问题，这些问题的根源与其特性密切相关。

1.3.1 信息系统的开放性与控制系统的封闭性之间的矛盾

开放性势必导致系统远离平衡，这与封闭性的要求恰好相反。体系复杂性会增加解决安全问题的难度，而融合涌现性中提到的广泛联接的可互操作性，使得系统不仅面临外部的开放引入的攻击面，其内部的互操作接口引入的攻击面也会导致解决问题的难度大大增加。

1. 从本质目标上看

工业控制系统的本质目标是控制，互联网的核心目标是交换。和传统互联网基于平等关系的点对点传输模式相比，工业互联网多采用基于主从关系的非对等网络。互联网和工业的深度融合打破了传统工业领域相对封闭、可信的环境，将互联网的安全威胁渗透到了工业领域。

从规模上看，工业互联网平台直接或间接地连接着海量工业控制系统、业务系统和网络基础设施，承载着大量数据和工业 APP，也面临网络攻击范围不断扩大的风险，会导致工业全产业链遭受网络攻击的风险增大。

2. 从设计思路上看

工业控制系统一般使用专用的相对封闭、可信的通信线路。在传统工业环境中，这种方式通过隐匿或者隔离确保了整个系统的安全性。随着工业控制系统向互联网的转移以及与企业其他业务应用程序的整合，系统越来越容易受到来自互联网的攻击。比如，基于离线系统技术要求进行设计时，不需要考虑规划、设计安全防护机制；由于控制器的计算能力弱，因此只设计了针对弱计算力的防护机制。从工业控制系统的运维来看，很多企业出于"工业控制系统是封闭的"这一考虑，开放了远程调试功能，但没有考虑远程调试的访问控制，因而遭受利用远程调试的访问控制漏洞实现的渗透攻击。从工业控制系统通信协议来看，大多数工业控制系统通信协议在设计之初都未考虑机密性问题，一般采用明文传输的方式，且国内尚未建立自有、安全的工业互联网通信协议和数据交换协议，因此难以保证传输数据的安全性。

1.3.2 工业时代确定性思维和信息时代非确定性思维之间的冲突

机械决定论的确定性指的是一旦给定初始条件，一切就完全决定了。但由于工业互联网内在的非线性相互作用带来的阶段发展和变化的不确定性、威胁广谱性中复杂的安全因素与攻击样式多样化导致的未知威胁防御难题，使我们无法用简单的方式消除不确定性威胁。

1. 消除不确定性的不确定性

在工业时代，人们以机械思维为美，工业追求标准化、专精化、同步化、集中化。机器生产取代了体力劳作，技术超越了技能。从1869年流水生产线方式开始在美国辛辛那提使用到1968年世界上第一块可编程逻辑控制器Modicon 084诞生，一直沿用工业时代的可度量、可标准化的思路来实现产品和生产的高度自动化。随着信息时代的到来，当视角从宏观世界转入微观世界、系统论从简单转为复杂，科学认识从海森堡不确定性原理发展到香农三大定律，人类不断改变思维模式，通过去除不确定性来解决工业和社会问题。工业互联网本身的复杂性带来了诸多不确定性，因此在工业大数据分析时注重寻找相关性，而不是寻找因果关系。数据用于优化，而智能的引入又带来新的不确定性，因为智能系统本身也是复杂系统，加上数据可能被污染、伪造，算法本身可能有缺陷等因素，智能的世界充满了对抗。随着计算泛在化，工业互联网中智能下移以及系统智能决策比例逐步上升，整个工业互联网运转的确定性中的不确定性本身就是一种不确定性。

2. 缺乏不可知论的对抗性假设

传统的工业软件开发工作侧重功能的正确性，并没有假设敌手参与其中，而信息技术的非确定性还包含安全威胁的非确定性。信息系统中的漏洞、后门可以被视为一种非确定性威胁。在IT安全中，通过对威胁和威胁参与者的技能、能力进行安全分析，可以确定能够利用的弱点。而传统的OT安全评估技术侧重物理项目和过程，然后将经验推导的组件故障概率结合到系统总体风险中，这与传统的IT安全形成了鲜明的对比。众所周知，功能安全致力于消除系统故障和概率故障，识别危害的风险分析旨在防止错误操作、提高系统对意外事件的应变能力。然而，随着生产过程自动化的发展，功能强大的软件一方面促进了安全自动控制系统的发展,另一方面使得工业控制和系统保护越来越复杂。虽然认为软件组件的行为应该遵循在编程实现它时完全一致的原则,但是我们知道,实际上并非如此,而且攻击者也不这么认为。因此,传统的基于软件故障进行有用的统计描述会失效,管理概率故障的方法也不能解决漏洞威胁,即使是今天最先进的基于测试覆盖率的方法也无法保证覆盖率与错误率之间有必然的联系。而且,在对抗条件下,系统会面临更新型的跨网入侵、指令篡改、未知漏洞利用等不可知的攻击手法。

1.3.3 信息物理融合带来的复杂性与一致性问题

功能安全、物理安全、信息安全的融合不可避免地会带来复杂性与一致性问题。一方面,复杂性既源自工业互联网自身的复杂性,也源自安全保障的复杂性;另一方面,OT系统和IT系统在追求可用性、机密性、完整性的目标次序上也难以达成一致。

1. 融合安全设计实现的复杂性

工业互联网的安全体系能力建设与安全体系设计实施必须考虑OT和IT相互融合,通过提升各自的能力来形成一种真正具有颠覆性的技术。迄今为止,安全性主要是以IT为中心的。从安全的角度来看,IT和OT的融合是将OT环境中的安全和可靠性原则与IT环境中的网络安全原则结合。从系统性的角度来看,IT和OT的融合涉及它们的关键系统特性的融合。设计工业互联网这样的复杂系统需要深谙OT和IT技术的专家通力合作。虽然很多工业系统将IT和OT结合起来,通过软件控制设备,但这些系统通常隔离在OT侧,如果只是将这些系统简单组合在一起,可能导致IT和OT中原有的安全性实现出现偏差。在解决问题的思维和工作方式上,OT和IT也是不同的。IT人员通常采用自顶向下的方法,从总体需求出发考虑和解决问题。OT人员则习惯采用自下而上的思路,从部件出发构建复杂系统。很少有IT专家考虑设计上的安全性,而OT中的安全性不是可选的。例如,IT人员并不理解为什么OT仍然要使用传统的设备,采用专用且昂贵的解决方案去处理问题。OT人员或许并不了解SQL数据库或者现今在IT中运用的信息安全协议。

2. 安全需求协调一致的困难性

IT和OT融合的复杂性还体现在满足两者的需求时难以协调一致。关键系统特性以及保证物理和数字世界的不同优先事项时必须协调,比如实时性与高流量、可用性与机密性、资源与成本等要辩证统一,还要兼顾跨越信息物理空间的控制流、物质流、能量流三流合一的特点以及保证工业大数据的纵向/横向整合的全流程安全与可信等。在OT端,通常侧重降低成本,一旦满足了系统的质量要求,就不太可能继续投入资源来改进系统的安全质量。由于这种安全需求的协调要求在IIoT系统中通盘考虑执行的各种功能,并且有可能产生新的协议、技术,因此,"工业互联网参考体系架构"(IIC-IIRA 2016)将IT和OT功能合并为一组功能域(控制、操作、信息、应用和业务),涵盖了需要做的工作,而不是做过的工作。因此,由于OT边界模糊、安全约束可被改变等原因,传统IT中用于刻画威胁的 KillChain、ATT&CK、STREAD 等模型中必须考虑 OT 常见的攻击因素（如物理攻击）及控制系统运行状态影响等。威胁模型这种内在的变化会给防御方带来更多纵深防御、内生安全防御上的新的挑战。

1.4 工业互联网安全威胁的特点

从工业互联网诞生起，安全问题就如影相随。如前所述，工业互联网具有威胁对象及类型分布广、安全风险影响因素繁复、攻击模式复杂多样的特点，而且由于广泛的互联互通导致网络攻击路径增多、安全管理和标准体系不健全导致协同防护缺失、企业责任意识淡薄导致安全防护能力不足等问题，信息侧安全的老问题没有解决，信息物理融合的新问题又不断引入进来。因此，必须明晰工业互联网安全威胁的特点，才能赢在未来。

1.4.1 云边网端结构的攻击面更为广泛

与传统工业系统相比，"云边网端"结构复杂、攻击面繁多，从云平台、边缘计算设备到信息传输网络，再到终端设备，存在着各种各样的威胁。"云边网端"的架构在为工业转型升级、产业创新发展提供重要支持的同时，也暴露出以下安全隐患：

1）广泛端点连接的存在。工业互联网中存在大量端点设备，从大量传感器和执行器等现场设备到 PLC、RTU、DCS 等控制设备，延伸到基于云的设备。端点设备的延伸扩大了工业互联网的攻击面。

2）棕色地带的存在。工业互联网中不可避免地存在着大量棕色地带，棕色地带中存在大量"老化"或"过时"的工业设备，这些设备由于内存和资源受限、安全防护措施不足等问题，连接到网络中会引入新的安全风险。

3）工业数据流安全。工业互联网中存储和传输着大量的工业数据，包括云平台中的数据传输、云平台和端点之间的数据传输以及端到端的数据传输，这些工业数据在传输过程中很容易被攻击者篡改导致数据不一致，进而影响企业的正常运行。

1.4.2 面向供应链的攻击无处不在

工业互联网供应链是指围绕工业控制系统的核心用户，从开始配置零件、制成中间产品到最终产品，最后由销售网络把产品送到消费者手中的一个由供应商、制造商、分销商和消费者组成的功能网。它具有全球分布的广泛性、覆盖全生命周期和结构复杂的特点。与传统的 IT 网络相比，在工业互联网中，包含功能各异的工业、通信和信息类产品，这些产品使得工业互联网的供应链环境更加错综复杂，随之而来的供应链安全问题也给工业互联网的安全带来了重大风险。结合广义和狭义上的供应链攻击，从攻击者、供应商和需求方的角度来看，存在各种安全风险。对恶意攻击者而言，可以在产品设计和开发过程中，对开发环境进行污染、植入恶意代码；在生产、运输途中，实施供应链物理拦截攻击、插入后门程序；在安装、维护阶段，实施抵近攻击、造成物理破坏。对供应商而言，可能泄漏需求方内部机密信息，例如订单数量和型号等；可能违规收集用户信息，滥用大数据分析，进而造成危害；可能会破坏产品的可靠性，使用劣质产品以假乱真。对需求方而言，存在内部人员恶意篡改销售数据、违规操作、泄漏敏感信息等风险，进而对企业生产造成损失。工业互联网将多个企业通过云平台、互联网、通信技术等连接到一起，在带来便利的同时也使工业互联网供应链更长、环节更多，出现脆弱性和漏洞的可能性增加，受攻击风险更大。

1.4.3 工业互联网平台的网络安全风险日益严峻

工业互联网平台作为工业互联网的中枢系统，旨在构建基于海量数据采集、分析、计算的服务体系，形成将制造业资源广泛连接、弹性供给、高效配置的工业云平台，因此，工业互联网平台的安全是工业互联网安全的核心和关键。海量设备和系统的接入增加了平台安全的防护难度，云和虚拟化平台自身的脆弱性日益凸显，API 接口开放增加了平台的安全风险，云环境下工业数据面临的安全风险与日俱增、安全风险跨域传播的级联效应越发明显，云服务模式导致安全主体责任不清晰。同时，由于传感器、边缘网关等终端设备计算、分析能力有限，安全防护能力薄弱，攻击者利用边缘终端设备的脆弱点对平台实施入侵，或成为发起大规模网络攻击的"跳板"，在数据采集、传输、转换的过程导致数据被侦听、拦截、篡改、丢失的安全风险大幅度增加。

1.4.4 新技术和新应用带来新风险

边缘计算、数字孪生、5G 等新技术在驱动工业互联网飞速发展的同时，也拓展了安全的边界，带来了新的安全风险。边缘计算是当前工业互联网中的重要一环。在工业互联网中部署边缘计算节点可以分解云端复杂的计算任务，极大提高工业互联网数据计算的实时性。但由于计算节点通常部署在开放的环境中，与云端数据处理相比，边缘计算节点在数据采集、数据分析、数据传输等过程中的数据安全问题更加突出。

数字孪生具有数字化、网络化、智能化等特点，其应用环境的开放、互联和共享程度更高。随着其应用领域的不断扩展，网络安全问题逐步凸显。数字孪生数据需要由外网传输，如果网络遭受攻击，企业数据可能被窃取，甚至导致数字孪生体被劫持，发出错误指令或回传错误的数据，使企业陷入混乱。

5G 作为新一代信息通信技术演进的重要方向，是实现万物互联的关键信息基础设施，也是经济社会数字化转型的重要驱动力量。5G 实现了计算和通信的融合，基于大数据、人工智能的网络运维能够减少人为错误，智能化的监控也有利于提高网络的安全防御水平。但是，5G 的虚拟化和软件定义的能力也引入了新的安全风险。

1.4.5 信息物理融合安全威胁显著增加

随着网络技术的不断进步，传感器、水灌溉泵、汽车发动机正在转化为数据源和接收器。在工业互联网环境中，来自网络的威胁不仅会破坏数据的机密性和完整性，更会影响信息与物理环境，造成难以预估的灾难性后果。数字化、网络化的发展使控制系统的传输功能、状态评估滤波器、传感与反馈回路等可能被恶意攻击者操纵，设备和控制系统会因为信息安全因素而暴露在物理可靠性、弹性和安全性威胁之下。

由于跨域网络攻击日益成为现实，物理域、信息域乃至认知域都将面临新的网络安全挑战，网络技术手段在信息化、智能化、工业化进程中的黏合剂效应更加显著。工业互联网系统不仅面临来自信息侧的威胁，还面临物理域与信息域手段的叠加作用，因此防范难度更大。从现实案例来看，这种融合也表现为阶段连续性的信息物理融合，通过信息侧发起威胁，引发关键信息基础设施内部信息域的局部扰动，再运用这种扰动构造跨越效应，引起信息域或者物理域更大尺度的暂态变化，并结合物理侧手段进一步迟滞或者破坏其他域的正常工作进程。

1.5 工业互联网安全的发展趋势

作为仍在发展中的事物，工业互联网的网络体系、平台体系和安全体系都需要持续优化和不断完善。当前，工业互联网呈现出以下特点：现场设备逐渐智能化，各类工业数据呈指数级暴涨，工业控制系统扁平化、开方化，工业内外网边界模糊化，工业互联网平台复杂化，新技术融合化等，这些变化都增加了工业互联网安全防护的难度。

1.5.1 多层次、智能化、协同化的安全保障体系逐步构建完善

从防护层次的角度来看，工业互联网具有云边网端结构，应用端、云端、边缘端、设备端各个层次都需要统筹考虑信息安全、功能安全和物理安全，从整体上加强安全保障体系的建设。从防护对象的角度看，针对设备、控制、网络、应用和数据五大防护对象，应将静态防护与动态防护措施结合起来考虑。除考虑信息技术的固有风险外，还要针对新技术、新应用引入的新问题，在对抗博弈条件下，加强智能化防护水平。从产业协同的角度看，由于工业互联网已经延伸至全产业链、全价值链，作为共有风险，安全已不是一个企业能够独立解决的问题，而是需要整个社会实现威胁情报共享、协同互动、共同防御，构建国家、地方/行业、企业三级协同的安全保障体系。

1.5.2 人机物交互全生命周期一体化安全成为全局性目标

作为计算机和通信技术融合创新的产物，工业互联网及其智能设备不仅改变了人机交互方式，也让机器与机器之间的交互方式发生了变革。由于工业互联网将人、机、物等工业要素及数据连接起来，实现上下游企业间的实时连接与智能交互，因此在机器与机器之间、人与机器之间、机器与物之间有大量的交互接口，这些交互接口的安全问题不容忽视。同时，因为连接种类及数量更多，场景更复杂，产业链条更长，网络性能要求的时

延更低、可靠性更强,使得人-机-物交互的全生命周期一体化安全的复杂度急剧上升。从工业互联网风险管控的实际需求出发,在需求分析阶段就应该准确定义 Safety 功能、Security 功能、安全完整性等级、安全防护能力、安全完善度等级等安全一体化目标,并在设计、实施、运行、维护、变更、退役等阶段采取管控措施以保证目标得以实现,建立统一的综合安全生命周期。

1.5.3 工业互联网的大数据深度挖掘和安全防护成为热点

工业现场设备的高度智能化、工业互联网全产业链的互联互通带来了海量、异构、复杂、双向流动的工业大数据。数据的流动或者数据的驱动是引发工业互联网智能化变革的核心,如通过数据分析可以实现设备和机械的预测性维护、减少计划外停工时间、降低设备维护成本、提高生产率等。那么,有效利用机器学习和深度学习等人工智能技术挖掘大数据,防范敏感数据泄漏、非授权访问和数据篡改等安全风险,以及加快构建工业数据安全管理体系都将成为工业互联网安全未来关注的焦点。

1.5.4 内生安全防御和动态防御技术成为未来发展的重点

在现有"有毒带菌"的环境下,构建具有内生安全动态防御能力的新型工业互联网系统安全架构,通过核心装备及关键组件的内生可信与异构冗余机制、控制网络的动态重构与智能增强机制、防护体系的弹性适配与高效部署机制来构建融合增强的工业互联网系统内生安全技术体系;在功能安全与动态实时约束下,研究内生安全增强实现、内网威胁主动防范、全生命周期安全防护等技术难题,研制内生安全组件与装备、安全联动网络设备、安全增强编程与监控软件平台。赋予工业互联网软硬件产品不可或缺的内生安全基因,研究可信增强免疫安全的主动防御技术,构建完整的工业互联网系统内生安全主动防御体系和设计认证体系,从技术上解决开放性与安全性统一问题。

1.5.5 未知入侵和功能故障的全域智能感知成为重要手段

新一代工业互联网的物理高动态、信息强耦合的特点,给未知入侵检测与功能故障诊断带来了巨大挑战。传统模糊测试方法只能发现通信协议的安全缺陷,无法对安全漏洞进行快速、深入的挖掘,较难应用于多设备、多层级联调的动态工业互联网入侵检测系统。数据驱动的功能故障诊断只描述现场层物理过程的动态行为,难以与静态设备脆弱性模型结合,不能诊断、甄别强持续、高隐蔽的攻击行为。全域各设备间的密切交互是工业互联网系统的重要特征之一,跨越了系统的"信息空间"和"物理空间"。融合静态设备威胁模型和动态过程指纹,构建具有深度防御能力的脆弱性分析与威胁态势感知的理论与模型,形成信息空间与物理空间综合的形式化分析框架,是应对工业互联网中的未知入侵与功能故障的有效方法。

1.5.6 跨安全域与跨域安全的功能安全和信息安全一体化难题急需破解

工业互联网系统是一种信息空间和物理空间深度融合系统，其独特性体现在信息物理高度融合、内外状态深度感知、系统功能交互涌现、动态结构自主演化等方面。现代工业中常常出现有害有毒、高温高压、易燃易爆、超高速、超临界、大规模的应用场景，导致功能安全态势严峻，危险事故频发；在边界模糊化、可编程泛在化、多专业协同设计的趋势下，信息域与物理域的高度融合会带来严重的信息安全威胁。跨越信息物理空间进行恶意攻击所引发的安全问题不是传统功能安全（Safety）和信息安全（Security）的简单叠加，而是一个可靠、可控、可信相互作用，信息安全与功能安全深度融合的全新的科学领域，跨安全域与跨域安全的功能安全和信息安全一体化难题急需破解。

1.6 本书的知识结构

本书后续章节的知识按照"基础-分析-检测-防御-应用"五个环节进行模块化组织。如图 1-3 所示，首先，整体从工业互联网的安全特征和内涵理解出发，提出安全框架的构建原则，并介绍国内外的安全参考框架等安全基础知识；接下来，从对手观察视角、对象防护视角、防御组织视角出发，分别针对威胁分析、安全检测、安全防御三个方面展开介绍，最后进行应用案例分析。

第 2 章从工业互联网的安全特征谈起，基于问题导向，围绕系统性、一体化、对立统一性、一般性、特殊性这五个方面对工业互联网的安全内涵加以剖析。从攻击面与攻击向量的变化、功能安全、信息安全一体化问题的沿革、变迁来分析工业互联网与传统网络、工业网络的异同，为进一步理解体系化的安全框架构建原则奠定基础。在参考体系架构方面，以我国工业互联网产业联盟提出的工业互联网安全框架为主进行介绍，覆盖并关注了五大防护对象和五点安全目标。同时，与其他相关安全框架进行了对比，并阐述了安全框架的发展趋势。

第 3 章到第 4 章是从对手观察视角出发，分析工业互联网面临的威胁、威胁的本质变化、威胁建模的方法和要素。考虑到工业互联网信息物理深度融合的特点，重点聚焦信息物理融合的安全威胁。从功能安全、物理安全、信息安全三者的关系及内涵的变化出发，进行要素分析，从模型、工具、方法、流程上，阐述建模实例，提炼技术矩阵。此外，总结了四类典型威胁模式，并围绕这四种模型展开相关模式分析与技术原理分析。

第 5 章和第 6 章从对象保护视角出发，阐述关键对象的安全分析技术和方法。受限于篇幅，在设备、控制、网络、应用、数据等保护对象中，本书重点选择了设备、控制两类对象进行介绍。其中，第 5 章介绍如何从网络上发现、识别、定位设备，以及如何建立设备固件分析环境、开展设备的漏洞分析等，这些都有助于读者学习和掌握工业互联网安全实施框架中所提及的设备安全领域应重点关注的漏洞发现、漏洞修复、固件安全增强、设备身份鉴别与访问控制等内容。第 6 章则聚焦实战，介绍并分析控制层恶意代码及其携带的载荷、各类控制协议安全问题与测试方法，让读者从现实威胁中更加深刻地理解工业互联网实施架构中所提及的控制安全应重点关注的控制协议安全机制、指令安全审计、控制软件安全加固等内容。

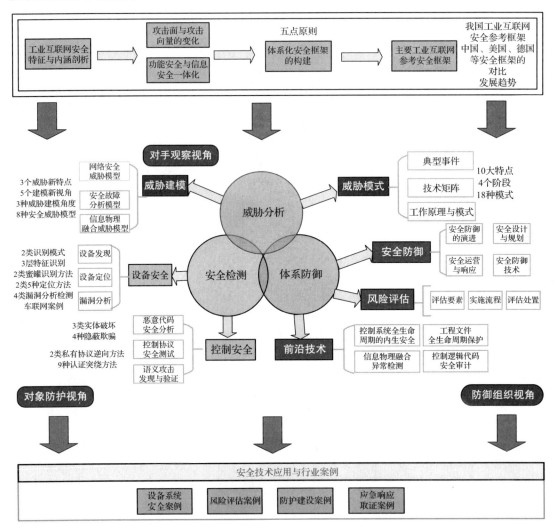

图1-3 本书知识体系框架

第7章到第9章以体系能力构建为核心,基于防御组织视角介绍业务全生命周期中针对不同级别的组织结构的安全风险平台、设计规划、防护运营的核心技术能力的内容,并分享主流实战应用技术和前沿学术技术方向。其中,第7章介绍如何进行工业互联网安全风险评估,从准备、信息收集到风险计算分析,并介绍不同业务的风险分析方法,让读者学习和掌握风险评估方法及分析、识别风险的能力。第8章介绍基于防御组织视角如何进行安全设计、规划、运营、响应以及常用的安全防护技术,使读者了解工业互联网安全防护应重点关注的安全内容。第9章介绍互联网安全比较热门的防护技术,包括信息物理融合、控制逻辑、工程文件以及控制系统全生命周期的安全防御技术，帮助读者了解工业互联网一些前沿的安全研究方向以及研究内容。

第 10 章以恶意代码、风险评估、防护建设、应急响应案例为代表，对本书的知识点加以综合应用。首先，分析了典型的 Triton 恶意软件入侵过程、恶意软件的攻击路径以及对工业环境的影响，并给出了防护方法。接下来，通过一个典型的智能制造风险评估案例，使读者了解风险评估的过程、内容以及实际的评估方法。然后，给出智能制造行业安全防护技术建设案例，从真实业务出发，帮助读者了解智能制造行业从安全设计、安全运营与响应到安全测试与评估等不同方向的安全建设。最后，通过工业控制系统应急响应取证案例，让读者从一个真实的案例中了解取证安全技术的实际应用以及工业互联网安全事件发生后应及时采取的取证措施。

1.7 本章小结

本章从工业互联网出现的必然性、发展的持续性等角度切入，回顾了不同国家在工业互联网参考体系架构方面的发展并进行了对比。从架构出发，把工业互联网视作开放的、具有层次结构的统一体，分析其体系复杂性、融合涌现性、威胁广谱性、演化持续性等特点。接下来，结合这四个方面的特性，从开放性与封闭性、确定性与非确定性、复杂性与一致性的对立统一关系去看工业互联网的安全本质。就工业互联网的发展面临的全局性、多层次、多维度的安全威胁问题，从结构、供应链、平台、新技术与新应用、信息物理融合等方面进行重点阐述。最后，针对安全发展趋势，从安全保障体系建设、全生命周期安全、工业大数据挖掘与安全、内生安全与动态安全防御技术、全域智能感知、功能安全与信息安全一体化等方面给出了思考。

1.8 习题

1. 试分析工业 4.0、工业互联网和智能制造三者的区别与联系。
2. 请谈一谈工业互联网安全的主要应用场景。
3. 概述工业互联网出现的意义。
4. 工业互联网涉及哪些技术？
5. 5G+ 工业互联网有哪些应用场景？
6. 简述工业互联网的功能安全、信息安全、物理安全的含义及它们之间的关系。
7. 试阐述工业互联网安全和工业控制系统安全的区别与联系。
8. 工业互联网的供应链安全和互联网的供应链安全问题有何异同。
9. 请举例说明纵深防御体系及内生安全体系在工业互联网安全中的应用。
10. 试列举并说明几种典型的工业互联网平台。

第 2 章

工业互联网安全基础

工业互联网安全基础涉及四部分内容，分别是内涵剖析、两个变化、安全框架构建原则和参考框架介绍。上述内容按照认识的逐层递进关系进行组织：2.1 节介绍工业互联网具有的安全特征，并以问题导向来理解其内涵；2.2 节从系统论的角度深入剖析工业互联网安全内涵，进一步探寻工业互联网安全的本质；基于 2.1 节、2.2 节的铺垫，2.3 节及 2.4 节聚焦工业互联网与传统网络和工业系统在安全方面的两个主要变化并进行分析，一是攻击面和攻击向量发生了哪些变化，二是功能信息安全一体化带来的安全需求变化。通过对两个变化的分析引发读者对于安全问题更深层次的思考，也为学习 2.5 节体系化安全框架的构建原则夯实了基础。2.6 节针对国内外主要的工业互联网参考安全框架进行介绍，并提出了发展建议。

2.1 工业互联网安全的特征与内涵

回顾第 1 章业界关于工业互联网的定义和认识，可以看出，工业互联网是"工具的革命"和"决策的革命"的融合，具有鲜明的"融合"特点，其安全特征与传统互联网和工业网络的安全特征既有相同之处，也有"融合"的新特征。

2.1.1 工业互联网安全的特征

安全是特定的心理状态和技术状态，工业互联网安全同时具有自然属性和社会属性。自然属性是其本质的规律、现象，社会属性是以自然属性为基础发展而来。对于工业互联网安全而言，其安全特征主要描述了抵御网络攻击、信息物理融合攻击等安全风险，确保工业互联网健康有序发展的安全防护能力。但目前的安全特征属于概括式的定性描述，缺乏设计与验证的定量表述。邬江兴院士指出，当前工业互联网领域的安全解决方案尚无法做到可量化设计与可验证度量，主要原因是科技发展水平制约与全球化时代上下游供应链的影响，无法杜绝信息系统或控制装置的漏洞/后门问题，从而无法通过技术检测手段对安全性给出可量化的品质保证。

可信度是用来定义 IT 和 OT 系统的一个特性。美国国家标准与技术研究所（NIST）和工业互联网联盟（IIC）提出的"可信度"概念聚焦于网络连接工业互联网（Industrial Internet of Things，IIoT）安全所具备的主要特征。IT 的可信度主要涵盖安全性、可靠性、隐私性和恢复能力。OT 的可信度主要涵盖保障性、可靠性和弹性，对安全性涉及较少，隐私性不在 OT 可信度的考量范围内。解决 IT 和 OT 系统中缺少的关键系统特性，关注 IIoT 可信范式的五个关键特性，有助于解决 IT/OT 融合问题，特别是安全性和隐私性方面的问题。IT 和 OT 的可信度融合工业互联网的示意图如图 2-1 所示。

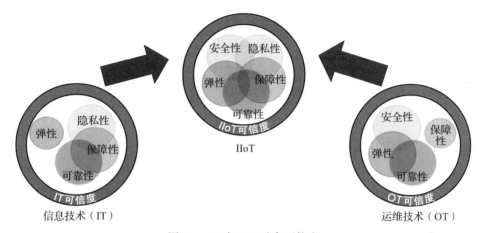

图 2-1　IT 与 OT 融合可信度

IIC 将 IIoT 的可信度定义为系统按预期运行的可信程度，其特征包括 5 个关键要素：安全性、保障性、隐私性、可靠性和面临环境破坏、人为错误、系统故障及攻击时的恢复能力。工业互联网安全因 IT 和 OT 的不断融合而必然追求 IT 和 OT 的安全属性的并集，即安全性、弹性、可靠性、保障性和隐私性。

1. 安全性

安全性是指工业互联网系统运行时，不会因财产或环境的损害而直接或间接造成不可接受的人身伤害或人身健康危害。系统安全性旨在消除系统性和概率性的故障。传统的 OT 安全评估技术着重于实物和过程，将经验得出的部件失效概率融合到系统总风险中，但没有考虑攻击者对系统带来的威胁。我国工业互联网安全以信息物理系统为核心，侧重业务交互和数据汇总分析，实现用户、设备、产品和企业全方位的互联安全。

2. 弹性

弹性是工业互联网系统的新兴属性，其行为方式是在执行特定任务时避免、吸收和管理动态对抗条件，并重构作战能力。通过对正常情况和异常情况做出相应的处理，为元素和互连增加物理或逻辑冗余，当系统有异常情况发生时具有到备用元素和连接的传输，且备用元素不会被破坏。

3. 可靠性

可靠性指在一定时间内、一定条件下无故障地执行指定功能的能力或可能性。它是实际可用性与计划可用性的比值，受计划维护、更新、修复和备份的影响。要保证可靠性，需要详细了解操作环境、系统组成以及如何设计和预先部署以确定故障可能性。连接到互联网可能会使最初设计的一些安全假设失效，考虑攻击者可能影响可靠性哪些方面，并设计系统及其安全性来应对这些攻击，可以提高系统的可靠性。

4. 保障性

保障性是保护系统免受意外或未经授权的访问、更改或破坏的条件。保障性通常是根据风险来评估的。安全风险的要素包括威胁（企图造成伤害的某人或某物），目标资产（具有价值），威胁将利用的资产的潜在脆弱性，以及试图减少威胁的对策。保密性、完整性和可用性是确保信息和系统资产安全的关键要素。

5. 隐私性

隐私权是个人或企业控制收集、处理和存储与他们有关的信息的权利，以及由谁和向谁披露这些信息的权利。隐私的保护取决于利益相关者是否期望或在法律上要求对信息进行保护、控制以防不合规的使用，如对用户隐私数据或敏感数据的保护。

在工业互联网安全中，除内在因素及 HSE（即人为、系统和环境）之外，还包含外在主体对于系统的威胁：故障、扰动、攻击和错误。IIOT 系统可信度如图 2-2 所示。

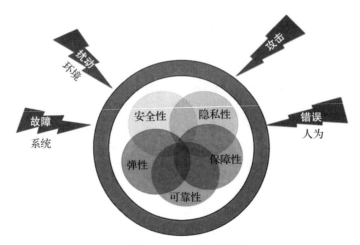

图 2-2　IIoT 的可信度

2.1.2　工业互联网安全的内涵

前面提到的安全特征对工业互联网安全特点的外在表现进行了概括性的总结。本小节将从安全现状的"三点反差"与"两个靠近"的特点出发，分析工业互联网面临的两个现实难题,并基于这些问题归纳、总结工业互联网的安全内涵。

1. "三点反差"与"两个靠近"

"三点反差"指的是重要程度与投入比例的反差、有限能力和持续对抗的反差、认识和事实的反差。

1)重要程度与投入比例的反差。工业互联网聚集着人类工业文明以来无与伦比的重要资产,但安全投入比想象中局促和捉襟见肘。

2)有限能力和持续对抗的反差。当前信息安全走到了APT阶段,而工业网络刚走出封闭阶段,开始拥抱数字化、网络化、智能化,面临着以有限的防御手段抵御大规模APT高可持续威胁的困难。

3)认识和事实的反差。在构建工业互联网生态的时候,业界认识到发展应与安全并重,但在数字化浪潮之下,新型安全生产的保障不尽如人意。安全技术整体仍陷于滞后性对抗的泥沼,只能做到"兵来将挡,水来土掩"。

"两个靠近"是指曾经平行的IT和OT开始相互靠近,并构建系统性防御的时代。

1)曾经的平行线开始相交。IT和OT系统在历史上曾经平行发展了一段时间,OT系统运行专有的协议、使用专门硬件和软件,但今天这两种系统逐渐趋同。

2)共同构建系统性防御时代。万物智联时代,所有产品都将成为网络终端,工控系统也不例外。智能化的持续改造要求摒弃外在的差异,信息安全的单点防御时代已经过去,逐步走向系统性防御时代,工业控制的安全系统也不再是基于简单的事故致因模型,而是基于系统思维构筑安全方案,将焦点从失效事故转化为安全约束的失效问题。在融合的大趋势下,两者之间的安全认知在逐步靠近。

2. 两个现实难题

(1)网络空间高维特性和熵增定律造成的防御难题

首先,网络空间可以理解为三维的物理空间(即网络架构)衍生出的超越三维乃至超越四维的空间,其信息具有高维特征,例如信息的信息是一种更高维的信息。要维护一个高维空间安全有序,难度可想而知。高维的信息容易被忽视,进而造成信息泄漏,比如出现侧信道问题。加密的信息是一种更高维的信息,从不同维度去理解,可以看作对原始明文信息的升维操作。一段网络流量加密与否会在无意中暴露其重要性程度,且无论加密程度如何,都会给数据赋予额外的信息特征。从控制论角度看,高维特性造成系统的可观性和可控性难以达成,这就令面向网络的观察遇到很多问题,例如复杂网络的状态如何量定、状态是否可以预测、宏观预测符合什么规律、微观层面是否可以预测,等等。其次,熵增定律造成防御难。安全是要保持系统的有序性,非安全则是要破坏系统的有序性。熵增定律告诉我们:封闭系统是一个由有序到无序的过程,防御者要维护系统的有序性,就要不断输入负熵,所以需要有价值信息的注入。这也就是常说的防御者困境:防御者与攻击者的知识不对称性,使得防御者投入的资源更多。

（2）持续数字化、网络化条件下的安全生产保障难题

工业领域持续的数字化、网络化，甚至智能化改造，能够助推制造业提升供应链弹性、增加生产制造柔性、提高快速响应速度等。但数字化的进程使物理器件开始附带信息属性，计算资源与物理资源紧密集成并深度协作，软件开始定义控制逻辑，从而因软件过于灵活而导致安全存在隐患。计算机功能强大，因为它消除了许多先前机器的物理限制。一方面，再也不用担心设计的物理实现，另一方面无法通过物理定律来限制设计的复杂性。原本物理约束严苛地限制着产品的设计、结构和修改，控制着设计的复杂性。但对于软件来说，可能实现的限制与能够成功、安全完成的限制是不同的——限制因素从结构的完整性和材料的物理约束转变成我们认知能力的限制。因此，就目前的整体安全水平而言，"安全保障生产、生产必须安全"仍是第一要务，网络安全要服务于工业安全，坚持协同部署、聚焦本质安全、培育解决方案、强化综合保障"五位一体"的全面支撑体系，构建培育工业互联网和安全生产协同创新模式，推动工业互联网和安全生产深度融合。

3. 安全内涵理解

从工业互联网的定义出发理解工业互联网安全，有助于更加深入地探索和准确把握工业互联网的内涵。工业互联网是一种基础设施，是新的业态与应用模式，具有"新"和"融"的重要特点。工业互联网安全的内涵至少包括四个层面：它是工业互联网系统的重要属性，是深度融合下的安全，是人-机-物全面互联下的一体化安全，是由一系列架构、模型、技术、平台、工具组成的系统性安全能力表征。其中，工业互联网安全包含信息安全、功能安全和物理安全，它们之间并非完全孤立，而是存在普遍联系。在数字化和网络化阶段，功能安全和物理安全是工业互联网安全关注的重点，因此本书将不探讨物理安全的内容。

从系统的安全目标来看，终极目标是追求本质安全。本质安全就是通过追求企业生产流程中人、物、系统、制度等诸要素的安全可靠和谐统一，使各种危险因素始终处于受控制状态，进而逐步趋近本质性、恒久性的安全目标。狭义的本质安全指的是通过设计手段使生产过程和产品本身具有防止危险发生的功能，即使在误操作的情况下也不会发生事故。广义的本质安全就是通过各种措施（包括教育、设计、优化环境等）从源头上堵住事故发生的可能性，即利用科学技术手段使人们生产活动全过程实现安全无危害化，即使出现人为失误或环境恶化也能有效阻止事故的发生，有效保障人的安全健康状态。本质安全是最理想的安全化程度，对它的追求永无止境。对于工业互联网而言，本质安全的视角不仅包含工业视角，还包含网络视角。在工业互联网安全框架的构建与工程实施过程中，通过建立技术体系和管理体系相结合的系统安全功能体系满足重要的安全需求、强化安全特征，从而保障智能化生产的连续性、可靠性，保障个性化定制、网络化协同以及服务延伸等工业互联网应用的安全运行，提供持续的服务能力，防止重要数据泄漏，不断增强设备本质安全化、人员本质安全化、工艺本质安全化、作业环境本质安全化以及系统管理本质安全化水平。

对于工业互联网安全，要站在系统性思维的角度去解读。安全是系统性的安全，不能

简单地采取"分而治之"的办法;安全是一体化的安全,不能基于"时空割裂"的思路来解决;安全是对立统一的安全,要寻求两类安全并轨的"融合发展"。安全有"互联"和"工业"融合的特点,不失一般性的同时也具有特殊性。安全状态具有动态特征,会随时间变化,这种变化的不确定性与防御措施/防御能力的变化、外部安全环境的变化、信息自身价值的变化都有极大的关系。

2.2 工业互联网安全内涵的剖析

本节进一步对工业互联网的安全内涵从系统性审视、一体化考量、对立统一性蕴含、一般性与特殊性等五个方面进行深入剖析。

2.2.1 系统性审视

安全是系统的涌现性体现,该属性是由于系统各部分在一定环境下交互而产生的,不能割裂地去看,孤立地评价系统中某一个部件的安全性于整体无益。因此,工业互联网安全研究必须从系统性角度去考察和审视。

1. 不是简单地将"工业安全"和"网络安全"相加

首先,作为一种新业态与新应用模式,信息侧和物理侧威胁结合带来的工艺安全冲击、产业数字化迁徙进程中引入的虚实交错的安全新场景、连接世界与被世界连接可能造成的人-机-物现实伤害等新问题与新挑战,仅从工业视角或网络视角出发,都无法调和突出的安全矛盾问题。其次,从结构功能上来看,虽然系统中的组件仍是工业控制系统与互联网中的主要设备与系统,但其组成要素、关系、功能、结构及其存在条件、运动规律等与传统的工业控制系统和网络已大不相同,因此其安全需求、安全设计、安全实施、安全运行等方面的要求必然有所不同。最后,从时空延续性和发展协调性上来看,系统倾向于朝着高风险状态迁移。因此,必须考虑系统随时间演化和变化、物理设备随时间老化与退化及不恰当维护、人的行为和重视度随时间改变、系统运行所处的以及预期交互的系统所处的物理和社会环境也可能发生变化等因素的影响。

2. 安全目标约束下的部分与整体关系把握

安全遵循目的性原则。设计和实施安全控制的前提是必须有安全目标。在安全目标约束下,安全作为复杂系统,必然具有层次性的特点。要保障工业互联网的安全,其安全系统肯定具有多层结构,在各个层次的功能及其相互作用下达到整体安全目标,不断控制、消除客观系统的残余危险和有害因素,趋近系统的本质安全。在分层结构中的每一层,控制不足都可能导致约束缺失、安全控制命令不充足、控制命令在底层没有正确执行或有关约束实施的沟通或过程反馈不足等问题。为了实现层次性要求,人们根据企业系统中危险/有害因素的实际状态适当调整各要素、子系统的主次和先后顺序,遵循组织协调原理,包括人、机、物以及事前、事中、事后的应急响应等机制的协调,安全动作应具有协调一致性。

安全体系包括提供技术体系和管理体系的安全性。安全包含技术体系和管理体系。如前所述,安全具有自然和社会两种属性,人是安全系统的第一要素,俗话说:技术与管理并重,管理甚至比技术更重,即"三分技术,七分管理"。无论在控制系统还是在互联网系统中,人都是重要的防范目标,因为人有意或者无意做出的错误决定或者动作都会成为系统安全功能的阻碍者、破坏者,网络空间安全的威胁大部分来自人。因此,安全系统的一个重要目标就是主动发现和积极阻止人的不安全行为。在这里,需要遵循组织协调原理、人员保障协调原理,建立适当的社会控制结构、管理机构、规章制度、人员、安全策略等。

2.2.2 一体化考量

对于安全来说,安全不是单点问题,而是整体性问题,整体性蕴含着一体化。功能安全和信息安全的一体化安全是所有一体化安全中的核心安全问题。一体化的安全体现在以下几个方面:

1)工业互联网安全是全生命周期的安全。安全必须贯穿系统的整个生命周期,包括规划、设计、施工、安装、运行、维护、生产、使用、销毁等流程的各个阶段。从软件工程的角度,在规划设计阶段需要遵循最小权限原则并注意职责分配问题;在运行和维护阶段应注意对系统进行渗透测试、安全监控和日志审查等问题。

2)工业互联网通过实现人、机、物的全面互联,促进制造资源泛在连接、弹性供给和高效配置,工业互联网安全是人、机、物全面互联的一体化安全。

3)工业互联网的 IT/OT 进行融合时会带来很多安全挑战,如攻击面变大、工业设备资产的可视性严重不足、IT 和 OT 的安全管理难以实现独立互操作等。工业互联网安全是功能与信息安全一体化的安全。功能安全和信息安全可以看作控制问题,其控制目标就是确保满足安全约束。

4)工业互联网安全是安全生产全过程中风险可感知、可分析、可预测、可管控一体化的安全。安全生产的新型能力是提升工业企业安全生产水平的关键,依托"工业互联网+安全生产"新型基础设施,通过建设和提高安全生产快速感知、实时监测、超前预警、应急处置、系统评估五大新型能力,推动工业互联网安全一体化的发展。

5)工业互联网安全是信息流、物质流、能量流三流合一的一体化安全。综合分析工业互联网的安全要素,结合商业网络、企业、工业网络状态,评估工业互联网的安全状况,通过信息流感知、物质流感知以及能量流感知,预测攻击向量及攻击链路,实现事前防御、事中控制、事后恢复的目标。

2.2.3 对立统一性蕴含

对立统一性至少包含以下五个方面。

1. 安全性与可靠性存在矛盾

可靠性与安全性之间，存在可靠但不安全，安全但不可靠的关系。2018 年，世界上首起自动驾驶汽车导致行人死亡事故在美国发生，这属于既不可靠也不安全的案例。提高可靠性甚至有可能降低安全性，比如当电子门禁系统突然断电，应该保持门禁系统关闭还是打开就是这样一个问题。如果需求是关闭的，那么如果有人被锁住而长时间无人发现，就是很不安全的，而这时似乎只有"不可靠"才能保证人的生命安全。

2. 安全需求自身存在矛盾

两个属性之间可能存在潜在的冲突，导致安全性之间存在矛盾。例如，参考文献 [15] 给出的列车自动门系统的例子。一个安全约束是除非列车停止并且正确对准了车站站台，否则车门不能打开；另一个安全约束是无论何时，一旦需要紧急疏散，车门必须打开。

3. 不安全组件之上构建安全的最佳实践

由于供应链安全问题以及人类工艺无法企及高度的原因，无法彻查软硬件设计缺陷或脆弱性导致的安全漏洞，进而无法避免后门。而工业互联网作为一个开放系统，具有泛在的计算和连接，无数设备与软件系统连接其中、运行其上。因此，工业互联网面临这样一个事实：明知控制及设备等重要对象或组件存在缺陷、后门等不安全因素，仍要通过安全体系的建设实现系统安全的最佳实践。当然，最佳实践的工程过程并没有统一的标准，需要具体问题具体分析，并与所处环境相匹配。

4. 安全约束不可变与可变的矛盾

控制系统的目标是解决安全约束问题，而信息化的一个可能的后果是导致安全约束可以被更改，从而导致控制技术失控。例如，数字联锁的逻辑或者安全仪表的系统逻辑如果被改变，在出现安全隐患或安全风险时无法及时启动安全保护机制，就会对生产活动造成影响。

5. 数据使用与限制的矛盾

工业数据已成为一种重要的生产要素。一方面，要鼓励数据的流动，数据流动会推动制造业数字化转型，促使制造全过程、全产业链、产品全生命周期的无缝衔接和综合集成。另一方面，又要限制数据的流动。因为数据流动方向和路径复杂，在数据采集、传输、存储、使用环节会暴露出全生命周期的安全问题。

2.2.4 不失一般性

近年来，工业互联网作为 IT 和 OT 深度融合的产物逐渐进入大家的视野。既然是一种融合而成的新兴技术，那么传统的 IT 和 OT 系统的一般特性在工业互联网中必然存在，具体表现在以下几个方面。

1. 老问题依旧存在

IT 和 OT 深度融合之后，传统网络安全问题在工业互联网中依然存在，例如漏洞和后门问题、云安全问题等。工业和信息化部发布的《关于工业大数据发展的指导意见》指出，我国 34% 的联网工业设备存在高危漏洞，仅在 2019 年上半年发生的嗅探事件就高达 5151 万起；IaaS、PaaS、SaaS 等类型的云计算服务都是基于 Web 方式部署的，依然面临着拒绝服务攻击等威胁，恶意的内部员工更有可能带来敏感数据泄漏的风险。

2. 传统模型方法的适用性

传统的安全架构和安全模式可以解决部分工业互联网中的安全问题。例如，美国 ISS 公司提出的动态网络安全体系 P2DR 模型，其思想是在整体安全策略的控制和指导下，综合运用防护工具（如防火墙、操作系统身份认证、加密等），并利用检测工具（如漏洞评估、入侵检测等）了解和评估系统的安全状态，通过适当的反应将系统调整到"最安全"和"风险最低"的状态。这种思想在部署工业互联网的时候仍然值得借鉴，通过把防护、检测和响应组成一个完整、动态的安全循环，就能在安全策略的指导下保证工业互联网系统的安全。

3. 引入信息技术的两面性

工业互联网融合了信息技术领域的最新理念、技术成果和互联网领域的新兴技术，人工智能、标识解析、工业大数据和边缘计算的逐渐融入推动了工业互联网的发展。随着信息技术对 OT 的支持，信息技术的两面性问题也逐渐显现出来。人工智能技术的应用虽然增强了工业互联网的数据挖掘能力，但是增加了数据隐私泄漏风险，甚至可能导致数据安全的防护措施失效；标识解析系统在工业互联网中应用时需要具备隐私保护、真实认证、抗攻击和攻击溯源等能力，目前是否具备这些能力还需要时间检验；工业大数据体量巨大、分布广泛、结构复杂、处理速度多样，但是其置信度要求较高，存储和交互面临着严峻的安全问题；工业互联网边缘侧的网络结构、部署方式不尽相同，对系统的可靠性提出了更高的要求；需要连接海量的终端设备与异构网络，对数据传输的实时性要求较高；连接的终端设备较多，其安全防护形式无法统一。因此，工业互联网的安全问题日益突出。

2.2.5 具有特殊性

工业互联网技术虽然是融合传统 IT 和 OT 技术形成的，但其作为近几年一种新兴的技术，必然有区别于传统 IT 和 OT 系统的一面。其特殊性表现在以下几个方面。

1. 安全集成需要考虑 IT 和 OT 特有的动态性

IT 和 OT 具有不同的特征，IT 环境是动态的，IT 系统需要经常修复、升级和替换。IT 领域关注数据机密性、完整性和可用性，技术人员需要了解最新的 IT 趋势和安全威胁。

而 OT 环境是相对稳定的，OT 系统部署成功后如果不出现问题，可能几年甚至十几年都不用更新。OT 领域更加注重稳定性、安全性和可靠性。

2. 安全需要解决工业生命周期和棕地部署

工业互联网因为其特殊性不可避免地存在大量棕色地带，棕色地带中部署着大量"老化"或"过时"的工业设备，这些设备由于内存和资源受限，访问控制能力较弱，安全防护措施不足，并且短时间内不会更新换代，因此把这些设备连接到工业网络中会引入新的安全风险。

3. 工业端点的资源限制及其高可用性要求

工业互联网中存在大量端点设备，既包含传感器和执行器等现场设备，又包含 PLC、RTU、DCS 等控制设备。这些端点设备一般计算、存储能力有限，而且部署环境恶劣，部署之后很难对其进行更新换代，因此必须保证其具有高可用性。但是，因为长时间得不到更新维护，老旧设备容易被别有用心的攻击者盯上，其安全性无法得到保证。

4. 传统安全架构与模型的不完全适用性

工业控制系统接入互联网之后，无边界化的特点更加突出。首先，各种设备的部署更加灵活和非结构化，打破了原有工业控制系统固有的边界部署，传统的基于边界分层的安全架构和模型并不再适用；其次，传统安全架构与模型中的入侵检测、防火墙、加密等技术会耗费大量计算资源，在 OT 系统中一般计算资源有限，必将耗费大量时间，对于时间敏感的 OT 系统来说很难达到实时性的要求，因此也不完全适用；最后，在传统安全架构与模型的应急响应阶段，通常使用打补丁的方式修补漏洞，但在 OT 网络中，设备通常会按照设计连续运行数年，打补丁导致的停机成本太大，并不是大多数系统的优先考虑因素，因此也不完全适用。

5. 逐步依赖与反向加剧

安全生产逐步依赖于信息化，而信息化又加剧了不安全性。信息化发展加速了网络的无边界化，迅速扩展了工业互联网系统的状态空间，信息的传输、反馈、侧信道等问题使系统层次间的非线性关系更加复杂，导致传统的物理限制有可能失效，现场环境变得不可观、不可控。例如，自来水厂使用液位传感器来观测安全生产状态信息，当蓄水池的水位高于警戒线时，操作员通过观测组态画面发现现场环境出现险情，就通过操作员站操作控制器来关闭进水阀门。别有用心的攻击者可以利用该过程发动攻击，首先强制打开进水控制阀门，然后伪造液位传感器的采集数据，使操作员站观测到的液位值一直处于正常状态，最终造成现场环境不可观、不可控，从而引发安全事故。

2.3 攻击面和攻击向量的变化

工业互联网的攻击面和攻击向量与传统网络和工业网络相比发生了巨大的变化。分析攻击面和攻击向量的变化有助于从对手视角深刻理解和把握工业互联网安全的本质，为后续体系化地构筑安全框架奠定基础。

2.3.1 横向扩散使攻击面变得庞大

在 IT 环境中，攻击面具有流动性和动态性，IT 数据通信是分层的、纵向的。在 OT 环境中，虽然过程和控制是确定的，但多样化的部署方式会导致多路径的恶意网络攻击。计算泛在化、连接广泛化会导致攻击面不断扩大。

在 OT 环境中，互联互通导致网络攻击路径增多，攻击面横向扩散。从设备角度看，现场设备由机械化向高度智能化转变，并产生了嵌入式操作系统 + 微处理器 + 应用软件的新模式，这会使海量智能设备直接暴露在网络攻击之下，面临网络攻击范围扩大、恶意代码传播扩散速度增加等威胁。

相比于互联网安全，工业互联网安全防护对象更多，安全场景更丰富，防护范围延伸至工厂内部，涉及设备安全（工业智能装备及产品）、控制安全（SCADA、DCS 等）、网络安全（工厂内、外网络）、应用安全（平台应用、软件及工业 APP 等）以及数据安全（工业生产、平台承载的业务及用户个人信息等数据）。工业互联网连通了工业现场与互联网，使网络攻击可直达生产一线，影响工作生活和社会活动。若攻击发生在能源、航空航天等关键基础行业，还将危害国家总体安全。

2.3.2 工业数据暴露出全生命周期的攻击面

工业大数据是指在工业领域中，围绕典型智能制造模式，在产品全生命周期的各个环节产生的各类数据及相关技术和应用的总称。从工业数据的来源看，主要分为企业运营管理相关的业务数据、制造过程数据、企业外部数据三类。工业互联网是工业大数据的重要来源，工业大数据的数据流包含复杂的流动路径，数据在采集、传输、存储、使用的全生命周期中都存在着暴露的攻击面。在数据采集环节，由于不同行业、企业使用来自不同制造商的多种类设备，所以采集到的数据容易遭受数据注入攻击，难以实施统一有效的整体防护。在传输环节，由于工业协议多种多样且安全性低、数据传输的实时性要求高且传输模式复杂，因此传输的数据容易遭受重放、篡改和中间人攻击，难以在数据传输过程中对网络攻击追踪溯源。在数据存储环节，由于数据安全分类 / 分级隔离措施和授权访问机制不完善，因此存储的数据存在未授权访问窃取和篡改等风险，难以保证存储数据的机密性和完整性。在数据使用环节，由于工业互联网数据存在多维异构、碎片化特征，因此传统数据清洗与解析、数据包深度分析等安全措施的实施效果不佳。

2.3.3 棕色地带存在"过时"的攻击面

棕色地带是指传统解决方案与新解决方案和组件相互交织、共同存在的环境。由于 OT 技术与 IT 技术在发展方向上大相径庭，对于 OT 系统而言，其生命周期长达数十年。

在工业操作中,最大限度地增加设备正常运行时间至关重要,因此工业资产通常寿命很长,在操作、可靠性和安全测试方面有大量投资。许多工业企业的部署遵循旧的技术方案,而这些技术方案没有考虑到安全性和互操作性。因此,在工业互联网中,不可避免存在着大量棕色地带。在棕色地带中,按照信息技术的安全标准,大多数工业设备已"老化"或"过时"。目前许多系统仍然依赖于物理安全、运行技术网络的隔离和工业协议的模糊性来弥补网络安全的缺失,但防护效果不佳。在攻击者看来,旧式OT系统是理想的攻击目标,安全保护措施过时很容易给攻击工业系统带来机会。大多数工业装置包含的设备应用了安全功能和最新的安全更新,从而提升了安全性。

2.3.4 攻击向量跨越信息物理空间

攻击向量可以视为入侵者用来攻击计算机或者网络服务器的一种手段,包括攻击所用的工具和技术,可以帮助入侵者寻找系统可能存在的漏洞。目前,攻击向量呈现定向化、跨越信息物理空间的特点,出现了BlackEnergy、Triton等跨越信息物理空间的攻击向量。这些攻击手段涵盖了物理层面的传感器注入、网络钓鱼、利用供应链预置后门等;攻击过程融合了工艺过程理解的攻击向量,实现了利用合法指令的语义攻击,会造成系统的破坏、生产过程停止、设备损毁等后果。有的攻击甚至利用网络、系统、能量的复杂关联特点,给物理空间带来深刻影响。

举例来说,电力基础设施高度互联,并以复杂的方式互相依赖。电力系统的级联和故障升级等会直接或间接影响其他基础设施,例如电力系统会因为一个用于电力传输的SCADA系统的微波通信网络中断而触发电力传输的级联故障。由于缺乏监测和控制能力,会导致大型发电单位不得不采取脱机措施,造成传输变电所的功率损耗。这种损失可能会引发整个电网级联故障,从而导致大面积停电,甚至影响依赖于电力网络的石油和天然气生产、炼油业务、水处理系统、污水收集系统和管道运输系统等。

2.4 功能安全与信息安全一体化

制造业的智能化转型让现实与虚拟世界之间的界限变得越来越模糊,带有IP地址的网络设备正在快速大面积覆盖智能工厂。当生产过程和信息合二为一,运营模式要求IT和OT进一步深度融合,就形成了一个贯穿整个制造企业的技术架构。而随着新的技术架构的产生,传统的功能安全与信息安全就无法满足实际需求,功能安全与信息安全一体化是工业互联网安全发展的必然趋势,急需攻关突破。

2.4.1 IT与OT的安全需求差异

在历史上,IT和OT系统处于平行发展的状态,不同的使命以及硬件、软件、操作环境的巨大差异导致两者发展和对安全的需求完全不同。

与 IT 系统相比，OT 系统拥有专有协议、使用专门的硬件和软件，面对的安全风险、安全架构、环境、优先级别、管理要求等也大不相同，如表 2-1 所示。

表 2-1 IT 与 OT 的安全需求差异

序号	分类	IT 系统	OT 系统
1	性能需求	非实时，响应必须是一致的。要求高吞吐量。高延迟和抖动可接受	实时、响应是时间紧迫的。可接受适度吞吐量。不能接受高延迟和抖动
2	可用性需求	重启之类的响应可接受，可用性缺陷往往可以容忍	重启之类的响应不可接受，可用性要求需要冗余系统，中断必须有计划并预定时间（天/周），需要详尽的部署前测试
3	管理需求	数据保密性和完整性最重要。容错不太重要。临时停机不是一个主要的风险，主要风险影响是业务操作延迟	人身安全最重要。容错必不可少，瞬间停机无法接受。主要风险影响是不合规，环境影响，生命、设备或生产损失
4	体系架构安全的关注点	首要关注点是保护 IT 资产，以及在这些资产上存储和传输的信息	首要关注点是保护边缘客户端（现场设备，如过程控制器）
5	未预期的后果	安全解决方案围绕典型的 IT 系统进行设计	必须先测试安全工具，以确保它们不会影响系统正常运作
6	系统操作	系统被设计为使用典型的操作系统。采用自动部署工具，升级非常简单	与众不同且专有的操作系统；往往没有内置的安全功能，软件变更必须小心进行；因其专用的控制算法，以及可能要修改相关的硬件和软件，通常由软件供应商操作
7	资源限制	系统被指定足够的资源来支持附加的第三方应用程序（如安全解决方案）	系统支持预期工业过程，可能没有足够内存和计算资源来支持附加的安全功能
8	变更管理	具有良好的安全策略和程序时，软件变更是及时应用的，往往是自动化的程序	软件变更必须进行彻底测试，以递增方式部署到整个系统，确保控制系统的完整性。系统中断必须有计划，并预定时间

1. 优先级顺序有差异

在机密性、完整性、可用性方面，IT 系统和 OT 系统从优先级顺序到具体要求都不同。在 IT 环境中，优先级为数据机密性、完整性和系统可用性。而 OT 与工业流程和工厂自动化密切相关，因此工业知识是 OT 的核心，主要涉及产品制造工艺、产品设计、工艺流程、质量管控等专有技术或者专门知识。在保护 ICS 和 SCADA 网络时，OT 要优先保护工厂、人员和生产过程。在 IT 网络中，检查网络层流量往往就能提供很好的保护效果；而在 OT 环境下，工业防火墙应该执行深度包检查，以监视和分析应用层中的实际命令，面向"语义级攻击"进行检测与过滤。

2. 环境要求不同

IT 系统和 OT 系统在可靠性、实时性等方面的要求不同。IT 环境是动态的，IT 系统需要经常修复、升级、替换。IT 人员必须了解最新 IT 趋势和威胁，但往往不熟悉 OT 网络或工业控制系统，他们中几乎没人涉足工厂环境。与之相反，OT则要求无论是系统或者员工都要在以稳定性、可靠性、安全性（物理安全和功能安全）为重的环境中工作。工作涉及维护复杂敏感环境的稳定，比如炼油厂、化工厂和水厂还存在几十年前的遗留系统，且系统在几十年间未做更新。他们的箴言是："只要能用，就别动它。"

3. 风险管理的区别

由于IT和OT面临的风险、拥有的资源、发生变更后的影响都不尽相同，因此在体系架构安全焦点、变更管理等方面也有所不同。与IT系统只关注数字世界的威胁不同，人身安全和容错（以防止损害生命或危害公众健康或信心）、合规性、设备的损失、知识产权损失，以及产品的丢失或损坏等才是OT主要的关注点。例如，控制工业生产过程的系统意外停电是不能接受的，停电必须有计划且预定时间（天/周）。

将现有的IT安全测试方法进行简单调整后用于OT系统是远远不够的，需要全面改进用于评估OT系统安全状态的方法、工具和技术。首先，为确保ICS的高可用性，进行全面的部署前测试是必不可少的。此外，许多控制系统无法做到在不影响生产的情况下轻易地停止和启动。由于ICS的高可用性、可靠性和可维护性要求，重新启动一个组件通常是不能被接受的解决方案。为解决这个问题，一些ICS会采用冗余组件，且常常让这些组件并行运行，当主要组件不可用时，冗余组件可继续工作，以保证连续性。

IT系统和OT系统在补丁升级与漏洞修复方面也存在明显差异。在IT系统中，打补丁是安全审查后常见的修复手段之一，但打补丁的工作并不简单，因为补丁可能会引起不同软件彼此交互时产生问题。工控系统中设备繁多，设计相对封闭与独立的特点导致系统难以统一进行升级，因此在选取相关的安全厂商时，需要寻找能力较强的安全厂商。

此外，ICS可用的计算资源（包括CPU时间和内存）往往是非常有限的，因为这些系统旨在最大限度地控制系统资源，很少甚至没有额外容量用于第三方的网络安全解决方案。此外，在某些情况下，是完全不能使用第三方安全解决方案的。

2.4.2 功能安全与信息安全的平行发展

正是由于早期OT和IT的各自发展以及对安全需求的不同，进一步导致了功能安全与信息安全两个安全维度的出现。由于OT的生产环境往往会和现实世界直接交互，关键业务资产的可靠性和使用寿命是管理者主要关心的问题，因此对于功能安全更为重视。

1. 功能安全的发展历程

功能安全的研究与工业革命息息相关。20世纪以来，工业革命给人类的生产和生活带来了天翻地覆的变化，尤其是进入20世纪70年代，半导体器件的广泛使用把世界推入了电气化时代。工业文明在给人类带来便利的同时，也带来了诸多不利影响，如全世界每年死于工伤事故和职业病的人数约为200万。随着人们实现"安全工业"的愿望越来越强烈，越来越多的安全相关系统被广泛应用于各种领域，但如何确定系统功能安全成为最大的难题，例如，早期的 IEC 60204、NFPA 79、JIS 90960 中要求不要将电子技术应用于机械安全相关系统。随着 20 世纪 80 年代开始使用 PLC，以及越来越严格的设备安全、人身安全和环境保护的需求，专门用于安全相关系统的控制器系统、安全型 PLC 和安全解决方案得以快速发展和推广。

在这种背景下，欧洲与美国开始致力于相关的研究与标准制定。欧洲从机械安全领域着手，最早的标准于 20 世纪 70 年代由德国制定，是关于锅炉/燃烧器的启停控制的；1994 年 5 月，德国颁布了标准 DIN V 19250 "控制技术，测量和控制设备必须考虑的基本安全"。该标准将安全性划分为 8 级，目标是减少用户的危险并确定安全相关系统的完整性需求；为了适应安全领域中越来越多的可编程电子系统（PES），德国进一步提出了 DIN V VED0801 标准，确定了专门的措施用于评估 PES。

美国从过程工业领域着手。美国仪表协会（ISA）于 1996 年 2 月提出了 ISA S 84.01《过程工业安全仪表系统的应用》(Application of Safety Instrumented Systems for the Process Industries)，第一次提出了安全完整性水平（SIL）的概念。随后，国际电工委员会（IEC）制定了功能安全基础标准 IEC 61508，这也标志着功能安全正式形成共识，成为独立的研究领域。IEC 61508 发布后，各个行业也相继推出行业的功能安全标准，例如铁路相关标准 EN 50126/128/129、过程工业标准 IEC 61511、机械工业标准 IEC 62601、核工业标准 61513 等，如图 2-3 所示。

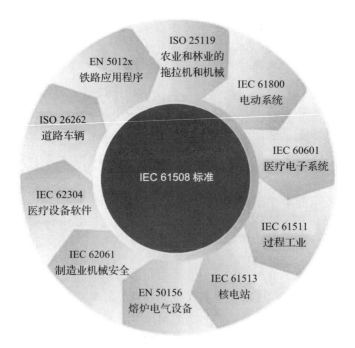

图 2-3　各个领域的功能安全标准

在功能安全基础标准 IEC 61508 中还首次提出了电气／电子／可编程电子系统功能安全的概念，并对于如何从全生命周期的角度达到功能安全相应等级给出了详细的要求和指南。

与 OT 不同，IT 领域典型的职责包括支持业务和行政职能、提供网络访问和连接，所以更专注于数字环境，主要考虑数据处理速度、系统可靠性和安全性等问题。

2. 信息安全发展历程

信息安全的发展大致经历了 4 个时期。第一个时期是通信安全时期，其主要标志是 1949 年香农发表的论文《保密通信的信息理论》。在这个时期，通信技术还不发达，电脑只是零散地位于不同的地点，信息系统的安全仅限于保证计算机的物理安全以及通过密码（主要是序列密码）解决通信的保密问题。

第二个时期是计算机安全时期，以 20 世纪 70～80 年代提出的《可信计算机评估准则》（TCSEC）为标志。在 20 世纪 60 年代，半导体和集成电路技术的飞速发展推动了计算机软硬件的发展，计算机和网络技术的应用进入了实用化、规模化阶段，数据的传输可以通过计算机网络来完成。这时候，信息已经分成静态信息和动态信息。人们对安全的关注已经逐渐发展到以保密性、完整性和可用性为目标的信息安全阶段，主要保证动态信息在传输过程中不被窃取，即使被窃取，也不能读出正确的信息；还要保证数据在传输过程中不被篡改，让读取信息的人能够看到正确无误的信息。1977 年美国国家标准局（NBS）公布的国家数据加密标准（DES）和 1983 年美国国防部公布 TCSEC，标志着解决计算机信息系统保密性问题的研究和应用迈上了新台阶。

第三个时期是在 20 世纪 90 年代兴起的网络时代。从 20 世纪 90 年代开始，由于互联网技术的飞速发展，无论是企业内部还是外部，信息都更加开放，由此产生的信息安全问题跨越了时间和空间，信息安全的焦点已经从传统的保密性、完整性和可用性三个原则扩展出可控性、抗抵赖性、真实性等原则和目标。

第四个时期是进入 21 世纪的信息安全保障时代，其主要标志是提出了《信息保障技术框架》（IATF）。如果说对信息的保护还处于从传统安全理念到信息化安全理念的转变过程中，那么面向业务的安全保障就完全是从信息化的角度来考虑了。体系性的安全保障理念不仅关注系统的漏洞，而且是从业务的生命周期着手对业务流程进行分析，找出流程中的关键控制点，对安全事件出现的前、中、后三个阶段进行安全保障。面向业务的安全保障不是只建立防护屏障，而是建立"深度防御体系"，通过更多的技术手段把安全管理与技术防护联系起来，从被动保护变为主动防御攻击。也就是说，面向业务的安全防护已经从被动走向主动，安全保障理念从风险承受模式走向安全保障模式。信息安全阶段也走向从整体角度考虑体系化建设的信息安全保障时代。图 2-4 展示了随着信息安全的发展，各种信息安全技术的产生与演变。

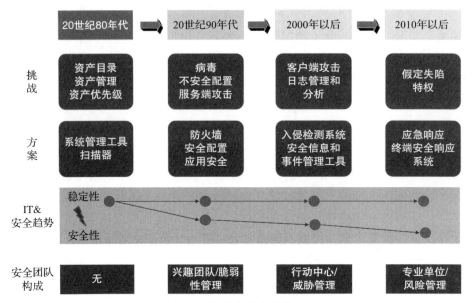

图 2-4　信息安全发展简介

对于信息安全技术，目前国际上已经发布了工业控制系统信息安全标准 IEC 62443。我国在工业信息安全方面尚处于起步阶段，目前已发布 GB/T 30976.1～2—2014《工业控制系统信息安全》评估和验收两个标准。但是尚缺少针对智能制造行业的工业信息安全标准，以及工业系统可用性和其他评价标准相结合的综合评估方法。再次强调，工业信息安全应兼顾系统及部件的可用性，其标准不能照搬 IT 信息安全相关标准。

2.4.3　功能安全与信息安全的融合需求

虽然功能安全与信息安全并行发展了很长一段时间，但逐渐融合的趋势是显而易见的。早期，随着计算机在工业环境中的应用，工业控制领域开始涉及一些信息安全的需求，由于传统设备和控制系统的智能化程度不高，加上高度的隔离性和封闭性，因此信息安全不会受到太大的影响。

随着软件、Web、云计算技术在工业环境中的大量应用，包括控制系统自身的 Web 配置和监控、计算机辅助设计所采用的 CAD/CAE/CAM/CAPP 等软件、生产业务的组态监控程序、生产线及车间操作的管理平台 MES、生产过程和资源成本管理的 ERP 系统、产品设计管理的 PDM、内部人力资源管理 OA 系统、企业的门户站点等逐步应用到工业环境中，也将信息安全威胁带入工业环境中。IT 环境和 OT 环境之间的平衡就是从这个时期开始被打破的，越来越多的软件应用和数据在 IT 和 OT 环境之间交互，在方便业务的同时也引入了更大范围的安全威胁。

2010 年，伊朗发生的 Stuxnet 事件是工业互联网安全史上具有影响力的事件，它让全世界真正意识到工业系统环境中安全问题的严重性。从安全防御的视角来看，Stuxnet

第一次让公众意识到APT在工业互联网环境中造成的危害，随后陆续出现的Duqu、BlackEnergy、Havex、Industroyer等针对工业互联网系统目标的恶意代码使得原先基于主机、网络、应用系统、中间件、云系统环境的各种被动防御技术更加难以招架。这时，工业互联网的概念被正式提出，引入了大量新的技术和业务模式，很多技术架构发生了变化，尤其是工业云平台、APP、边缘计算、大数据、大量IoT类设备、人工智能、区块链、数字孪生、5G技术的应用，使得工业互联网环境真正迎来了IT、OT和CT的融合，大大扩大了其应用边界。

随着新一轮工业革命的推进，制造业的智能化转型正在让现实与虚拟世界之间的界限变得越来越模糊，带有IP地址的网络设备正在快速、大面积地覆盖智能工厂。当生产过程和信息合二为一，就呼唤新的运营模式、要求IT和OT进一步深度融合，形成一个贯穿整个制造企业的技术架构。在当今的工业领域中，安全包括信息安全、功能安全和物理安全3个层面。在数字化和网络化阶段，功能安全和物理安全是关注的重点，其中功能安全强调系统自身存在的脆弱性导致的系统失效，即由于系统自身的不鲁棒性在运行过程中导致的系统失效。信息安全虽然也关注系统自身的脆弱性，但更强调威胁主体利用系统自身存在的脆弱性导致的系统失效，即系统脆弱性易于被人利用。

但由于早期IT和OT的平行发展，功能安全与信息安全独立演化，导致现有的安全防护措施不能很好地适应两者的融合。一体化的安全并非二者的简单叠加，而应当是深度的一体化融合。其中的难点主要在于信息安全已经走到了APT阶段，而工业安全仍处于基于系统思维构筑安全系统的阶段。

虽然针对功能安全和信息安全的各种技术已在工业控制系统上广泛使用，但随着自动化、数字化、信息化技术的不断发展，越来越多的信息互联和控制应用被集成到同一个系统中。当功能安全和信息安全集中于同一个智能化系统架构时，需要建立一套综合的全生命周期安全一体化体系，涵盖功能安全和信息安全的问题，包括风险评估、开发、集成、安装验收等阶段，图2-5展示了功能安全周期与信息安全周期的对比，其中带标号的部分为功能安全周期，未带标号的部分为信息安全周期。

在安全一体化标准设计方面，国际电工委员会（IEC）于2019年提出工业过程测量、控制和自动化功能安全和信息安全框架TR 63069。欧盟研究理事会资助了一项功能安全与信息安全的风险综合分析的项目CAESAR，旨在研究功能安全与信息安全的复杂交互，以提出脆弱性和安全失效在系统中的传递模型、系统级风险度量的有效算法以及量化方法。针对复杂工控系统中功能安全与信息安全之间耦合程度的建模、识别等问题，法国电力集团（The EDF Group）提出了基于布尔逻辑驱动的马尔可夫过程对功能安全与信息安全的相互依赖性建模。

总体而言，国内外关于功能安全与信息安全一体化的研究还处于初级阶段，安全一体化的架构设计及标准、规范在国内外均尚未形成。实现全生命周期一体化设计主要面临三个难题。

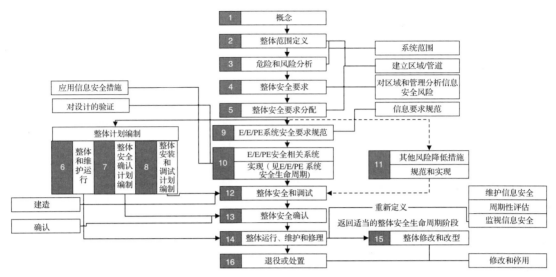

图 2-5 功能安全周期与信息安全周期的对比

1. 探索并明确功能安全与信息安全在全生命周期中的耦合边界问题

功能安全一般以功能回路为导向，并不针对一个设备或部件。例如针对自适应巡航系统（Adaptive Cruise Control，ACC）进行正常减速跟车的功能安全分析，这个减速过程涉及前雷达目标探测、中央控制单元进行数据处理、制动系统进行减速的整个过程回路，而针对其中任何一项是无法进行功能安全分析的。信息安全则一般以区域为导向，需要确定工控系统中的区域和管道，每个区域有一个要求的信息安全等级。表 2-2 展示了全生命周期功能安全与信息安全的详细分析。为了将两者融合，需要对两者的边界关系进行明确区分（如图 2-6 所示），进而深化全生命周期安全一体化设计的理念。

表 2-2 功能安全和信息安全的差异对照

生命周期阶段		功能安全	信息安全
风险分析	评估对象	• 智能化生产过程/受控设备	• 生产过程的区域和管道
	失效原因	• 由于运行和环境压力导致的随机失效 • 由于安全生命周期过程错误导致的系统性失效	• 威胁：内部、外部、内外部 • 由于组件或系统漏洞导致的脆弱性
	后果	• 对环境、人员以及公众的影响及危害	• 可用性、完整性丧失会对安全功能产生直接影响 • 机密性丧失会产生间接影响
	风险分类	• 基于可能性和后果严重性确定，可能性可定量	• 基于可能性和后果严重性确定，可能性可定性 • 多维度风险分类 • 根据每个信息安全要求的目标分配区域

(续)

生命周期阶段		功能安全	信息安全
风险分析	减缓措施	• 一般采用独立的保护层 • 保护措施可以降低事故可能性及后果严重性 • 可以确定完整性要求	• 基于区域和管道的信息安全措施 • 纵深防御 • 可以降低事故可能性 • 确定每个区域的安全目标是否实现
保护措施的实现		• 组件的安全手册	• 组件的信息安全手册
运行与维护		• 确定访问权限 • 对技术设施进行周期性测试 • 对要求率和组件的失效进行监视 • 人员培训	• 确定访问权限 • 对技术设施进行周期性测试 • 对新的脆弱性进行复审并进行相应修改 • 人员培训
安全管理体系		• 定义人员能力、配信、验证、测试、审计、变更管理和文档化的要求	• 定义人员能力、配信、验证、测试、审计、变更管理和文档化的要求

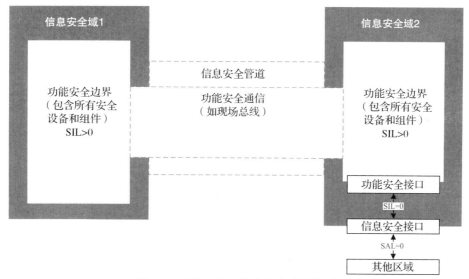

图 2-6 功能安全与信息安全边界模型

2. 功能安全与信息安全一体化耦合与依赖关系建模的理论难题

在工业控制系统中,信息安全与功能安全并不是相互独立的。例如,强有力的诊断措施可能同时有益于信息安全与功能安全;有些措施则使两者存在冲突,例如当汽车车顶受到巨大压力即将翻车的时候,可以自动打开车门以保证车内人员逃生,但这个特性也为偷车贼提供了可乘之机。因此,针对安全相关控制系统功能安全与信息安全耦合作用、相互影响引起的安全域泛化问题,在高动态强耦合条件下,进行耦合建模有助于分析安全事件迁移演化预测、风险耦合量化、策略冲突检测与兼容性分析,为一体化设计实现提供理论指导。

3. 如何建立信息空间与物理空间综合的一体化安全架构的难题

在工控系统复杂化、安全威胁隐秘化、业务信息集成化、安全边界无效化的趋势下，安全相关控制系统的传统架构已无法适应信息物理协同攻击的防范需求，急需构建跨越物理域与信息域，覆盖设计、研发、评测、运维、退役等阶段的全生命周期安全一体化纵深防御体系。架构的建立用于保障形成安全一体化融合增强设计规范，开发对应的一体化安全组件，保障智能控制设备的安全完整性。

2.5 体系化安全框架构建原则

体系化安全框架的构建主要考虑工业互联网的安全目标，遵循其安全内涵要求，考虑系统如何组织成一个整体以满足既定的安全性要求。本节主要关注工业互联网特有的一系列问题，但不涉及一般体系化安全框架构建中所需要的通用性原则，例如安全性评价与平衡原则、标准化与一致性原则、技术与管理相结合原则等。

2.5.1 安全体系融入工业互联网系统设计

立足于体系化思想，加强功能安全和信息安全的能力建设，意味着在工业互联网框架构建时，要从安全需求出发，在相应的抽象层次上明确安全与各体系之间的关系。

1. 安全自成体系又内化于其他系统

从功能性和层次性来看，工业互联网安全体系是工业互联网体系的必要组成部分，可确保工业互联网安全、稳定地运行。构成安全体系的各种要素分布于工业互联网的各个层次，其具有时序结构、空间结构、层级结构等结构模式。工业互联网安全体系可被视为一个独立的子体系，位于各层次的安全组件及构件具有相对的独立性，但同时整体又具备协同性和系统化的能力，从而形成完整、动态、持续的防护体系，支撑系统实现相应的安全目标，以及快速感知能力、实时监测能力、超前预警能力、应急处置能力、系统评估能力等，并满足系统安全所需的各种属性。

从纵深防御和内生安全防御的要求来看，安全能力必须内化于平台、网络和业务等相关体系，实现安全系统与工业系统的深度融合。因此，建立合理的防御层次、明确安全体系与工业互联网其他体系之间的边界、相互影响和耦合/融合十分必要。对于工业互联网而言，安全的体系化层次划分与工业互联网系统的具体实现层次有极大的关联，在工业互联网系统规划、建设和运维的过程中要同步考虑安全能力的建设，搭建纵深与内生安全防御体系；在产品的威胁防护、监测感知、处置恢复等各个环节，以及云端、边缘侧、端点的系统上，安全既要从整体上协同，也要在每层有相应的能力体现。

2. 安全能力纵横贯穿于实施框架

安全系统设计需要在实施框架范围内保持安全能力"纵向到底""横向到边"。安全能力应满足多方的需求，既要从数据流向、业务安全、全生命周期管理等方面考虑，也要从安全系统的内部结构、要素等特定运动的影响上去考虑。业务模式的变化、引入的新技术、新要素以及新攻击技术的出现都会使内部结构发生变化，使系统失去稳定性。因此，新的框架和模式应具有更大的灵活性和开放性。按照参考架构理论，系统架构应从不同相关方的多个视角分别进行描述，单一视角的描述不利于相关方统一认识。参考架构有助于理解系统的本质和关键属性，这些属性与系统的行为、组成和演化有关。对于安全来说，通过持续检测、分析、响应、对抗高级威胁，并且结合威胁情报，可进一步提升检测和响应的效率，在攻防对抗的两端做到知己知彼。

安全技术需要融入工业互联网技术体系。区块链、人工智能、数字孪生、5G等技术的发展，可为工业互联网安全助力、赋能。拟态等内生安全技术的引入，可以为实施主动防御提供重要的技术手段。结合人工智能等技术，可实现智能化攻击追踪溯源、大规模网络攻击的防护与对抗，推动主动式、智能化的威胁检测与安全防护技术的发展，加快标识解析系统安全、工业互联网平台安全、工业控制系统安全、工业大数据安全等核心技术的发展，从而构建全面的预测、基础防护、响应和恢复能力，抵御不断演变的高级威胁。工业互联网安全技术要随着网络结构和功能动态演化而不断演进，具备面对未知变化及时做出响应的能力，安全技术架构的重心也要从被动防护向持续普遍性的监测响应及自动化、智能化的安全防护转移。

实施框架从结构上必须为安全能力的持续提升提供足够的支撑。安全具备协同、迭代、趋优的特点，保证安全能力的持续提升是系统发展的内在要求。工业数字化正处于高速成长期，加之被保护系统的复杂性、安全系统工程技术方案的多元性以及安全效果判定标准的模糊性等因素，使得安全系统面临着迭代更新、持续优化的发展需求，其安全需求变化快、安全应用面广、技术颠覆性强的特点给框架设计带来了诸多挑战。此外，工业互联网作为一个开放的系统，其自身仍处在演化的进程之中，为了取得弹性等诸多安全特性，选择哪一种具有演化特性的安全控制结构也非常重要。基于层次性方法来实现具有闭环、分层、分级、动态等多种模式的递阶控制，就需要分析系统的元素与子系统的分布和结构状态、发展规律与系统功能之间的关系，从而不断增强对于相应危险源、威胁手段、攻击向量的多层防护能力。当然，为了更好地实现协同防护，框架需要充分将人、物、事等要素作为有机整体予以考虑，在框架的实现视图中融入工业互联网设备制造商、工业互联网平台服务商、网络运营商和工业企业等，联合采取措施，从而确保工业互联网安全。最后，实施框架需要支持多种安全模型和安全策略的定义。安全模型可以作用于全时、全域，在时间、空间上做到覆盖安全功能，同时可被柔性地定义和变更，从而可以基于安全模型构建的能力分层、分域输出，进而实现层次、域间的安全能力贯穿与输出。

2.5.2 一般性与特殊性相统一的过程构建

从顶层视角建立安全体系全景视图以指导安全建设，要将一般性与特殊性进行统一，把握"变"与"不变"、"适应"与"非适应"的原则，从总体上提升网络安全能力成熟度，凸显安全对业务的保障作用。

1. 安全理念和框架的"变"与"不变"

"不变"相对容易理解，因为工业互联网中的信息安全问题与传统信息技术领域中的安全问题有不少相似之处，所以经典模型的 P2DR、IATF 的纵深防御以及其他主动防御框架都可以在工业互联网的不同场景下找到相应的应用，从而为工业互联网提供宏观的借鉴和指导。

"变"包含两点。一是应对新的安全问题与挑战要有新的变化。在工业互联网的发展过程中，平台或者系统不断引入创新技术会带来很多新的安全挑战。安全挑战是持续存在和动态变化的，因此安全理念要具有动态性。附加式防御的有效性取决于先验知识的完备性和精确感知能力，属于"亡羊补牢"的后天式免疫，因此安全框架中要有内生安全策略。二是安全的相对性决定了安全系统必须根据自身的运行状态、被保护系统的风险性质进行持续改进。传统的"护城河式""创可贴式"的安全防护架构已经无法满足工业互联网安全的需求，需要重新评估和审视传统边界防护、纵深防护安全架构的认知盲点，针对工业场景多、差异大、信息化历史包袱重等情况以及不同发展阶段的特点，对系统架构进行解构分析、规划设计，建设自适应、自成长、具备进化能力的安全体系。例如，很多工业企业的网络架构正在从传统的普渡模型架构迁移到"云管边端"架构，工业互联网安全需要构建全新的身份信任体系、重构访问控制的信任基础，将安全能力嵌入工业生产系统，结合工业互联网网络结构扁平化、车间级和现场级网络逐步融合、高实时控制信息与非实时过程数据共网传输、测量仪器设备资源受限、边缘计算设备功耗成本要求高等特点做出相应的调整。

2. 安全模型和技术的"适应"与"非适应"

传统安全模型解决的问题和工业互联网亟待解决的问题有所不同，对其改进需视情况而定。在工业控制系统里广泛应用的 FMEA（失效模式及影响分析）等方法并不适于分析信息安全问题。因为其危险源于传统的安全问题，这类问题是自然发生的安全问题，而信息安全是非传统安全问题，是人为因素造成的。而传统网络安全中使用的 STRIDE、ATT&CK 等威胁分析模型也不适用于工业控制系统和工业互联网的安全分析。现有工控版本的 ATT&CK 和 KillChain 等模型虽然做了相应的调整，但思路上还是没有考虑信息物理融合的攻击以及行业与工艺模型，因此模型在工控侧过于抽象。随着 CPS 系统的发展，需要建立新的信息物理安全威胁分析模型和方法（第 3 章将详细介绍）。

面向工业互联网的安全技术迁移和安全控制结构的演化应因事利导。工业互联网涉及工业生产全流程，以泛在感知、全面连接为基础，构建数据驱动的智能优化闭环，在这个网络上承载、传递着需求、消费、生产的一切，围绕平台生态、产业模式、技术实现的安全技术对象和方法与传统互联网安全并不完全一致，不考虑区别而直接套用原有模型、技术、方法会导致防护效果不佳，并存在安全风险。工业互联网安全技术可以借鉴传统互联网安全技术中的方法，研发适合工业互联网防护对象与动态防御特点的新技术，并针对工业生产全流程进行整体安全设计，做到统筹兼顾。

2.5.3 对象防护与层次防护的整体安全呈现

只针对重要对象进行保护并不能解决工业互联网的安全问题，个体安全之和不等于整体安全。

1）要注重整体安全与层次安全关系的解构。工业互联网具有鲜明的层次结构，整体安全目标的实现依赖于各层次及相关安全组件的协同配合才能达到。首先，在将整体安全目标分解为层次安全目标的时候，需要充分识别与研判层次之间存在的各类关系，包括各种形式的连接、复杂的数据流向、非线性的控制与反馈等。在分析解构过程中，一旦遗漏一些关系和重要的参变量，势必造成防御体系中这种安全关系的层次化落地实施不足。其中一个严重后果表现为即使每一个层次安全，也不能确保整体安全。其次，在处理局部与整体的安全目标关系时，有时候需要主动降低甚至牺牲某些要素的功能来达到虽然局部受损但全局更优的目的。在具体操作上，包括运用"个体的次优达到整体最优""以局部牺牲换取全局利益"等手段来追求更优的整体安全目标。以电力系统为例，因故障而导致停电时会采用迅速切除部分负荷来保持电网的稳定，该措施充分体现了必要时以牺牲部分利益换取整体利益，确实保障安全目标可管可控。

2）要注意对象安全与整体安全关系的统筹。对象安全是整体安全的基础，而对象安全中的设备安全与控制安全是基础中的基础。工业互联网是基于泛在连接的复杂网络，运行着上千种缺乏安全机制的工业控制系统、现场总线、工业通信协议等，且在现场、云端、边缘侧有着大小不一、结构各异、作用不同的各类设备，因此，在系统各个层次上针对设备、控制系统等防护对象的安全需求不尽相同。同时要注意，安全防护对象既是静态的，也是动态的，因此对象安全既要放在静态结构的整体层次中去看，又要放在时间序列的整体发展中去看，基于充分的安全评估与检测、结合主管部门的管理要求及相关领域的技术标准规范，才能制定适合企业自身业务特点与安全保护对象的安全防护指南、标准规范，使企业的安全管理与建设工作更具针对性与实效性。

2.5.4 提供功能安全与信息安全融合能力

一体化的安全并非功能安全与信息安全的简单叠加。虽然功能安全和信息安全都遵循"风险评估—安全防护—运行维护"的基本原理，但将两者协调融合并不容易。

首先，从整个生命周期而言，在功能安全与信息安全融合协调的过程中，应该以功能安全为基础，匹配信息安全涉及的生命周期阶段。因为对于工业互联网而言，保证工业控制系统的安全运转仍然是首要任务。

其次，从物理界限来看，信息安全涉及的对象要多于功能安全，这是因为功能安全从技术的角度来看仅仅面向安全相关系统（safety-related system）；而对于信息安全来说，一般的过程控制系统（即非安全相关系统）包括大量通信传输过程和接口等，也需要考虑信息安全的问题。为了保证工业互联网的正常运作，一方面信息安全的设计不能对功能安全目标的实现有任何干扰，而应对其实现进行保护；同时不能损害智能化系统在架构层次中的多样性和纵深防御的效果。另一方面，信息安全的特性不能对安全功能的性能（包括响应时间）、效率和可靠性造成负面影响。举一个简单的例子，对流量进行加密在信息安全领域是一个普遍且有效的保护措施，但在工业互联网中，这种加密方法很可能会影响高实时性的需求。

此外，信息安全要考虑功能安全特性失效是否会给系统造成可用性或安全性的风险。因为信息安全策略的加入，系统会变得更加复杂，因此有可能带来新的失效模式。

2.5.5 缓解暗涌现性对安全系统动力学的冲击和影响

如果把安全看作系统的涌现性，那么设计者有意埋设的后门或者无意造成的漏洞所引发的安全问题可以视作"暗涌现性"的一种。之所以称之为"暗涌现性"，是因为这种涌现现象从宏观上看具有存在但不显著的特点，且可以被人为操纵，例如插入的代码或者制造的漏洞使系统出现了新的"不安全"特性，而这种特性又不易被察觉。由于暗涌现性的存在，安全系统动力学的诸多特征和假设前提遭到破坏，比如结构状态和发展规律必须考虑广义不确定扰动，安全系统协同的无序向有序转化的机理和条件，都要充分考虑建立广义的不稳定性原理等。抑制"广义不确定扰动"的功能也可以称为"广义鲁棒控制构造"。

1. 从构造入手，改变阶段连续性假设的不合理性

在攻防对抗的过程中，攻击者会刻意制造"暗涌现性"，这对基于传统事件致因的安全系统动力学的因果反馈和控制结构造成了冲击。安全系统动力学从安全系统内部组成要素互为因果的反馈特点来寻找其结构（子系统）的关联关系、功能的实现方法、系统的演化规律，而不是用外部的干扰或随机事件来说明系统的行为特征。基于特征的防御往往以攻击者能力不再提升或者有限提升作为假设。在很长时间里，归纳方式一直是获取知识的重要方法，但休谟指出归纳法的谬误：即使所有前提都正确，结果也可能错的。归纳法的致命错误是它的隐含前提就是未来需要继续和过去一样，但这在逻辑上无法证明。APT难以检测的原因也在于此，攻击者的能力总在防御者的可控范围之外。一旦前提错误、归纳法失效，就像拿着旧地图，无法驶入新航道。应对威胁就要抛开原有的假设，考虑内生安全机制。系统需要具有与生俱来的结构鲁棒性，才能增强系统应对未知威胁的本质安全能力。

2. 从安全约束入手，应对过程模型的不一致性

相比单纯的机械连接控制，机电控制的引入、网络化与数字化的改造使操作者能够基于控制过程状态的图像在更远的位置控制过程，而不再是直接感知过程的状态。在监控画面上，操作者看到的是"视图"而不是"现场"。但是，在控制室的操作界面上看到的反馈操作成功不一定是真正的成功，因为这可能只是视图的更新，甚至是恶意代码提供的假象。由于"视图拒绝""视图操纵""控制操纵"等攻击类型层出不穷，造成系统的安全约

束和控制行为无法准确直达执行部件。众所周知，有效的控制以过程状态模型为基础，但在内外因的作用下，安全系统会随时间演化和变化，控制过程模型和实际过程状态之间会产生不一致。在网络边界日益模糊化的今天，当"物理联锁"变成"逻辑联锁"，"真实人"变成"网络人"，那么控制的本质安全问题就转换成"事故人"可能造成未知致因的事故这种极端条件下的鲁棒性分析问题。为了避免这类危害，必须基于系统论思想，在安全框架中引入相应的机制和方法，加强安全约束的有效执行。

2.6 主要工业互联网参考安全框架

世界主要国家已经相继发布了自己的工业互联网参考框架以及安全框架，从不同的角度阐述了不同国家对于工业互联网安全防护的理解以及解决办法。本节介绍由工业互联网产业联盟提出的《工业互联网体系架构（版本2.0）》中的工业互联网安全框架，以及美国、德国的工业互联网安全框架。同时，结合各个框架的特点，提出工业互联网框架的发展建议。关于我国工业互联网网络框架、平台框架和标准体系方面的详细内容，读者可查阅由工业互联网产业联盟提出的《工业互联网体系架构（版本2.0）》，这里不再赘述。

2.6.1 我国工业互联网安全框架

我国的工业互联网安全是伴随工业互联网发展，从概念探索走向平台实践的过程。从概念探索角度，工业互联网产业联盟先提出《工业互联网体系架构（版本1.0）》，然后提出全面提升的《工业互联网体系架构（版本2.0）》。在技术、产业的变化过程中，有效推进了我国工业互联网从无到有的发展过程。

我国的工业互联网框架包括安全、平台和网络三大体系，并且以数据为核心，实现IT与OT的融合和三大体系的贯通。图2-7展示了我国工业互联网联盟提出的工业互联网体系框架中安全、平台和网络三者之间的关系，平台与技术、技术与行业之间的需求关系，以及标准、法规与平台、技术发展的相互制约关系。

工业互联网安全一般包括信息安全、功能安全和物理安全。接下来，我们从安全视图、安全实施角度出发，分析工业互联网面临的网络攻击风险，并考虑信息安全防护措施的部署对功能安全和物理安全带来的影响。由于物理安全相关的防护措施较为通用，本节不做重点讲述。

1. 工业互联网安全功能视图框架

我国工业互联网产业联盟提出的工业互联网安全功能视图框架，是在充分借鉴传统网络安全框架和国外相关工业互联网安全框架的基础上，结合我国工业互联网的特点而提出的。安全功能视图主要以安全功能为主视角，以行业支撑和实施层次为辅助视角，如图2-8所示。

主视角聚焦工业互联网的安全属性，包括可靠性、可用性、完整性、保密性、隐私和数据保护。安全属性的定义是基于工业互联网框架体系中的安全问题进行的提炼与总结。此处的安全属性是在工业互联网安全功能框架中的典型应用，既包括前面所阐述的基本内容，又有典型的框架特点。

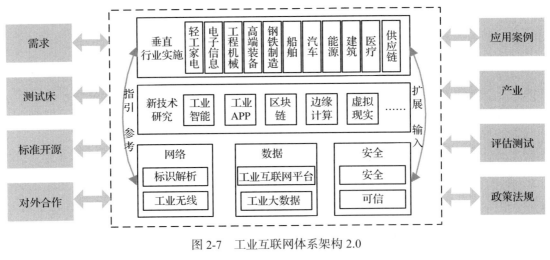

图 2-7　工业互联网体系架构 2.0

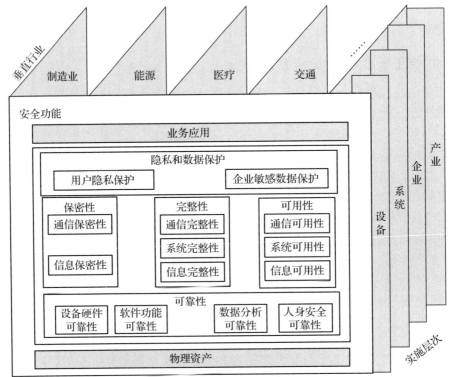

图 2-8　工业互联网安全功能视图框架

辅助视角聚焦在行业支撑以及实施层次。行业支撑包括制造业、能源、医疗、交通等工业互联网应用的业务场合。实施层次则是从工业互联网平台实施角度出发总结工业互联网安全保护重点。

工业互联网需明确自身的安全需求，设计合理的安全目标，以保障工业互联网的网络可信和平台运行正常,并根据设定的安全目标进行风险评估和实施相应的安全策略。
- **完整性** 确保信息在存储、使用、传输过程中不会被非授权用户篡改,同时防止授权用户对系统及信息进行不恰当的修改,确保信息内、外部表示的一致性。
- **可用性** 确保工业互联网的授权用户或实体对信息及资源的正常使用不会被异常拒绝,允许其可靠、及时地访问信息和资源。
- **可靠性** 确保工业互联网在其寿命区间内以及在正常运行条件下能够正确执行指定功能。
- **保密性** 确保工业互联网中的信息在存储、使用、传输过程中不会泄漏给非授权用户或实体。
- **隐私和数据保护** 确保工业互联网内用户的个人数据和企业拥有的数据的安全。

2. 工业互联网安全实施框架

工业互联网安全实施框架是工业互联网安全视图中实施层次的内容。工业互联网安全实施框架体现了设备、边缘、企业、产业层层递进关系,展示了现阶段我国工业互联网实施是以传统制造业体系为主的层级划分。安全实施框架的核心功能是关注安全管控、态势感知和能力建设等方面,如图 2-9 所示。

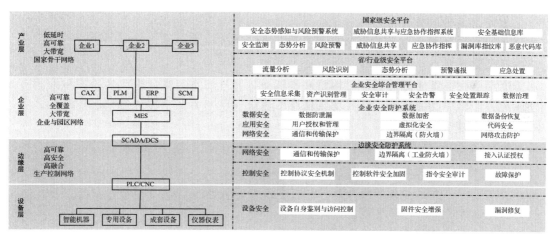

图 2-9 工业互联网安全实施框架

工业互联网安全实施框架提出了不同层级中的重点建设内容,包括边缘侧安全防护、企业安全防护、企业安全管理、省/行业安全管理和国家级安全管理等五个层面。防护对象安全功能的重点是设备安全、控制安全、网络安全、应用安全和数据安全。

边缘侧安全防护主要体现在分层分域安全策略,通过构建多网络、多领域、多技术融合安全防护体系,实现边缘侧安全防护。

企业安全防护主要体现在从安全防护技术策略的角度出发,提升企业安全防护水平,降低网络攻击、入侵的风险。

企业安全管理主要体现在从安全防护管理策略的角度出发,建立安全风险感知、识别、可控的防护体系,提升企业安全管理能力。

省/行业安全管理主要体现在通过工业资产探测分析、网络流量分析、风险态势识别、网络安全预警及应急处置等方式，建设保障行业、地域的安全平台。

国家级安全管理主要体现在建立国家级工业互联网安全平台，从系统联动、数据共享、业务协助、综合管理和安全保障等方面形成整体安全综合保障能力。

设备安全是对工业互联网的设备进行安全分析，设置合理的安全配置，采取适当的防护技术，以达到最佳的安全防护能力。设备安全分析主要从设备发现、定位及漏洞分析三个层面进行。设备安全防护主要包括身份鉴别与访问控制、固件安全增强、漏洞修复等安全策略。

控制安全是对工业控制软件、功能及设备进行安全分析，主要从恶意代码和控制协议两个角度出发。恶意代码攻击的目标就是工业控制软件和控制功能模块，通过对软件和功能模块的入侵、控制、破坏造成实际的安全威胁；控制协议是恶意代码入侵的主要路径。控制安全防护主要包括身份鉴别、访问控制、传输加密、数据防篡改、协议过滤、检测设计等安全策略。

网络安全是对工业互联网的网络进行安全分析。工业互联网网络分为工厂内部网络和工厂外部网络，但这两个网络也逐渐趋于同化。工业互联网的网络安全风险主要来自以下方面：一是工业互联网工厂内部的网络设备滞后于互联网网络设备，难以抵御日趋复杂、持续、严重的网络入侵攻击；二是工业互联网协议逐步从专用的总线协议向通用化的以太网协议转变，导致网络攻击可以直达工厂内部；三是工业互联网内部网络由孤岛模式转向无线、灵活以及全局组网的模式，网络安全策略面临更新；四是工业互联网引入的新技术也带来了大量网络安全风险。

网络安全防护需要对工厂内部网络和外部网络进行双向考量，具体的安全防护包括网络结构优化、边界安全防护、安全接入认证、通信信息防护、设备安全防护、网络安全审计等多重防护措施，构建涵盖工业互联网全要素的网络安全防护体系。

应用安全是对工业互联网中涉及的生产、服务、产品等多方面的应用进行安全分析，面临的安全威胁主要有两个层面：一是工业互联网平台面临的数据泄漏、篡改和丢失；二是工业互联网应用面临的漏洞、越权、劫持和设备的漏洞、接入和非法访问等安全威胁。

工业互联网应用安全需要从人员培训、编码规范、逻辑缺陷、用户缺陷及第三方漏洞等安全策略及防护手段着手。

工业互联网平台安全主要采用安全审计、授权认证、DDoS防护、安全隔离、安全检测、补丁管理等安全防护策略。

工业互联网的数据存在于生产、采集、传输、存储、处理、销毁等各个环节。工业互联网数据安全风险主要来自工业互联网的体量不断增大、数据种类不断增多、数据结构日趋复杂，并逐渐向海量、多维和双向流动等方向改变。因此，工业互联网数据安全问题主要包括数据泄漏、非法访问、业务工艺泄漏等。

工业互联网的数据安全主要从业务数据的隔离、访问和控制、传输数据的加密、访问和存储、用户数据的认证、访问和脱敏等角度进行防护，技术手段包括数据访问控制、加密存储、备份与恢复、数据脱敏、数据销毁等。

工业互联网安全是推动工业互联网快速、稳定、持续的发展的关键，持续深化、提升工业互联网安全,能够有力推动工业互联网的健康发展。

3. 工业互联网安全措施

工业互联网安全是在明确防护对象、设定合理的安全目标后,通过配置网络安全防护策略、制定安全应急处置制度、实时进行网络安全态势分析、定期举行网络安全风险评估、检测网络中存在的安全隐患、完善安全防护策略,从而提升安全防护能力,并持续此过程,以构建完善的网络安全防护措施。

(1)安全目标

工业互联网的安全目标是功能视图中关注的内容,从工业互联网企业自身的安全需求出发,依据自身网络及平台的特点、重点防护的核心业务及资产,建立、健全安全防护体系,以保障工业互联网网络、平台的运行安全可信。

(2)事件分析

工业互联网安全分析以安全事件为核心,从事件的攻击模式、关键路径、关键节点和目标漏洞几个维度进行剖析;从工业互联网的特征出发,通过现实与虚拟结合,综合分析安全事件带来的网络安全威胁,结合安全防护策略,有效降低安全事件的威胁影响。

(3)监测感知

实时对工业互联网中的各安全要素进行监测审计。重点监测工业现场网络及工业互联网平台的各类数据状态,分析来自系统内部、外部的安全威胁。通过数据采集、汇聚存储、特征提取、关联分析等安全技术,为网络异常分析、设备异常维护、业务安全感知提供有效的数据支持,提升工业互联网的主动安全防护能力,形成信息安全数据的监控、分析和预警机制。

(4)风险评估

定期对工业互联网中的各安全要素进行风险评估。优化工业互联网安全目标,持续监测工业互联网的网络和数据,分析资产和网络中存在的威胁及脆弱性,评估安全隐患可能对工业互联网产生的影响,结合资产价值进行合理的风险处置。

(5)防护体系

工业互联网网络安全防护措施是解决企业面临的网络安全威胁的手段。通过安全设计与规划、安全运营等方式,建立安全网络域、强化安全通信、访问和持续感知网络的安全风险,建立快速恢复机制,形成重点防护、持续检测、优化防护的闭环防护体系。

针对网络安全运营和实战,重点加强部署主动和被动安全防护措施,建立安全运行环境,定位安全事件,消除潜在的网络安全风险。应建立响应恢复机制,及时发现和处理网络安全事件,并对网络安全措施持续优化。

(6)应急处置

工业互联网应急处置是企业面对网络安全事件的处置能力。为此,应加强平台企业、生产企业和关联企业间的安全事件联动、协调、沟通能力,规范安全事件处置和管理流程,加强网络安全事件管理能力,防止网络安全事件或安全风险扩大化,减少或降低安全事件造成的影响。

2.6.2 其他安全框架

工业互联网推动着工业的变革,并加速生产力的提升、产业生态的转变,推进工业化的进程。全球工业领先的国家都将提升本国工业竞争力作为国家战略目标,作为工业化变革的主要方向之一的工业互联网,已成为推进制造业数字化进程的重要抓手。

1. 信息保障技术框架

IATF(Information Assurance Technical Framework,信息保障技术框架)是美国国家安全局提出的信息安全技术框架。该框架的安全保障原则分为三个方面:人、技术和操作,并将保障需求划分为4个领域。

人作为信息系统拥有者、管理者和使用者,是信息安全的第一要素。可通过安全培训、意识培养、物理安全、人事安全和系统安全管理等手段,提升人在安全方面的保障能力。

技术是实现信息系统的重要方式,信息安全应保障各项服务正常运行。可通过安全防护技术框架、安全标准、IT/IA采购、风险评估和认证和鉴定等手段,提升技术在安全方面的保障能力。

操作是实现生产活动的过程,信息安全应防止安全隐患的发生。可通过评估、监视、入侵检测、警告、响应、恢复等措施,提升操作在安全方面的保障能力。

4个领域分别是网络和基础设施、区域边界、计算环境和基础支撑。网络和基础设施聚焦在主干网络的可用性、无线网络的安全框架、系统互联和虚拟私有网络等领域。区域边界聚焦在网络登录保护、远程访问、多级安全等领域。计算环境聚焦在终端用户、系统应用程序等安全领域。基础支撑聚焦在检测、响应、密钥等安全领域。

2. 美国工业物联网安全框架

美国在2016年9月由美国工业互联网联盟(Industrial Internet Consortium,IIC)发布了IISF,它是基于IIRA框架提出的工业互联网安全框架,为工业互联网安全研究和实施提供了理论依据。

IISF安全框架主要分从功能视图出发,主要包括端点保护安全、通信和连接安全、安全监视与分析、安全配置和管理、数据保护、安全模型和策略六大功能。其中,将端点保护安全、通信和连接保护、安全监视和分析、安全配置和管理这四个功能作为顶层,数据保护作为中间层,底层为安全模型和策略。这三个层次构成了工业互联网安全框架的功能视图,如图2-10所示。

底层是覆盖整个工业互联网的安全模型和策

图2-10 工业物联网安全框架安全视图

略；数据保护为通用安全技术，提供了数据的安全防护能力；顶层确立了安全防护机制，实现了工业互联网安全防护。

3. 德国工业 4.0 安全框架

前面章节已经介绍了德国"工业 4.0 参考架构模型"，该模型虽然没有明确工业互联网安全框架，但德国基于 RAMI 4.0 发布了《工业 4.0 安全指南》《工业 4.0 中的 IT 安全》《跨企业安全通信》《安全身份标识》等指导性文件。

基于"工业 4.0 参考架构模型"的图层视角，安全应从整体角度出发，对不同层级采取不同的安全策略；从企业视角出发，应从产品的全生命周期进行考虑，对不同阶段的产品采取适当的安全策略；从全局视角出发，需要对所有资产进行安全评估，并提供实时监测和防护。

4. 安全框架对比

针对信息保障技术框架、德国 RAMI 4.0 和美国 IISF 三个安全框架的不同定义和理解，表 2-3 给出了它们的对比。

表 2-3　工业互联网安全框架内容对比

网络安全框架	共同点	侧重点
信息保障技术框架	● 采取针对性安全防护策略 ● 动态监控、保护与响应策略 ● 技术与管理相结合	侧重人为核心的安全策略，注重技术与操作
美国 IISF		侧重产品全生命周期、系统供应链、资料利用等智能制造目标
德国 RAMI 4.0		侧重信息物理融合系统的应用及生产新业态

2.6.3　工业互联网安全框架发展趋势

工业互联网正处于蓬勃发展的时期，因其自身的网络结构、信息数据、控制系统的安全隐患而引发的安全事件也层出不穷，因此，工业互联网安全框架还处于动态完善的阶段。结合我国工业互联网安全框架的现状，应从以下方面着手，进一步推动工业互联网安全框架的建设。

1. 工业互联网安全内涵的演变

工业互联网的内涵是不变的，但工业互联网的安全内涵是随着业务的不断发展而不断变化的，安全重心应随着业务的不断升级服务于核心业务的安全需求。面对工业互联网严峻的安全挑战，层出不穷的持续性攻击，以及猝不及防的变异病毒，安全需求应从工业互联网核心业务出发，剖析工业互联网安全本质，建立全面的网络安全防护体系，保障工业互联网业务持续健康发展。

2. 工业互联网网络威胁的变化

未来对于工业互联网的安全防护思维将从传统的响应式安全防护，转变成智能动态安全防护,主要在构建全面的基础防护、快速响应、快速恢复等方面抵御不断变化的网络安全威胁。此外,安全防护能力应该形成一种动态的、平稳的安全防御体系,安全防护重心将由主动防御策略转变为持续性、智能化、高稳定性的由内向外组建的安全防护架构。

3. 工业互联网信息物理融合的安全

未来,工业互联网将大跨步地朝着跨行业、跨领域、跨平台的超级平台方向建设。在多领域、多专业、多技术的融合过程中,物理现实与虚拟仿真之间的数据交互会呈几何级数增长,在网络低延时、宽带大数据、数据有效性方面将提出更多的网络安全需求。在今后的工业互联网安全体系系统设计中,对网络要求、通信协议、数据传输过程中的身份验证、访问控制及完整性校验方面实现更加严格的安全性。

4. 工业互联网安全框架中的内生安全

目前,工业互联网的控制层大部分是采用专用的现场设备、通信协议、控制逻辑,在设计、建设、运维和销毁过程中缺乏对这些部分的网络安全的考虑。要提升工业互联网自身的安全性,应从工业互联网自身的免疫力出发,在工业互联网安全体系设计中,从控制侧、边缘侧、IaaS 层、Pass 层和 SaaS 层等层面考虑安全加固及安全接入,充分优化设备的安全配置及网络资源设计方式,使工业互联网内生安全防御成为未来平台安全发展的重点。

2.7 本章小结

本章从工业互联网的安全特征谈起,以问题导向来理解安全内涵。从"三点反差"与"两点靠近"的现状和两个现实难题出发,基于系统论思想解读工业互联网安全,尝试从多维度一体化、对立统一性、一般性与特殊性等角度剖析工业互联网安全的内涵,指出分析与解决工业互联网安全问题时,在方法上不能"时空割裂"、不能简单地"分而治之",而要重视"融合并轨"的发展思路。对于工业互联网而言,物理状态可观察、安全约束可改变、网络边界可延伸的特点使得网络攻击的频率和复杂程度发生了显著变化。因此,要加强工业互联网安全的体系建设,理解其安全基础,就必须从对手的视角来分析攻击面和攻击向量与传统网络和工业网络相比发生了哪些变化。同时,还应从需求的异同和变化去理解功能安全与信息安全一体化这个最重要的特点。最后,围绕融入、统一、整体、融合、缓解五个方面给出体系化安全框架的构建原则,对如何借鉴和发展传统的框架、理念、模型和技术给出了思路,并以我国的工业互联网安全框架为例进行了介绍。此外,还对比、分析了国内外的主要安全框架,给出了发展趋势。

2.8 习题

1. 工业互联网是为了实现工业的数字化、网络化和智能化。请从实际应用角度出发,详细阐述什么是工业互联网。
2. 互联网与工业互联网有本质的不同,请试着分析工业互联网与互联网的关系。

3. 举 1～2 个工业互联网平台的例子,说明其采用的安全框架和模型,分析其主要安全能力及特点。
4. 谈谈你对工业互联网物理安全、功能安全、信息安全含义的理解,并剖析其内涵关系。
5. 对比国内外工业互联网安全实施框架的异同,谈一谈你认为两者在安全体系能力要求上有何不同。
6. 互联网中的域名系统与工业互联网的标识解析技术有诸多相似之处,请对比两者之间的差异。
7. 工业互联网平台作为工业互联网的核心,需要起到承上启下的作用,请简单描述工业互联网平台的体系架构。
8. 如果你是企业的一名安全工程师,请简单描述一下你所在企业的工业互联网安全体系建设思路。
9. 基于我国工业互联网安全实施框架,简要概述工业互联网安全实施措施。
10. 尝试从技术、管理、内容等方面分析国外工业互联网安全框架的区别。
11. 简述一下工业互联网安全威胁的变化。
12. 功能安全和信息安全的一体化框架在设计时的主要挑战是什么?

第 3 章

信息物理融合威胁建模

随着工业互联网的快速发展，全球范围内针对工业互联网的安全攻击事件层出不穷，特别是针对交通、能源、水利等关系国民安全和社会稳定的工业行业的攻击事件会危及企业、工业、经济甚至国家的安全。随着工业互联网信息化和工业化融合的不断深入，信息物理融合威胁成为危害工业互联网安全的新型威胁。本章将首先对信息物理融合威胁的特点、信息物理融合威胁建模新视角进行了介绍。接下来，从早期研究成果、目前研究成果及前沿性成果三个方面介绍现有的安全威胁建模方法。因为早期的研究人员更关注工控系统的功能实现，功能安全威胁的研究成果丰富，因此先介绍现有的物理侧安全故障致因模型。由于开放的网络运行环境导致工业互联网暴露在严峻的网络攻击下，因此随后从信息侧出发介绍现有的工控威胁模型。该类威胁模型是原有的 IT 安全威胁模型结合工业控制系统的特性衍生出来的，是现阶段较为成熟和应用较广泛的威胁建模方法。最后，针对工业互联网面临的新威胁，介绍信息物理融合安全威胁模型的相关研究成果。

3.1 威胁建模

本节将从威胁目标对象、威胁向量设计、威胁影响三个角度分析信息物理融合威胁特点，说明信息物理融合威胁是工业互联网面临的新型威胁。之后，结合工业互联网安全内涵及安全体系构建原则，从五个角度给出信息物理融合威胁建模的指导思想。

3.1.1 信息物理融合威胁的特点

为了有效地保障工业互联网安全，需要了解工业互联网资产、相应的脆弱性以及可能面临的威胁。威胁可以看作威胁源故意利用或偶然触发特定脆弱性的可能手段。工业互联网是信息系统和物理系统深度融合而产生的复杂智能系统，具有信息物理融合特性。与传统的信息系统面临的威胁不同，工业互联网面临的威胁具有信息物理融合特征，主要体现在以下三个方面。

1. 威胁目标对象

威胁目标对象从传统的信息系统变成工业互联网的信息系统和物理系统。信息侧的威胁主要源于操作系统和应用软件的软件漏洞、工控协议漏洞及网络脆弱性等。相应的攻击形式有恶意代码、DoS 攻击、中间人攻击、延时攻击、欺骗攻击等。物理侧的威胁主要来自故障和攻击两个方面。故障指因工业互联网自身组件损坏、组件之间进行了不正确的交互或人为误操作而引起的功能丧失。由于工业互联网自身结构的复杂性,故障会导致工业互联网产生级联式故障。攻击指的是人为的恶意破坏,攻击者可能会利用物理设备漏洞实施攻击。例如,海豚音攻击利用麦克风漏洞攻击语音控制系统,可造成智能穿戴设备、智能汽车的信息泄漏、违规操作,产生严重后果。攻击者还可以使用侧信道攻击(能量分析攻击、电磁分析攻击等物理手段)实现手机、电脑等电子设备的密钥窃取。

2. 威胁向量设计

与信息系统网络攻击向量不同,针对工业互联网的攻击向量具有信息物理融合的特征。从威胁向量设计的角度看,为使攻击效果最大化,针对工业互联网的攻击不仅要考虑信息系统的脆弱性,还要考虑诸如工艺流程、电机转速、电压/电流限制等物理约束。同时,威胁向量呈现跨越信息物理空间的特点。由于 OT 侧直接影响物理空间,因此威胁向量实现跨维攻击的表现是攻击载荷从 IT 侧移动到 OT 侧,通过控制 OT 侧的控制系统、安全仪表系统等实现对正常生产活动的影响。针对工业互联网,利用专用设备、通信协议的脆弱性进行攻击,同时攻击向量设计考虑攻击目标的物理设施参数,体现出很强的信息物理融合特点。例如,BlackEnergy3 在通过控制断路器切断输电线路的同时,使用 DoS 攻击电力服务系统。

3. 威胁影响

由于工业互联网自身具有信息侧和物理侧深度融合的特性,即使攻击仅针对信息系统或者物理系统,这种深度耦合关系也会使得工业互联网的功能受到损害。例如,攻击者利用信息系统中存在的漏洞,发起跨维攻击来破坏物理系统,而单个物理节点的损坏会通过信息系统影响其他物理设备。通过网络攻击影响操作、视图,同时对控制过程或者物理对象造成损害也是攻击者的常见做法。攻击者可以通过某些攻击手段,带来诸如人机交互界面黑屏、显示数据/状态被篡改或者不能实时更新、物理对象失控或者被攻击者控制等问题。信息物理融合攻击可能会同时攻击操作界面和物理对象,实现隐蔽性协同攻击,以实现攻击效果最大化。例如,震网攻击通过改变 PLC 控制器运行命令,控制离心机异常运行,同时伪造离心机的运行数据,导致 SCADA 系统的故障诊断功能无法正常运行,最终损坏离心机。

3.1.2 信息物理融合威胁建模的新视角

面对信息物理融合带来的各类威胁,防御人员应站在多种角度识别威胁,尽可能多地发现系统架构和功能设计中的安全风险。通过制定措施来减少威胁、规避风险，确保系统的安全性。威胁建模是通过结构化的方法，识别、评估系统中的安全风险和威胁，并针对这些风险、威胁制定安全措施的过程。威胁建模是一个不断循环的动态模型，主要运用在安全需求和安全设计上。从防御者角度，对工业互联网进行系统化建模，将不同威胁映射到系统模型，是分析工业互联网中是否存在威胁的前提，而工业互联网的复杂性导致难以对其进行精确建模。根据工业互联网安全内涵和安全体系构建原则，需要构建综合考虑功能信息融合安全、面向工业互联网全生命周期及融合人因和社会因素的一体化威胁模型。本节从五个视角详细阐述威胁建模需要考虑的因素。

1. 从系统角度构建威胁模型

工业互联网由众多的信息系统和物理系统组成，这些系统由人创造并受人控制。从威胁向量设计及影响来看，威胁可以利用工业互联网的信息物理耦合特性进行传播，即威胁可以被看作工业互联网自身扰动或外部输入，通过不同组件之间的相互作用来影响系统的正常工作。从系统学的角度，工业互联网属于有组织的复杂系统。有组织的复杂系统由于太复杂而不能被完整分析，同时也因为太有组织性而不能用统计方法分析。所以，基于系统简单分割的威胁建模方法不能清晰地描述威胁传播机理。例如，STIDE 借助数据流图描述系统，之后从六个角度分析可能存在的威胁。但是，数据流图这种描述方式过于简单，不能表征工业互联网复杂的耦合特性，所以威胁建模未能充分考虑所有潜在威胁。把工业互联网视为一个整体，从系统论和控制论的角度将这个复杂系统分解成不同控制环，每个环包含控制算法、安全约束规则、控制器、执行器等控制规则和不同组件，并综合考虑工艺、业务知识和过程参变量。之后，识别威胁对系统算法、组件、业务知识可能的影响方式，实现基于系统的威胁建模。

2. 实现信息安全与功能安全威胁联合建模

信息安全威胁与功能安全威胁既有区别又具有共性。区别表现在威胁的来源、威胁特点、威胁影响三个方面。信息安全威胁是主动干扰，包含明显的人为因素。信息安全威胁主体来自系统外部，例如黑客、敌对势力、恐怖组织等。威胁主体利用系统自身脆弱性对系统信息的可用性、完整性和机密性造成破坏，进而造成系统可用性丧失、系统敏感信息泄漏或 HSE（Health，Safety，Environmental）事故等安全事件。功能安全威胁来自系统自身，是随机发生的，表现为组件损坏或组件之间的交互关系被破坏，从而导致系统功能丧失，造成 HSE 事故。工业互联网信息安全与功能安全显著的不同在于造成系统失效的威胁一个属于内因（功能安全），一个属于外因（信息安全）。两种威胁的共性是都会影响工业互联网的安全，具有耦合性。随着工业互联网开放，系统的安全功能失效也可能会由威胁主体通过网络攻击实现，因此工业控制系统的功能安全威胁和信息安全威胁都能导致系统损失，需要在建模时平等地考虑二者的影响。在威胁建模过程中，可以将功能安全威胁视为违反控制约束的行为或者缺乏控制约束的情况。在层次结构的基础上，可将系统细化为不同的组件节点，分析信息安全威胁的可能作用的组件及产生的系统损害。根据功能安全威胁和信息安全威胁的特点，将两种威胁统一在一个模型中。

3. 构建融合人因及社会环境因素的威胁模型

工业互联网是人机物一体化融合的复杂系统，人是工业互联网重要的参与者，在其中发挥决策、控制、维护、改造的作用。操作员需要通过培训、实际操作、实验等手段熟悉被操作系统，以达到熟练操作和控制的目的。而工业互联网的复杂性和演变性，要求操作人员不断通过学习来熟悉被操作系统。虽然正式的操作流程、工作手册和培训内容会定期更新以适应新的运行环境，但是经常滞后。此外，操作员在工作压力和时间限制下，可能并不会按照标准流程和规范进行操作。所以，在针对工业互联网的威胁模型中可以构建人因模型或者心智模型，用于表示人的因素在工业互联安全中的影响。工业互联网是关系国家安全的重大基础设施，其开发和运营应符合国家立法机构、政府监管机构、行业协会等社会机构的监督与约束，开发及运营公司也需要出台相应的管理及培训制度。这些社会环境因素可能引入安全威胁，致使安全控制过程违反安全约束。可以通过引入社会–技术框架模型，综合考虑社会规章制度、行政法规、运行管理制度对工业互联网安全的影响。

4. 设计面向全生命周期的一体化威胁建模

工业互联网的全生命周期包括设计、实施、运行、维护、变更、退役等阶段。现有的威胁建模多集中于设计和运行阶段，缺乏全生命周期一体化建模方法。工业互联网是复杂耦合的信息物理系统，会随着时间推移不断演化和变更，在整个生命周期中面临的威胁与风险也有所不同。例如，由于技术进步，攻击者的攻击能力会不断增强，新的攻击形式会不断出现。随着需求的增加，工业互联网也要增加新的业务功能。设备/组件会随着时间老化，发生故障的概率会逐渐增加，组件间交互出现异常的概率也会变高。威胁模型是一个不断循环的动态模型，随着时间的推移不断更改，以适应发现的新型威胁与攻击，还要能够适应应用程序为适应业务变更而不断完善与更改的自然发展过程。所以，威胁建模需要根据工业互联网的不断变化，修改模型结构和参数，迭代构建适用于全生命周期的一体化安全威胁建模方法。

5. 开发具有可操作性的威胁建模工具

现有的建模方法（KillChain、STAMP等）给出了较高层次的指导思想或者标准的构建流程，而所分析的系统和面临的威胁往往比较复杂，导致这些方法在实际应用中缺乏可操作性。同时，研究人员要熟悉所研究的系统，这就需要较强的信息安全与工程安全研究背景，而现实中的从业人员往往只具有某一方面的知识储备。同时，有些建模方法需要手动画数据流图，自动化程度低，威胁建模过程费时费力。针对上面提到的问题，需要设计具有模块化、高度自动化等具有可操作性、系统化的威胁建模工具，简化威胁建模流程。模块化的意义在于最大化地重用设计，以最少的模块、组件更快速地满足更多的个性化威胁建模需求。STRIDE威胁模型是针对软件的威胁建模，模块化就是将软件的各个子系统以模块的形式进行标准化封装,然后根据安全分析需求进行个性化组合,以简化威胁建模过程。威胁模型的完整过程包括构建、更新和维护,而现有的威胁建模方法自动化程度低。借助深度学习、机器学习等人工智能算法设计高度自动化的威胁建模工具是一个需要重点关注的问题。

3.2 安全故障分析模型(物理侧)

近年来,工业生产中的可靠性、安全性日益受到重视,在核电、航天航空等领域,由于人员、软件和硬件系统的复杂耦合,导致整个系统存在诸多不确定性因素,因此需要针对不同环境设置相应的处置和应急方案。此外,这些领域的高危险性也使得可靠性分析、安全性评价成为我国工业发展、能源利用与国防安全事业的研究重点。现有的分析评价方法主要包括故障树分析法、事件树分析法、可靠性框图法、马尔可夫分析法、GO-FLOW法、多层流模型和贝叶斯网络等,本节将介绍几个业界常用的分析模型。

3.2.1 故障树分析法

故障树分析法(Fault Tree Analysis,FAT)旨在系统设计过程中,通过分析可能造成系统失败的软硬件因素、环境因素以及人为因素等,构建故障树并分析、确定导致系统失效的各种方式及其发生概率,在此基础上针对不同问题采取相应措施来提升系统可靠性。故障树(Fault Tree,FA)作为分析的主要依据,是一种倒立的树形逻辑图,通过将各种事件按照一定的因果关系连接而构建形成。

在故障树分析中,把不希望出现的系统状态作为分析的顶事件,根据逻辑列出直接产生顶事件的全部中间事件,然后追溯导致中间事件发生的全部可能的直接因素,如此迭代,直到无须深究发生的原因(底事件或基本事件)为止。故障树分析作为故障诊断的有力工具,不仅可以利用最小割集对系统的可靠性进行分析,还可以使用割集和各种定量指标排序来提高故障维修的时效性,具体流程包括故障树建模、定性分析以及定量分析三部分。

1. 故障树建模

故障树主要由事件和逻辑门两部分组成,其中逻辑门作为逻辑运算的符号扮演着重要的角色,其说明如表3-1所示。此外,在故障树分析方法中,还有一些基础概念需要稍加解释。
- 割集:故障树中所有基本事件的子集合。如果集合中的基本事件都发生,则故障树的顶事件必然发生。
- 最小割集:某故障树所有割集的子集合,如果删除集合中任意一个基本事件,则剩下的基本事件组合不能继续成为该故障树的割集。系统故障树模型中的所有最小割集就是该系统的全部失效模式。
- 转换页:也称为子故障树。当系统的故障树模型过于庞大时,通常采用分解方法,把具有完全相同结构信息的故障树模型的部分单独作为一个故障树。

表 3-1 故障树符号说明

名称	符号	说明
底事件	○	元件/部件在设计的运行条件下发生的随机硬件故障事件
	○(虚线)	元件/部件在设计的运行条件下发生的随机人为故障事件
	◇	未探明事件
中间事件	▭	包括故障树中除底事件及顶事件之外的所有事件
顶事件	▭	不希望发生的故障事件
开关事件	▽	已经发生或必将发生的特殊事件
条件事件	○	描述逻辑门起作用的具体限制的特殊事件
入/出三角形	△A	• 入三角形位于故障树的底部，表示树的 A 分支在另外地方 • 出三角形位于故障树的顶部，表示树 A 是在另外部分绘制的一棵故障树的子树
相同转移符号	△A	表示"下面转到以字母数字为代号所指的地方去"
	△A	表示"由具有相同字母数字的符号处转移到这里来"
相似转移符号	▽A	表示"下面转到以字母数字为代号所指结构相似而事件标号不同的子树去"，不同事件标号在△旁注明
	▽A	表示"下面转到以字母数字为代号所指结构相似而事件标号不同的子树去"，不同事件标号在△旁注明
与门	⌒	门下所有输入进行逻辑与运算
或门	⌒	门下所有输入进行逻辑或运算
表决门	⌒ r/n	N 个输入中，至少有 R 个为真，输出才为真
异或门	⌒	输入事件 B_1、B_2 中任何一个发生都可导致输出事件 A 发生，但 B_1、B_2 不能同时发生
条件门	○	只有当右侧的条件满足时，输入才会对输出产生作用
非门	○	输出事件是输入事件的逆事件

构造故障树要求构造者对系统及其组成部分有充分的了解，应由设计人员、使用人员、维修人员、可靠性和安全性工程技术人员共同研究完成，是一个反复迭代、逐步深入完善的过程。演绎法作为常用的故障树构造方法，基本思想是从顶事件开始，由上而下逐级进行分析，具体步骤主要包括以下四个部分。

（1）定义系统及准备工作

在使用故障树分析法前，首先要确定系统的功能及结构，确定系统边界（外边界、内边界），进行相关的准备工作，包括确定分析目标和范围、收集资料、熟悉系统等。

（2）确定顶事件

根据系统的分析目标、故障模式等信息，确定被分析系统不希望出现的状态（顶事件）。如果系统分析中用到事件树，则根据事件树分析中对事故序列的分析实现对系统失效的定义，来确定系统故障树的顶事件。

（3）构造故障树

在确定顶事件后，根据系统的实际情况，从顶事件出发自上而下逐级分解，建造出所需的故障树。在故障树的建造过程中，为了简化、减小故障树的规模，需要确定一些必要的合理假设。一般来说，为增强可读性、便于模型校核，在基本事件命名时应当根据某种标准化的编码格式进行，当故障树过于庞大或需要调用另一个子故障树时，应尽量使用转换页。

（4）检查/校核

对故障树模型进行检查/校核，可以确保恰当地反映系统的实际情况。检查/校核包括对系统进行实地调查，论证有限情况下模型的合理性，纠正系统边界、成功准则、共因失效和人误事件等方面的错漏，防止分析时潜在的回路等问题。

对飞机起落架进行安全性分析时，以"起落架无法正常下放"作为顶事件进行故障树分析，导致这一事件的原因可能包括：收放组件本身发生故障（如上位锁故障、收放作动筒故障、连杆机构故障）、液压系统故障（如管路泄漏造成动力不足）、电磁控制系统故障，图 3-1 展示了相应的故障树模型。

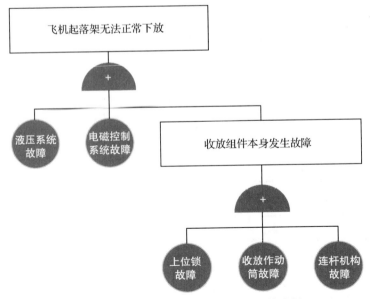

图 3-1 "飞机起落架无法正常下放"故障树

2. 故障树的定性分析

故障树的定性分析是对系统基本行为模式和功能特征的分析判断，是一种因果结构模型，即搜索导致系统发生故障状态的基本事件组合，也就是找出使顶事件发生的部件失效模式的全部组合，即顶事件的最小割集。

故障树是布尔表达式的一种表现形式，可以用布尔运算将其转化为最小割集的表达形式。获取最小割集是一个相对复杂的任务，因为计算时间和内存需求都会随着问题规模的扩大而快速增长，获取最小割集的软件实现也会影响最终的分析效率。故障树分析软件中一般采用规范化、化简和模块化等方式来加速最小割集的获取过程，这些步骤通常称为故障树的预处理，其中包括合并同类门、检索并创建模块、展开表决门/或非门等复杂门、对独立门做布尔化简等。

当故障树的重构和模块化完成，并且所有基本事件的失效度都计算好之后，就可以计算故障树的最小割集了。计算最小割集的方法包括上行法和下行法两种，其中上行法从故障树的底事件出发，自下而上逐层地进行事件集合运算。在逐层代入过程中按照布尔代数吸收律和等幂律进行化简，最后将顶事件表示成底事件积之和的最简式，其中每一积项对应于故障树的一个最小割集，全部积项即为故障树的所有最小割集。

相较于上行法，下行法更为常见。该方法将顶门作为割集中的唯一元素，然后用其输入（导致其发生的事件）来替换，如果输入之间是与门，则所有输入作为一个割集；或门则产生另外一个割集。这样一直往下进行分解、替换，直到所有的元素都是基本事件和模块为止。但是，下行法获取的割集并不是最终结果，因为这些割集不是最小割集，所以需要进行割集最小化。

3. 故障树的定量分析

故障树的定量分析是以基本事件的可靠性模型为基础，对系统的顶事件概率等定量指标进行评估计算。定量分析除了能分析系统构成部件的硬件故障，还能对试验、维修、环境和人因失误的影响进行评估。当指定了故障树中基本事件的可靠性模型及相关参数后，可以对顶事件的发生概率、重要度等指标进行定量计算，常见的分析目标包括：

1）重要度分析（Importance Analysis，ITA）：分析基本事件对系统失效的贡献。

2）敏感性分析（Sensitivity Analysis，STA）：分析基本事件失效概率或其参数变化对顶事件失效概率的影响。

3）不确定性分析（Uncertainty Analysis，UTA）：采用蒙特卡洛等模拟方法分析系统失效率的随机分布情况，研究基本事件失效率的不确定性对系统的影响。

3.2.2 事件树分析法

事件树分析法（Event Tree Analysis，ETA）起源于决策树分析，是一种按事故发展的时间顺序，由初始事件开始，推论可能的后果，从而辨识危险源的方法。事件树分析法一一般应用于大型系统或安全相关子系统，采用树状图来表示所有事故序列。事件树模型主要包括始发事件、题头事件、题头分支、序列和后果。

1）始发事件：又称为初因（诱发）事件，是指在系统正常运行过程中出现的不正常状态或者危害性事件，如设备发生故障、某些部件损坏、人员操作失误等。

2）题头事件：也称为后续事件或者功能事件，一般指能减轻或缓解始发事件带来的不良影响的安全子系统，用于保障系统的正常运行。

3）分支：一般用来标记题头事件对应的子系统运行是否成功。

4）后果：事件树中某一条或几条序列的最终状态。

5）序列：由一个始发事件和几个功能事件以及连接它们的分支共同组成。在事件树中，序列是由始发事件开始，按事件的顺序从左向右直到后果所形成的一条路线。每一个序列代表系统的一种损坏过程和状态。

事件树分析法是一种基于逻辑演绎的方法，首先给定系统的始发事件，然后按照事故的发展顺序，根据事件树的题头事件一般只有两种状态（成功或时效）的规定，分析该始发事件会导致的各种事故序列，按照时间或逻辑步骤向不同的系统后果发展，一直分析到系统的最终损坏状态，从而定性、定量地分析系统在安全方面的性能，协助设计者进行正确的决策。

事件树与故障树的区别主要体现在：故障树从顶事件（最终结果）开始分析，先找出事故发生的直接原因，再找出间接原因，一直分析到子事件，只需考虑引起顶事件发生的失败事件；事件树则是从初始事件到最终结果的分析方法，其中每个事件都要考虑成功和失败。使用事件树分析法进行安全故障分析主要包括事件树建模以及分析两个部分。

1. 事件树建模

事件树的建模过程主要是根据系统的始发事件、发展时间或逻辑顺序来建立各个功能事件，再由各功能事件构造逻辑树。始发事件的输入只能是逻辑门或始发类型的基本事件，功能事件的输入则可以是逻辑门或非始发类型的基本事件，具体建模过程如下。

（1）确定始发事件清单并分组

确定始发事件是实施事件树分析的第一步，为此要列出一个尽量齐全的始发事件清单并进行分组，将具有相同成功准则且具有相同事故进程的始发事件归为一组，以便降低事故序列的模型化和定量分析的复杂度。工业界常用的方法包括：演绎分析、工程评价、运行经验反馈和参考现有清单等。

（2）确定题头事件

系统中包含许多安全功能，即题头事件，希望在始发事件发生后能消除或减轻其影响，以维持系统的安全运行。常见的安全功能包括：对始发事件自动采取控制措施的系统、报警系统、缓冲装置、局限或屏蔽措施等。

（3）构造事件树

从始发事件开始，按照事件发展过程自左向右绘制事件树，其中树枝代表事件的发展途径。在绘制过程中，一般首先考虑初始事件发生时最先起作用的安全功能，按照能否有效运行进行划分并依次考察，绘制到系统故障为止。

2. 事件树分析

事件树分析主要包括针对序列故障树及后果故障树的定性/定量分析。首先根据一定规则建造序列故障树及后果故障树，然后采用和故障树分析同样的方法进行定性和定量分析。

1）序列故障树：由某序列的始发事件和所有功能事件组成，并且将始发事件和每个功能事件对应的子系统的故障树模型进行链接与展开。

2）单一事件树的后果故障树：由单一事件树中所有涉及目标后果的序列组成。

3）多个事件树的后果故障树：由后果相同的所有序列（分布于不同事件树中）组成。

在将某一个事件树转换为故障树时，重要的一点是要把序列中成功的功能事件加入序列分析中，这是在事件树转换的树结构中使用非逻辑来实现的。

3.2.3 STAMP

在传统的致因模型中，事故被认为是由失效事件链引起的。在事件链中，下一级失效会直接造成上一级失效。随着系统变得越来越复杂，失效不仅会由组件引起，还可能由于组件之间不规范、不正确的交互造成。为了更好地表示因系统组件交互引起的失效，借助系统论的思想，MIT的研究人员提出了STAMP（System-Theoretic Accident Model and Process，系统理论模型和流程分析法）致因模型。STAMP包含因组件失效引起的事故，也能表示由组件交互造成的事故。它将系统安全的重点由防止失效变为实施安全约束。与传统的分析技术相比，STAMP可以分析非常复杂的系统，可以在早期概念分析中启动，可以在分析中包括软件和人工操作员，提供了在大型复杂系统中经常缺失或难以找到的系统功能的文档，可以轻松融入系统工程过程和基于模型的系统工程中。

1. STAMP 模型的原理

STAMP 不是一种分析方法，而是关于事故如何发生的模型或一组假设。传统安全分析方法是基于对故障链事件模型中事故发生原因的假设而构建的，STAMP 作为传统安全分析技术的替代，也可以基于它构建新的分析方法。需要注意的是，由于故障链事件模型是 STAMP 模型的子集，因此基于 STAMP 构建的工具可以包含使用旧安全分析技术得出的所有结果子集。STAMP 模型包含三个重要的概念：安全约束、层次控制结构及过程模型。

（1）安全约束

STAMP 模型把安全问题看作一种控制问题，系统中不同元素之间通过安全约束来实施控制，事故的发生是控制失效的结果。安全约束是为了确保系统安全而施加在不同层次之间的一种限制，例如政府通过相关法律/法规来对企业实施控制，从而把系统限制在安全的范围内。

事件是传统事故致因理论模型的分析对象，但是对系统组件间交互导致的安全事故缺乏有效分析。随着科技进步，系统的复杂度、组件间的交互呈几何式爆发，为了全面地分析系统安全问题，STAMP 模型把安全约束作为安全分析的对象。事故不再被简单地视为由独立组件故障或人为操作失误所导致的，而是由于安全相关约束出现问题所造成的。

STAMP 模型可以通过识别系统违反或未能执行的安全约束来理解事故，因此可将事故致因分为：安全约束不足（安全约束缺失或错误）、安全约束未被充分执行、反馈不足或反馈缺失（安全约束不能满足新的安全要求）。

（2）层次控制结构

在 STAMP 模型中，系统被视为一种层次结构，每一层通过控制过程对其下一层的活动施加约束，即高层次的安全约束控制低层次的行为。控制过程执行其负责的安全约束，如果该过程提供的控制不当或者对下一层的行为违反了安全约束，就会发生事故。在层次控制结构的每两层之间都需要有效的通信渠道来确保系统的安全性——向下的引用渠道提供必要的安全约束来对下一层施加控制，向上的渠道提供关于安全约束执行情况的反馈信息。基于反馈机理的层次控制结构来描述事故，对于理解事故原因和预防事故发生有着重要的作用。

此外，系统在 STAMP 中被认为是相关组件通过信息的反馈和控制处在动态平衡的状态中。在此概念下，系统不是一个静态设计，而是处在一个根据变化不断调整的动态过程中。系统的设计不仅要嵌入恰当的行为约束来确保安全操作，还要保证系统能够随着变化进行升级，确保系统持续、安全地运行。

层次控制结构可能非常复杂，因此按子系统进行划分对于理解整个控制结构是必要的。在检查子系统的危险因素时，可以把其余的子系统看作输入或者环境。

（3）过程模型

过程模型是控制理论的一个重要组成部分，也是控制过程的核心。控制过程有四个前提条件：目标、行动条件、可观测条件和模型。目标是指由分层控制结构施加给每个组件的安全约束；行动条件能够在（下行）控制通道得以实现；可观测条件则体现在（上行）反馈或测量通道；控制器通过模型对被控制方进行控制，这种模型可以理解为控制算法。如图 3-2 所示，每一个控制器（人工或自动）都需要过程模型加以有效控制。

图 3-2 控制器的过程模型

过程模型可以确定需要什么控制行为并可通过反馈信息进行升级。不管过程模型是简单还是复杂，都必须包含系统变化因素之间的必要关系（安全约束）、过程模型的当前状态以及过程改变状态的方法。

在 STAMP 中，安全由包含设计、开发、制造和运营全过程的分层控制结构中各层之间的控制回路实施适当的安全约束来保证。当某一组件失效、层级之间的组件交互错误或系统受到外部干扰时，这个分层控制结构必须能够恰当地执行控制行动，否则可能导致事故发生。由此可见，在 STAMP 中，事故源于控制不足，包括由于组件失效和系统设计缺陷导致的交互失调，导致事故发生的过程可以被理解为系统开发和运行控制循环中存在缺陷。对这些缺陷进行分类，并用于事故分析以及事故预防，可以帮助识别导致事故的所有因素。

控制循环中的每个环节都可能出现问题，如图3-3所示，而这些问题都可能导致控制缺陷，因此可以通过检查控制循环中的各部分来找到导致控制缺陷的原因。相应地，通过控制缺陷来理解事故可以将事故原因分为三类：控制器问题、执行环节问题、反馈环节问题。

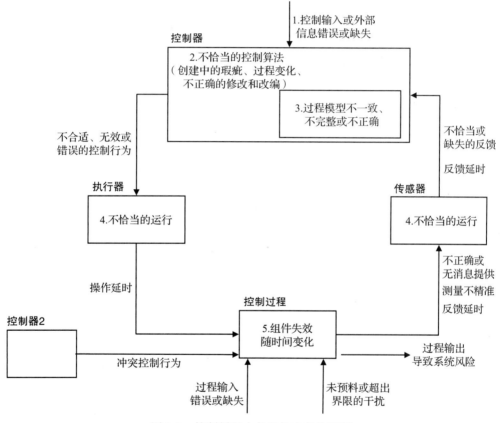

图 3-3 控制循环中各组件出现的问题

- **控制器问题**

控制器提供不充分的安全约束，包括潜在危险未被识别、已识别危险但未能施加正确安全约束、多控制器间不当协调。控制器操作主要由三个部分组成：控制输入、控制算法和过程模型，其中任何一个部分的缺陷都会导致不当、无效或缺失的控制行为。

1）不安全的输入：层次控制结构中的每一个控制器会被更高层的控制器所控制，而更高层提供的控制行为和信息可能存在缺失或者本身就是错误的。

2）不安全的控制算法：这里算法指的是由工程师设计的控制器流程。控制算法不能确保安全约束的原因包括：算法设计不当、受控过程变换使算法不安全、算法被维护者不恰当地修改。

3）不一致、不完整或不正确的过程模型：有效的控制必须以过程模型为基础。当控制器的过程模型和实际过程状态不一致时，容易引起组件交互事故。

4）多控制器间不当的协调：当有多个控制器时，可能会出现不明确或自相矛盾的控制行为，这时协调通信缺陷就会导致事故发生。当一个功能通过两个控制器的合作来完成或者两个控制器对同一个对象发挥影响时就会出现重叠区域。控制行为间机能失调的相互作用导致重叠区域有潜在的矛盾控制行为。

边界区域的控制功能责任很难定义，而边界区域的协调问题是很常见的，通常距离越远，通信越困难，不确定性和风险也就越大。

- **执行环节问题**

执行环节问题，即安全约束未被充分执行，包括通信问题导致控制指令无法传达、执行器问题使得控制指令无法执行、存在时间滞后使得控制指令无效。

- **反馈环节问题**

反馈环节问题，即反馈不足或反馈缺失，包括系统设计之初不存在反馈环、反馈存在通信问题、存在时间滞后、反馈环节中的传感器存在问题。

反馈对于控制器的安全操作是非常重要的。系统理论的一个基本假设就是任何控制系统没有测量渠道都不能很好地运行。当系统设计未考虑反馈、监测和反馈交互渠道存在缺陷、反馈不及时或者不当操作测量仪器时，就可能导致反馈缺失或反馈信息错误。

对事故致因的分类总结如表 3-2 所示。

表 3-2 事故致因分类

事故原因	控制缺陷分类	缺陷来源
控制器安全（安全约束不足）	危险未被识别	
	对识别出的危险未能实施正确的控制指令	过程设计的缺陷
		系统某些环节更新但控制算法没有更新（异步进化）
		错误的修改
	不一致、不完整或不正确的过程模型	过程设计的缺陷
		系统在更新过程中发生不一致（异步进化）
		时间滞后或测量不准确
	多控制器间不当的协调（边缘区域与重叠区域的控制）	

(续)

事故原因	控制缺陷分类	缺陷来源
执行环节问题 （安全约束未被充分执行）	传输通道存在问题	
	执行器存在问题	
	存在时间滞后	
反馈环节问题 （反馈不足或反馈缺失）	系统设计之初缺少反馈渠道	
	反馈的通信渠道存在问题	
	存在时间滞后	
	反馈环节中的传感器存在问题	反馈信息错误
		没有提供任何有效信息

2. STPA

目前，STPA（System Theoretic Process Analysis，系统理论过程分析）和 CAST（Causal Analysis based on System Theory）是使用最广泛的两种分析工具。CAST 是一种追溯分析方法，用于检查已发生的事故，并确定涉及的因果因素；STPA 是一种主动分析方法，可分析开发过程中事故的潜在原因，从而消除或控制危险源。图 3-4 展示了使用 STPA 进行威胁建模的完整流程。

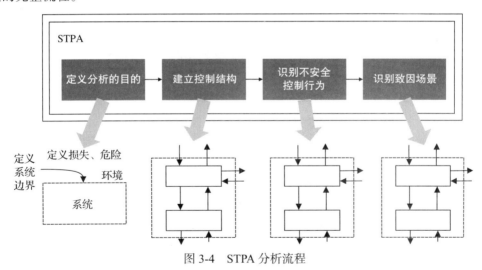

图 3-4　STPA 分析流程

对于任何一种分析方法而言，定义分析目标都是首要任务。例如，分析系统需要避免何种损失，是为达到传统的安全目标（诸如防止人身伤害）而应用 STPA，还是需要将 STPA 应用到更广泛的领域（如安保、隐私、性能或其他系统特性）？被分析的系统是什么系统？系统边界在哪里？

因此，定义分析目标主要包括定义损失（事故）、识别系统级危险、确定系统级安全约束以及提炼危险（可选）四个部分，如图 3-5 所示。

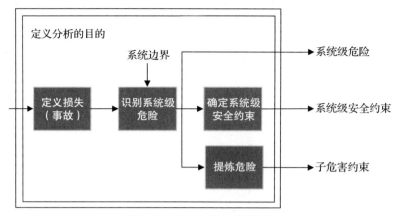

图 3-5　定义分析目的概览

第二步是建立分层控制结构模型。控制结构通过一套反馈控制回路为系统建模，捕捉功能性关系及相互作用。控制结构通常起始于较为抽象的层级并通过迭代调整以捕捉更多系统细节。在很多情况下，系统内的控制结构与控制回路可能较为明显或可利用以往应用中的控制结构与回路，图 3-6 中展示了一个带有已标注反馈及已识别刹车系统控制单元内部控制器的控制结构。

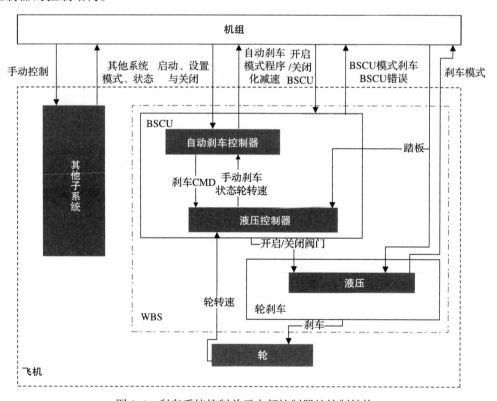

图 3-6　刹车系统控制单元内部控制器的控制结构

第三步旨在分析控制结构中的控制行为，以验证此类行为如何导致第一步中提到的损失，图3-7展示了控制行为分析的输入与输出。

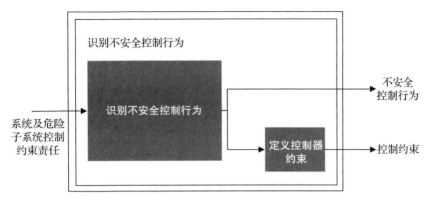

图3-7　控制行为分析概览

此类不安全控制行为用于生成系统的功能性要求与限制，表3-3给出了部分刹车系统控制单元不安全控制行为的实例。

表3-3　部分刹车系统控制单元不安全控制行为的实例

控制行为	由于"未提供"引起的危险	由于"提供"引起的危险	提供太早、太晚或顺序颠倒	停止太早、应用时间过长
刹车	UCA-1：刹车系统控制单元（BSCU）Autobrake在BSCU启动状态下未提供刹车控制行为	UCA-2：刹车系统控制单元（BSCU）Autobrake在正常起飞时提供了刹车控制行为 UCA-5：刹车系统控制单元（BSCU）Autobrake在着陆跑时提供的刹车控制行为不充分 UCA-6：刹车系统控制单元（BSCU）Autobrake在着陆跑时提供的刹车控制行为引起偏航或不匀称	UCA-3：刹车系统控制单元（BSCU）Autobrake在着陆之后提供的刹车控制行为过晚	UCA-4：刹车系统控制单元（BSCU）Autobrake在着陆时停止提供刹车控制行为过早

第四步主要是识别系统中可能出现不安全控制的原因，目标是构建适当情境来解释以下内容。图3-8展示了致因场景识别步骤的输入与输出：

1）不正确反馈、不充分要求、设计错误、组件失效以及其他因素如何导致不安全控制行为并最终导致损失。

2）没有遵守或执行所提供的安全控制行为如何导致损失。

一旦识别出这样的场景，即可用于生成其他需求、找到缓解措施、改进系统架构、提出设计建议以及新的设计决策（如在研发阶段使用STPA）、评估/回顾现有的设计决策及差距（如在设计完成后使用STPA）、定义测试用例并生成测试计划、形成风险领先指标等其他应用。

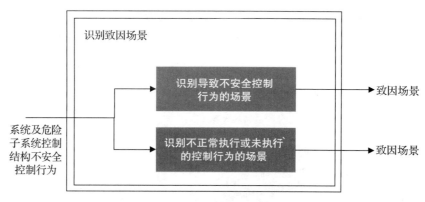

图 3-8 致因场景识别概览

3.3 网络安全威胁模型（信息侧）

针对网络空间威胁的常见威胁建模方法有：攻击树、威胁脆弱性评估 TVRA、微软的 STRIDE、DREAD、KillChain、ATT&CK 等。不同威胁建模方法的应用目标和侧重点也不相同。威胁模型是思维的方法论，用于帮助开发人员和安全人员在进行安全设计、安全建设、安全测试等工作时，尽可能覆盖大多数系统安全威胁。然而，上述 IT 安全威胁建模只适用于分析网络层的攻击，对于工控系统安全威胁分析并不完全适用。本节将介绍改进的威胁模型，它们是以传统网络威胁模型为基础，结合工控系统特征发展而来的，更适合分析工业控制系统等复杂系统的安全性。本节将介绍工控领域的两个主流威胁模型：KillChain 工控模型和 ATT&CK 工控模型。

3.3.1 KillChain 工控模型

洛克希德·马丁公司在 2011 年研发了网络 KillChain 模型，以便更好地检测和应对攻击者的入侵。该模型采用了军事杀伤链的概念，已成为 IT 和企业网络中广受防御者欢迎的模型。虽然此模型不能直接应用于针对工控系统的特制网络攻击，但作为构建的基础和概念，衍生出了 KillChain 工控模型。

1. KillChain 工控模型介绍

在工业控制系统（ICS）中，研究人员根据网络 KillChain 的特点定义了一种工控版本的 KillChain 模型。KillChain 工控模型分为网络入侵准备和执行、ICS 攻击开发和执行两个阶段，每个阶段又包括多个子阶段。

要使 ICS 网络攻击对生产过程或设备产生影响，攻击者应熟悉自动化过程和工程决策过程，以及 ICS 和安全系统的设计过程。获得这些知识后，攻击者就能很好地学习系统，从而以绕过或干扰安全机制的方式对系统造成可预见的影响，实现真正的信息物理融合攻击。KillChain 工控模型将上述的信息物理融合攻击分成两阶段。为了协助研究人员直观地理解攻击者对 ICS 的攻击过程，下面对 KillChain 工控模型的两个阶段进行详细介绍。

（1）阶段一

KillChain 工控模型认为 ICS 网络攻击的第一阶段是进行情报收集活动。这一阶段的目的通常是获取 ICS 的相关信息，通过学习系统，寻找突破边界防护的方法或获得生产环境的访问权限。该阶段包含规划、准备、网络入侵、命令和控制以及维持控制权限、防止被发现、定制开发和攻击执行。

①规划阶段

规划是阶段一的第一步，主要工作是对目标系统进行侦察，即通过观察或相关的探测手段获取目标系统的基本信息。本阶段还包括研究 ICS 技术缺陷和特性，以及了解攻击如何有效利用过程和操作模型等高级活动。在该阶段，通常借助开源信息收集工具（如 Google 和 Shodan 搜索引擎）、收集公开数据（如公告和社交媒体资料）等方式收集目标系统信息。本阶段的目标是揭示目标系统的脆弱点，并获取实现目标定位、攻击载荷投递等后续攻击流程的信息。对攻击者有用的信息类型包括人员、网络、主机、账户和协议信息，以及相关的策略、进程和过程等信息。

为了不被目标察觉，攻击者可以使用"踩点"等被动侦察技术，利用互联网上的大量信息进行侦察。此外，攻击者也可以利用正常的网络流量和噪声隐蔽侦察行为。为了获得更多有用的信息，攻击者也会采用主动侦察技术，例如主动地连接目标系统的可访问攻击面、通过常规查询确定操作系统软件版本等。

②准备阶段

准备阶段的工作包括武器化或靶向化。武器化可以修改原本无害的文件（例如文档），以使攻击者能够进行下一步操作。很多时候，攻击者会设计武器化文档，例如包含漏洞利用程序的 PDF。武器化文档能够以恶意方式利用已有的软件功能（例如 Word 文档中的宏）实现攻击活动。

靶向化是指攻击者或其代理（例如脚本或工具）识别潜在可利用目标的过程。在现代军事用语中，靶向化是确定目标的优先次序，并将适当的行动与这些目标相匹配，以实现预期效果的过程。网络攻击者通过权衡实现攻击所需的工作量、攻击成功的可能性和被发现的风险，来决定对目标使用何种攻击工具或方法。例如，从攻击资源消耗和攻击效果角度分析，攻击者发现利用虚拟专用网络（VPN）进入目标网络环境是最佳方案。

武器化和靶向化可以同时进行，但两者都不是必需的。在 VPN 示例中，攻击者可以通过获取访问权限直接登录网络，这时就不需要武器化过程。另外，攻击者也可以不针对特定目标设计武器化文档，而是在利用武器化文档获得初始访问权后确定攻击目标。

③网络入侵阶段

这个阶段的目标是获得初始访问权限。网络入侵是指攻击者为了获得目标系统的访问权限所进行的成功或失败的攻击尝试。网络入侵可分为攻击载荷投递和漏洞利用两个阶段。在攻击载荷投递阶段，攻击者会利用一些手段与目标网络进行交互，钓鱼邮件就是一种攻击载荷投递手段,它可将武器化 PDF 发送给目标网络使用者。漏洞利用是指攻击者用来执行恶意行动的方法或手段。这里的方法可以是打开武器化的 PDF 文件时利用系统漏洞,也可以是获取网络访问权限。当漏洞利用成功后,攻击者将安装远程访问木马等功能组件。此外,攻击者还可以修改或替换系统现有功能。例如,在较新的 Windows 环境中,攻击者可以利用 PowerShell 工具实现入侵。

④命令和控制阶段

随着网络入侵的实现,攻击活动进入命令和控制阶段。在这个阶段,攻击者将使用先前安装的功能组件或盗用可信通信信道来实现对目标网络的命令和控制(Command and Control,C2)。经验丰富的攻击者通常会建立多个 C2 通道,以确保某些 C2 通道被检测到或被删除后不会丢失对目标网络的管理和控制权限。需要注意的是,C2 通道无须支持高频率双向通信的直接连接。例如,某些对受保护网络的访问可能依赖于单向通信通道,这需要更多时间向外部发送信息以及向内部发送命令、代码。攻击者通常通过隐藏在正常的出站和入站流量中,劫持现有通信来建立 C2。在某些情况下,攻击者通过植入设备来建立自己的通信桥梁,进而建立 C2。通过对目标网络的管理和控制,攻击者可以实现其攻击目的。

⑤维持控制权限、防止被发现、定制开发和攻击执行阶段

为了达到最终的目标,攻击过程还可能包括以下步骤:维持控制权限(Sustainment)、防止被发现(Entrenchment)、定制开发(Development)和攻击执行(Execution)。攻击者要实现完整攻击,会采取很多手段,包括发现新的系统或数据、在网络中横向移动、安装和执行附加功能、启动附加功能、捕获传输的通信(例如获取用户访问凭证)、收集数据、向攻击者传输数据以及消除攻击痕迹和防止被发现的反取证技术。

(2)阶段二

在阶段二中,攻击者需要利用第一阶段获得的知识来开发攻击 ICS 的方法并对攻击有效性进行测试。由于控制设备的敏感性,阶段一的攻击行为可能产生意外的攻击效果,并有可能影响阶段二的攻击行为。阶段二包含攻击行为开发和调试阶段、校验阶段和 ICS 攻击执行阶段。

①攻击行为开发和调试阶段

阶段二开始于攻击行为开发和调试。在此阶段,攻击者会根据预期的攻击目的来开发新的功能,以攻击特定的 ICS。攻击者一般使用处理过的数据进行攻击行为的开发和设计,只有在系统所有者和操作人员很难发现其攻击行为时,才会通过实际的生产环境来进行本阶段的工作。因此,正常情况下,攻击者攻击行为的开发和调试很难被检测到。本阶段需要的开发和测试时间很长,导致距离阶段二的攻击执行有较长时间。

②校验阶段

一旦攻击者开发了一种攻击功能,接下来就是校验阶段。攻击者需要在相似或相同配置的系统上测试他们的攻击功能,确保攻击能够产生预期的效果。即使是简单的攻击行为,这一阶段也必不可少。如果攻击行为比较复杂,攻击者可能需要获得真实的物理 ICS 设备和软件组件才能完成验证。

③ ICS 攻击执行阶段

最后一个阶段是 ICS 攻击执行。在此阶段，攻击者会向目标系统投递攻击功能，安装或修改现有系统功能，然后执行攻击。为了实现定向攻击，攻击过程由多步组成，包括攻击准备、攻击实施和攻击支持。例如，修改操作过程中特定元素的值触发特定操作，引起过程设定点和变量变化，或通过修改状态信息欺骗工厂操作员来支持攻击，都是 ICS 攻击执行阶段必不可少的步骤。

2. Havex 案例分析

分析已有的 ICS 网络攻击事件，可以验证 ICS 网络杀伤链作为防御模型的有效性。接下来，我们通过分析 Havex 恶意软件的攻击过程，并使用普渡模型来说明 ICS 受影响的架构部分。

Havex 恶意软件是一个可以实现远程访问的木马程序，在攻击 ICS 的过程中可以收集来自世界各地数千个站点的敏感数据和网络架构信息，常用于针对 ICS 实施攻击。Havex 恶意软件包含专门的 ICS 模块用于实现特定 ICS 系统的攻击。

攻击者设计了多种方法将 Havex 恶意软件植入目标网络中，其中常用的方法是：
- 发送带有恶意代码的鱼叉式钓鱼电子邮件。
- 用恶意软件感染 ICS 供应商网站，并在 ICS 维护人员访问这些网站时进行感染（称为水坑攻击）。
- 提供一个感染特洛伊木马的 ICS 软件安装程序，在工作人员运行安装程序时感染主机系统。

这种将多种攻击方法相结合的方式表明，攻击者开展攻击活动时不受单一技术的限制，具有很强的灵活性。由 Havex 的分析结果可知，攻击者能够在规划阶段成功识别并利用漏洞，例如对工程师之间的普遍信任性、对 ICS 供应链的依赖性等。下面使用 ICS 网络杀伤链分析三个典型的入侵方法。

第一种入侵方法是使用鱼叉式钓鱼电子邮件。攻击者首先进行侦察以确定攻击目标，并为其制定专门的钓鱼邮件。接下来，攻击者进行武器化，即在钓鱼电子邮件的附件中植入漏洞利用程序。靶向化就是将这些钓鱼邮件发送给事先选定的目标。电子邮件本身就是病毒的载荷投递载体，当用户打开电子邮件的附件文件时，攻击者就能够利用系统安装 Havex 恶意软件。然后，Havex 恶意软件尝试与多个 C2 服务器通信，并找到可用的 C2 服务器。之后，Havex 扫描目标网络以发现 ICS 组件，收集相关信息并将其发送到 C2 服务器。攻击者可以从 C2 服务器获取收集到的信息。钓鱼邮件攻击主要发生在外部网络，除非受攻击的企业将工程文件保存在业务网络上，否则此方法不太可能获得 ICS 相关信息。

第二种入侵方法为感染网站，这种入侵方式只能实现阶段一的攻击目标。需要注意的是，针对 ICS 供应商网站的入侵有专门的杀伤链，而且这只是入侵 ICS 网络的跳板。通过针对 ICS 网络的侦察活动，可以确定目标 ICS 的网络类型以及供应商。如此看来，特定的供应商网站就是武器化文件的攻击对象，其靶向化就是识别使用这些供应商的 ICS 网络。在此方法中，病毒的载荷投递方式是 HTTP 协议网络连接。攻击者使用 Metasploit 工具对网站进行武器化。通过利用已知漏洞，攻击者将 Havex 安装到目标网络中，在目标网络中部署 C2 通道后，完成与第一种入侵方式相同的攻击活动。由于访问供应商网站的一般是工程师和操作人员，因此利用该入侵方式更有可能进入 ICS 网络内部。该入侵方式主要影响 ICS 网络的隔离区。如果被攻击企业没有使用普渡模型或深度防御架构，那么这种入侵方法能够更深入地入侵 ICS 系统。

第三种入侵方式的特点是在供应商网站上放置一个感染木马的 ICS 软件安装程序。其侦察过程与第二种入侵方式相同。安装程序是武器化文件的主要载体，其靶向化是识别使用这些 ICS 软件的 ICS 网络。除了攻击载荷投递方式以外，漏洞利用、攻击程序安装、C2 通道建立和其他操作都与前面两种入侵方式一样。但是，这种入侵方式的独特之处在于，即使只有业务网络或隔离区允许网络访问，Havex 也能对处于普渡模型底层的区域造成影响。该种入侵方式依靠工程师从连接互联网的计算机将文件以物理方式传送到生产控制网络，从而突破网络边界防护。这时的漏洞利用、恶意软件安装、C2 通道建立和攻击执行都发生在 ICS 网络内部。目前发现的 Havex 感染大部分发生在监控层，而这一层具有访问权限的工程师和操作员可以访问工程工作站和人机交互界面，从而使得第三种入侵方式成为可能。由于攻击者可以利用第三种入侵方式获得更有价值的信息，因此成为 Havex 常用的入侵方法。

从目前的分析来看，Havex 恶意软件的攻击主要集中在 KillChain 工控模型的阶段一，未发现其阶段二的攻击行为。图 3-9 为 Havex 的三种入侵方式与普渡模型和 ICS 网络杀伤链的映射关系。

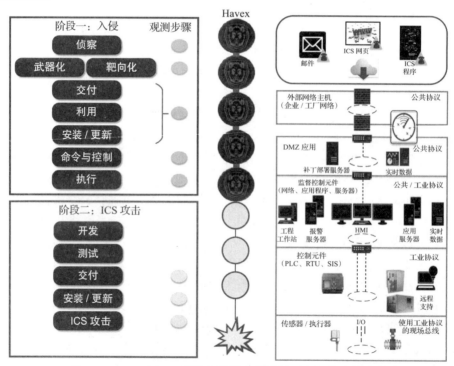

图 3-9　Havex 与 ICS 网络杀伤链和普渡模型之间的映射关系

3.3.2 ATT&CK 工控模型

ATT&CK 工控模型是 MITRE 基于 KillChain 模型构建的一套更细粒度、更易共享的知识模型和框架。最初的 ATT&CK 模型根据应用领域分为三类：PRE-ATT&CK、ATT&CK 企业模型和 ATT&CK 移动模型。其中，PRE-ATT&CK 覆盖 KillChain 模型的前两个阶段（侦察、武器化），包含了攻击者利用特定目标网络或系统漏洞进行相关操作的战术和技术。ATT&CK 企业模型覆盖 KillChain 的后五个阶段，即交付、利用、安装、命令与控制、攻击执行。另外，ATT&CK 的战术和 KillChain 杀伤链的攻击阶段不同，其排列顺序既不表示攻击顺序，也不代表战术的重要性。攻击者可以使用任意战术组合达成最终攻击目标。由于信息系统与工控系统的差异性，ATT&CK 企业模型不能描述工控系统的威胁所使用的战术及技术。因此，MITRE 开发了 ATT&CK 工控模型来分析工控系统面临的威胁。

1. ATT&CK 工控模型概述

前面说过，由于信息系统与工控系统的差异性，ATT&CK 企业模型不能描述工控系统的威胁所使用的战术及技术。由此，从企业模型的基础上发展出了 ATT&CK 工控模型。ATT&CK 工控模型可用于智能电网、供水系统、污水处理系统、智能交通系统等工控系统的威胁分析。针对 ATT&CK 工控模型，我们可以从下面三个方面来进一步认识和理解。

（1）攻击知识抽象层次

KillChain 工控模型是较高层次的抽象，它对于理解高维度的攻击过程和攻击者目标很有帮助，但无法有效描述攻击者在某次攻击行动中如何实现攻击目标。相应地，还有一些抽象层次比较低的模型，如漏洞利用数据集、各类恶意软件数据集等。这些低层次模型能够详细描述某个技术的实现细节，甚至有详细的代码脚本，但其缺点在于"只见树木不见森林"，它们只能获知局部信息，而不能把控全局。研究人员在分析某一个具体漏洞或恶意软件时，无法知道它们在什么情况下被哪些攻击者使用，从而缺乏有效的上下文关联。

ATT&CK 工控模型属于中间层次抽象模型，可以将高层次抽象和低层次抽象有效连接起来，如图 3-10 所示。类似于 KillChain 的攻击阶段，ATT&CK 工控模型使用战术描述攻击阶段，并使用技术对战术进一步分解描述。技术的具体实现过程还可以细分为多种实现方式，从而可以有效地将低抽象层级的概念（如漏洞利用、恶意软件）放入上下文中进行思考。

（2）适用功能层级

工业控制系统普渡模型从分层的角度描述了工控企业的特点，自下而上分为五层。

第 0 层：过程控制，包括实际物理过程、传感器及执行器等。

第 1 层：过程优化层或者先进控制层，优化工程控制。

图 3-10 攻击知识抽象层次

第 2 层：生产调度层，对生产计划实现调度优化。

第 3 层：企业管理层，负责生产计划及管理。

第 4 层：经营决策层，发展企业决策、生产规划。

普渡模型中的第 0 层和第 1 层是控制网络，第 3 层和第 4 层是企业网络。第 2 层同时具有企业网络和控制网络的特点，是企业网络和工控网络融合层。ATT&CK 工控模型可以用来描述第 0 层至第 2 层资产所遭遇的威胁。

（3）ATT&CK 工控模型的关键对象及相互关系

ATT&CK 工控模型从技术矩阵、威胁组织、威胁软件、缓解措施、工控资产五个关键对象角度分析已知的典型攻击方式。在 MTRI 官方网站上，ATT&CK 工控模型以链接的形式对五个关键对象进行了映射。

① 技术矩阵

ATT&CK 技术矩阵由战术和技术组成，如表 3-4 所示。战术是指攻击者的阶段性目标，用于解释攻击者为什么采取某一行动。技术是指攻击者实现战术所用的方法。为了更加细致地描述攻击的实现过程，某些技术可以包含多个子技术。ATT&CK 工控模型包括 11 种战术和 81 种技术，其技术矩阵按照一种易于理解的格式对所有已知的战术和技术进行排列（如表 3-4 所示）。攻击战术是对攻击技术所要实现的攻击目标的描述，攻击技术能够回答如何实现攻击战术。攻击战术展示在矩阵顶部，每列给出了相应的技术。ATT&CK 工控模型的 11 种战术分别为：初始访问、执行、维持、逃避、发现、横向移动、收集、命令与控制、抑制响应功能、损害过程控制、破坏杀伤性。一种战术可能使用多种技术，一种技术也可以进一步分为不同的子技术。例如，攻击者可能同时尝试鱼叉式钓鱼攻击中的钓鱼附件和钓鱼链接。相应地，一种技术也可能隶属于多种战术。

② 威胁组织

ATT&CK 工控模型追踪许多已知的威胁组织，使用组织对象属性对组织进行描述。但是，ATT&CK 工控模型只关注工控领域的威胁组织。其中，已有的威胁组织包括 Dragonfly、Sandworm、HEXANE 等。组织对象属性用于描述组织的特征，其中包含组织名称、唯一的 ID、组织别名、该组织参与的攻击活动、使用的攻击技术/子技术、使用的威胁软件等信息。

③ 威胁软件

在实施攻击的过程中，攻击者会使用不同的软件。ATT&CK 模型对软件进行了分类，包括工具和恶意软件两类。工具指的是能够被防御者、红队或者攻击者使用的商业、开源或者可公开获得的一类软件，例如 PsExec、Metasploit 等。恶意软件指的是攻击者为了实现不良企图所使用的商业、自定义闭源或者开源的一类软件，例如 PlugX、CHOPSTICK 等。ATT&CK 工控模型使用软件对象属性描述软件特性，包括软件名称、ID、软件别名、类型（工具或恶意软件）、适用平台、可实现的技术/子技术、相关的威胁组织等信息。

信息物理融合威胁建模

表 3-4 ATT&CK 工控模型技术矩阵

初始访问	执行	维持	逃避	发现	横向移动	收集	命令与控制	抑制响应功能	损害过程控制	破坏杀伤性
历史服务器控制权限获取	更改程序状态	程序挂钩	通过漏洞利用以迅速避检测	控制装置识别	默认凭证	自动收集	常用端口	激活固件更新模式	暴力枚举I/O	财产损失
网络水坑攻击	命令行界面	模块固件	主机上的痕迹擦除	I/O模块发现	远程服务漏洞利用	信息存储库中的数据	连接代理	报警抑制	更改程序状态	拒绝控制
工程师站控制权限获取	通过API执行	程序下载	可执行文件伪装	网络连接枚举	外部远程服务利用	检测工作模式	标准应用层协议	组织命令消息	可执行文件伪装	拒绝查看
面向公众的应用程序利用	用户图形界面	项目文件感染	Rootkit后门植入	网络服务扫描	程序组织单元	检测程序状态		阻止报告消息	修改控制逻辑	失去可用性
外部远程服务利用	中间人攻击	系统固件	报告消息欺骗	网络嗅探	远程文件复制	I/O映像		阻止串行COM	修改控制设备参数	失去控制
互联网开放设备利用	程序组织单元	有效账号	使用/更改操作模式	远程系统发现	有效账号	位置识别		数据销毁	模块固件	生产力和收入损失
可移动介质摆渡攻击	脚本编写			串行连接枚举		监控过程状态点和标记识别		拒绝服务	程序下载	安全损失
鱼叉式网络钓鱼攻击	用户执行					程序长传		设备重启关机	主控设备伪装	视图损失
供应链攻击						角色识别		操作I/O映像	停止系统服务	操纵控制
无线攻击						屏幕截图		修改警报设置	报告消息欺骗	操纵视图
								修改控制逻辑	未经授权的命令消息	操作信息窃取
								程序下载		
								Rootkit后门植入		
								系统固件		
								使用/更改操作模式		

④缓解措施

缓解措施是指能够有效缓解或者阻止现有技术/子技术实施的技术手段。已有的缓解措施手段包括应用隔离和沙箱（Application Isolation and Sandboxing）、数据备份（Data Backup）、执行保护（Execution Prevention）和网络分段（Network Segmentation）等。和组织、软件一样，缓解措施使用对象属性的方式进行描述，对象属性包括名称、ID、适用的技术/子技术等信息。

⑤工控资产

资产是工控系统的重要组成部分，由于普渡模型的功能层划分比较粗粒度，ATT&CK 工控模型引入了资产来对不同的功能层进行细化。ATT&CK 工控模型的资产包括控制服务器、数据库、工程师站、现场控制设备（PLC、DCS、RTU）、人机交互界面、I/O 接口、安全仪表系统。当分析不同的攻击方式时，可以把攻击直接映射到相应的工控资产上，使得后续的相关分析更加清楚。

五个关键对象之间的关系可以表示成图 3-11 所示的形式。同时，MITRI 官方网站使用链接的形式将不同对象进行了关联，以方便研究人员使用。

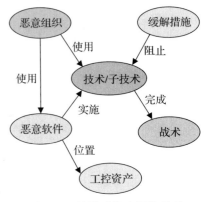

图 3-11　关键对象之间的关系

2. Triton 案例分析

攻击者通过了解安全仪表系统（SIS）运行原理，使用 PLC 的控制软件和通信协议（TriStation 协议）的漏洞设计了具有跨维攻击的威胁向量。攻击者首先收集安全仪表系统、工厂环境信息，通过获得工程师站控制权限、编写脚本等技术侵入 IT 网络，使用程序下载、系统固件、控制装置识别等手段，实现攻击载荷从 IT 侧向 OT 侧的横向移动。当攻击载荷进入控制软件之后，使用可执行文件伪装、修改控制逻辑等手段篡改安全仪表的控制状态。

使用 ATT&CK 工控模型分析 Triton 案例时，需要找到五个关键对象。从上一节技术矩阵中找到 Triton 使用的战术及技术，分析发动 Triton 攻击的威胁组织及其所使用的恶意软件、Triton 攻击涉及的资产，之后将所使用的战术及技术映射到相应的缓解措施。需要注意的是，ATT&CK 工控模型所提供的缓解措施是通用的。

Triton 涉及的战术有初始访问、执行、维持、逃避、发现、收集、命令与控制、损害过程控制、破坏杀伤性，涉及的技术包括工程师站控制权限获取、更改程序状态、通过 API 执行、脚本编写、程序下载、系统固件、利用漏洞逃避检测、主机上的痕迹擦除、更改程序状态、可执行文件伪装、使用/更改操作模式、控制装置识别、检测工作模式、检测程序状态、控制器常用端口、可执行文件伪装、修改控制逻辑、控制器工程文件下载、未经授权的命令消息、安全损失。Triton 涉及的战术和技术是 ATT&CK 工控模型战术和技术的子集，但是其具体实现手段和采用的软件不同。表 3-5 给出了相应战术及技术的具体描述。

表 3-5 Triton 攻击技术矩阵

战　术	技　术	描　述
初始访问	工程师站控制权限获取	Triton 恶意软件获得安全仪表系统工程师站的远程访问权限
执行	通过 API 执行	Triton 利用 TriStation 协议来触发与程序下载、程序分配和程序更改相关的 API
执行	更改程序状态	Triton 具有利用 TriStation 协议停止或者运行程序的能力，即 TsHi.py 能够终止或运行程序
执行	脚本编写	一个 Python 脚本使用四个 Python 模块 TsBase、TsLow、TsHi 和 TS_cnames 共同实现 TriStation 网络协议通信
维持	程序下载	利用 TriStation 协议将程序下载到 Triconex 安全仪表系统上
维持	系统固件	Triton 使用的恶意外壳代码包括两部分：inject.bin 和 imain.bin。前一个程序是更通用的代码，能够将有效载荷注入正在运行的固件中，后一个程序则是执行附加恶意功能的有效载荷。imain.bin 能够采用 TriStation 协议获取主处理器诊断数据命令，查找构建的数据包体，并根据需要执行自定义操作。它能够读写安全控制器上的内存，并在固件内的任意地址执行代码。此外，如果它写入的内存地址在固件区域内，它将禁用地址转换、在现有的地址写入代码、刷新指令缓存、重新启用地址转换。Triton 恶意软件能够更改内存中正在运行的固件、改变设备的运行方式以及可能采取的其他行动
逃避	利用漏洞逃避检测	Triton 禁止固件 RAM/ROM 的一致性检查，注入有效载荷 imain.bin 并更新/更改跳转条目以指向添加的代码
逃避	主机上的痕迹擦除	Triton 使用 TriStation 将控制器重置为之前的状态
逃避	更改程序状态	Triton 具有利用 TriStation 协议停止或者运行程序的能力，即 TsHi.py 能够终止或运行程序
逃避	可执行文件伪装	Triton 伪装成 trilog.exe，trilog.exe 是分析 SIS 日志的 Triconex 软件
逃避	使用/更改操作模式	如果 Triconex SIS 控制器在运行过程中配置了"程序模式"下的物理密钥开关，Triton 就能够修改代码
发现	控制装置识别	Python 脚本能够通过端口 1502 发送特定的 UDP 广播包来自动检测网络上的 Triconex 控制器
收集	检测工作模式	Triton 包含一个名为 TS_cnames.py 的文件，其中包含关键状态（TS_keystate）的默认定义
收集	检测程序状态	Triton 包含一个名为 TS_cnames.py 的文件，其中包含关键程序状态（TS_keystate）的默认定义
命令与控制	控制器常用端口	Triton 框架可以利用 TriStation "获取主处理器诊断数据"命令与植入物通信，并寻找一个特制的包体，从中提取命令值及其参数
损害过程控制	可执行文件伪装	Triton 伪装成 trilog.exe, trilog.exe 是分析 SIS 日志的 Triconex 软件
损害过程控制	修改控制逻辑	Triton 可对 SIS 控制逻辑进行重新编程，使其关闭实际上处于安全状态的过程。Triton 还可以重新编程 SIS 逻辑，使不安全的情况持续存在。Triton 恶意软件能够将恶意程序添加到控制器的执行表中，使其变成合法程序。如果控制器出现故障，Triton 尝试将其恢复到运行状态。如果控制器未在某个时间窗口内恢复，则样本将覆盖恶意程序以覆盖其轨迹

(续)

战术	技术	描述
损害过程控制	控制器工程文件下载	利用 TriStation 协议将程序下载到 Triconex 安全仪表系统上
	未经授权的命令消息	通过阻止 SIS 的正常运行,伪造正常运行命令消息,Triton 使得过程控制处于不安全状态
破坏杀伤性	安全损失	Triton 可使 SIS 系统失效,在发生安全隐患或安全风险时无法及时启动和实施安全保护机制,从而对生产活动造成影响。Triton 可在攻陷 SIS 系统后,对 DCS 系统实施攻击,并通过 SIS 系统与 DCS 系统的联合作用,对工业设备、生产活动以及人员健康造成破坏

Triton 攻击案例对应的威胁组织为 XENOTIME,ATT&CK 工控模型认为它利用 Triton 恶意软件对工业控制系统的安全仪表系统实施攻击行为。以逃避(战术)中的利用/篡改操作模式(技术)为例,其对应的缓解措施为授权认证。当然针对不同的情况,该技术对应的缓解措施有多个。针对 Triton 攻击案例,ATT&CK 工控模型将关键对象进行了映射,如图 3-12 所示。

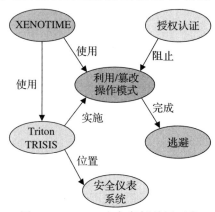

图 3-12 Triton 攻击案例关键对象映射关系示意图

3.4 信息物理融合的威胁模型

在 3.1 节中,我们已经对工业互联网中出现的新型信息物理融合安全威胁进行了介绍,而针对工业互联网的特性如何实现威胁建模是本章的重点。虽然目前没有成熟和统一的综合安全威胁建模方法,但许多科研工作者从功能安全和信息安全联合建模角度做了很多探索性的研究工作,现有的建模方法有 STPA-Sec、STPA-SafeSec、形式化建模、面向业务特征的威胁建模等。接下来,将重点介绍 SATMP-SafeSec、形式化建模及面向智能电网业务特征的威胁建模。

3.4.1 STPA-SafeSec 威胁模型

前面已经介绍过,STAMP 方法是复杂系统危险分析的一种先进方法,可有效识别危险控制活动、增强安全约束。针对信息物理系统综合安全问题(功能安全与信息安全),有研究学者扩展了 STPA 方法,通过进一步细化功能安全威胁和信息安全威胁分析过程,提出了控制层与组件层安全约束映射方法,增加了信息安全相关归因要素,形成了一体化的 STPA-SafeSec 分析体系。本节将以微电网孤岛运行模式安全分析为例,展示 STPA-SafeSec 的具体分析过程。

1. STPA-SafeSec 的原理

STAMP 和 STPA 是 STPA-SafeSec 的基础,前两者基于系统理论扩展了传统的因果模型，由关注组件故障转变为关注人、物理系统组件和环境交互导致的失效。当系统组件的行为和互操作违法了安全约束，势必造成损失。解决安全问题的关键从如何防止故障转变为如何对系统行为加强安全约束。

图 3-13 给出了 STPA-SafeSec 标准分析步骤，带数字的圆圈为 STPA 不具备的步骤。整个步骤由内、外两个环路构成，通过循环迭代满足系统动态演进和灵活适应外部变化的需要。首先，系统可抽象为各种约束和多个控制回路。通过 STPA-SafeSec 方法可对这些控制回路进行详细分析，从而发现违反约束的控制，并识别由系统缺陷和恶意控制活动导致的灾难场景。之后，从四类归因要素开始，此方法提供了提取致因场景的办法。接下来，控制回路可细化为组件，进一步将约束和危险控制活动归纳为安全问题，最终形成消除问题的方案（增加约束或增加新的控制回路）。传统信息安全分析主要关注威胁，强调对威胁路径的阻断，这些方法在战术层面是有效的。但是，在战略层面，还需要考虑如何通过控制系统的脆弱性达到安全目标，而不是一味地规避威胁。基于 STAMP 理论，STPA-SafeSec 综合物理安全和信息安全分析方法使用统一的分析框架和过程，既可以从系统层面识别脆弱性和损失场景，又能进一步补充控制约束和关注威胁。

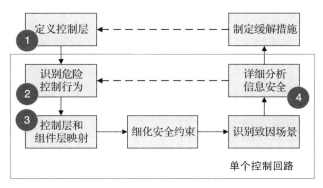

图 3-13　STPA-SafeSec 标准分析步骤

2. STPA-SafeSec 建模过程

与 STPA 和 STPA-Sec 相比，STPA-SafeSec 方法在两个方面进行了扩展：

1）为了确定信息安全约束，研究者将相对抽象的系统控制层扩展为组件层。STPA 通过引入基本控制结构图帮助研究者识别系统控制回路。在 STPA-SafeSec 方法中，研究者不但可以通过控制层关注功能性交互、控制概念和算法，还可以通过组件层将系统的具体实现可视化。组件层既包括控制算法或传感器部署的节点，也包括网络节点、物理网络连接和应用层协议。图 3-14 表示单个控制回路通用组件层架构，该图结合表 3-6、表 3-7 可用于识别信息安全约束，并进行详细的安全分析。

2）为适应信息安全分析需要，STPA-SafeSec 对归因要素进行了扩展。尽管 STPA 提供了基本归因要素图，用于描述导致危险控制活动的要素，但这些要素无法描述恶意意图的攻击行为。为此，在 STPA-SafeSec 中，对归因要素进行了扩展，以便描述针对系统可用性和完整性的网络攻击类型（如表 3-6、表 3-7 所示）。表中的黑圆圈表示攻击者具有攻击该节点的能力，半黑圆圈表示攻击者欠缺实施攻击的能力，白圆圈表示没有被攻击风险。另外，STPA-SafeSec 提供了控制层与组件层的归因要素映射关系。例如，如果在控制层中，因反馈缺失导致危险控制行为发生，可用性约束应该设置在传感器与控制器之间的物理通信网络，以及传感器的反馈机制中。通过表 3-6 可知，导致通信延迟或阻断的原因既可能是物理通信链路遭受攻击，也可能是网络节点、终端节点遭受攻击。

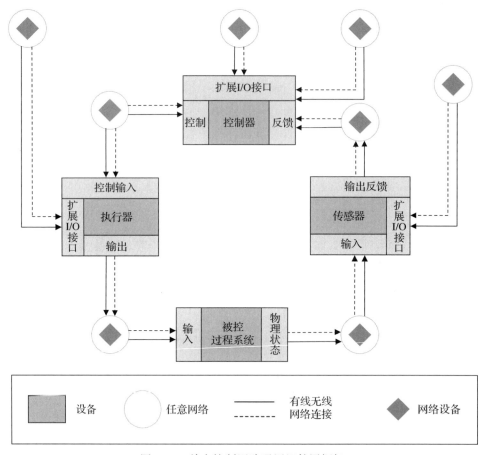

图 3-14 单个控制回路通用组件层框架

表 3-6 通用完整性威胁归因要素

#	含义	■	◆	———	网络协议
CSTR-I-1	命令注入	●	◐	◐	◐
CSTR-I-2	命令丢失	●	●	●	○

(续)

#	含义	▪	◆	—	网络协议
CSTR-I-3	命令被操控	●	◐	○	◐
CSTR-I-4	命令延时	●	●	●	○
CSTR-I-5	测量数据注入	●	◐	◐	◐
CSTR-I-6	测量数据丢失	●	●	●	○
CSTR-I-7	测量数据被篡改	●	◐	○	◐
CSTR-I-8	测量数据延时	●	●	●	○

表 3-7 通用可用性威胁归因要素

#	含义	▪	◆	—	网络协议
CSTR-A-1	测量数据延时	●	●	●	○
CSTR-A-2	测量数据丢失	●	●	●	○
CSTR-A-3	节点过载（延时）	●	●	○	○
CSTR-A-4	节点过载（丢包）	●	●	○	○

基于上述两个特点，STPA-SafeSec 方法细化了 STPA 通用分析过程，具体步骤如图 3-15 所示。图中包含标识符、分析过程、图表三部分，标识符表示每一步的分析结果，用于识别系统设计中存在的问题，并基于这些问题追溯系统损失。图表包括基本控制框图、基本组件图、通用归因要素表和信息安全准则。

外环部分是系统调整-迭代分析过程，用于表示社会技术环境对系统的影响。在明确系统边界后，识别高层次系统损失、系统风险、功能安全和信息安全约束；设计系统控制层，根据标准控制框图识别控制回路，识别控制器之间的交互关系。

内环部分是控制回路分析过程，具体步骤包括：定义相关控制行为，识别相关的系统变量、离散变量空间，定义灾难控制行为，根据基本归因要素识别功能安全相关缺陷，根据基本组件图将控制层映射到组件层，细化功能安全和信息安全约束和映射，识别灾难场景，根据信息安全准则分析目标脆弱性。最终，通过增加安全约束和安全相关缓解措施移除危险控制活动。

违反安全约束会造成系统损失，致因场景会构成一棵场景树。可针对具体的场景树采取缓解措施，增加适当的安全约束，直至场景树的根节点被移除。组件层和控制层之间存在的关联关系也为移除脆弱性提供了更多选择。例如，当组件层存在信息安全脆弱节点，但因业务或设备陈旧等原因无法替换或增补安全措施时，就可以在控制层增加安全约束，保证危险控制活动不被执行。

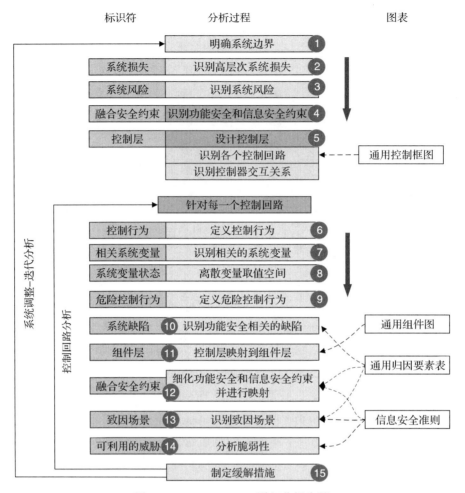

图 3-15 STPA-SafeSec 详细分析步骤

3. 微电网同步孤岛运行威胁分析

由于光伏、风能等新能源的出现,对智能电网的控制提出了更高要求。微电网的概念也随之出现,用于管理和控制空间分布较近的一组新能源系统,包括发电、存储和负荷各个组成部分。微电网包括并网运行和孤岛运行模式。孤岛运行模式是指与主电网断开,微电网独自运行的状态。这种模式一般发生在主电网发生故障的情况下。然而,孤岛模式只能在有限时间内运行。为了避免微电网接入主电网时发生断电,微电网需要具有动态接入和移除的能力。同步孤岛运行模式就是为了实现安全动态加入和移除而出现的模式。在这种模式下,需要保证微电网的电网指标(电压幅值、频率、相角)与主电网相同。如果电网指标相同,则可以闭合断路器并网,否则不能并网。微电网孤岛运行系统是典型的工控系统。它的安全性可以按照 STPA-SafeSec 方法分析。图 3-16 给出了微电网同步孤岛运行控制系统结构图。相位测量单元(PMU)用来测量主电网和微电网的电网指标,将指标偏差送到控制器,输出控制值作用到原动机控制器,通过调整原动机和交流发电机,实现主电网和微电网指标同步。

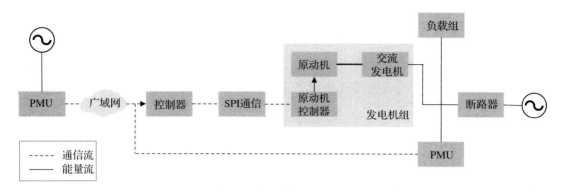

图 3-16 微电网同步孤岛运行控制系统结构图

为了应用 Safe-SafeSec 分析系统风险,可参考图 3-13 的标准步骤,包括定义控制层结构、识别危险控制行为、控制层和组件层映射、细化安全约束和信息安全约束、识别致因场景及制定缓解措施。当采用的缓解措施不能有效消除组件面临的信息安全威胁时,才需要详细分析信息安全。本应用案例中没有对组件详细分析信息安全。后面的分析将图 3-15 中的具体步骤融入上述六个步骤中。表 3-8 为用到的标识符的缩写及含义,X 表示数字。

表 3-8 标识符及字母缩写的含义

标识符缩写	含 义	标识符缩写	含 义
L-X	系统损失(System losses)	CPT-N-X	组件层节点(Node at component layer)
H-X	系统风险(System hazard)	CPT-C-X	组件层连接(Connection at component layer)
F-X	系统缺陷(System flaw)	CSTR-S-X	功能安全约束(Safety constraint)
HC-X	危险控制行为(Hazardous control action)	CSTR-A-X	可用性约束(Availability constraint)
CTRL-N-X	控制层节点(Node at control layer)	CSTR-I-X	完整性约束(Integrity constraint)
CTRL-C-X	控制层连接(Connection at control layer)		

(1)定义控制层结构

由于系统边界清晰,接下来可以直接识别系统损失和系统风险(步骤 2 和步骤 3)。虽然 Safe-SafeSec 没有提供标准的识别方法,但可以依据专家知识将系统主要损失归纳为:人身伤害(L1),电力设备损坏(L2),用户设备损坏(L3),供电中断(L4)。根据识别的系统损失,相应的系统风险有:非同步合闸(H-1)、超限运行(H-2)、违反电网指标要求(H-3)、主电网和微电网同步失能(H-4)、本地需求失能(H-5)。其中,H-3 可细分为电压违反电网指标要求(H-3-1)和频率违反电网指标要求(H-3-2)。系统风险与系统损失之间的关系如表 3-9 所示,√表示两者之间有关联。

表 3-9　系统风险与系统损失对应关系

风险	L1	L2	L3	L4
H-1	√	√	√	√
H-2	√	√		√
H-3-1	√		√	
H-3-2			√	√
H-4				√
H-5				√

之后的工作是识别高层次的功能安全和信息安全约束（对应步骤 4）。最简单的方法是将系统风险的对立面作为安全约束。例如考虑 H-1，安全约束为同步合闸。这种方式产生的只有功能安全约束（对应 CSTR-S-1～CSTR-S-5），没有高层次的信息安全约束。后面的详细分析会给出相应的信息安全约束。

STPA 仅给出了标准控制层框图，不够详细。接下来以转速控制器为例，基于图 3-16 进一步细化控制回路，构建如图 3-17 所示的速度控制结构图（步骤 5）。其中，浅灰色矩形表示逻辑节点，深灰色方块表示控制器，白色矩形表示节点之间传输的变量类型和命令类型，圆圈表示逻辑节点编号，三角形表示逻辑连接编号。为了简便，图中标号省略了前缀 CTRL-。图中的箭头表示信号逆时针传输。

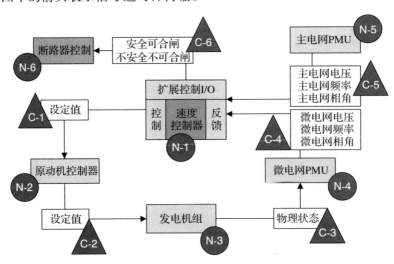

图 3-17　速度控制结构图

从图中可以看到，速度控制器（CTRL-N-1）通过主电网 PMU（CTRL-N-5）、本地微电网 PMU（CTRL-N-4）分别监测主网和微电网的电压、频率、相位角等运行参数，基于参数偏差设定原动机控制器（CTRL-N-2）的参数，进而控制发电机组的工作状态（CTRL-N-3）；在判定主电网和微电网运行参数同步后，控制断路合闸并网，否则不合闸（CTRL-C-6）。由于存在功能安全威胁，测试平台采用人工手动合闸代替自动合闸。

（2）识别危险控制行为

根据图 3-16，表 3-10 给出了速度控制器正确操作下的系统变量及离散变量取值空间（步骤 7 和步骤 8）。从实现电网同步的角度定义三个电网指标参数偏差 $\Delta_{x_m}(t)$、$\Delta_{\omega}(t)$、$\Delta_{\phi}(t)$。同时给出了控制器可以发出的控制命令 C_{sp}、C_{cb}、St_{cb}。对于参数偏差，只要在足够小的范围内，就认为是在限制内，否则超限。对于一个控制行为，需要判断其在特定系统状态下是否是危险的，例如一直提供控制行为（Any time）、提供得太早（Too early）、提供得太晚（Too late）、未提供控制行为（Not）。

表 3-10 系统变量和状态取值

系统变量 (#)	含义	状态取值
$\Delta_{x_m}(t)$	电压偏差	限制内 (In)、超限 (Out)
$\Delta_{\omega}(t)$	频率偏差	限制内 (In)、超限 (Out)
$\Delta_{\phi}(t)$	相角偏差	限制内 (In)、超限 (Out)
C_{sp}	原动机命令值	在 0~5 范围内 (In)、超限 (Out)
C_{cb}	断路器指令	安全合闸 (Safe)、不安全合闸 (Unsafe)
St_{cb}	断路器状态	开；关

表 3-11 给出了特定系统状态下的系统危险控制行为（Hazard Control Action，HC），"-" 表示该系统变量状态对控制行为是否危险不产生影响。HC1-HC3 描述了在主电网和微电网未取得实际同步的情况下（三个偏差分别超限），速度控制器错误地认为取得了同步（C_{cb} 是 Safe 状态），并执行合闸控制。这时，不管合闸控制行为执行得早与晚，都会造成危险。HC-4 表示在原动机控制命令值超限的情况下，执行断路器合闸是危险控制行为，此时会造成超限运行（H-2）。HC-5 表示在断路器断开的情况下，速度控制器不能获得或者较晚获得发电机组设定值更新是一个危险的控制行为。在这种情况下，假设本地负载仅由本地微电网发电机供电，如果不能根据负载及时调整电能输出，则可能出现电能损失、电能质量超限以及用户端设备损坏等情况。

表 3-11 危险控制行为与系统状态取值的关系

#	C_{cb}	C_{sp}	St_{cb}	Δx_m	Δ_{ω}	Δ_{ϕ}	Any time	Too early	Too late	Not	风险
HC-1	Safe	-	开	Out	-	-	1	1	1	0	H-1,H-3
HC-2	Safe	-	开	-	Out	-	1	1	1	0	H-1,H-3
HC-3	Safe	-	开	-	-	Out	1	1	1	0	H-1,H-3
HC-4	-	Out	-	-	-	-	1	1	1	0	H-2
HC-5	-	In	开	-	-	-	0	0	1	1	H-3, H-4, H-5

（3）组件层映射到控制层

图 3-18 表示控制层到组件层的映射结构图。虚线框内包含控制层的各种组件，实线表示有线连接，虚线表示无线网络连接。黑线表示端到端直接连接，灰线表示 IP 传输。圆圈表示

节点序号，三角形表示连接序号。图中标号省略了前缀 CPT-。组件层的节点和连接是控制层的物理实现。下面以速度控制器（CTRL-N-1）为例说明控制层和组件层的映射关系。实际的速度控制器由树莓派（CPT-N-1）和数模转换器（CPT-N-2）两个节点通过串行通信（CPT-C-1）组成。树莓派基于反馈生成控制命令，并管理局域网的 IP 通信。数模转换器（CPT-N-2）内置微处理器，用于将数字信号转变成模拟信号，并输出到原动机驱动装置。

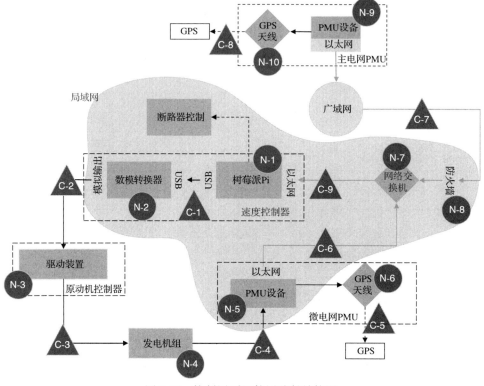

图 3-18 控制层到组件层映射结构图

基于组件层和控制层的映射关系，分析人员可以识别高层次的系统设计缺陷。由于系统缺陷可能导致危险控制行为，本节借助 STPA 识别系统缺陷（步骤 10），其符号和含义如表 3-12 所示。

表 3-12 系统缺陷描述

系统缺陷	含义
F1	控制器误判电压偏差在限制内
F2	控制器误判频率偏差在限制内
F3	控制器误判相角偏差在限制内
F4	设定点偏离运行约束，仍然发送给直流驱动器
F5	速度控制器认为不需要设定点校正
F6	断路器控制器误判合闸安全

为了消除 F-1~F-3 以及 F-5，需要重新细化反馈机制中的功能安全约束和信息安全约束。考虑 F-6，需要添加控制器约束以及控制器到断路器之间的通信约束。分析 F-4 可知，需要增加控制器及执行器约束，以及到执行器和发电机组的通信约束。

（4）细化功能安全和信息安全约束

根据系统缺陷，图 3-19 给出了功能安全和信息安全约束及其与控制层节点和连接之间的关系。高层次的信息安全威胁由表 3-6、表 3-7 提供，功能安全和信息安全约束是从每个节点或连接面临的风险角度总结出来的。

这里以速度控制器节点（CTRL-N-1）为例进行介绍。速度控制器是关键节点，针对控制器的网络攻击或者故障可能导致整个系统崩溃。为了识别相关的风险因素，需要了解控制器包含的具体组件：树莓派（CPT-N-1）和数模转换器（CPT-N-2）。数模转换器的输出为 0~5V 的模拟电压信号，用来控制原动机驱动装置。从图 3-19 可知，速度控制器可能引起非同步合闸（H-1）、违反电能质量要求（H-3）及本地需求失能（H-5）。节点 CPT-N-2 存在输出限制，存在超限运行的风险。节点 CPT-N-2 没有与任何通信网络连接，其完整性依赖于节点 CPT-N-1 的完整性。也就是说，节点 CPT-N-1 需要优先保证完整性和可靠性。

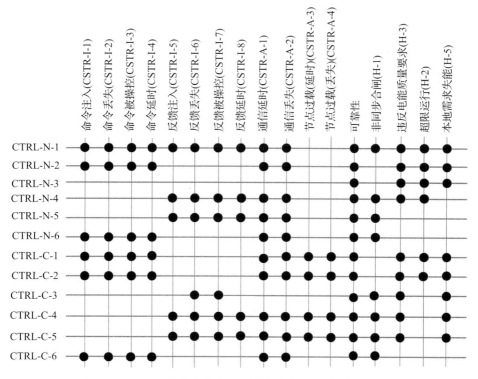

图 3-19　功能安全和信息安全约束与节点和连接之间的关系

（5）定义致因场景

将上述系统损失、危险控制行为、系统缺陷等串联起来，建立不同的致因场景，并用文本形式加以表达，有利于分析和后续处理。致因场景是具体案例的文本表示，表示由系统缺陷引发的危险控制行为，这些行为导致系统面临危害和损失。为便于表达和分析，致因场景按照层次建立，形成文本化的树形结构，其实质是将系统缺陷和被违反的约束关联起来。

致因场景 1：控制器误判电压偏差符合约束

  风险：H-1，H-3，H-5

  系统缺陷：F-1

  风险控制行为：HC-1

  控制层组件：CTRL-N-1，CTRL-N-4，CTRL-C-4，CTRL-N-5，CTRL-C-5

  组件层组件：CPT-N-1，CPT-N-5，CPT-C-6，CPT-N-7，CPT-N-8，CPT-N-9，CPT-C-7，CPT-C-9

其实，致因场景 1 就是系统缺陷 F-1。致因场景 1 可以细分为更多的子致因场景，以细化功能安全约束和信息安全约束。

致因场景 1.1：速度控制器（CPT-N-1）错误地翻译了本来正确的反馈信息

  控制层组件：CTRL-N-1

  组件层组件：CPT-N-1

  功能安全约束：装置和算法可靠；算法正确

  信息安全约束：CSTR-I-5，CSTR-I-7

致因场景 1.2：CTRL-N-1 从远程 PMC（CTRL-N-5）接收了错误的反馈，但被处理为正确反馈

  控制层组件：CTRL-N-1，CTRL-N-5，CTRL-C-5

  组件层组件：CPT-N-1，CPT-N-9，CPT-N-7，CPT-N-8，CPT-C-7，CPT-C-9

  功能安全约束：CPT-N-9 可靠

  信息安全约束：CSTR-I-5，CSTR-I-7

致因场景 1.2.1：CTRL-N-4 发送错误的反馈信息

  控制层组件：CTRL-N-5

  组件层组件：CPT-N-9

  功能安全约束：CPT-N-9 可靠性

  信息安全约束：CSTR-I-5，CSTR-I-7，成功劫持 CPT-N-9

致因场景 1.2.2：来自节点 CTRL-N-4 的反馈信息被篡改或者额外的反馈信息被注入 CTRL-C-5，但是 CPT-C-1 的通信是有效的

  控制层组件：CTRL-C-5

  组件层组件：CPT-C-7，CPT-N-7，CPT-N-8

  功能安全约束：无

信息安全约束：CSTR-I-5，CSTR-I-7

致因场景 1.2.3：节点 CTRL-N-4 反馈被篡改或节点 CTRL-N-5 遭受错误数据注入，CPT-C-1 通信失效

控制层节点：CTRL-N-1，CTRL-C-5

组件层节点或连接：CPT-N-1，CPT-C-7，CPT-N-7，CPT-N-8

功能安全约束：无

信息安全约束：CSTR-I-5，CSTR-I-7

（6）制定缓解措施

基于致因场景，通过制定不同的缓解措施，可以消除致因场景中的安全威胁。虽然致因场景树没有给出定量分析过程，但是研究人员可以借鉴攻击树的思想对威胁进行量化分析。针对致因场景 1，可以通过引入安全设备消除风险。该安全设备要与断路器两端连接并能够分别测量两端的电压幅值频率相角。当断路器两端的测量信号差异过大时，安全设备应阻止断路器闭合。这样的缓解措施可以消减 H-1、H-3 和 H-5。通过这样的手段，致因场景树中的所有相关风险都会得到缓解，甚至使某些子致因场景消失。

3.4.2 端点系统架构层模型

随着工业控制系统逐步信息化，特别是信息域与物理域的高度融合，给传统的工业控制系统带来了严重的信息安全威胁，一个越来越明显的趋势就是以统一的方式来看待系统的信息安全与物理安全。众多研究者对 OCL、OWL-DL、SWRL、SysML 以及 BIP 等建模语言进行了扩展，以希望实现对信息安全与物理安全的统一建模。虽然信息安全的大部分工作都聚焦于代码的编写层面，但事实上许多导致攻击的常见弱点是在设计阶段引入的，因此在体系架构层面就引入安全的思想，通过建模来确保工业系统的物理信息安全就显得尤为重要。

1. 体系结构建模语言

模型驱动的体系结构（Model-Driven Architecture，MDA）是由对象管理组织（Object Management Group，OMG）提出的应用模型技术进行系统开发的方法论和标准体系。根据 MDA，我们可以将建模语言分为两种：

- 平台无关模型（Platform Independent Model，PIM）：一种纯软件建模，建立的模型只是从概念数据角度和逻辑数据角度构建的平台无关抽象。
- 平台相关模型（Platform Specific Model，PSM）：包含软件要素和硬件要素，建立的是一个从平台数据视觉构建的平台特定抽象。

平台无关模型和平台相关模型的关系如图 3-20 所示，图 3-21 则进一步对现有的建模语言进行了简单的比较，其中 Simulink 适用于构建控制系统，系统建模语言（Systems Modeling Language，SysML）适用于构建物理系统，统一建模语言（Unified Modeling

Language，UML）适用于构建概念性体系结构，体系结构分析和建模语言（Architecture Analysis and Design Language，AADL）适用于构建嵌入式系统的体系结构。

由于软件最终需要硬件来执行，因此有效的实践不仅应该考虑软件的体系结构，还要规定运行时体系结构的工作动态，以及在平台上的部署。对于嵌入式的系统安全更是如此，因此 AADL 更适用于工业控制系统的体系结构建模。

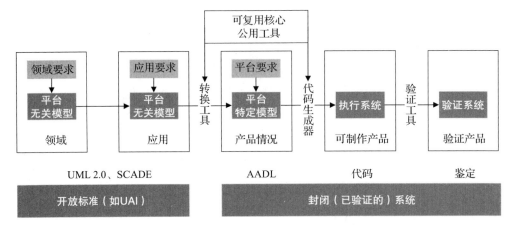

图 3-20　PIM 和 PSM 的联系

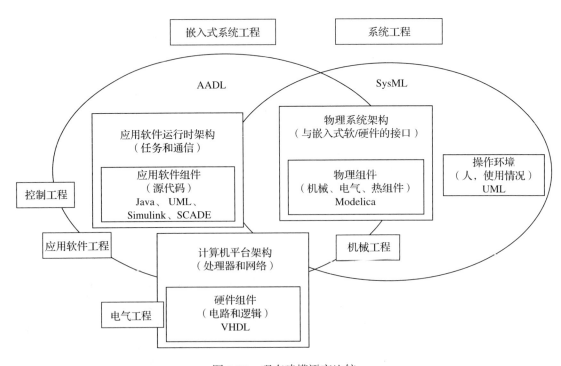

图 3-21　现有建模语言比较

AADL 源自美国机动车工程师学会（Society of Automotive Engineers，SAE）于 2001 年提出的 AS5506 航空标准，是一种应用于嵌入式系统领域的体系结构建模语言，支持对关键系统性能属性通过可扩展的标识符、工具框架和精确定义的语义在设计初期进行重复性的分析。其分析对象主要包括静态的模块化体系结构、以通信任务为基础的运行时体系结构、用于部署软件的计算机平台体系结构以及进行系统交互的任何物理系统或环境，表 3-13 展示了 AADL 为体系结构建模所提供的各种要素。

表 3-13 AADL 要素

软件建模	组件	组件接口 组件实现 一般组件与复合组件
	应用组件	任务分配（线程、进程） 软件（数据、子程序）
	执行平台组件	计算机硬件（处理器、存储器、总线） 物理系统组件（设备） 分区及协议（虚拟存储器、虚拟组件）
嵌入式系统建模	系统体系结构	静态、动态体系结构（模式、实例） 组件交互（端口连接、访问连接） 信息流（流规范、端对端流） 软件部署（绑定）
	模型组织结构	组件库（包） 参数化模板（原型） 细化（延伸） 别名参考（重新命名）
嵌入式系统验证	模型注释	评注 模式特定属性
	语言扩展	自定义的属性 子语言附件（错误模型、行为模型）
	工具	…

AADL 针对以上要素提供了标准化的文本和图形描述，是一个用于区分各类组件接口规范、组件实现蓝图以及组件实例之间区别的组件基建模语言。组件由组件类型和组件实现两种方式描述。组件类型定义了组件与外界联系的接口，如特征、流应用、模式、属性等；组件实现定义了组件的内部结构，如子组件、连接、流等。图 3-22 展示了 AADL 提供的核心组件，包括执行平台组件和软件组件两大类，其中软件组件包括数据（Data）、线程（Thread）、进程（Process）、子程序（Subprogram）等；执行平台组件主要包括处理器（Processor）、存储器（Memory）、总线（Bus）以及外设（Device）等。

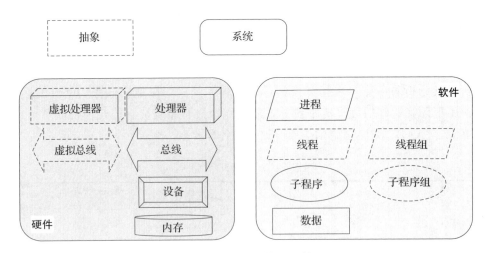

图 3-22 AADL 核心组件

AADL 已经被广泛应用于信息物理系统（Cyber-Physical Systems，CPS）的物理安全验证，体系结构主导的危险分析已经成为安全故障建模中的一种有效能力。通过使用 AADL 的扩展，可以自动进行安全分析，并生成安全评估报告，以满足推荐的实践标准，如 SAE ARP4761 等。软件工程研究所（The Software Engineering Institute，SEI）已经使用 AADL 有效地解决了设计安全性、可靠性和性能质量的验证。

随着像 Stuxnet 这样的安全事件不断出现，CPS 对信息安全的需求越来越迫切，因此研究人员逐渐将各种攻击场景合并到建模语言中。使用 AADL 的优势在于：一方面系统中许多安全相关的重要决策都在体系结构级别上确定，因此从一开始就能确定安全性需求，随后将其抽象为在正式建模中应该考虑的设计特征和约束；另一方面，可以使用 SEI 已经实现的基于 AADL 的物理安全性和可靠性分析。Robert Ellison 等人根据美国空军研究实验室（Air Force Research Laboratory，AFRL）的一份攻击事件报告，使用其中确定的基于 CWE 的攻击模式，为 AADL 扩充了身份验证和输入验证两个关键安全功能的建模能力，并提出了基于 AADL 的物理信息安全建模流程。

2. 基于 AADL 的信息物理安全模型

AADL 使用一种逐步精化的建模方法，不仅可以在不同阶段进行建模，而且可以从不同的层次进行建模：顶层设计主要描述系统的各个模块及模块间的关系；底层设计主要描述模块的软硬件组成、软硬件与模块、软硬件与软硬件之间的关系，如图 3-23 所示。

体系结构模型记录了全系统的设计决策，并约束了系统组件的详细设计和实现。典型的设计约束包括与组件相关的输入和输出（例如接口描述）、数据类型、组件之间的连接、交换数据和控制的机制及协议、共享资源的使用等。当然，组件必须符合设计的体系结构规范，以保证在实现的系统中可以正确运行。

信息物理融合威胁建模　99

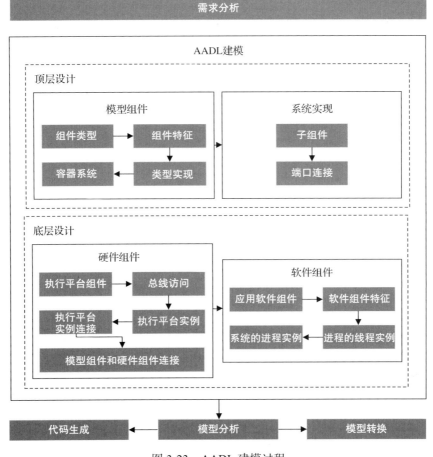

图 3-23　AADL 建模过程

此外，为了确定体系结构模型是否满足既定的物理信息安全需求，必须对模型进行标注以捕获相应的安全特性，从而对系统进行适当的分析，因此 Robert Ellison 等人给出了如下的基于 AADL 对体系结构模型进行开发和安全评估的步骤：
- 确保在模型中包含必要的架构组件。
- 设计必需条件，以确保架构组件满足预定义的安全声明（规则）。
- 定义捕获要验证的安全规则特性的属性。
- 用安全属性说明模型问题。
- 编写 Resolute 模型检查器中的安全规则。
- 在模型实现上运行 Resolute 规则检查器，并观察规则评估的结果。

3. 车辆巡航控制系统的威胁建模与分析

在本节中，我们以经典的车辆巡航控制系统作为应用场景，结合微软提出的 STRIDE 威胁建模框架，简单说明如何通过 AADL 实现对车辆巡航控制系统的威胁进行建模与分析。

（1）攻击面与威胁分析

为了对车辆巡航控制系统的威胁进行建模与分析，首先要进行攻击面梳理与威胁分析。要针对这个架构的安全缺陷进行防护，开发者不仅需要对单个软件组件进行分析，还需要进行整个体系结构的分析，就像 OMG 所指出的：检测后门、跨站脚本漏洞以及 SQL 注入漏洞都需要深入了解所有数据操作层以及相应的数据结构。

通过系统级别的分析，我们能够确定从用户条目到用户身份验证和业务逻辑，再到敏感数据访问的完整事务路径，进而评估信息安全设计的有效性。因此，识别和减少设计或架构缺陷是信息安全分析的基本工作，主要包括识别攻击面以及威胁建模技术。

一个系统的攻击面可以从目标与启动程序、通道与协议和访问权限三个抽象维度来描述。以车辆系统为例，目标是车辆的控制系统，通道包括车辆所有的通信连接，启动程序则包含娱乐组件和车载诊断（On-Board Diagnostic，OBD）等插件设备。攻击面只是列出攻击者试图破坏的特性，进一步分析这种破坏是如何发生，产生何种后果则需要进行相应的威胁分析。

威胁分析通常使用数据流图（Data Flow Diagram，DFD）来表示一个系统，主要包括数据流、数据存储、软件处理以及外部实体四个部分。就车辆控制系统而言，一个车辆控制系统包括几十个嵌入式芯片，运行数百万行代码，攻击面包括远程关键系统、卫星无线电、带有无线连接的控制单元、蓝牙连接、仪表板互联网连接，以及无线轮胎压力监测器等。图 3-24 展示了一个简单的巡航控制系统（Cruise Control，CC）的 DFD 图，我们可以直观地发现接入 CAN 总线的数字无线电可能会危及使用该总线的其他设备，如刹车和油门控制器，而辅助组件的损坏往往会导致驱动控制被破坏，这就需要使用威胁建模来识别和减轻此类风险。

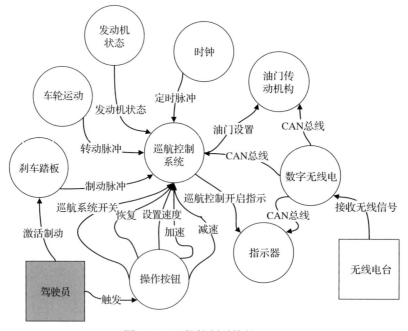

图 3-24　巡航控制系统的 DFD

（2）威胁建模

根据前面对系统攻击面以及威胁的分析，深入理解系统如何被破坏、攻击者可能的动机、使用的资源以及系统破坏导致的业务后果，确定系统的安全需求。表 3-14 中展示了 DFD 中各部分与 STRIDE 模型里威胁的关系，例如数据流可能成为篡改和信息披露的目标，因此要求所有能够传输特定类型数据的连接都应该被加密，而 AADL 就可以验证系统是否满足安全需求。

表 3-14 STRIDE 威胁与 DFD 的关系

	外部实体	数据流	数据存储	软件处理
仿冒（Spoofing）	◇			◇
篡改（Tampering）		◇	◇	◇
否认（Repudiation）	◇			◇
信息泄漏（Information Disclosure）		◇	◇	◇
拒绝服务（Denial of Service）		◇	◇	◇
权限提升（Elevation of Privilege）				◇

根据 STRID 提出的六个威胁类别，我们进一步分析其在车辆控制系统中的影响，主要包括威胁发生的条件、威胁在 AADL 中的表示、可能导致威胁的风险、体系结构设计和实现时需要关注的问题以及威胁会导致的后果，确立威胁建模的详细框架如表 3-15 所示。

（3）威胁建模实现

根据前面的威胁分析以及确定的威胁建模框架，本节对经典的车辆 CC 系统进行简单的威胁建模，并对其可能存在的特权提升漏洞进行分析。首先我们选择传感器（车轮旋转、制动踏板）、执行器（油门执行器）和控制应用软件（CC 和信息娱乐系统）这三部分组成一个简单的应用场景，其逻辑视图如图 3-25 所示。

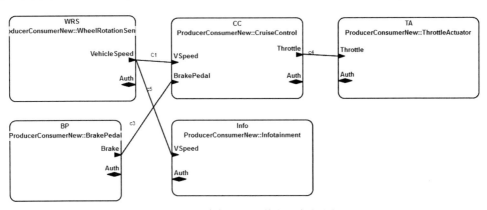

图 3-25 车辆 CC 系统的逻辑视图

表 3-15 威胁建模框架

类型	条件	AADL 中的表示	风险	关注的问题	后果
仿冒	消息源或目的地不受信任而消息中的操作仍被执行	在体系结构中，可以在组件之间传递的身份验证建立占位符、抽象数据类型	• 缺乏身份认证 • 身份认证被破坏或绕过 • 外部组件被错误地信任	• 系统中是否存在提供数据完整性和未源证明的服务 • 信任边界是否建立并适当记录 • 系统与外部世界有哪些连接和接口	违反身份验证属性
篡改	系统包含数据存储	在体系结构中，可以指定组件的加密属性	• 没有检测到篡改，任何关于系统行为的假设都会失效 • 信任边界将影响组件的分组方式，从而影响加密的应用 • 信任边界将影响加密如何地对参与者进行身份验证或重新进行身份验证	• 关键数据是否已定义 • 加密是否足够强 • 是否统一应用系统加密方案 • 使用的加密被破解的可能性 • 是否设计了身份验证和访问控制机制	违反完整性属性
否认	攻击组件更改数据而不能进行追溯	需要在体系结构中使用日志功能	• 缺乏日志记录 • 身份验证影响日志记录的有效性	• 系统的哪些部分是可信的 • 如何验证第三方组件建立信任 • 身份验证是如何管理的，组件的身份和来源证明的可以欺骗 • 是否存在提供数据完整性和来源证明的服务 • 数据是否在哪里记录	违反不可否认属性
信息泄漏	攻击者可以读取进程的状态，捕获传输中的信息或窃取系统的数据库	从体系结构的角度来看需要在系统中设计授权和认证的保障措施	• 导致其他安全或可用性问题 • 导致声誉受损，以及增加其他类型攻击的可能性	• 系统中哪些数据可操作并影响系统状态的 • 信息是如何在系统中传递的 • 关于通信媒介及其属性信息在哪里记录	违反保密性属性
拒绝服务	攻击组件获得超出其权限允许的数据或资源的访问	体系结构要包括监视和控制功能	• 影响系统的安全关键特性	• 系统的最低安全运行状态是什么 • 什么组件接收外部数据包，使其成为 DoS 的潜在目标 • 计算机或关闭网络的处理能力如何 • 如何绕过"坏"组件 • 是否存在有效的中央通信管理	违反可用性属性
权限提升	攻击组件获得超出其权限允许的数据或资源的访问	体系结构要包括组成成员资格和访问同模式	• 使内置在系统中的所有其他安全属性和机制失效	• 是否存在多种级别的权限 • 系统组件是否"认证" • 是否使用防病毒软件来减少已知恶意代码对组件进行攻击的可能性 • 是否存在修补机制	违反授权属性

其中，CC 系统从车轮旋转传感器读取车辆速度，并将其与驾驶员设定的速度进行比较；然后，CC 系统向油门执行器输出一个控制变量，该控制变量与所需速度和车辆速度之间的增量成正比；制动踏板向 CC 系统汇报其状态，使用制动踏板可以让 CC 系统将油门信号降低到零；信息娱乐系统有多种运行模式，包括显示各种车辆状态。

为了防止篡改，我们更改架构以确保每个组件只有在经过身份验证后才能向系统提交数据或从系统获取数据。体系结构的描述中没有描述身份验证工作的细节，但可以通过用户自定义的身份验证属性对这些组件进行标注，身份验证服务器和相关组件的通信连接如图 3-26 所示。

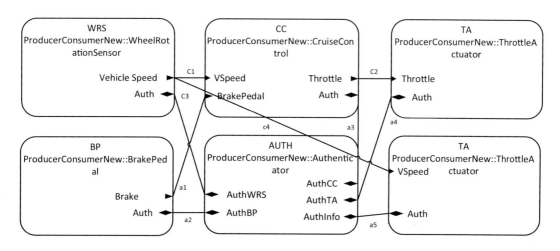

图 3-26　提供身份验证的架构

减少特权提升漏洞的另一个关键技术是设置访问权限，也就是对于一段数据，我们希望能够限制对该数据的使用以及哪些组件可以访问该数据。我们使用一个类似于 UNIX 文件保护方案的数据访问设计，文件包含指定的访问模式，指定数据是只读（r）、只写（w）、可读写（rw）或可执行（x）。我们在模型的属性集描述中正式指定访问保护、访问模式和访问组属性如下：

```
property set Security_Trust is

-- properties to support documenting and analyzing security
-- Added property that supports access mode of data

   AccessProtection: list of record (
              AccessMode: enumeration (r, w, rw, x);
              AccessGroup: enumeration (CC, ABS);
   ) applies to (all);

   end Security_Trust;
```

然后使用以下方式通过 AccessProtection 对特定的数据类型加以标注：

```
data VehicleSpeed
properties
    Security_Trust:: AccessProtection => ([
        -- the Cruise Control has R access
        AccessMode => r;
        AccessGroup => CC;
        ],
        -- the ABS has read write access
        [AccessMode => rw;
        AccessGroup => ABS;
        ]);
end VehicleSpeed;
```

在本例中，CC 系统可以读写车辆的速度数据，而防抱死系统（ABS）仅能进行读取。

在此基础上，我们在 Resolute 中写入声明，以确保组件的输入、输出或双向数据端口均被合理使用，具体内容如下：

```
package SecurityCase
    -- Claim to check read privilege on incoming data
    -- making use of the fact that an incoming port with data is a feature of
       the component and that
    -- component will be reading that data

    SC_ReadPrivilege(self: component) <=
        ** "Read privilege is matched on component " self **

        forall (comp : component) (f : features (comp)). ((f instanceof data_port)
            and (direction(f) = "in" ) and has_type(f))
        =>
        -- if (property (type (f), SecurityProperties : : AccessProtectionNew) = "r"
            then true else false
        property(type(f), SecurityProperties :: AccessProtectionNew) = "r"

    --Claim to check write privilege on outgoing data
    -- making use of the fact that an out port with data is a feature of the
       component and that
    -- component will be writing the data
    SC_WritePrivilege(self:component) <=
        ** "Write privilege is matched on component " self **
        forall (comp: component)(f : features (comp)). ((f instanceof data_port)
            and (direction(f) = "out") and has_type(f))
        =>
        -- if (property (type (f), SecurityProperties : : AccessProtectionNew) = "r"
            then true else false
        property(type(f), SecurityProperties :: AccessProtectionNew) = "w"

    --Claim to check read write privilege on incoming data
    -- making use of the fact that an in-out port with data is a feature of the
       component and that
    -- component will be reading and/or writing the data
```

```
SC_WritePrivilege(self:component) <=
** "Write privilege is matched on component " self **
forall (comp: component)(f : features (comp)). ((f instanceof data_port)
    and (direction(f) = "inout"))
=>
if ((property (type (f), SecurityProperties : : AccessProtectionNew) = "w")
    => true) or
(property(type(f), SecurityProperties :: AccessProtectionNew) = "r") =>
    true then true else false

end SecurityCase;
```

此外，针对需要执行数据的组件，我们指定属性 CmdExecution 进行标注，如果需要命令执行功能，可以将该属性设置为 true。规则在对与输入端口相关联的数据进行检查时，首先确定数据的 AccessModeNew 属性是否为 x，然后检查组件的 CmdExecution 属性是否为 True，具体内容如下：

```
-- Claim to check execution privilege on incoming data
-- If data being read by component is a command, additionally check that com-
   ponent has
-- Command Execution capability, set by CmdExecution Property

SC_ExecutionPrivilege(self: component) <=
** "Execution privilege is matched  on component " self **
forall (comp : component) (f : features (comp)) . ((f instanceof data_port)
    and (direction(f) = "in"))
=>
if (( property (type (f), Security_Trust :: AccessProtectionNew) = "x")
and
(property (type (f), Security_Trust :: CmdExecution) = true)) then true else false
```

在此基础上，我们查看数据组件，并决定系统中的每个数据组件应该具有 AccessModeNew 和 AccessGroupNew 中的哪些属性，然后使用端口分类器为系统中的每个组件指定数据。这里展示了与车辆速度数据和油门位置数据相关联的端口信息。

```
system BrakePedal
    features
        Brake: in out data port BrakeData;
end BrakePedal;

system ThrottleActuator
    features
        Throttle: in data port ThrottlePosition;
end ThrottleActuator;

system CruiseControl
    features
        VSpeed: in data port VehicleSpeed;
```

```
        Throttle: out data port ThrottlePosition;
        Auth: in out data port AuthData;
        BrakePedal: in data port BrakeData;
    properties
        Security_Trust :: AccessGroupNew => cc;
        Security_Trust :: CmdExecution => true;
end CruiseControl;

system Infotainment
    features
        VSpeed: in data port VehicleSpeed;
        Auth: in out data port;
end Infotainment;

system implementation ExampleCC.impl
    subcomponents
        WRS: system WheelRotationSensor;
        CC: system CruiseControl;
        TA: system ThrottleActuator;
        Info: system Infotainment;
        BP: system BrakePedal;
    connections
        c1: port WRS.VehicleSpeed -> CC.VSpeed;
        c5: port WRS.VehicleSpeed -> Info.VSpeed;
        c3: port BP.Brake -> CC.BrakePedal;
    properties
        Security_Trust :: CmdExecution => true;

annex Resolution{**
    prove (SC_ReadPrivilege(this))
    prove (SC_WritePrivilege(this))
    prove (SC_ExecutionPrivilege(this))
**};
```

最后，我们运行 Resolute 模型检查器。Resolute 会遍历实例化后的模型结构，寻找声明中指定的组件，然后根据声明中编写的逻辑来检查这些组件是否满足需求。在本例中，我们对整个模型进行读、写和执行的权限检查，图 3-27 展示了 Resolute 运行后的检查结果。

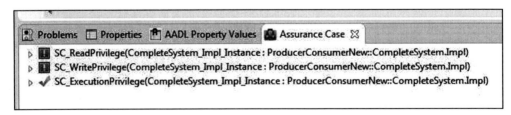

图 3-27　Resolute 的检查结果

通过 Resolute 的检查结果，我们可以发现，只有执行权限的检查通过安全性验证，而读写权限的检查均失败。

通过例子可以看出，使用用户定义的属性可以有效地表达系统的关键安全特征，标注模型组件对下游开发活动的约束。我们指定实现必须包含的安全特性，以便在整个架构上验证安全能否得以保证。

3.4.3 面向智能电网业务特性的威胁量化模型

KillChain 工控威胁建模和 ATT&CK 工控威胁模型使用破坏杀伤性描述威胁对经济、生产活动、工业系统、数据、过程和设备的损害。这样的建模方法能够描述现有攻击事件对信息系统和物理系统的影响，并以一种容易理解的方式说明威胁是如何造成这种影响的。但是，这种攻击破坏性描述方式不能量化攻击效果，例如不能刻画财产损失数量、控制性能下降程度等。以智能电网中的数据注入攻击（Blackenergy3）为例，使用现有的威胁建模能够清楚地描述攻击链路、可能造成的损失（参考 4.5.4 节），但是没有给出 FDI 对状态估计中的状态偏移量、经济调度中的发电成本变化等的量化指标，而对攻击效果进行量化分析有助于深入了解攻击机制以及设计更有效的防御手段。

从攻击视角构建的网络安全威胁模型描述了实现完整攻击过程的攻击链，包括攻击如何进入 IT 网络、如何从 IT 网络横向移动到 OT 网络、如何运行攻击载荷实现攻击目标等。本节不考虑攻击载荷侵入 OT 网络或者控制系统的具体手段，仅从攻击载荷对控制回路的影响角度进行量化分析。为了便于理解，可以将 OT 侧抽象成由控制中心、物理对象、传感器、执行器、通信网络组成的单回路控制系统。根据攻击载荷对控制回路各个对象的作用机理不同，常见的攻击分为拒绝服务攻击、重放攻击、延时攻击、零动态攻击、错误数据注入攻击等。面向业务特性的威胁影响建模方法不关注攻击者使用的具体技术，而是考虑攻击载荷对 OT 侧控制回路组成对象的影响，量化分析攻击的破坏性。面向业务特性的威胁影响建模方法首先要得到物理对象的数学模型，然后分析攻击特性，进而借助数学工具描述攻击的隐蔽性、最优性等攻击影响，并从理论上给出攻击的可检测性、隐蔽性条件，以及对系统性能（如稳定性、经济性、可靠性等物理系统安全运行指标）的影响，为工程化的攻击检测设计、安全防御设计提供新视角。所以，网络安全威胁模型和面向业务特性的威胁影响量化建模具有互补性。

智能电网由发电、输电、配电、用电四部分组成，是典型的工业互联网应用场景，也是重要的工业关键基础设施之一。随着信息技术与物理系统的深度融合，智能电网成为典型的信息物理系统。为实现电力系统的全域感知和响应，并提供安全、可靠和鲁棒的电网运行策略，智能电网的信息侧和物理侧进行了深度融合和广泛交互。在智能电网中，信息侧通过二次设备（信息通信单元）执行广域监测、控制和保护，物理侧则通过一次设备控制电能的生产、传输和分配。物理系统的运行状态通过智能传感设备（如智能电表）转变成运行数据，该数据通过网络传输给信息侧以执行电能的控制和调度、故障分析和市场交易等。下面考虑智能电网中状态估计和电力市场电价虚拟竞标两个典型应用场景，量化分析数据注入攻击（FDI）的影响。

为确保运行的高效稳定，智能电网一般采用双向通信和集中式控制模式。双向通信保证数据流可在不同层级、区域及用户之间交互和共享，提高电网的整体运行效率。控制中心获取电网物理系统的运行状态，通过能源管理系统完成发电、输电、配电和用电任务。状态估计是智能电网能量管理系统的核心，能使 SCADA 系统的能力得到进一步提升，进而支撑能量管理系统中的诸多应用。基于输电网络模型和 SCADA 收集到的原始数据，状态估计可输出系统状态变量的最优估计结果，为能量管理系统中的故障分析、自动频率控制、负载预测和最优潮流等提供准确、可靠的数据依据。

由于状态估计为智能电网的安全稳定运行提供了可靠的数据支撑，因此一旦状态估计被破坏，能量管理系统中的各项应用均会受到影响。研究表明，攻击者可入侵现场侧的智能传感器、篡改 RTU 采集的数据、利用电力通信 IEC 61850 规约存在的漏洞和 SCADA 系统后门，这使得状态估计的安全性受到了严重威胁。如果状态估计结果失准，就会误导系统操作员做出错误的决策，造成系统崩溃和大范围停电。因此，无论是从攻击者还是防御者的角度，分析状态估计的安全性尤为重要，这也是应对智能电网信息攻击的重要一环。

1. 针对电网状态估计 FDI 攻击影响建模

错误数据注入（False Data Injection，FDI）攻击是针对智能电网状态估计设计的一种网络攻击手段，在 2009 年国际安全顶级会议 CCS 上首次提出。此后，有大量相关工作研究如何设计满足不同条件的 FDI 攻击。FDI 攻击的核心是通过篡改 SCADA 系统中的测量值，向状态估计结果中注入偏差。根据错误的状态变量计算得到的系统运行状态会偏离真实的运行状态，导致系统操作员做出错误的决策。为了成功发起 FDI 攻击，攻击者要具有操控多个测量值的能力。常用的修改测量值的攻击手段有劫持测量设备或者更改从设备端发送到控制中心的数据。在攻击的实施过程中，攻击者还要知道仪表 ID 与其测量的线路或分支之间的对应关系。为了得到这种对应关系，攻击者需要攻击主系统，因为主系统软件中包含各种真实设备的虚拟模型。这些虚拟模型不仅包含真实设备的地址映射，还包含 SCADA 实现其功能可能使用的其他相关信息（基于 Web 的信息、数据库条目、媒体文件等）。一旦进入 SCADA 系统，攻击者就可以破解主系统软件来识别仪表 ID 与真实设备之间的映射关系。在乌克兰电力事件中，攻击者就是通过各种手段成功实施了对 SCADA 系统的网络攻击，包括鱼叉式网络钓鱼电子邮件、BlackEnergy3 恶意软件的变体、盗取凭证、使用修改过的 KillDisk、自定义恶意固件等。因此，FDI 必须引起电力和安全工程师的重视。

状态估计的实质是对 SCADA 量测数据进行过滤，利用量测系统的冗余度来提高系统的量测精度、降低随机噪声对系统的干扰，以估计或预测系统的运行状态。电力系统的状态估计模型通常分为 AC 潮流模型和 DC 潮流模型。对于大规模的电力系统，由于 AC 潮流模型的非线性会导致极大的计算复杂度，甚至无法收敛，因此在某些情况下，可以对交流模型进行线性化。通过线性化方法可以构建系统量测值与运行状态之间的线性关系，即 DC 潮流模型。进一步使用加权最小二乘法可以得到电力系统运行状态的估计值。为了检测量测数据是否存在坏数据或者是否遭受攻击，需要引入异常检测器。当检测器检验的数据残差高于设定值时，说明存在坏数据；当数据残差低于设定值时，说明测量数据良好。如果攻击者具有获取系统知识（DC 潮流模型和检测器模型）的能力，可用通过在量测数据中注入精心设计的攻击值，在绕过异常检测器实现攻击隐蔽的同时，影响电网状态的估计值。

通过安全环境下的状态估计能够获知电网的运行状态，实现电网的安全控制、经济调度、自动频率控制、节点电压控制等功能。当获得的状态估计值产生偏差，且攻击没有被发现时，使用被攻击后的状态估计值进行后续的电网控制，就会导致电网支路负载超负荷、发电机意外停机、节点电压稳定阈值降低等问题，严重的话甚至可能造成级联失效，使电网瘫痪。

2. 针对电力市场信息物理协同攻击影响的量化建模

上面只提到了 FDI 对状态估计值造成的偏差，没有对后续可能造成的经济损失、物理损害等影响进行量化分析。本节主要对攻击者通过设计 FDI 攻击造成的运营商财产损失进行量化建模。

因为传统电力市场的垄断运营模式很难实现电力资源的优化配置，所以各国政府逐渐放开了对现代电力行业的管制。例如，美国主要的运营商广泛采用实时电力市场机制来平衡供应和负荷。现有的市场由两个结算市场组成：事前市场和实时市场（事后市场）。在实时市场中，控制中心通过传感器测量的节点注入功率以及支路功率来估计节点电压幅值及相角，市场管理系统（Market Manage System，MMS）使用状态估计的数据计算节点边际价格（Locational Marginal Price，LMP），从而实现信息侧、物理侧及市场运营的深度融合。由于实时 LMP 是根据实际系统运行的状态估计结果计算得到的，因此攻击者可以发起 FDI 来操作节点电价，并从事前市场和实时市场之间的价格差异中获利。

事前市场通常在实时前 10~15 分钟进行一次安全约束的经济调度，用来确定预期负荷下的最优发电方案。事前市场中的安全约束经济调度问题可以表示为求解最小发电成本的优化问题，其运行结果是向每个市场参与者发出调度命令。优化问题的约束包括发电功率和预测负载之间的能量平衡约束、输电线路的最小/最大输电能力约束、发电节点的最小/最大功率约束。通过求解该优化问题还可以计算出事前市场的节点边际价格。

事后市场采用实时的状态估计值计算节点发电功率和节点负载，而且独立系统运营商可以计算出每条输电线路的潮流。如果输电线路潮流超出潮流线路限制，则说该条支路发生了阻塞。若输电线路潮流大于潮流限制的最大值，则说明发生了正阻塞；若输电线路潮流小于潮流限制的最小值，则说明发生了负阻塞。由于事前市场获得的状态估计参数与事后市场不同，因此事后市场的输电线路可能发生阻塞。为了获得用于结算的 LMP，事后市场在实际系统状态附近的较小范围内对增量式最小发电成本的优化问题求解。该优化问题的约束条件中包含输电线路的阻塞情况。利用与事前市场求解节点边际价格类似的方法，可以得到事后市场节点边际价格。

攻击者可以通过精心设计数据注入攻击实现获利。在事前市场，攻击者以实际的节点边际价格购买一定的电量。在事后市场，攻击者精心设计错误数据攻击向量，通过影响市场管理系统估计出的输电线路阻塞情况，得到能够获利的节点边际价格。由于事前市场和事后市场的节点边际价格存在偏差，攻击者将在事前市场购买的电量卖出即可获利。通过分析，只要知道攻击者设计的攻击向量，就可以利用相应的攻击影响建模方法，获知攻击者的获利情况。

3.5 本章小结

本章分析了工业互联网安全威胁的特点，着重介绍了网络安全威胁建模和安全故障分析建模的基础知识，并基于从综合安全威胁建模的角度给出了现有威胁建模方法。通过对现有建模方法的介绍，读者可以了解产业界的应用实践，从多角度为读者提供信息物理融合威胁建模的思路，为后续介绍典型的威胁攻击模式奠定基础。本章还提供了威胁建模案例，用于说明具体的威胁建模实现过程，为设计安全防御体系奠定基础。最后，通过梳理现有威胁建模领域存在的问题，为感兴趣的读者提供可行的研究方向。

3.6 习题

1. 针对智能电网的典型网络攻击有哪些？
2. 除了本章中提到的典型的信息物理融合威胁建模方法，还有其他威胁建模方法吗？
3. 如何利用 STRIDE 威胁模型对系统组件的漏洞进行建模分析？
4. 掌握 KillChain 模型对研究工业控制系统网络安全有什么帮助？
5. 进行功能安全和信息安全的一体化安全建模应该遵循哪些要求？

第 4 章

威胁模式分析

随着 IT 和 OT 的深度融合，工业互联网中的高定向化、高隐蔽性、高协作性的融合信息物理的网络攻击越来越多。第 3 章中已经分析了信息物理融合威胁的特点及威胁建模的相关知识，本章将在 3.3 节介绍的网络安全威胁模型的基础上，深入分析面向工业互联网的典型攻击模式。本章首先从面向工业互联网的典型攻击案例出发，提出攻击技术矩阵；然后着重分析攻击可达性的典型攻击模式、横向移动性的典型攻击模式、持续隐蔽性的典型攻击模式以及破坏杀伤性的典型攻击模式。作为防御者，只有明确攻击者的攻击策略、攻击方法和攻击流程，才能制定出有针对性的防御方案，缓解攻击者入侵行为可能带来的安全风险。

4.1 典型事件和技术矩阵

工业互联网正在改变企业的生产方式，越来越多的企业开始使用信息技术解决方案来加强系统的连接能力和远程访问能力。同时，工业互联网在发展过程中始终伴随着安全性问题。ICS 的安全与工业互联网中的控制安全和设备安全息息相关。ICS 是大多数关键基础设施的底层支撑，广泛用于电力、水务、燃气、化工、制药、食品以及其他关键基础设施行业。ICS 中的执行逻辑往往会对现实世界产生直接影响，执行不当将会导致安全损失、环境破坏、财产损失等后果，对工业生产、人民生活甚至国家经济造成严重危害。

由于 ICS 具有特殊性，因此传统的威胁模型不能直接应用于 ICS。2015 年，SANS 研究所在 KillChain 模型的基础上提出了针对 ICS 的 Kill Chain 威胁模型，该模型从攻击者的角度出发，将攻击行为分为网络入侵准备和执行、攻击开发和执行两个阶段。2020 年，MITRE 公司在原有 ATT&CK 模型的基础上提出了针对 ICS 的 ATT&CK 威胁模型，该模型通过整合针对 ICS 的攻击事件，以攻击策略为线索将不同攻击策略对应的攻击技术和软件联系起来。对 ICS 的攻击策略包括：初始访问、执行、维持、逃避、发现、横向运动、搜集、命令与控制、抑制响应功能、损害过程控制和影响力。

无论是 KillChain 模型还是 ATT&CK 模型，在攻击阶段，第一步都是设法获得 OT 网络的初始访问权限，即攻击可达性。进入 OT 网络后，为了发现 OT 网络中的攻击目标并收集 ICS 设备和过程的相关知识，需要不断地在 OT 网络中横向移动，即横向移动性；在探测完核心控制目标后,为了避免防御者发现恶意攻击行为,攻击者需要持久地隐蔽在生产环境中,即持续隐蔽性;最后,在所有准备工作就绪后,攻击者会通过影响过程控制对目标系统发起攻击,造成破坏,即破坏杀伤性。

为了便于读者理解,本节从工业互联网中 ICS 的典型攻击事件出发,分析攻击特点,并借鉴 ATT&CK 和 KillChain 的 ICS 威胁模型着重分析攻击可达性、横向移动性、持续隐蔽性和破坏杀伤性相关的技术矩阵。

4.1.1 典型攻击事件

随着工业化和信息化的深度融合,针对工业互联网的网络安全事件频发,越来越多的攻击者把攻击目标锁定在水力、电力、石油化工、制造、航空航天、交通运输等国家关键基础设施上。从 2000 年开始,针对工业控制系统的恶意攻击事件越发频繁,如图 4-1 所示。

针对 ICS 的攻击与针对信息系统的传统攻击方法相似,但有其独特之处。本节选取了 10 个典型的 ICS 攻击案例,覆盖攻击可达、横向移动、持续隐蔽、破坏杀伤四个方面的相关技术。

1. 供应链彻底沦为"攻击链"

2013 年,Dragonfly 小组制作了 Havex 病毒。Havex 病毒会在目标供应链使用的软件中植入恶意代码,进而进入目标网络并持续不断地收集情报和信息。该病毒长时间、持续性地针对能源、航空、制药、石油化工等行业进行攻击,造成了严重的危害。

2. 水坑攻击变得更加"坑人"

2017 年,全球各地出现了利用 NotPetya 病毒的大规模网络攻击。攻击者利用公共纳税申办程序 M.E.Doc 发动基于推送更新的水坑攻击,推送后病毒迅速传播,影响了能源公司、电力网、汽车站、加油站、机场和银行等基础设施,最终造成超过 100 亿美元的巨额损失。

3. 利用边缘网络"顺藤摸瓜"

在 2017 的 Blackhat 大会中,塔尔萨大学的 Staggs 模拟了针对风力发电厂的边缘网络攻击。首先对远离控制网络的风力涡轮机进行攻击,进而影响其他涡轮机与控制网络。Staggs 设计了 3 个概念验证攻击:Windshark、Windworm 和 Windpoison。Windshark 通过向网络中其他涡轮机发送控制命令,反复制动急停涡轮机以造成磨损和破坏。Windworm 利用 Telnet 和 FTP 在控制器间扩散,感染了整个发电厂的计算机。Windpoison 利用 ARP 缓存中毒和网络组件的漏洞,伪造涡轮机发回的信号,隐瞒涡轮机遭受攻击和破坏的事实。

4. 仅在控制器间传播的工业蠕虫

在 2016 年的 Blackhat 大会上,Spenneberg 等人提出了一种在 PLC 之间传播的蠕虫病毒。该蠕虫不依赖任何额外的 PC 来繁殖,仅在 PLC 中生存和运行。该蠕虫会自动扫描整个网络内的 102 端口以确定是否为 PLC 设备,然后使用扩展的 POU 功能在不同 PLC 之间建立连接。建立连接后,蠕虫首先检查该目标是否已被感染,如果检测到目标未感染,就复制自身到该 PLC,被感染的 PLC 会重复上述操作,直到整个控制系统的 PLC 都被感染为止。

威胁模式分析　113

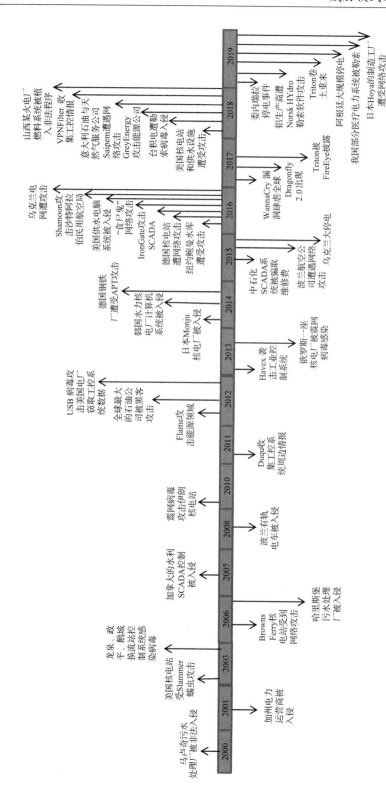

图 4-1　针对工业控制系统的恶意攻击事件

5. 劫持链接文件实现上位机接管

2010 年 6 月，震网（Stuxnet）病毒攻击了伊朗布什尔核电站，致使铀浓缩设备出现故障。Stuxnet 是首个攻击真实世界中基础能源设施的蠕虫病毒，其核心是在内存中解密 DLL 文件，并篡改该 DLL 文件以达到隐蔽损毁设备的目的。

6. 使用压力传感器隐藏恶意代码

在 2014 的 BlackHat 大会上，IOActive 的研究人员 Larsen 演示了如何把攻击载荷隐藏在压力传感器中。Larsen 首先使用运行分析的方法在无须任何信号知识的情况下，伪造传感器噪声以欺骗操作员，并从嘈杂的传感器信号中提取伪像来估计物理过程的状态。然后，处理伪像以提取执行攻击所需的参数。最后，把隐蔽的攻击代码插入压力器的固件中。为了进一步减少代码占用的空间，攻击代码中重用了目标固件中现有的代码。

7. 通过引脚的控制来隐藏马脚

在 2016 年的 BlackHat 大会上，荷兰特温特大学的研究员 Abbasi 利用 Linux 操作系统 pin 引脚管理子系统模块的缺陷，开发了 PLC 的 RootKit，对 pin 进行引脚控制攻击。Abbasi 通过修改 pin 引脚控制位，改变其工作模式，在这一过程中不会引起系统的中断响应，因此难以被检测。

8. 曙光攻击开启融合攻击

爱德华国家实验室进行的"曙光女神试验"仅用一段 21 行的代码就摧毁了一台接入计算机网络的大型发电机，该攻击称为曙光攻击。曙光攻击首先利用远程控制手段，频繁开关发电机组的旋转断路器，再利用发电机自身的惯性使供电与负荷之间的相位角脱离同步，致使发电机过热，最终烧毁发电机。

9. 安全仪表系统率先变得不安全

2017 年 12 月，安全人员发现 Triton 病毒。该病毒是首个针对 ICS 安全仪表系统（SIS）的恶意软件，它能够对 Triconex 安全仪表控制发起攻击。首先，病毒获取 SIS 工程站的远程访问权限，然后利用 Triton 攻击框架对 SIS 控制器进行重编程，从而控制 PLC 执行流程。该病毒已造成多家能源工厂停产。

10. 勒索软件开始对控制器下手

在 2017 年 2 月，美国佐治亚理工学院的研究员在 RSA 大会上展示了一种概念验证的 PLC 勒索病毒。该病毒通过利用 PLC 访问控制漏洞将 PLC 锁死，为了防止 PLC 快速恢复正常工作，将梯形逻辑炸弹植入 PLC 系统内部，威胁受害者如不支付赎金，攻击者将引爆控制逻辑炸弹，带来不可估计的经济损失。

攻击者会利用供应链攻击、水坑攻击或边缘网络攻击等方法进入控制网络；通过部署控制器间的工业蠕虫等方法完成在控制网络中的横向移动；利用 DLL 劫持、Rootkit 等方法隐蔽攻击行为；通过破坏安全仪表系统等方法对物理过程造成影响。

4.1.2 技术矩阵

现在，攻击已经变得越来越隐蔽，因此需要结合多种关键技术，包含多路径攻击可达性技术、跨层跨域横向移动性技术、持久隐蔽控制及作用技术、系统破坏与设备损毁技术。

工业现场使用与 IT 系统不同的特殊系统结构、闭源的操作系统、专有的工业协议、交互的嵌入式设备和复杂的工艺流程，所以针对工业现场的攻击需要考虑控制系统的复杂性和特殊性、防护措施、自动化的业务流程等多方面的因素，攻击者的目的往往不仅是获取控制系统的敏感信息或是使控制系统拒绝服务，而是要通过渗透并深入了解自动化过程以及 ICS 和安全系统的工程决策和设计，从而规避因系统安全机制产生的不可预测的影响，达到精准控制的目的，进而对物理设备和控制系统造成难以修复的打击。

针对 ICS 的攻击者通常不会立即获得控制系统的完整知识和操纵该系统运营过程的手段，往往需要经历几个阶段。攻击者首先要获得控制系统的初始访问权限，进入控制系统后继续横向渗透，感染系统中的其他设备，并收集重要的运营信息，同时维持系统的控制权限，以实现破坏意图。

通过分析典型的针对控制系统的攻击案例，并借鉴 KillChain、ATT&CK 等攻击模型，着重分析攻击可达性、横向移动性、持续隐蔽性、破坏杀伤性这四个阶段的典型攻击特性，可列举出实现这些攻击常用的攻击关键技术矩阵，如表 4-1 所示。

表 4-1 面向典型攻击特性的关键技术矩阵

攻击可达性	横向移动性	行动隐蔽性	破坏杀伤性
摆渡攻击	默认凭证	DLL 劫持	窃取运营影响
设备安全缺陷	漏洞利用	伪装	设备宕机
鱼叉式钓鱼网络	远程文件共享	控制逻辑程序篡改	生产与经济损失
水坑攻击	POU 的利用	Rootkit	安全损失
内部威胁	盗用合法凭证	控制主机设备	环境破坏
供应链攻击		固件篡改	物理破坏
边缘网络攻击		规避检测	
无线网络攻击		抑制响应功能	
可访问的互联网设备		攻击痕迹清理	

我们梳理出技术矩阵的目的是让资产拥有者和防御者了解攻击者使用的攻击策略、攻击技术和攻击链路，从而深入理解攻击者是如何对系统造成破坏的，有效地帮助资产拥有者和防御者在必要的环节加入防护措施以提高防御能力。

资产拥有者和防御者通过了解关键技术矩阵，还可以了解攻击者进入 OT 网络的方法和路径，分析攻击者是如何在 OT 网络中发现关键目标并保持持续隐蔽的；理解攻击者如何操纵和破坏过程控制、禁用安全功能，致使工业现场物理过程失控、生产力下降甚至造成人员伤亡。因此，关键技术矩阵有助于资产拥有者和防御者在安全事件发生之前评估自身的防御能力，提前部署安全事件响应战术，尽量减少安全事件造成的损失。

4.2 攻击可达性的典型模式

作为恶意攻击者工作的第一步,攻击可达性的重要程度不言而喻。特别是对于工业控制互联网这一特殊的目标对象,可达性作为其他攻击行动实现的前提条件具有关键意义。本节将介绍攻击可达性的典型模式及其相应的案例。

攻击可达性通常是指攻击者为获得初始访问权限而进行的成功或不成功的尝试性行为。在有些著作中,也将攻击可达性称为纵向投放(vertical movement),它的特点可以总结为"从外到内",是攻击者对工业系统内网或隔离网络进行的一种垂直攻击。比如,震网病毒使用的 U 盘攻击、各种勒索病毒通过邮件投递恶意网页等都属于攻击可达性。常见的攻击可达性模式如图 4-2 所示。

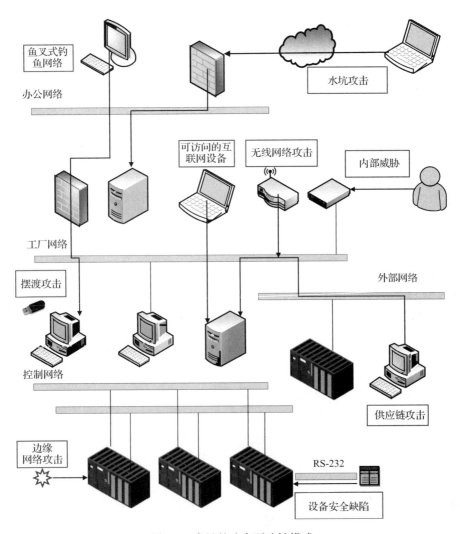

图 4-2 常见的攻击可达性模式

常见的攻击可达性模式主要有摆渡攻击、设备安全缺陷、鱼叉式钓鱼网络、水坑攻击、内部威胁、供应链攻击、边缘网络攻击、无线网络攻击以及可访问的互联网设备等。与常见攻击模式中的其他性质相比，攻击可达性更侧重传统网络安全技术针对工业控制系统的应用与改进。摆渡攻击（利用移动设备摆渡恶意软件）、水坑攻击（针对目标信任的网站）、鱼叉式钓鱼网络（利用恶意邮件）等攻击方式在传统安全领域中十分常见，是通用的手法。而设备安全缺陷与内部威胁则主要针对企业内部的安全性问题，由于工控行业往往具有设备软件更新不及时、部分员工的安全意识淡薄或内部人员存在恶意意图等情况，这些因素都会造成安全威胁。例如，许多驻场工程师经常将自己的电脑配置为双网卡以方便操作，这样会带来安全隐患。相比之下，供应链攻击与边缘网络攻击在工业控制领域的体现形式与方法有所不同，它们更贴近工控领域的特点。例如，供应链攻击就是利用了第三方供应商安全意识淡漠、产品安全性参差不齐等弱点，使攻击者能够通过对第三方产品进行漏洞挖掘找到突破点，进而对主目标系统实施攻击，实现"以点带面"的效果。边缘网络攻击则利用了当前工控系统中边缘网络设备越来越多且安全性薄弱这一弱点，最终达到"顺藤摸瓜"的效果。

总体来说，攻击可达性的主要目的是在目标系统内部建立一个初始的据点，使恶意攻击者在隔离网络内站稳脚跟，为下一步的横向移动奠定基础。对于防御者来说，想要尽早终止恶意攻击，就应该在攻击可达性阶段做好防御措施，以便提前阻截攻击。

4.2.1　结合漏洞传播的 USB 摆渡攻击模式及防护

结合漏洞传播的 USB 摆渡攻击模式指的是攻击者通过将恶意软件复制到插入控制系统环境中的可移动介质上来达到攻击目标系统（例如与企业网络分离的系统）的目的。攻击者可能通过不知情且可信任第三方引入可移动介质，例如具有访问权限的供应商或承包商，之后利用系统中的漏洞不断传播，最终达到对从未连接到不受信任网络但可以物理访问的目标设备进行初始访问的目的。该过程如图 4-3 所示。

震网病毒的出现证实了通过网络空间进行攻击可以达到与传统物理空间攻击同等的效果。震网病毒借助 USB 摆渡攻击＋基于漏洞的横向移动进入物理隔离的工业网内部肆意传播，导致大量设备瘫痪。

震网攻击的大致过程如下：攻击者最初位于外部网络，通过对目标网络情报的分析，不断优化 U 盘中病毒的传播与释放方式。根据目标 Windows 系统可能存在的不同版本，U 盘内部含有 4 个不同的 LNK 快捷方式漏洞文件（CVE-2010-2568）以及两个 TMP 文件（~WTR4141.tmp 与 ~WTR4132.tmp，均为隐藏的 dll 文件），如图 4-4 所示。

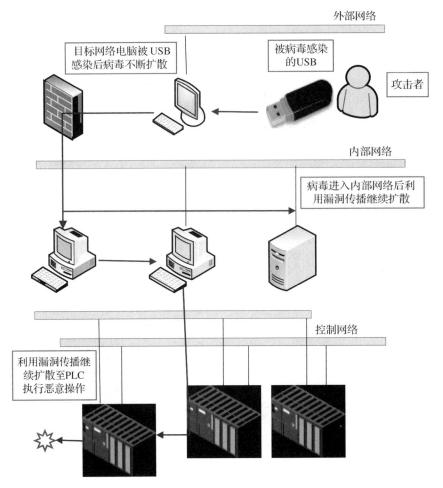

图 4-3 结合漏洞传播的 USB 摆渡攻击流程

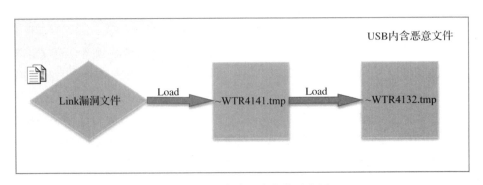

图 4-4 USB 内含恶意文件示意图

被感染的 U 盘插入计算机后，缺乏安全意识的内部人员打开此 U 盘，系统开始遍历 U 盘目录文件，当遍历到 LNK 文件时，漏洞会被触发并加载 ~WTR4141.tmp 执行。

~WTR4141.tmp 首先会通过文件相关函数隐藏病毒文件，随后 ~WTR4141.tmp 在内存中加载、调用 ~WTR4132.tmp，完成震网的主模块执行，如图 4-5 所示。

图 4-5　摆渡攻击中介质的感染过程

接下来，被感染的计算机将通过 WinCC 数据库感染、局域网共享传播、打印机后台处理程序漏洞传播、Windows 服务器漏洞传播等不同方式扩大感染范围，实现内部网络联网主机之间的传播。

在被感染的计算机中，所有指定的 Step7 文件将被篡改，导致目标 PLC 在特定时间执行恶意操作，最终给系统中的设备带来不可逆转的永久性损害。

类似的案例还有很多，比如德国某核电站的运营商在未连接到互联网的计算机上发现了恶意软件。该恶意软件包括 Conficker 和 W32.Ramnit。Conficker 在连接的 USB 上创建基于 DLL 的 AutoRun 木马，然后不断传播。W32.Ramnit 一旦激活，病毒就会感染计算机上的 EXE、DLL 和 HTML 文件，通过可移动介质不断传播。这家工厂在检查感染情况后清理了 1000 多台计算机。

针对结合漏洞传播的 USB 摆渡攻击模式，应采取及时升级操作系统封堵老旧漏洞、对工业互联网设备的 USB 接口进行严格管理、对相关操作人员进行安全培训等措施，这些都是行之有效的防范手段。

4.2.2　第三方供应链污染及防护

第三方供应链污染是指由于第三方供应商安全意识淡漠、产品安全性参差不齐，致使攻击者通过对第三方产品进行漏洞挖掘找到突破点，进而对主目标系统实施恶意攻击的方式。这种方式和传统产业链中产品通过销售网络送到消费者手中的模式相似。如果将传统的商品供应模式应用到网络安全领域，则衍生出第三方供应链污染这一概念，其主要过程如图 4-6 所示。

2013 年发现的由 Dragonfly 小组制作的 Havex 是一种典型的第三方供应商攻击，危害极为严重。该模式的攻击过程大致如下：

1）攻击者最初位于外部网络，从收集工业控制系统的情报开始，该工业控制系统的第三方供应商就成为攻击者的目标。攻击者会尽可能地收集信息，为之后的行动做准备。

2）攻击者选择了与系统密切相关的供应商提供的专业软件作为目标，通过利用网站中的漏洞，侵入并替换客户会下载的合法软件安装程序。

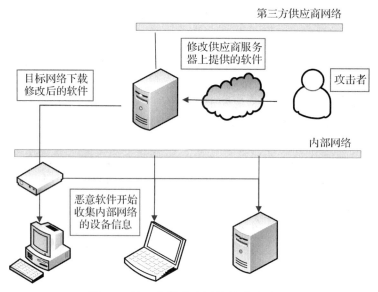

图 4-6 第三方供应商污染链攻击流程

3）目标 ICS 的工作人员从网站中下载软件后，在安装过程中释放了 mbcheck.dll 文件。该文件实际上是 Havex 恶意软件，木马软件安装程序会先执行后删除该文件，如图 4-7 所示。

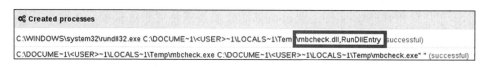

图 4-7 木马化安装程序的动态结果

4）在安装结束时，此软件利用远程访问特洛伊木马（RAT）感染主机，利用 OPC（OLE for Process Control，Windows 应用程序与进程进行交互的标准方式控制硬件）收集有关已连接设备的所有详细信息，并将信息发送回 C&C，供攻击者进行分析。至此，第三方供应链污染攻击达成，如图 4-8 所示。

图 4-8 第三方供应链污染模式流程

针对这种攻击方法，防御者不仅要加强对产品本身的安全检测，还应当加强对第三方供应商的检测力度，无论是生产节点、交付节点还是使用节点，都应该设计相对完善的防护策略。

4.2.3 基于推送更新的水坑模式及防护

基于推送更新的水坑攻击模式是指攻击者首先通过猜测（或观察）来确定目标网络中使用的服务，并入侵其中一个或多个服务，在服务的推送更新中植入恶意代码，达到感染目标中部分设备的目的，如图 4-9 所示。与第三方供应商攻击相比，此类攻击的目标更加明确且流程更短。由于此攻击借助正规服务的更新推送，对目标的攻击成功率很高，且隐蔽性很强。

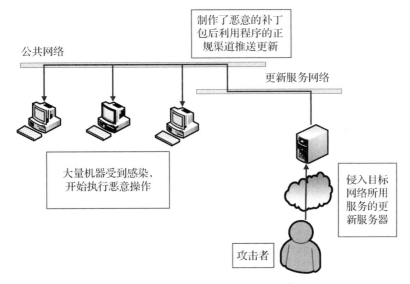

图 4-9 基于推送更新的水坑攻击

2017 年，全球爆发了利用 NotPetya 的网络攻击，恶意攻击者利用某国的纳税申办程序推送病毒，严重影响了该国的各类基础设施，最终造成了巨大的损失。

该攻击的过程大致如下：

1) 攻击者最初位于外部网络，通过收集信息，发现几乎所有基础设施都使用的软件，并将该软件作为水坑攻击的核心。

2) 攻击者窃取了软件管理员的权限，登录服务器，获得 root 特权。然后修改服务器的配置文件，使到 upd.me-doc.com.ua 的所有通信都通过更新服务器和 OVH IP 空间中 IP 为 176.31.182.167 的主机进行代理。

3) 攻击者控制服务器后，对软件中的相关代码进行多次修改（如图 4-10 所示），将后门添加到软件中，从而控制软件进行数据收集并下载执行任意代码。同时，它将创建一个新的对象和一个线程，该线程每 2 分钟与 http://upd.me-doc[.]com.ua/last.ver?rnd=<GUID> 进行一次通信。

```
8:57:46 AM   usc-cert sshd[23183]: subsystem request for sftp
8:59:09 AM   usc-cert su: BAD SU to root on /dev/pts/0
8:59:14 AM   usc-cert su: to root on /dev/pts/0
9:09:20 AM   [emerg] 23319#0: unknown directive "" in /usr/local/etc/nginx/nginx.conf:3
9:11:59 AM   [emerg] 23376#0: location "/" is outside location "\.(ver|txt|exe|upd|rtf|cmnt)$" in
             /usr/local/etc/nginx/nginx.conf:136
```

图 4-10 事件当天的服务器日志

4）当攻击者对修改后的软件进行更新推送后，恶意软件在目标网络更新后开始运行。该代码创建一个执行 MainAction 的线程，线程将连续查询请求 URL（http://upd.me-doc[.]com.ua/last.ver?rnd=<GUID>）以查找命令，然后为每个命令启动一个新线程，等待最多 10 分钟以完成线程，最后它将线程的结果发送回该 URL。

NotPetya 源码中的恶意指令不止一种，其说明可参考图 4-11。该病毒利用推送更新传播得极快，最终造成巨额损失。要预防类似的攻击，需要进一步提高警惕，即使是通过正规途径推送的软件更新，也应该进行细致、全面的检测后再使用，以免落入攻击者的陷阱。

图 4-11 NotPetya 源码中的恶意指令

4.2.4　边缘网络渗透及防护

随着工业互联网的发展，边缘设备的应用越来越普遍。工业互联网中的数据被发送到数据中心之前要通过边缘设备进行预处理，或者将边缘设备作为内容分发的低延迟处理中心，攻击者便利用这些边缘计算设施作为切入点"顺藤摸瓜"侵入目标网络，这种便是边缘网络攻击模式。边缘计算设施受损不仅会导致设备上的信息泄漏，还可能成为核心网络的入口点，网络攻击者有针对性地破坏与其他设备通信的边缘计算位置。这会导致错误的信息被发送回业务端，错误的指令被发送到连接边缘计算数据中心的任何设备，或者将其作为分布式拒绝服务（DDoS）攻击的一部分，其过程如图 4-12 所示。

BlackHat 2017 上曾演示过针对风力发电厂进行边缘网络攻击的案例。风力发电设备一般分布在比较开阔的地域，且物理安全保护措施不足，攻击者可通过物理方式接近并破坏保护设施，植入远程控制木马，最终给风力发电厂带来巨额经济损失。

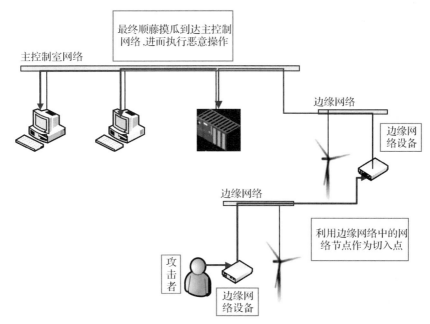

图 4-12 边缘网络攻击路径图

该攻击过程大致如下:

1)攻击者位于发电厂外部,利用外部正常运转的涡轮机作为攻击入口,涡轮机作为边缘设备内部含有 ICS 网络交换机。发电厂的运营控制网络如图 4-13 所示。

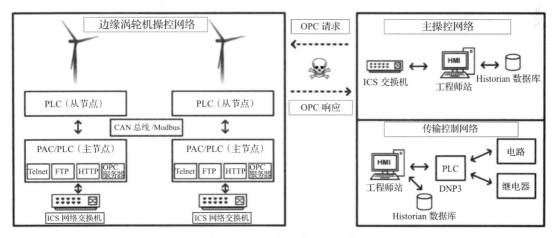

图 4-13 风电场运营控制网络

2)攻击者利用该边缘网络作为突破口,实施了 3 个概念验证攻击,利用了渗透发电厂发现的漏洞。第一个攻击只是禁用它们,或者反复制动急停以造成设备磨损和破坏。第二个攻击利用协议感染整个发电厂的计算机。最后一个攻击是让攻击者伪造涡轮机发回的信号,隐瞒设备遭攻击破坏的事实。

需要指出的是，随着 5G 技术的不断发展，边缘计算网络应用得越来越普遍。在工业界，亚马逊、谷歌、微软和华为等公司积极布局边缘计算，并发布了相关产品。这些技术在方便生活的同时，也扩大了攻击面，在可见的未来，边缘网络攻击模式在现实中会越来越普遍，应引起我们的警惕和重视。

4.3 横向移动性模式

横向移动性是攻击者利用进入和控制网络中远程系统的技术而实现的，通常包括利用默认凭证、利用漏洞、利用远程文件共享服务、利用 POU（程序组织单元）、利用合法凭证等，还可能利用 IT 和 OT 网络上的双宿主设备和系统。攻击者使用这些技术将自己定位到想要到达的位置。要达到此目的，通常需要遍历多个系统、设备和账户，从而加强对网络中的 ICS 设备的了解，找到其目标。实现横向移动性的常见方法及威胁如图 4-14 所示。

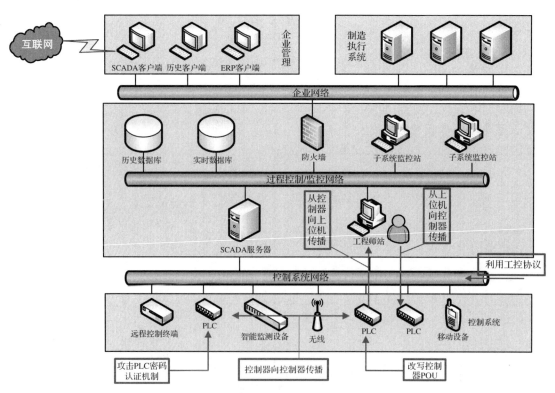

图 4-14 横向移动常见方法及威胁

在工业控制系统中，利用默认凭证进行横向移动指的是攻击者利用制造商或供应商在控制系统设备上设置的默认凭据而实现的横向移动。这些默认凭据可能具有管理权限，并且可能是设备初始配置必需的。攻击者甚至会利用未经适当修改或没有任何修改的默认凭据进行横向移动。

利用漏洞进行横向移动是指利用上位机中安装的组态软件的漏洞，也可以利用上位机系统中本身存在的漏洞，还可以利用工控系统中现场设备的漏洞。

利用远程文件共享进行横向移动指的是攻击者可以在操作过程中将文件从一个系统复制到另一个系统，以部署进一步攻击要用到的工具，也可以在内部受害者系统之间横向执行文件复制。

POU是PLC编程中用于创建程序和项目的块结构，是PLC正常运行必不可少的部分。攻击者通过修改正常的POU，在其中加入恶意的攻击代码就可以在PLC和其他设备之间建立连接，从而完成横向移动。

盗用合法凭证进行横向移动指的是攻击者使用凭证访问技术来窃取特定用户或服务账户的凭证，并利用凭证提供的合法访问权限，使安全人员难以检测到这些非法访问。

在工业控制系统中，攻击者进入目标网络后，要想对该系统造成一定规模的破坏，就要在目标网络中进行横向移动。因此，横向移动性是攻击可达性之后的重要一环，必须高度重视。

4.3.1 利用POU在控制器之间扩散及防护

前面说过，程序组织单元（Programming Organization Unit，POU）是PLC编程中用于创建程序和项目的块结构。PLC可以执行用户编写的POU，POU中包含控制可编程逻辑控制器的指令，从而控制工业过程。此外，不同型号的PLC具有扩展的POU功能，例如可以使用扩展指令和其他设备之间建立连接。但是，这种扩展功能存在一定的弊端，如果该PLC被攻击者攻陷、植入病毒的话，就可以利用此连接把病毒传播给其他设备，从而在控制器之间扩散病毒。这种攻击手法极其隐蔽，而且不易被发现。攻击原理如图4-15所示。

研究人员曾利用TCON和TDISCON指令演示了一种仅在控制器之间传播的蠕虫病毒。使用这种带病毒的POU，PLC可以启动和停止任意系统的TCP连接。此蠕虫不需要额外的PC来繁殖，只能在PLC上生存和运行。蠕虫扫描网络中的新目标（PLC），攻击这些目标并将自己复制到这些目标上，但这个过程并不修改目标PLC上运行的原始主程序。一旦目标PLC感染了蠕虫，就会再次开始扫描新的目标。

蠕虫的传播过程如下：启动后与可能的目标PLC建立连接。建立连接后，蠕虫首先检查该目标是否已被感染。如果检测到未感染，蠕虫将停止在目标PLC上执行的用户程序，以启用自身代码的传输。然后，蠕虫将自身复制到目标PLC。之后，蠕虫检测下一个可能的目标。具体的执行过程如图4-16所示。

要抵御此类攻击，可以通过访问保护功能使PLC免受蠕虫攻击。启用写保护可以防止任何人修改PLC上的代码。如果蠕虫不知道访问密码，则不会感染目标PLC。但默认情况下，访问保护是关闭的，需要手动开启。

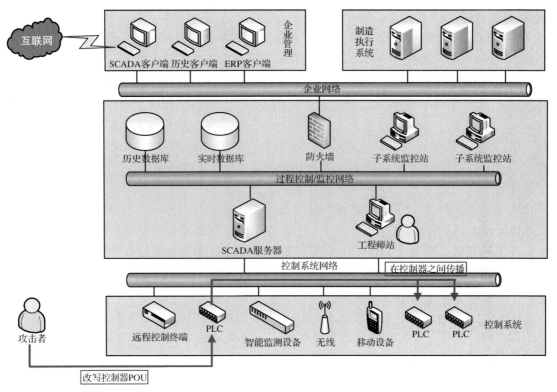

图 4-15 攻击过程分析

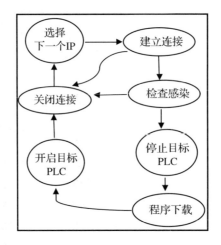

图 4-16 蠕虫的执行顺序

4.3.2 利用 POU 从控制器向上位机扩散及防护

目前,大量工业控制系统可以通过互联网直接访问,导致攻击者可以通过互联网直接上传和下载 PLC 程序代码,并更改 PLC 的代码逻辑。此外,PLC 提供了一个系统库,其中包含建立任意 TCP/UDP 通信的功能。通过修改这些 PLC 的 POU,攻击者可以扫描面向互联网部署的 PLC 背后的本地生产网络。当然,还可以将这台 PLC 作为网关,连接其他生产设备或网络设备。这种攻击方式的原理如图 4-17 所示。

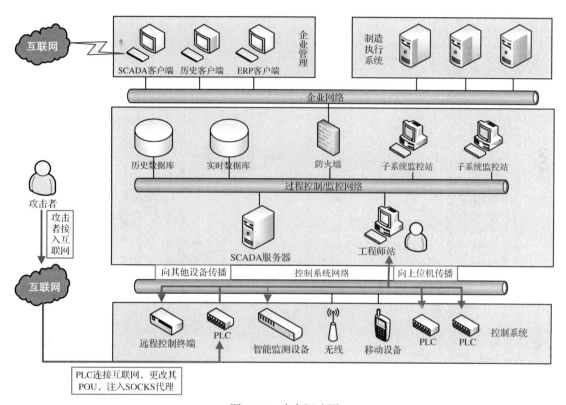

图 4-17 攻击概述图

研究人员曾经通过开发一个原型端口扫描器和一个运行在 PLC 中的 SOCKS 代理展示了该攻击的过程。

攻击者首先将恶意代码预处理为 PLC 的现有逻辑代码,并通过一定的措施保证不会干扰 PLC 的正常功能。图 4-18 说明了代码注入过程。在 PLC 的下一个执行周期中,新上传的程序(包括攻击者的代码)将在不会导致任何服务中断的情况下执行,进而使攻击者能够在 PLC 上运行恶意代码。

整个攻击过程如图 4-19 所示。在步骤 1 中,攻击者注入一个 SNMP 扫描器,该扫描器在 PLC 的正常控制代码外运行。对本地网络进行完整的 SNMP 扫描(步骤 2)后,攻击者可以从 PLC 下载扫描结果(步骤 3),然后了解面向互联网的 PLC 背后的网络。接着,删除 SNMP 扫描仪并将 SOCKS 代理注入 PLC 逻辑程序(步骤 4)。这样,攻击者就能够通过作为 SOCKS 代理的受损 PLC 访问本地生产网络中的所有设备。

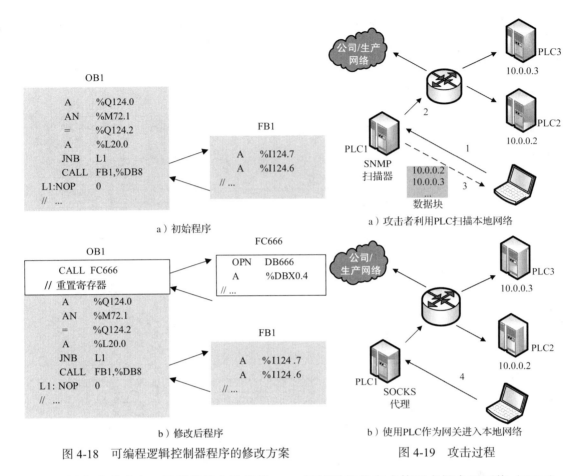

图 4-18 可编程逻辑控制器程序的修改方案　　　图 4-19 攻击过程

要抵御这种攻击，最简单的方法是使 PLC 保持脱机状态或使用虚拟专用网络（VPN）。其次，应在 PLC 上启用读写保护功能。没有正确的密码，攻击者就无法修改 PLC 程序。另一种保护机制是使用具有深度数据包检查的防火墙，该防火墙可以阻止潜在的恶意访问，例如试图重新编程 PLC。

4.3.3　利用工控协议从上位机向控制器扩散及防护

协议认证是指根据协议规范来检查协议实体间的交互是否满足一定特性或条件的过程，例如，检查是否存在死锁。通过协议认证，可以了解协议设计是否满足正确性、完整性和一致性等要求。在工控系统中，Modbus 协议无疑是主流的工控协议之一，但是该协议具有致命的缺陷——缺乏认证和完整性机制。攻击者可以利用此缺陷，构造蠕虫病毒并在不同设备之间传播。利用工控协议攻击的原理如图 4-20 所示。

由于 SCADA 系统广泛使用 Modbus 协议来控制现场网络的设备，而该协议存在认证和完整性缺陷，因此攻击者可以构造 Modbus 通信蠕虫在 SCADA 系统上进行传播（见图 4-21），对 SCADA 系统造成损害。

威胁模式分析 129

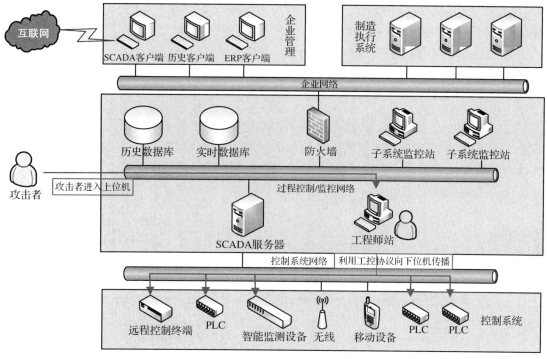

图 4-20 利用工控协议攻击过程分析

图 4-21 Modbus 通信蠕虫的构成

该通信蠕虫包括以下部分。
- 包生成器：以适当的方式在 TCP 包上伪造 Modbus。
- 发现引擎：探索网络以识别 Modbus 从属设备的 IP 地址。
- 策略分析模块：根据发现引擎收集的信息和一些内置的启发式算法来确定要采用的策略，以便发送可能对系统造成损害的数据包。
- 包传送程序：将伪造的包发送给目标从属设备。

该通信蠕虫的执行过程如下：首先，该通信蠕虫复制 Modbus 功能 15（0x0F），用于在远程设备或阀门中强制打开或关闭一系列线圈。接着，通过功能 16（0x10）在远程设备中写入一块连续的输入寄存器（1～123）。最后，通过组合这两个功能，该通信蠕虫可以重置目标系统的配置。例如，如果阀门原本是打开的，它将强制使其关闭，反之亦然。

为了应对该种类型的攻击,可以引入白名单机制,对可访问控制设备的 IP 地址进行限制。例如,从属设备只接受指定 IP 地址的主设备发来的消息,忽略非指定 IP 发来的消息,可以最大限度地减少该种攻击的影响。

4.3.4 暴力破解 PLC 密码认证机制及防护

正常情况下,想要修改 PLC 中的控制逻辑,需要先使用密码认证,然后才有资格访问 PLC 的控制逻辑,并加以修改。若攻击者采用暴力破解 PLC 密码认证,就会直接向 PLC 写入数据,覆盖原有的密码哈希,从而破解 PLC 的密码认证机制,进而读取和修改 PLC 中的控制逻辑。这种攻击的原理如图 4-22 所示。

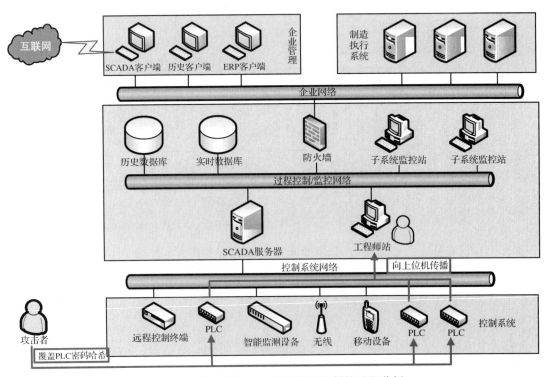

图 4-22 暴力破解 PLC 密码认证机制的过程分析

假设某型号 PLC 的密码认证机制存在漏洞,攻击者就可以利用该漏洞在密码验证过程中覆盖 PLC 中的原有密码哈希并访问其控制逻辑。图 4-23 展示了该攻击的过程。该过程由四个阶段组成:①从目标 PLC 窃取原始控制逻辑;②将窃取到的低级(二进制)表示的控制逻辑反编译为高级源代码;③通过基于规则的自动化方法感染源代码,然后将代码编译成二进制表示(可以在 PLC 上运行),接着将二进制代码传输回 PLC 以感染控制逻辑;④在控制中心的工程软件中使用虚拟 PLC 隐藏受损 PLC 中受感染的逻辑。

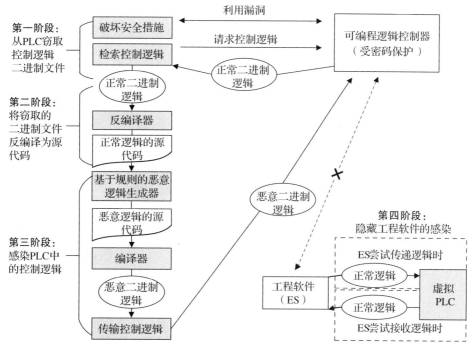

图 4-23 利用 PLC 密码认证机制漏洞进行攻击的过程

应对该攻击的方法如下：首先，对控制逻辑加强保护，防止未经授权的访问和对控制逻辑的修改，同时增强工业控制系统与其他网络的隔离，加强纵深防御安全；其次，加强对控制逻辑进行验证，在将每次编写好的程序下载进 PLC 执行之前，先验证控制逻辑，防止程序的控制流劫持；最后，加强对未经授权的工业控制系统网络中控制逻辑包传输进行检测，发现异常要及时阻止。

4.4 持续隐蔽性模式

本节将分析在 ICS 攻击中用到的实现持续隐蔽性的典型攻击模式。持续隐蔽性的目标是攻击者防止操作员检测到其恶意攻击，以实现对目标网络设备或节点系统的持续隐蔽控制。在很多高级持续性威胁（Advanced Persistent Threat，APT）攻击中，由于攻击者的动机，且攻击目标为特定的目标，为了避免被操作员或者防御技术人员发现，攻击者需要在很长一段时间内保持高隐蔽性。

在网络空间中，攻击方可以在攻击开始前的数天、数月甚至数年就进行"战场预制"，通过对内网的穿透和对生产、运营商、物流链等相关环节的渗透，按照于己方有利的方式，攻击、控制具有潜在战略或战术意义的网络设备和节点系统，从而隐蔽地实现对网络空间阵地的预制改造。这样，在开始攻击时，攻击者可以迅速地将攻击载荷投递至已被隐蔽控制的关键位置，或者通过被控制的阵地节点间接对关键位置发起攻击并投递载荷，从而实现攻击。

在工业环境中，攻击者为了避免恶意的攻击行为被发现并维持其在生产环境中的立足点，通常会用到一些持续隐蔽性相关的技术（如图 4-24 所示），包括劫持重要的 DLL 文件、伪装成正常的应用程序或关键设备、篡改控制器控制逻辑程序、篡改控制器固件、开发针对控制器的 Rootkit、控制主设备与从设备的通信、抑制响应功能避免安全报警和清除攻击痕迹以防止技术人员攻击溯源等。

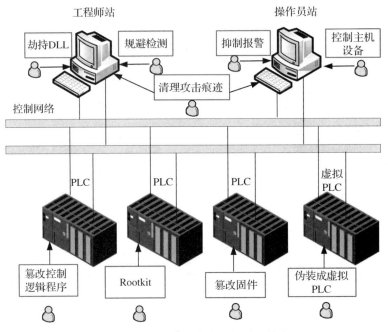

图 4-24　实现持续隐蔽性相关的技术

4.4.1　工业组态软件的 DLL 文件劫持及防护

攻击者可以通过劫持负责上位机的组态软件和 PLC 通信的核心 DLL 文件并隐藏攻击者的恶意行为来实现持久控制，图 4-25 显示了 DLL 劫持的攻击流程。

当一个正常的可执行文件运行时，Windows 加载器将可执行模块映射到进程的地址空间中，加载器分析可执行模块的输入表，并设法找出需要的 DLL，将它们映射到进程的地址空间。系统会先在程序目录寻找 DLL，如果没找到，就依次到 Windows 系统目录和环境变量中列出的目录下寻找。攻击者根据这一特性，可以把恶意 DLL 放到程序目录下，以达到劫持目的。

工程师站点通常用于对控制系统中的应用程序和设

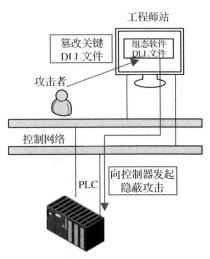

图 4-25　DLL 劫持的攻击流程

备进行配置、维护和诊断。在"震网"事件中,攻击者通过对工程师站点中的 Step7 软件的 DLL 文件进行劫持来实现持久化的隐蔽控制。如图 4-26 所示,正常通信时,Step7 软件使用名为 s7otbxdx.dll 的库文件与 PLC 进行通信。当要访问 PLC 时,Step7 程序将在此 .dll 文件中调用不同的例程。例如,使用 Step7 从 PLC 读取代码块时,调用 s7otbxdx.dll 中的 s7blk_read 访问 PLC,读取代码,然后将其传递回 Step7 程序。

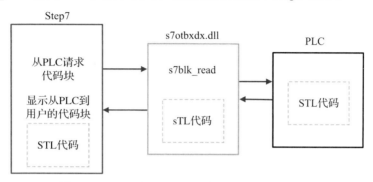

图 4-26　Step7 和 PLC 通过 s7otbxdx.dll 进行通信

在感染了工程师站点后,一旦执行 Stuxnet 病毒(如图 4-27 所示),它将 Step7 中的 s7otbxdx.dll 文件重命名为 s7otbxsx.dll。然后,用其精心构造的恶意版本的 .dll 文件替换原始 .dll 文件。通过用 Stuxnet 的 .dll 文件替换 Step7 原始的 s7otbxdx.dll 文件,Stuxnet 可以在 PLC 的操作员无意识的情况下修改发送到 PLC 或从 PLC 返回的数据。利用这些例程,Stuxnet 就能够隐藏 PLC 上的恶意代码。

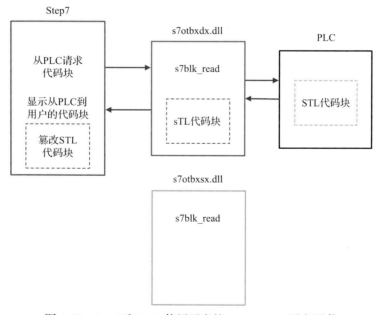

图 4-27　Step7 和 PLC 使用恶意的 s7otbxdx.dll 进行通信

加固应用程序是防御 DLL 劫持的有效方法。例如，在程序运行时，先验证当前路径下的 DLL 文件的 MD5 和数字签名是否安全，确认安全后，再加载 DLL 文件。

4.4.2 隐蔽的恶意逻辑攻击及防护

当目标 PLC 中的控制逻辑被感染后，攻击者可以劫持工程师站和 PLC 之间的正常通信，并构建一个虚拟的 PLC 来响应工程师站的请求消息，以隐藏恶意逻辑，并维持被感染逻辑的运行，如图 4-28 所示。

虚拟 PLC 通过避免环境中的重大干扰（如 DLL 劫持和重放流量）来实现隐匿性，并使用原始控制逻辑中捕获的网络流量与工程软件进行交互。首先，它拦截来自工程软件的请求消息，然后使用捕获的流量构造有效的响应消息进行应答，如图 4-29 所示。虚拟 PLC 的构建包括两个阶段，阶段 1 为推导动态字段格式，阶段 2 为构建通信模板。

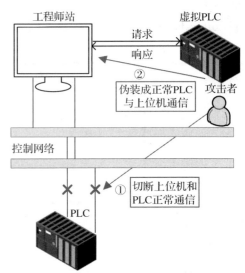

图 4-28 伪装虚拟 PLC 隐藏恶意攻击

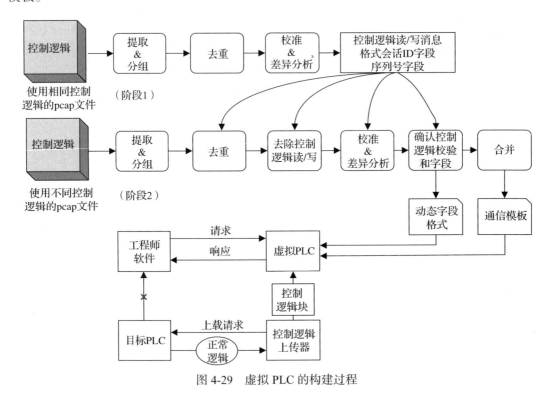

图 4-29 虚拟 PLC 的构建过程

阶段 1 收集来自相同控制逻辑的多个网络数据包，然后捕获每个数据包并进行数据处理，提取封装的 PLC 协议消息，并将其分组为请求和响应对。接下来，消除配对后的重复对，如 PLC 与其工程软件之间的定期状态检查消息。之后，把数据包对齐，再进行差异分析。由于消息包含相同的控制逻辑，能清晰地找到对齐后消息中专有协议的一些动态字段，如会话 ID 和序列号，以及控制逻辑读/写消息格式。

阶段 2 与阶段 1 相似，只是阶段 2 使用不同的控制逻辑程序来收集多个网络数据包。它通过对请求/响应对中的消息进行提取和分组来处理每个网络捕获，并消除消息的重复对。如果在阶段 1 识别出序列号字段，则在阶段 2 中可忽略重复数据删除步骤。然后，根据阶段 1 中推断的动态字段格式，删除涉及控制逻辑读/写的请求/响应消息，再对捕获的包的其余消息进行对齐，并分析其差异。在此步骤中，将忽略会话 ID 字段。对齐的消息块显示与控制逻辑相关的字段（因为在前面的步骤中忽略了其他动态字段），比如校验和字段。这些字段以及在阶段 1 中派生的格式构成动态字段格式。最后，在合并步骤中，忽略所有派生的动态字段，合并消息，形成一个由唯一请求和响应对组成的通信模板。

在攻击过程中，虚拟 PLC 使用通信模板查找请求消息的对应消息，然后使用动态字段格式修正动态字段，最后将消息发送给工程软件。

为了抵御攻击者伪装成虚拟 PLC 进行攻击，可以使用白名单机制防止未授权的攻击者与工程师站点进行通信。

4.4.3 PLC 梯形逻辑炸弹及防护

当攻击者具备篡改 PLC 中的控制逻辑能力后，可以利用梯形图语言中的特定函数实现恶意的功能以持续隐蔽地获取控制系统中的敏感信息。例如，攻击者可以利用 PLC 梯形逻辑炸弹持续窃取敏感信息（如图 4-30 所示）。梯形逻辑炸弹是指用梯形图编写的恶意软件。攻击者可以将这种恶意软件注入 PLC 的现有控制逻辑中，自定义攻击逻辑程序，改变控制动作或者等待特定的触发信号来激活恶意行为。

攻击者可以使用梯形逻辑炸弹隐蔽地窃取控制器的敏感信息，如使用 FFL 梯形逻辑块中读入数组的 FIFO 缓冲器来记录数据。如图 4-31 所示，FFL 块存储包含用于确定工厂状态的计数序列的敏感信息的标签——PB_LT_Seq。这些敏感信息值存储在 array2 中，并被转换成 .csv

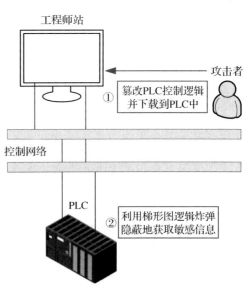

图 4-30 利用 PLC 梯形逻辑炸弹持续窃取敏感信息

格式存储在 PLC 的 SD 卡上。攻击者可以通过物理访问 PLC 的方式读取 SD 卡来获取这些数据。该逻辑炸弹可以用一个简单的定时器触发，定时器一旦触发，就开始记录工厂中的敏感数据信息。

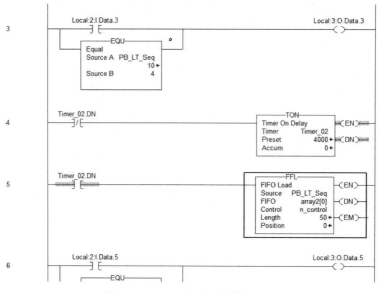

图 4-31　FIFO 缓冲区的数据记录

防御者可以通过基于网络的入侵检测系统以及对运行代码进行集中验证这两种措施应对 PLC 梯形逻辑炸弹。基于网络的入侵检测系统用于识别与连接到网络的 PLC 上的逻辑更新相关的流量，如果观察到网络上未经授权的逻辑更新，就发出警报。对运行代码进行集中验证需要在首次下载控制程序时，保存一个用于验证对比的控制程序副本，定期从 PLC 中下载当前运行的控制逻辑程序并与正常的控制逻辑程序副本进行验证和对比。

4.4.4　利用 PLC 引脚配置 Rootkit 及防护

攻击者可以利用嵌入式设备运行时的引脚控制功能开发 PLC 的 Rootkit，改变控制器与外部世界的交互方式，从而隐蔽地操纵由合法进程读取或写入外设的值，使得操作员难以发现 PLC 与 I/O 的通信被操纵，如图 4-32 所示。

在引入 PLC 的引脚控制攻击之前，需要了解 PLC 运行时操作、逻辑的执行及其与 I / O 的交互过程。如图 4-33 所示，为了控制现场设备中的传感器和执行器，PLC 运行时与其 I/O 进行交互，交互时首先将物理 I/O 地址映射到内存中。此外，在逻辑执行开始时，PLC 运行时必须配置与引脚相关的寄存器。在引脚配置之后，PLC 运行时以循环的方式执行逻辑中的指令，扫描其输入并将每个输入的值存储在变量表中。在执行过程中，逻辑中的指令处理变量表中的值。最后，在程序扫描结束时，PLC 运行时将输出变量写入映射内存的相关部分，并由内核写入物理 I/O。

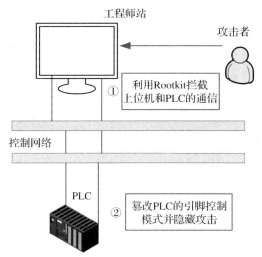

图 4-32　引脚控制攻击

PLC 中的 I/O 接口通常由片上系统（SoC）控制，该系统集成电路包含多个 I/O 接口，SoC 中的引脚由引脚控制器（SoC 的子系统）管理。因为引脚控制器可以配置引脚复用或引脚的输入/输出模式，且引脚配置的改变不会产生任何中断，因此可以阻止操作系统对其做出反应，最终隐蔽地控制物理过程。

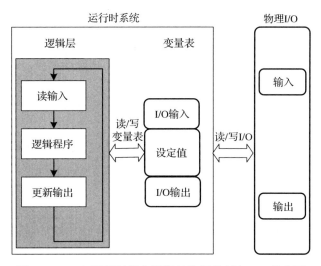

图 4-33　PLC 运行时操作逻辑的执行及其与 I/O 的交互

基于 PLC 引脚配置的缺陷，Abbasi 等人提出了一种利用引脚配置来操纵 PLC 的 I/O 读写操作的引脚控制攻击。该攻击有两种模式。

1. 攻击者具备 root 访问权限

为了能够准确地篡改逻辑中设置的控制流，可以利用处理器调试寄存器拦截 Codesys

运行时的每个读写操作。然后，设置 PLC 调试寄存器需要的 root 权限。该攻击模式假设攻击者具备 PLC 的 root 权限，如利用 PLC 默认密码获得 PLC 的 shell。此外，假设攻击者熟悉物理过程并了解 I/O 引脚与逻辑之间的映射关系。

攻击时，将映射的 I/O 地址设置到调试寄存器，并拦截 Codesys 运行时的每个写入或读取操作。当 PLC 运行时要读取或写入 I/O 引脚时，处理器将暂停该进程并调用基于攻击者硬件的中断处理程序。如图 4-34 所示，处理程序利用引脚配置功能来执行 I/O 操作。对于写入操作，如果 PLC 软件试图将值写入配置为输出的 I/O 引脚，则攻击者将 I/O 引脚重新配置为输入，因此，写操作不会成功。对于读取操作，如果 PLC 软件试图从配置为输入的 I/O 引脚读取值，则攻击者可以将 I/O 引脚重新配置为输出，并将恶意的值写入重新配置的引脚中的 PLC 软件。

图 4-34　在有 Root 权限下的 Pin 引脚控制攻击读写保护的步骤

2. 攻击者不具备 root 访问权限

该攻击模式执行的前提是攻击者具有与 PLC 运行时相同的访问权限，如通过利用允许代码执行的内存损坏漏洞影响 Codesys 运行时。此外，还要假设攻击者的应用程序可以访问逻辑并且知道该进程的 I/O 映射。

如图 4-35 所示，该攻击模块中包含一个恶意应用程序，该应用程序可以使用 /dev/mem、sysfs 或合法的驱动程序调用来访问和配置引脚。恶意应用程序首先检查处理器 I/O 配置地址是否映射到 PLC 运行时。为了进行写入操作，在参考开始时间之前（即 PLC 运行时开始将其所需的原始值写入 I/O 时），应用程序将该引脚重新配置为输入模式。Codesys 运行时尝试写入引脚。但是，写操作将无效，因为引脚模式设置为输入。然后，恶意应用程序将引脚模式切换为输出并将所需值写入其中。为了进行读取操作，应用程序将引脚的状态从输入更改为输出，并对其持续写入期望的值。

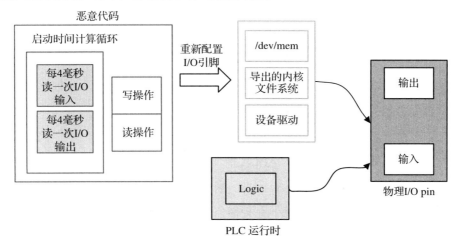

图 4-35　无 Root 权限时的 pin 引脚控制攻击

虽然引脚控制攻击对于 Codesys 运行时是隐蔽的，但防御人员可以采用监控引脚配置寄存器的映射关系、引脚配置寄存器的变化、调试寄存器的使用情况、性能开销、使用可信的执行环境这五种方法来检测引脚控制攻击。

4.5　破坏杀伤性模式

网络攻击的破坏力大，可能造成信息泄漏、财产损失、物理设备破坏等严重后果，本节将分析工业控制系统攻击中实现破坏杀伤性所用的典型攻击模式及相关的技术。

攻击者为了增加攻击力度，会采用各种手段对工业基础设施实施精准攻击，包括干扰工厂生产过程、利用 PLC 漏洞进行经济勒索、蒙蔽系统操作人员或运用虚假数据注入造成大规模生产事故、攻击安全仪表系统突破最后一道安全防线等手段。

4.5.1　过程控制攻击及防护

攻击者控制了工厂的生产工艺流程后，会通过控制过程参数干扰生产过程，进而给工厂造成经济损失。工厂过程控制系统是使生产过程的参数取值始终保持在给定阈值内的自动控制系统。"过程"是指在生产装置或在设备中进行的物质和能量的相互作用和转换过程。表征过程的主要参数有温度、压力、流量、液位、浓度等，通过控制过程参数可增加产量、提高质量、减少能耗。在过程控制行业，精确控制对于防止过程失控、确保安全运行非常重要，一般通过反馈控制的方式对过程进行控制。

攻击者主要从控制层面对过程控制系统进行攻击，一般分为进入、发现、控制、损害、清理五个阶段，如图 4-36 所示。一次完整的攻击需要各个阶段不断迭代、回溯，最终达到攻击目的。

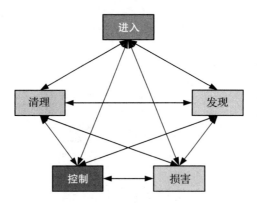

图 4-36 攻击过程控制系统的阶段

攻击者首先通过收集各种目标系统信息（设计文件、配方、制造工艺和研究材料等），找到目标系统的脆弱点，并进入系统；在控制阶段，攻击者研究每个执行器的作用和可能的副作用，恶意调整工厂生产流程，使工厂在生产过程中产生副作用，降低产量，给工厂带来生产破坏；之后通过清理日志等方式，掩饰攻击行为，以免被安全人员发现。

以生产醋酸乙烯单体（VAC）工艺流程为例。VAC 包括两大生产过程：反应和提纯，以及多个控制循环，如图 4-37 所示。在反应堆内，相应的主反应和副反应过程包括：

- 主反应：$C_2H_4+CH_3COOH+\frac{1}{2}O_2 \rightarrow CH_2=CHOCOCH_3+H_2O$
- 副反应：$C_2H_4+3O_2 \rightarrow 2CO_2+2H_2O$（副反应越剧烈，产品质量越低）

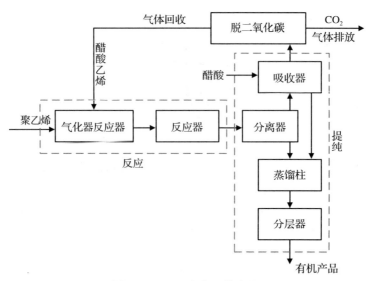

图 4-37 VAC 生产工艺流程

提纯阶段旨在通过真空蒸馏来确保最终产品符合要求。由于提纯过程由多个单元组成，攻击者有较多篡改的机会，但也更容易被发现。相比之下，通过控制反应堆内物理、化学变化影响产品质量更有可行性。攻击者主要通过以下 3 种方法通过控制模型影响反应过程，影响工厂产量：①通过高温导致催化剂失活；②对反应物进行错误的配比导致反应速率降低；③使材料和能量失衡，导致主反应速率降低。

为了有效抵御攻击者对工厂设备的入侵，应加强工厂内部人员的管控，遏制攻击者实施的信息搜集。在控制阶段尽早发现异常，实施应对措施，才能降低损失。

4.5.2 针对 PLC 的勒索及防护

勒索病毒是一种通过限制受害者访问感染勒索软件的计算机，继而向受害者索取赎金的恶意软件。近年来，攻击者为了获得更多的收益，将目标转向了更具经济价值的工业控制系统。WannaCry、LockerGoga、Notpetya、LogicLocker 是比较常见的勒索软件。PLC 是此类攻击的主要目标，LogicLocker 是典型的针对 PLC 的勒索软件。

LogicLocker 可以直接锁定 PLC 且可以实现跨供应商的感染。它的实现原理如图 4-38 所示。为了成功进入 ICS，LogicLocker 首先在互联网上盗取 Modicon M241 合法凭证，并将其加载到勒索软件。然后，LogicLocker 利用 API 接口扫描内部网络以查找存在安全隐患易受攻击的 PLC。

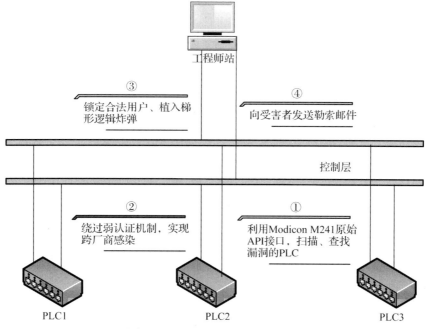

图 4-38 LogicLocker 的实现原理

接着，为了扩大攻击范围，攻击者会通过各种手段绕过 PLC 的弱认证机制，实现跨厂商感染。为了防止 PLC 恢复到正常状态，攻击者会用逻辑炸弹替换盗取的 PLC 程序并加密。

最后，攻击者会向受害者发送勒索邮件，并威胁受害者如果不及时支付赎金，将开启逻辑炸弹，对设备造成永久性破坏，并严重危害人身安全。

一般而言，勒索软件攻击包括感染、渗透、锁定、加密、勒索五个阶段，如图 4-39 所示。在感染阶段，攻击者会直接感染连接到互联网上的 ICS 设备，或者首先感染网络上的工作站，然后以该机器作为控制网络的跳板。在渗透阶段，攻击者使用横向或者纵向的方式感染更多 PLC，扩大攻击面。锁定阶段是攻击过程中的核心步骤，攻击者为了防止被感染的 PLC 快速恢复至正常状态，会选择锁定 PLC，主要方法包括：更改 PLC 密码；修改 IP 地址的访问控制列表并启用 OEM 锁；耗尽 PLC 的资源。这是因为大多数 PLC 具有最大的 TCP 连接数，攻击者通过不停地向 PLC 发送 TCP 请求，导致 PLC 无法为合法用户提供服务。

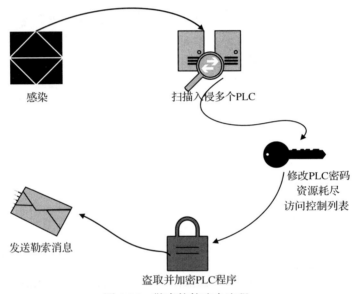

图 4-39　勒索软件攻击流程

在加密阶段，攻击者通常使用以下三种方法：使用 AES 对原始二进制文件进行加密，并把勒索要求以邮件方式发送给受害者；使用 AES 对原始二进制文件进行加密，将其作为原始字符串存储在 PLC 存储器的数据部分；重编程 PLC。

最后，攻击者通过以下三种方式向受害者发送消息：给攻击者邮箱发送邮件；通过 PLC Web 页面发送消息；通过 PLC 向受害者发送邮件。

在这种攻击模式中，PLC 是核心脆弱点，因此应加强对 PLC 访问、固件、协议、身份认证等方面的安全管理。

4.5.3　欺骗 SCADA 控制现场设备及防护

攻击者可能通过欺骗手段获得 SCADA 系统的控制权，篡改控制逻辑，向现场设备下达具有攻击意图的指令，从而实现对现场设备的控制。SCADA 系统对现场设备的控制过程如图 4-40 所示。

威胁模式分析 143

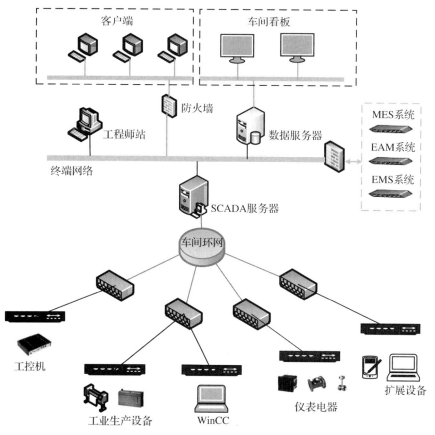

图 4-40　SCADA 系统控制现场设备

2015 年 12 月，乌克兰电力设施感染了恶意代码 BlackEnergy（黑色能量），导致当地至少有三个区域被攻击，造成大规模断电数小时。该攻击过程如图 4-41 所示。

攻击者将 BlackEnergy 工具伪装成 Office 文档的宏，向目标系统发送带有宏病毒的鱼叉式邮件，诱导电网内部工作人员运行。一旦有工作人员运行宏文件，便向"跳板机"植入 BlackEnergy 病毒，以跳板机为据点进行横向移动，最终攻陷关键节点。在服务端植入安全外壳协议（Dropbear SSH）后门，并使用 KillDisk 组件清理攻击痕迹，最终控制 SCADA 系统。此时，操作人员被致盲，并对系统客服中心实施 DDoS 电话攻击，通过线上、线下组合的攻击方式使系统彻底崩溃。

在日益开放的工业控制系统中，为有效改善基础设施体系中 PC 节点和 TCP/IP 网络的安全性，需要通过网络捕获与检测、沙箱自动化分析、白名单+安全基线等综合方式改善纵深防御能力。同时，通过有效结合防火墙、补丁与配置强化、反病毒等手段，改善网络安全环境。

针对这类攻击，应加强 SCADA 系统的监控、分析和防护能力，使系统能够实时获取并分析采集的数据，降低 SCADA 系统被欺骗的可能性。

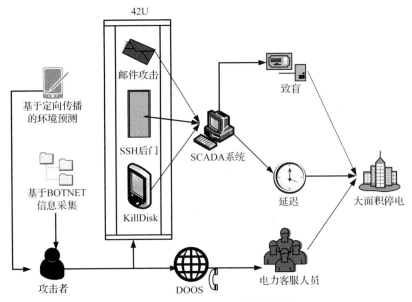

图 4-41　BlackEnergy 攻击的过程

4.5.4　干扰控制决策的虚假数据注入及防护

虚假数据注入攻击（False Data Injection Attack, FDIA）是一种通过篡改测量值和控制数据来破坏电网信息完整性的攻击手段，具有较强的可达性、隐蔽性与干扰性，能够影响系统控制中心的分析决策，造成严重后果。由于虚假数据注入攻击多发生在电力系统中，因此本节以电力系统为分析对象，分析虚假数据注入攻击的流程（如图 4-42 所示）。

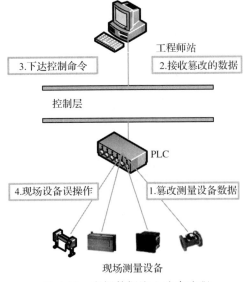

图 4-42　虚假数据注入攻击流程

如图 4-42 所示，虚假数据注入攻击的攻击手段包括攻击者在测量设备、通信设备与控制设备中通过多途径注入虚假数据，致使状态评估数值与没有受到攻击之前的数值存在误差，并且绕过错误数据检测机制，通过错误数据操纵系统状态评估结果，引起电网误动作。攻击者通过破坏仪表设备或入侵电网重要模块（如电价、分布式能源状态、微电网动态分区等）等操作实现攻击目的。

面向电力 CPS 的 FDIA 过程主要分为面向通信传感网络的 FDIA 和面向电力控制系统的 FDIA 两类，如图 4-43 所示。

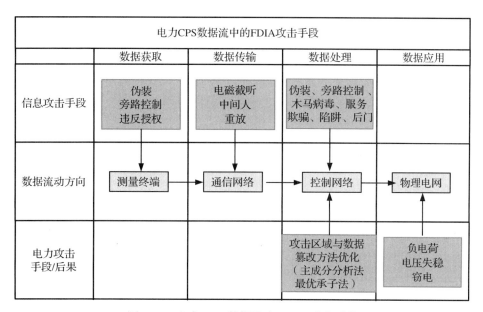

图 4-43　电力 CPS 数据流中 FDIA 攻击手段

如图 4-43 所示，为执行 FDIA，攻击者首先在信息层获得对节点设备、线路的接入点的控制权限，接着在电力层设计数据篡改方式，使物理攻击后果最大化。接着，在数据采集和传输过程中，采用网络渗透和入侵手段进行伪装、旁路控制、中间人和截听、重放等。最后，在电力侧实施数据篡改，实现攻击效果最大化。

近年来，世界范围内发生了多起大规模攻击电力网络的安全事件，其中不乏利用数据篡改机制进行攻击的案例。以乌克兰电网遭受的攻击为例，攻击者向 SCADA 系统注入虚假数据并删改原有数据，使得操作员与控制设备失去对系统的可观、可控性，使得故障大规模扩散且难以恢复。

为有效应对此类攻击，可采取以下三类措施：①对测量装置采用适当的保护措施，确保测量数据不被篡改，从而有效阻止 FDIA 的发生。②制定严密的入侵检测方案，在 FDIA 发生初期就能够检测到攻击行为，及时发现并去除恶意数据，使系统恢复正常工作。③搭建新一代的状态估计和坏数据检测体系。

4.5.5 突破安全仪表系统及防护

工业安全系统是石油化工、电力、制造、航空航天、交通运输等国家重要基础设施，一旦遭受网络攻击，会严重影响工业生产，造成巨大的经济损失。只有更好地掌握工控恶意代码的攻击手法、攻击执行过程，才能避免严重安全事件的发生。下面分析四种针对 SIS 的常用攻击方式。

1. 攻击实时操作系统

SIS 控制站大多采用经过裁剪的实时操作系统（RTOS），比如 Linux RT、QNX、Lynx、VxWorks 等。这些操作系统广泛应用于通信、军事、航空航天等实时性要求较高的领域，其安全问题不容忽视。例如，对于 x86 Linux 系统，通过插入一段载荷，就可以对 shell 进行爆破并连接到该设备。SIS 上运行的所有程序都是以 root 权限运行的，一旦被攻击者攻入，后果将非常严重。

2. 攻击通信协议

图 4-44 给出了攻击通信协议的一个例子。

图 4-44 Triton 病毒攻击通信协议的流程

trilog.exe 文件的主要作用是将恶意负载传递到目标。恶意代码运行后，dropper 连接到目标控制器，向其内存中注入病毒载荷。病毒载荷包含在两个独立的二进制文件中，分别称为 inject.bin 和 imain.bin。dropper 采取的操作之一是读取内存数据及执行内存文件，并在内存中注入恶意代码。inject.bin 包含利用特定 0-day 漏洞来执行文件 imain.bin 内容的代码。imain.bin 包含允许用户远程控制 SIS 设备的最终代码。表 4-2 列出了恶意文件的 MD5 码和主要作用。

表 4-2 恶意文件的 MD5 码及主要作用

文件名	MD5	作用
trilog.exe	6c39c3f4a08d3d78f2eb973a94bd7718	dropper
inject.bin	0544d425c7555dc4e9d76b571f31f500	后门注入器
imain.bin	437f135ba179959a580412e564d3107	后门代码

trilogy.exe 是用 Python 语言开发的，并编译成 trilog.exe 可执行文件。它包含攻击者通过逆向工程得到的和控制器通信的 TriStation 协议的详情。

3. 攻击 SIS 系统软件

安装在工程师站计算机上的 SIS 组态 / 编程软件包含与控制器交互所需的所有信息，包括识别控制器不同状态和所有模块的信息。通过这些信息，攻击者可以更好地理解软件体系结构，分析出所需要的功能隐藏在哪个软件组件中。下面介绍三种攻击系统软件的路径。

（1）攻击人机交互界面（HMI）

攻击人机交互界面会使操作员失去视图，使攻击者取得工作站节点的控制权，获取与操作员一致的操作界面和操作权限，然后通过远程控制 SIS 的开关或改变运行参数，从而引发故障。

（2）攻击固件升级

当通过远程读取文件系统来实现 SIS 操作系统的固件升级时，攻击者可以通过替换固件的方式让 SIS 宕机。

（3）攻击用户访问权限

攻击者可以通过破解密码保护文件，绕过身份认证，以超级用户的身份登录。一旦攻击者使用超级用户的身份登录，就能启用其他用户无法使用的隐藏功能菜单，这些菜单提供了未对普通用户开放的大量权限。此外，当日志记录被超级用户登录时，SIS 系统软件还会公开关于系统逻辑的链接 / 编译阶段的内部信息。这些数据对于攻击者具有很高的价值，因为它详细描述了程序编译过程中涉及的所有命令。这样，攻击者创建恶意 OT 载荷会变得非常容易。

4. 物理攻击

SIS 提供运行态、运行编程态、编程态 3 种工作模式，通过物理钥匙来控制模式的切换。攻击者可利用硬件功能从物理上控制安全控制器，使其在非编程期间处于运行编程态。

攻击者可通过各种手段对安全仪表系统实施攻击。为加强安全仪表体系中重要节点的安全能力，需要综合应用网络捕获与检测、沙箱自动化分析、白名单＋安全基线等方式，并融合机器学习、区块链、数字孪生等技术加强纵深防御能力。同时，要结合防火墙、补丁与配置强化、反病毒等传统手段，通过多种手段综合治理来营造安全的网络环境。

4.5.6　级联失效造成系统崩溃及防护

在复杂的电力网络中，若某一个元件或多个元件发生故障，保护装置动作后会向新的运行状态转移，潮流的重新分布会造成新一轮的保护或自动装置动作，引发一系列互相关联的事件，使故障迅速扩散，造成电压、频率、功角振荡以及电网解列等后果，最终形成一系列无法控制的级联性事故，导致系统崩溃。这种现象称为级联失效。

以电力系统为例，当系统某个部分发生初始故障时，功率传输稳态被打破，发电机和负荷功率也发生相应变化。整个故障过程可以视为多个故障环节的组合，每个故障环节都采取相同的步骤，然后不断循环。根据这个特点，可以将每个故障环节分为如图 4-45 所示的几个步骤。

步骤 1：系统发生初始故障或者由于分支断开而形成新的故障，这是每个故障环节的开端。

步骤 2：当电力系统经历步骤 1 导致的故障之后，整个系统的结构发生变化，相应的节点导纳矩阵也发生改变，需确定网络结构。之后，选取其中的每一个电力孤岛，分别判断发电机节点的数量。当不存在发电机节点时，全部负载失效，判断下一个电力孤岛；当系统中只存在一个发电机节点时，这个发电机节点也会失效，判断下一个电力孤岛；其余情况进入步骤 3。

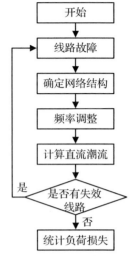

图 4-45　级联故障流程图

步骤 3：频率调整后进入步骤 4。根据功率方程，网络的稳定运行点将失去平衡。为了使系统再次进入平衡状态，潮流会重新进行分布。实际上，由于故障时系统平衡工作点的转移方向并不相同，这里可以分为三种情况进行讨论。

1）假如系统发生故障之后，某个电力孤岛的发电机功率和负荷功率时刻保持平衡，也就是 $\Sigma P_G = \Sigma P_D$，此时根据发电机转速公式，发电机的转速和频率都不会发生改变，也就是不会发生一次调频的过程，发电机以及负荷功率维持不变。不过，在这种情况下，潮流会从故障分支向其他分支转移，其他分支可能会承担更严重的负载情况，从而导致新一轮的故障。

2）假如系统发生故障后，某个电力孤岛出现发电量盈余的情况，也就是 $\Sigma P_G > \Sigma P_D$。此时系统的电能会转换成原动机的机械能，发电机的转速逐渐增加，系统频率也随之增大，于是电力系统的一次调频开始发挥作用，发电机和负荷功率随之变化。

3）假如系统发生新一轮故障后，某个电力孤岛出现发电量缺损的情况，也就是 $\Sigma P_G < \Sigma P_D$。此时原动机的机械能会转换成电能，发电机的转速随之下降，系统频率也不断减小，一次调频开始发挥作用，发电机和负荷功率随之变化。

步骤 4：电网直流潮流计算。对于所在的电网进行潮流计算，当计算结果出现平衡节点不满足处理要求或者节点相角不满足要求时，对其进行最优潮流的调度并对相应的评估指标进行统计。若平衡节点处理满足要求，进入步骤 5。

步骤 5：判断失效线路。当没有线路出现越限时，进行下一个电力孤岛的计算；若出现多个越限线路时，则根据过负荷严重程度进行判断，选取其中的一个线路使其失效，继续回到步骤 2，直到系统中没有线路越限。之后，进入步骤 6。

步骤6：统计负荷损失。

一般而言，输电线路故障、母线故障、继保装置误动作和大规模潮流转移是诱发级联故障的主因。为降低级联失效发生的可能性，需对输电线路、母线等关键节点进行加固。

4.6 本章小结

本章主要以工业互联网中的工业控制系统为例，列举了典型攻击事件，引入了攻击技术矩阵，将整个攻击流程分为攻击可达性、横向移动性、持续隐蔽性和破坏杀伤性4个步骤，针对每个攻击步骤研究典型的实现手段。

4.7 习题

1. 工业控制系统的持续隐蔽性相关的攻击技术有哪些？
2. 在震网事件中，攻击者是如何实现持续隐蔽控制的？
3. 攻击者具备root访问权限时，引脚控制攻击的流程是什么样的？
4. 破坏杀伤性的典型攻击模式有哪些？
5. 什么是级联失效？
6. 攻击者如何通过欺骗SCADA系统来控制现场设备？
7. 针对工业控制系统攻击，有哪些典型的横向移动方法？
8. 简述利用POU在控制器之间扩散的攻击模式。
9. 利用POU从控制器向上位机扩散是如何实现的？请简要说明。
10. 请简要描述本章介绍的几个攻击可达性模型，并介绍每个模型的特点。
11. 第三方供应链攻击与基于推送更新的水坑攻击模式在思路上相似，它们的不同之处有哪些？
12. 除本章中提到的可达性模型外，还有其他可达性模型吗？试着构建一两个可达性模型。

第 5 章

设备安全分析

在工业互联网中，设备会直接影响数据从产生、传输、存储到计算的每个环节，其重要性不言而喻。设备的安全性会直接影响工业互联网中的数据安全、物理安全甚至人身安全。在工业互联网广泛连通的场景下，任何节点上缺乏安全措施的设备都可能会受到攻击，进而引起连锁反应。为解决工业互联网中的设备安全问题，进行合理的设备安全防护是不可或缺的。设备安全分析技术作为设备安全防护的基础，对于避免工业互联网中的设备安全问题至关重要。本章将深入探讨工业互联网的设备安全问题和对设备进行安全分析的方法与技术。首先，对设备安全分析的基础知识进行介绍，接下来从设备发现和设备定位两个方面介绍设备安全分析的关键技术，最后介绍以设备漏洞分析为主的离线设备安全分析方法与技术。

5.1 设备安全分析基础

从各国的工业互联网参考架构可以看出，虽然各国对工业互联网的思考和理解有所差异，但是在参考架构中都不约而同地把设备放在核心位置。设备承担着数据生成、数据处理和存储、网络连接、智能控制等重要功能。设备安全问题将直接或间接地影响设备本身、局部网络乃至整个工业互联网的正常运行。为了避免设备安全问题，需要进行设备安全分析，为进行合理有效的设备安全防护奠定基础。本节内容将简要介绍设备安全分析的对象、重点、目标和相关支撑技术。

5.1.1 设备安全分析的对象和重点

1. 设备与设备安全问题

工业互联网中的设备丰富，涵盖了从工业现场设备到云平台设备、服务器等在内的多种设备类型，无论是数量还是种类上都远远超过传统的信息系统。因此，工业互联网中的设备安全问题比信息系统更加复杂。

在工业互联网中，设备作为具备计算和网络连接能力的组件，根据其所处位置和功能特性可以分为四种类型：第一类是工业现场设备，如传感器、执行器和工厂设备（涡轮机）等；

第二类是ICS/SCADA中的控制设备，如PLC、RTU、DCS设备等；第三类是网络中介设备，如工业路由器、防火墙、网关和边缘设备等；第四类是云端设备和服务器。这四类设备在工业互联网中的角色和工作内容各不相同，因此其存在的安全问题和造成的影响也不同。

工业现场设备和ICS/SCADA中的控制设备通常位于工厂的现场层、控制层和边缘网络中，主要用于数据的产生、采集和基本处理工作，这些设备对工业互联网的生产控制网络起着重要的作用。由于其所处位置和本身的价值，设备本身的安全问题往往直接关系到整个系统的可用性。

网络中介设备（如路由器）则是工业互联网连接的基础，是不同网络之间的桥梁，一旦这些"桥梁"出现安全问题并被攻击者利用，必然会导致更广泛的影响。

对于云端设备和服务器，设备本身的安全问题往往是次要的。以工业互联网云平台为例，工业互联网云平台主要用于集成工厂内/外部的各种数据、服务、用户数据等资源，并提供工业数据的集成分析、应用支撑和基础应用能力，输出各种工业互联网服务，是构建生态产业的重要基础设施。因此对于云平台来说，用于存储和处理工作的设备本身的安全性不如数据和服务的安全性重要。

在工业互联网中，设备安全问题可以归纳为以下三类：

第一，设备本身的安全问题。这里的设备主要指用于保证系统中业务正常运行的设备。这些设备本身的安全问题包括但不限于设备固件和操作系统、软件应用安全问题。由于工业互联网的组件数目、连接规模、承载业务量巨大，其中的设备固件问题也层出不穷。不同的内核、协议栈对于整个系统的安全管控影响巨大，需要有针对性地对所有设备的固件进行安全性增强，防止违法人员利用固件上的漏洞传播恶意代码。同样，工业互联网中设备的操作系统和软件的漏洞也可能被攻击者利用，进而造成破坏。国家工业信息安全漏洞库的数据显示，2020年一共收录了超过2000个工业控制系统设备漏洞，涵盖缓冲区错误、输入验证错误、授权认证问题等20余种漏洞成因，这些漏洞将直接或间接破坏工业互联网的可用性和机密性。

第二，设备身份鉴别和访问控制问题。由于工业互联网中设备类型众多，各类设备的架构和资源之间存在差异，导致很难实施统一的身份鉴别和访问控制机制。除此之外，不同类型设备的实时性要求也不同，也会影响统一的认证机制的实施。目前相对完善的身份鉴别和访问机制只能运行在云服务器、计算主机等部分设备上，工业现场设备所采用的相关机制都相对薄弱，并且缺乏统一的身份管控机制。

第三，安全设备的安全问题。目前，已有越来越多的安全设备应用在工业互联网中。由于这些设备功能特殊，其具备的权限往往更高。因此，一旦这些原本用于保护系统的设备出现安全问题，后果将不堪设想。例如，2016年，CyberX披露某款工业防火墙的缓冲区溢出漏洞，攻击者能够利用该漏洞获取防火墙的权限，进而篡改防火墙规则，窃取网络中的数据，甚至直接攻击网络内部的关键设备。

传统信息系统安全的层次结构相对简单，而在工业互联网中，由于功能的复杂性和设备的多样性，其安全的层次结构变得非常复杂。单个设备本身的安全问题固然很重要，但从设备本身的安全问题衍生的网络、数据、其他设备安全问题同样不可忽视。如图 5-1 所示，如果 ICS/SCADA 中的 SCADA 主机遭受攻击，攻击者可以直接窃取工业数据和相关信息，并可以将该设备作为跳板进行横向传播，利用该设备的权限和信任关系，进一步破坏网络和其他设备的安全，扩大攻击的影响。例如，"震网"病毒就是在攻击了 SCADA 主机之后，利用主机作为跳板对控制器设备发起攻击，进一步破坏工业现场的离心机设备。可见，单个设备的安全会直接或间接地影响同一水平层次（东西向）以及不同垂直层次（南北向）的设备和网络安全。不同层次的设备之间的虽然会采用隔离措施等手段来保证网络和通信的安全，但如果这些具备隔离功能的设备出现问题，即安全设备出现问题，那么后果不堪设想。例如，有某款安全隔离网关广泛应用于工业控制系统中，能够进行网络隔离，并通过数据中心管理网络设备并提供监控报警服务，但该设备被披露出存在远程代码执行漏洞，一旦这些漏洞被攻击者利用，就能够破坏网络的隔离措施，甚至能够进一步影响网络中的受控设备。

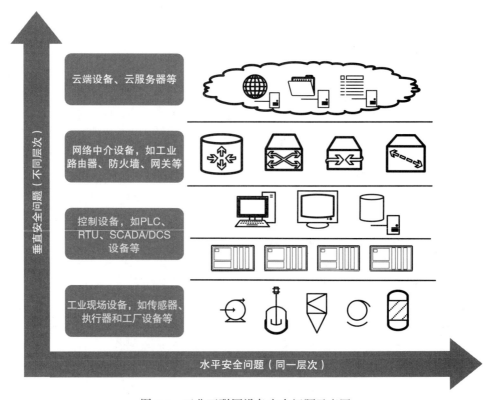

图 5-1 工业互联网设备安全问题示意图

因此，在考虑设备安全问题时，需要从工业互联网的层次结构出发。根据工业控制系统普渡结构和典型工业云平台架构而得到的工业互联网层次结构如图 5-2 所示，可利用该图对设备及其在架构中的位置、功能进行分析。

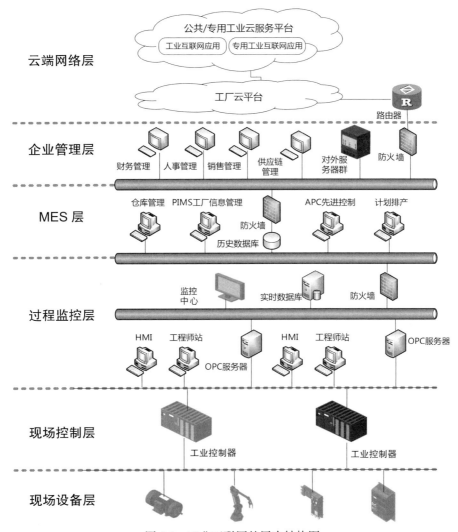

图 5-2　工业互联网的层次结构图

在现场设备层，由于工业生产现场的设备、边缘计算节点种类繁多，并且通信协议"七国八制"，因此需要解决不同设备的安全接入问题以及权限控制问题，防止出现恶意设备接入和越权访问的情况。现场设备和边缘设备的数据安全问题（包括数据采集安全、数据传输安全、数据临时存储安全与防篡改等）同样是不可忽视的问题。

在现场控制层，主要包含现场设备、工业控制设备、RTU 等，其面临的主要安全问题是设备本身的安全问题，包括设备固件漏洞、设备操作系统和服务漏洞、设备通信协议缺陷等。作为控制现场设备的"大脑"，控制设备安全带来的影响是巨大的，历史上的安全事件大多针对控制设备发起，因此控制设备本身的安全是分析的重点。

在过程监控层、MES 层和企业管理层，主要包含主机、服务器、网络中介设备等，其面临的主要安全问题是设备的访问控制和安全设备本身的安全问题。需要进行有效的身份鉴别来保证数据、网络的传输和存储安全。此外，为了进行网络隔离和安全防护，还使用了很多安全设备（例如隔离网关、防火墙等），而这些设备本身的安全问题也是需要重视的。

在云端网络层，设备以云服务器为主，此时设备的安全问题不再是主要问题，数据和服务的安全才是最重要的问题。这里需要应对的是云计算设备的部署安全问题，即如何对云计算设备以及边缘网络设备进行有效的隔离和权限管理，并且要解决来自互联网的零日漏洞攻击等。因此，云计算设备的漏洞管理、底层缺陷分析与防御策略的研究是不可或缺的。

2. 设备全生命周期的安全分析

从以上介绍可以看出，在进行设备安全分析和防护时，对设备的全生命周期的安全分析与管控是至关重要的。设备的全生命周期指设备从生产、使用到废弃的整个生命周期，要实现全生命周期的防护，就需要对设备进行在线和离线的分析与管控。因此，在设备出厂之前，需要对设备进行离线安全分析，即在设备未投入使用时对设备本身进行漏洞与安全问题分析；在设备投入使用并正常运行之后，需要对设备进行在线安全分析，主要包括进行在线的扫描、定位，以便全面、准确地掌握系统中的设备类型、分布、拓扑结构等信息，为后续的接入、权限控制和架构的安全分析奠定基础。基于设备的全生命周期安全分析，采取合理的安全防护技术才能有效地保障设备安全。

设备全生命周期的安全分析要求对设备有全面的了解和掌控，对每个环节进行分析，才能为各环节、各层次的设备安全防护提供指导。

5.1.2 设备安全分析的支撑技术与目标

1. 在线和离线设备安全分析技术

设备安全分析的支撑技术主要包括在线和离线设备安全分析技术。如图 5-3 所示，在线设备安全分析技术包括设备发现和定位技术，即如何有效地发现并定位不同类型的设备，为进行身份鉴别和访问控制奠定基础。离线设备安全分析技术的关键是设备漏洞分析，即高效、准确地分析设备在不同层面、不同维度的漏洞以及漏洞会带来的影响。

在线设备安全分析能够为设备安全管控奠定基础。工业互联网由于网络结构复杂多样，设备变动多，并且很多设备变动也不会被记录下来，导致很难掌握工业互联网中设备的情况，而这正是进行合理的身份鉴别和访问控制的重要前提。因此，掌握工业互联网中的设备类型、设备位置与分布、设备接入权限等信息，进一步绘制整个工业互联网的设备结构与拓扑图，有利于进行安全管理与运维。从工业互联网用户的角度出发，用户只是平台服务的使用者，并不清楚服务涉及的设备、节点，但任何一个设备、节点的安全问题都会影响用户的服务体验，甚至泄漏用户隐私或造成实际的物理危害。从工业互联网平台安全管理者的角度来说，平台的架构涉及位于不同区域、具有不同功能的设备。如果平台管理者掌握的信息不够全面,那么对设备的接入管理和权限控制就可能存在问题。因此,需要对所有接入工业互联网的设备进行发现和定位。对于工业互联网安全的监管者来说,寻找暴露在互联网中的工业互联网设备和节点,判断它们是否存在漏洞或者是否为非法暴露,对于保障工业互联网的安全具有重要意义。由此可见,设备发现与定位技术的研究非常重要。

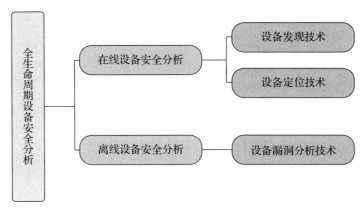

图 5-3　设备安全分析的支撑技术

离线设备安全分析的目的是进行设备漏洞管理,包括对设备的硬件、固件、操作系统、软件等的漏洞管理。通过对工业互联网内各种类型设备的漏洞进行安全分析,可以缓解设备漏洞带来的影响,更好地进行补丁修复等工作。离线设备安全分析主要面向设备制造商,重点考虑设备本身的安全,包括设备本身的漏洞分析和管理,以及设备自身生命周期的安全性问题,例如设备供应链安全、代码安全等。

2. 基于设备安全分析的安全防护技术

设备安全分析的目标是为设备安全防护提供技术支撑,为保护设备和系统的可用性、完整性和机密性奠定基础,并为保证数据的完整性和机密性提供支持。

工业互联网中的设备安全防护存在诸多困难。第一,工业互联网中设备的多样性导致了要进行统一的管控是极其困难的,不同设备对资源、功能、实时性要求都不同,极大提升了防护的难度。第二,很多工业现场设备的形态和位置增大了攻击响应策略的设计难度。例如,火电厂中很多现场设备都工作在高温高压的环境下,其防护难度和设备受攻击后恢复的难度和危险性更大。第三,工业互联网中以控制设备为代表的多数设备都存在严重的资源受限问题,设备本身的硬件资源有限,仅能支撑实现自身功能的计算,无法负担安全防护所要求的额外计算,这也增大了设备安全防护的难度。传统信息系统中使用的大多数的安全措施和防护机制很难直接应用在工业互联网中,因此需要针对工业互联网的场景和环境设计不同的防护体系。

要进行合理、有效的设备安全防护,在线和离线设备安全分析至关重要。在实施设备安全防护时,需要考虑设备类型和设备所处的层次,根据实际情况采用对应的防护技术。由于工业互联网设备安全跨越硬件、固件、软件、通信协议、API 接口等层面，因此很多传统的技术和新兴的安全技术都能被采用，图 5-4 所示为不同层次中常用的设备安全防护技术。

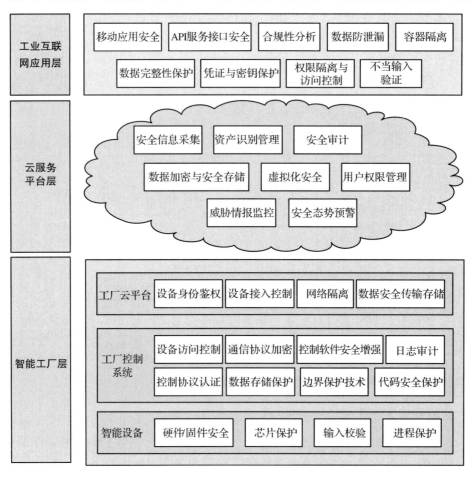

图 5-4　工业互联网的设备安全防护支撑技术

工业互联网架构的复杂性决定了其支撑网络也是复杂和多元的，同时在不同位置、不同层次实施的防护技术也具有多元性。智能工厂层关注边界和端点的安全性，采用各类权限隔离、接入控制、边界防护等方法保护边缘设备；在云服务平台层，重点关注的是数据、资产和虚拟化安全，侧重于数据的安全存储和处理；工业互联网应用层关注移动应用和交互的安全，侧重于对用户和移动应用的交互过程加以防护。

此外，由于工业互联网中设备的多样性和差异性，在不同层次进行设备防护时需要考虑具体情况。以智能工厂中的现场控制设备为例，这些控制设备通常面临资源有限的问题，例如处理器计算速度、存储空间有限，但是它们对于可靠性、实时性的要求极高，因此这些设备的安全防护要以不影响设备的正常工作为前提。当然，除了对设备本身进行改进、升级之外，通过升级外接模块的方式来进行功能增强和安全增强也是设备防护的常见做法。企业还可以将部分安全防护需求交给工业安全网关来实现，以外加设备的方式进行安全防护。近年来，随着虚拟化技术的成熟和广泛应用，出现了很多专用的虚拟技术来解决资源受限的问题，对于本身安全功能不足和安全措施缺乏的遗留设备节点，采用相应的对策能在一定程度上降低其安全风险。

在这些支撑技术中，权限与访问控制是设备安全防护的基本要求之一。首先，要为每个设备分发身份角色和凭据，各个设备根据凭据进行身份认证，然后获得和其身份角色匹配的权限以执行相应的功能。分配权限时，遵循权限分离和最小特权的原则，从单个设备的管理转换为身份角色的管理，通过加密、多因素身份认证等手段来保证身份认证阶段的安全，防止伪造和越权。针对不同环境，可以采取不同的认证方法，例如对称密钥可以用于资源受限环境下的认证，而非对称密钥具备较高的可靠性等。

在工业互联网的设备安全防护中，完整性保护同样是非常重要的，其中包括数据完整性保护和设备控制流完整性保护。设备肩负着生产、传输、处理、存储数据的责任，一般采用数字签名、散列函数来对数据的完整性进行校验。控制流完整性保护主要是指保护设备在初始化和正常运行过程中的控制流的完整性，一般采用控制流完整性校验技术等来实现。

5.2 设备发现

设备发现是在线设备安全分析的重要支撑技术。对于工业互联网的系统管理员来说，通常很难全面了解整个系统的资产构成，难以很好地维护系统。造成这种局面的原因很多，例如信息更新不及时、以往的系统维护工作委派给第三方公司、供应商维护后提供了错误信息等。因此，在进行设备安全分析之前，通常要对工业互联网中的设备进行发现、识别与定位，充分掌握设备信息、网络拓扑结构，了解整个工业互联网的设备分布与拓扑结构，研究系统和设备安全态势等，以便帮助系统管理员更好地进行设备管控工作。

设备发现一般分为两步：第一步是探测发现，主要目的是发现并识别网络中可用的设备，同时在不影响设备正常运行的情况下提取一些设备信息，如固件、型号、模块等，为后续进行设备定位和设备漏洞分析奠定基础；第二步是真实性判断，主要目的是判断目标设备的合法性和真实性，避免遭受蜜罐之类技术的欺骗。蜜罐是一种常见的安全技术，旨在检测、转移或以某种方式抵消对系统的未经授权的访问和攻击尝试。蜜罐技术在传统的信息系统中应用非常广泛，针对工业互联网也有很多产品和开源技术的研究成果。从监管者的角度，如果不详细标识蜜罐而将蜜罐列为真实设备进行研究、分析和安全管控，就会增加监管的工作量和难度。因此，在进行设备发现时，除了考虑真实的设备，还要考虑采用蜜罐技术伪装的非真实设备。

工业互联网中的设备既涵盖传统信息网络的设备，又涵盖传统工业控制系统的设备。因此，除了要综合运用传统信息网络的主机设备发现技术，还需要研究工业控制系统设备的发现技术以及依托工控设备研究形成的新型蜜罐的识别技术。

5.2.1 设备发现基础

设备发现分为探测发现和真实性判断两个阶段,设备探测发现的成熟技术和工具相对较多,对于工业互联网设备真实性判断的研究相对较少。因此,本节主要介绍设备探测发现过程中常用的工具和模式。

1. 设备探测发现的常用工具

工业互联网中的设备种类繁多,不同设备使用的发现技术也不同。例如,针对传统信息系统中的主机,通常要求识别设备的操作系统、端口服务等。对于工业互联网中特有的工控系统设备,例如PLC、RTU等ICS/SCADA控制设备,需要识别设备型号、固件相关信息、协议、端口服务信息等。与传统信息系统设备识别相比,由于工业互联网设备的种类繁多,发现和识别的难度更大。对于不同的工控系统设备,其架构、硬件、固件、操作系统等都有很大差异,因此,设备发现技术通常是针对具体设备进行指纹分析,利用其在不同层次上体现的特征进行综合性判定。

目前,有很多成熟的工具和软件可以用于设备发现。根据扫描模式的差异,可分为主动扫描和被动扫描两类;根据其功能也可分为两类,一类是以Shodan、Zoomeye为代表的在线网络空间搜索引擎,另一类是以Nmap、Grassmarlin为代表的离线设备发现工具。在线网络空间搜索引擎通常用于对互联网中的设备进行扫描、发现并提供检索、态势图绘制等功能;离线设备发现工具既可以用于互联设备发现,也可以用于局域网设备发现。

在线网络空间搜索引擎早期主要针对信息网络中的设备,通过采集设备开放端口的banner信息进行发现。随着工业互联网的发展,Shodan和Zoomeye等在线设备搜索引擎在传统的主机、服务识别基础上,推出针对工业互联网设备的扫描专题,强化对于工业互联网设备的发现能力。

离线设备发现工具主要用于对固定范围或目标进行扫描和设备发现。表5-1列举了典型的离线设备发现工具。

表5-1 典型离线设备发现工具

工具名称	工具概述	扫描模式	工具特性
Nmap	用于网络发现、设备发现和识别、安全审核的开源程序,使用原始IP数据包来确定网络上可用的主机、设备及其提供的服务(应用名称和版本)、操作系统信息、包过滤器/防火墙的类型	主动扫描	支持多种端口扫描机制、操作系统检测、ping扫描,以及各类隐蔽扫描方法,并且支持对操作系统版本、端口服务信息进行探测,可移植性强并且有活跃的社区,是目前广泛使用的端口扫描工具
Masscan	一个网络端口扫描程序,其目标是使安全研究人员能够尽快对大型网络进行端口扫描。在硬件支持的情况下,能够在短时间内扫描整个互联网。其用法和输出与Nmap类似	主动扫描	实现了自定义的TCP/IP堆栈,使用异步传输来提高扫描速率,具备一定的可移植性和可扩展性

(续)

工具名称	工具概述	扫描模式	工具特性
Zmap	一种快速的单包网络扫描仪，专门用于互联网扫描。在具有千兆位以太网连接的典型台式计算机上，能够在几十分钟内扫描整个公共 IPv4 地址空间。通过 10GE 连接和 PF_RING，可以在 5 分钟内扫描 IPv4 地址空间	主动扫描	支持包括 SYN 扫描、ICMP、DNS 查询、UPnP、BACNET 的探针模块在内的多种扫描模式，使用异步传输提高扫描速率，支持 PF_RING 扫描模式，具备可移植性
Grassmarlin	提供了一种用于在基于 IP 的网络上发现和分类 SCADA 和 ICS 主机的方法。使用多种来源生成此数据，包括 PCAP 文件、路由器和交换机配置文件、CAM 表以及实时网络数据包捕获。该工具可以自动确定可用网络并生成网络拓扑，能够可视化主机之间的通信	被动扫描	具备可移植性，以各种方式对捕获的流量按照预定逻辑布局进行分组，获得对流量和所用协议的深入了解。可以对流量和目标按照网络、协议、角色、国家、生产商等进行分组显示并分析，支持多种设备、主机的被动识别

目前，对于传统信息系统的主机、设备的发现能力已经达到了较高的水准，但是对于特定领域设备（如工控设备）的发现还存在识别准确度低、指纹信息不完善、分析深度有限以及易遭受蜜罐欺骗等缺点。随着工业互联网的不断发展，以及人们对安全的重视程度的不断提高以及技术的不断完善，这些问题必然会得到解决。

2. 设备发现模式和流程

工业互联网的设备发现模式通常分为主动式设备发现和被动式设备发现。主动式设备发现的原理如图 5-5 所示，这种方式依托工具和脚本生成探针，主动与网络中的目标进行交互，收集目标返回的响应数据，然后根据预先研究的指纹信息对目标设备进行发现和判断，再通过交互数据进一步获取需要的详细信息。但是，在工业互联网的很多场景中，存在设备陈旧或计算能力低下的情况。因为主动式扫描会主动向网络中指定的目标发送数据，大量主动扫描数据突然进入网络会导致系统中断甚至崩溃。因此，该方法对于网络的正常通信会产生一定的影响，在使用时应根据目标场景进行判断。

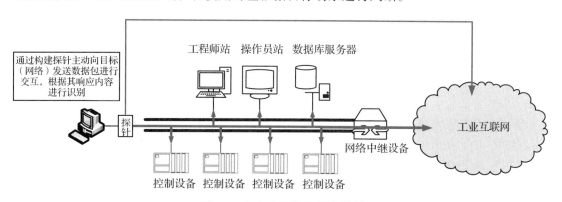

图 5-5 主动式设备发现的原理

被动式设备发现的原理如图 5-6 所示，这种方式是在接入设备的网络中，通过观察和捕获在一定时间段内传输的数据包，结合这些数据和已有的设备指纹信息进行综合判断。被动式设备发现的主要技术手段是配置捕获设备，将捕获的流量限制为某些特定的数据包。由于这种方式不需要向网络发送额外的数据包，因此不会对网络的正常通信和目标设备产生影响，适用于一些比较脆弱的系统。但是，被动式设备发现的信息获取效率远不如主动式设备发现，同时需要处理大量数据才能得到有效的结果，所以被动式设备发现在提取信息方面的工作量更大，对处理时间和计算能力的需求更高。

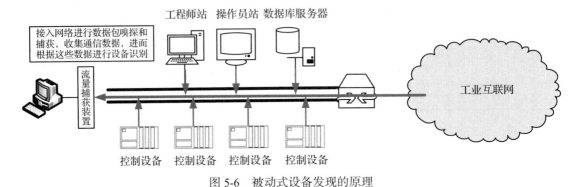

图 5-6 被动式设备发现的原理

表 5-2 对两种设备发现模式进行了对比。

表 5-2 主动式设备发现和被动式设备发现的对比

扫描模式	使用场景	是否需要交互	是否影响正常通信	识别精度	识别效率	临时设备识别	是否容易受到欺骗	其他
主动式设备发现	互联网、局域网	是	是	高	高	不能	否	能够识别开放而未使用的服务
被动式设备发现	局域网	否	否	低	低	能	是	不能够识别开放而未使用的服务

一般来说，应根据所处的环境和场景的不同采用不同的识别方法。例如，对于广域网、互联网中的设备，通常采用主动式设备发现；在对于实时性和可靠性要求较高的局域网中，通常采用被动式设备发现，以避免产生过大的网络负担，影响系统的正常运行，也可以采用被动式设备发现为主的主被动结合的方式，在减轻对网络的影响同时提高发现的精确度。

设备发现的基本流程如图 5-7 所示。首先，进行设备的探测发现，旨在扫描、发现网络中的设备，同时提取（包括但不限于）设备固件、型号、模块信息、运行状态等信息以便后续进行定位和设备漏洞分析；然后，对设备进行真实性判断，主要包括蜜罐识别、合法性判断等，其中涉及和欺骗防御技术（例如蜜罐技术）的对抗过程，需要研究如何在不影响设备正常工作的情况下对目标设备进行真实性判断。本节后续内容中将详细介绍相关的技术。

图 5-7 设备发现的基本流程

5.2.2 设备探测发现的常用方法

设备探测发现主要是针对具体的工业互联网设备研究其指纹生成的方法和技巧,利用不同设备各个维度的特征构建指纹特征库,然后结合主动式设备发现和被动式设备发现获取的数据进行对比分析,从而判断设备类型。设备探测发现技术利用的特征包括但不限于以下几类:操作系统特征、通信协议特征和软件服务特征。

1. 利用操作系统特征进行探测发现

操作系统特征主要用于判断目标设备的操作系统以帮助进行设备发现。传统的计算机设备通常使用 Windows、Linux 等操作系统,而工业互联网中有很多特有的嵌入式设备,它们采用的操作系统种类繁多,通常是适合高实时性环境的操作系统,如 VxWorks、QNX 以及 Linux、ARM 等。不过,传统信息系统安全领域的方法和技巧依然可以应用于工业互联网中。操作系统的特征获取通常可以从协议栈和服务两个方面入手。

(1) 操作系统的协议栈特征

可以利用不同操作系统的协议栈在实现上的差异进行设备发现。例如,大多数操作系统都实现 TCP/IP 协议栈,不同操作系统的 TCP 协议栈的默认 TTL 值是不同的,因此可以用 TTL 的差异来对操作系统进行判断。和默认 TTL 类似,不同操作系统的 TCP 协议的默认窗口大小有差异,因此 TCP 窗口大小也可以作为判断的特征之一。

在 TCP 的协议交互过程中,可以通过使用 FIN 探针实现操作系统的粗粒度识别。将 FIN 数据包(或任何没有 ACK 或 SYN 标志的数据包)发送到开放端口并等待响应,正确的行为是不响应(RFC 793 标准约定),但是 Windows、BSDI、Cisco、HP/UX 等在内的许多操作系统都会将包含 RESET 标志位的数据包发送回去。

在某些情况下,不同操作系统对于 ACK 字段中使用的值有不同的处理,因此可以将 ACK 的值作为一个判断依据。例如,将包含 FIN|PSH|URG 标志位的数据发送到封闭的 TCP 端口,大多数操作系统会将 ACK 设置为与发送数据包的初始序列号相同,但是 Windows 等系统会将其设置为 seq+1。如果将 SYN|FIN|URG|PSH 发送到开放端口,则 Windows 的处理无法确定,有时会设置为 seq,有时会设置为 seq+1,有时又会设置为随机的数值。

除此之外,可以通过对于 ICMP 响应报文的不同处理来辨别操作系统。在发送 ICMP 错误信息时,有的操作系统实现了 RFC 规定的对于不同 ICMP 数据包的响应,有的操作系统没有实现,根据这个差别可对操作系统进行辨别。例如,在 ICMP 错误消息的构建上,按照 RFC 规定,每个 ICMP 错误消息均包含 IP 报头和触发错误的数据报的至少前八个数据字节(即违规数据报),部分系统(如内核版本 2.x 的 Linux,或 MacOS 7.x~9.x 等)会引用更多的数据字节,因此利用这种方法甚至不需要真正访问目标的端口就可以辨别操作系统。除了错误信息的违规数据报引用,对于一些 ICMP 的错误消息,不同操作系统返回的服务类型(Type Of Service,ToS)也存在差异。

总的来说,在协议栈的实现上,不同操作系统存在很多细微差别,例如 DF 标志位、TCP 可选字段、TCP ISN 的特征等。通过这些方法的组合使用,可以一定程度上对操作系统进行粗粒度判断,要提高识别的精度,还需要综合应用多种方法进行判断。

(2)操作系统的服务特征

在主机/嵌入式操作系统中通常存在一些共有的服务,例如 Telnet 服务、FTP 服务、HTTP 服务等。这些类型的服务在不同的操作系统中存在细微的差别,这些细微的差别也是可利用的特征。

例如,当客户端发起连接建立 Telnet 会话并在 Socket 连接完成后,就会收到目标机器上 Telnet 守护程序返回的一系列 Telnet 选项信息,不同操作系统的 Telnet 选项排列顺序不同。除了发起直接的连接,还可以将 Telnet opt 发送到目标主机,收集回复,并将其与指纹数据库进行匹配。通过发送 IAC / DO / DONT / WILL / WONT 之类的命令,可以更清晰地了解每个操作系统的响应方式,并对操作系统进行更准确的预测。

除了 Telnet,FTP 也是常见的服务类型。FTP 在收到连接时会返回服务器系统的相关信息,如表 5-3 所示。该表中列举了部分操作系统收到连接时返回的特征信息。

表 5-3 不同操作系统 FTP 服务的特征信息

操作系统	特征信息
Solaris 7	220 hostname FTP server (SunOS 5.7) ready
SunOS 4.1.x	220 hostname FTP server (SunOS 4.1) ready
FreeBSD 3.x	220 hostname FTP server (Version 6.00) ready
FreeBSD 4.x	220 hostname FTP server (Version 6.00LS) ready
NetBSD 1.5.x	220 hostname FTP server (NetBSD-ftpd 20010329) ready
OpenBSD	220 hostname FTP server (Version 6.5/OpenBSD) ready
SGI IRIX 6.x	220 hostname FTP server ready
IBM AIX 4.x	220 hostname FTP server (Version 4.1 Tue Sep 8 17:35:59 CDT 1998) ready
Compaq Tru64	220 hostname FTP server (Digital Unix Version 5.60) ready
HP-UX 11.x	220 hostname FTP server (Version 1.1.214.6 Wed Feb 9 08:03:34 GMT 2000) ready
Apple MacOS	220 hostname FTP server (Version 6.00) ready
Windows NT 4.0	220 hostname Microsoft FTP Service (Version 4.0)
Windows 2000	220 hostname Microsoft FTP Service (Version 5.0)

对于 HTTP 协议,当客户端发起 HTTP 请求后,在服务器的 HTTP 响应的头部字段中

会有一个名为 Server 的字段，该字段描述了处理客户端请求的源服务器所使用的软件，即产生响应的服务器类型。例如，对于 Windows 特有的 IIS 服务器，其 Server 字段默认情况下是 Microsoft-IIS/7.0，而对于著名的免费开源跨平台 Web 服务器软件 Apache HTTP Server（俗称 Apache），其 Server 字段默认情况下是 Apache/2.2.9（UNIX）。因此，通过该字段可以粗略判断目标机器的操作系统类型。

2. 利用工业通信协议特征进行探测发现

通信协议特征是指目标设备开放端口中使用的公有或私有协议特征。在工业互联网中使用的协议包括大量开源和闭源的私有协议，涉及范围广泛、种类众多。因此，利用工业通信协议特征进行设备发现方法也很多，大致可分为两类，第一类是利用私有协议进行设备发现，第二类是利用公有协议字段特征进行设备发现。

（1）利用私有协议进行设备发现

在工业互联网中，绝大多数设备厂商都会研发并使用自己的私有协议，并且不会公开其协议标准。以西门子 S7 系列控制器设备为例，这些设备使用其私有的 S7Comm 协议。S7Comm 协议被封装在 TPKT 和 ISO-COTP 协议中，使得 PDU（协议数据单元）能够通过 TCP 传送。在 PLC 编程中，该协议可以用于在 PLC 之间交换数据、从 SCADA（监控和数据采集）系统访问 PLC 数据以及进行诊断。默认情况下，支持 S7Comm 协议的设备默认开放 102 端口用于通信。

一旦发现某个设备开放 102 端口并且支持 S7Comm 协议，那么即可粗略地判断该设备为 S7 系列控制器设备。进一步研究该协议发现，S7Comm 协议的功能码 11 可用于请求设备的信息。如果目标是正常的设备，服务器就会返回设备的型号、订货号以及版本号等相关信息。通过这种方式可以对 S7Comm 服务和相关支持的设备进行有效的识别。

其他使用私有协议的设备也可用上述方法来发现。

（2）利用公有协议字段特征进行设备发现

这种方法主要是利用一些常用的公有协议中表征厂商和设备类型的字段进行设备发现。例如，EtherNet/IP 是由罗克韦尔自动化公司开发的工业以太网通信协议，也是工业控制系统中常见的应用协议，已被多个厂商采纳并使用。其中有个标识厂商类型的 Vendor ID 字段，该字段的值代表厂商设备信息，例如值为 145 代表 Siemens Energy & Automation/Drives 设备，因此，通过构造特定的协议数据包请求 Vendor ID 即可达到设备发现的目的。此外，具备类似字段的还有 BACnet 协议等。

3. 利用常见应用层通信协议特征进行探测发现

软件层特征主要是指设备中提供的软件服务的特征，包括一些常见的公有服务和私有服务在不同设备中体现出的特征。除了大多数设备都可能具有的 HTTP、FTP、Telnet 等服务，不同的设备根据其功能角色还有其独有的服务，或是在服务的内容中存在较大的差别。根据这些差别可提取特征，作为设备发现和识别的依据。

以工业互联网中的工业控制系统控制器设备为例,很多控制器设备中都会内置一个Web服务器,目的是进行模块标识、显示运行状态、进行模块诊断、显示消息和以太网参数等。不同控制器设备的Web服务内容的差异很大,并且具有一些可用于识别设备的banner信息。例如,西门子S7系列控制器的Web服务中存在关键词Siemens,以此可大致判断设备类型。通过研究不同设备在不同服务内容上的指纹,寻找其中可用于设备的banner,就可以相对准确地识别出设备,因为这些banner在固件中通常是无法修改的。

除了通过软件内容上的差异来判断,还可以从是否开放相关服务的角度来判断。例如,大多数的工控设备都不会开放SSH服务的22端口,只有部分采用Linux操作系统的设备可能开放22端口,这也可以作为判断依据之一。

目前,工业互联网中的设备发现是一项综合性的研究课题,需要考虑设备在各个维度上的特征。即使是同一款设备,因为配置的差异也会有不同的特征,依靠某一种类型的特征进行判断往往是不准确的。在进行设备发现时,要根据实际情况综合考虑用不同方法区分的结果,有效组合各种特征,才能得到准确的结果。

5.2.3 设备真实性判断

在工业互联网中,通常会应用以蜜罐为代表的欺骗性防御技术。蜜罐作为一种有效的主动防御手段已被广泛应用,其原理是通过欺骗性策略误导攻击者,从而达到安全防护和信息搜集的目的。蜜罐识别作为工业互联网设备发现的重要手段,其主要目的是识别并标识网络中的蜜罐,防止在设计安全防护措施时将蜜罐当作真实设备进行分析和安全管控,徒增工作量和监管难度。本节将围绕蜜罐识别来介绍设备真实性判断。

1. 蜜罐识别概述

蜜罐是一种旨在收集威胁行为和载体相关信息的网络系统,是一种通常被配置成酷似真实系统、带有漏洞或缺陷、用于吸引攻击者、感应不受控威胁源的常用网络技术。蜜罐通常具有收集威胁行为、误导和诱骗攻击者、减缓攻击者的入侵速度、为系统管理员提供防御和检测时间的功能。

蜜罐起源于20世纪60年代,在计算机病毒和木马初具规模时,蜜罐便已出现。但直到1986年Clifford Stoll成功利用物理蜜罐抓获一名攻击者后,计算机蜜罐才真正引起了广泛的关注。20世纪90年代后期,蜜罐技术飞速发展,已从最初服务器上简单的服务模拟发展成为分布式、集中控制、高交互、高复杂度的蜜罐网络。虽然构建和维护蜜罐的成本不断增加,但是其效果和性能也有了显著提升,能够收集更大范围的攻击行为,具有更广泛的风险感知能力。

蜜罐的工作流程包括蜜罐部署、行为监控、数据处理三个阶段。

1)蜜罐部署:该阶段主要针对不同需求进行不同方式的部署。根据使用场景的不同,主要分为局域网部署和互联网部署。局域网部署的蜜罐通常承担具体的防护工作,例如保护局域网中特定的设备、目标，诱导进入该网络的攻击者做出错误的估计和攻击设计；互联网部署的蜜罐通常以数据收集、攻击样本采集、攻击载荷收集等工作为主，实现对互联网攻击者的攻击样本的捕获、控制和分析。

2）行为监控：该阶段主要利用设计蜜罐时预留的监视器通过对外交互进行监控，记录并分析行为，包括交互的端口、数据以及内存、文件、权限等的变化，通过采集各方面的数据为后续的行为和漏洞分析奠定基础。

3）数据处理：对监视器采集的数据进行分析和处理，包括进行数据可视化、攻击行为分析、漏洞分析、威胁情报分析、攻击溯源等。进行数据处理时，蜜罐工作中最关键的环节是提取有效的信息并分析攻击行为、利用漏洞情况等，最后形成威胁情报和相应的缓解措施，用于指导对攻击行为的防御。

根据蜜罐提供服务的可交互程度，可以将蜜罐分为低交互性蜜罐、高交互性蜜罐和混合蜜罐，三类蜜罐的对比如表 5-4 所示。

1）低交互性蜜罐：该类蜜罐只能模拟基本的网络服务（或仅模拟基本网络服务的基本部分），易于设计和维护。这类蜜罐简单、稳定，但更容易被察觉并识别出来。

2）高交互性蜜罐：该类蜜罐可以模拟不同的复杂网络服务，实现难度大，因为它们必须实现已知的错误和不正常、不合理的活动。

3）混合蜜罐：该类蜜罐将低交互作用部分和高交互作用部分组合在一起，以获得两者的优势。通常会根据不同的需求在不同的交互级别上模拟不同的服务。

表 5-4 不同类型蜜罐的对比

蜜罐类型	仿真度	交互性	实现难度	维护难度	识别难度
低交互性蜜罐	低	低	容易	容易	容易
高交互性蜜罐	高	高	困难	困难	困难
混合蜜罐	中	较高	中等	中等	中等

从工业互联网的监管者角度来看，蜜罐不属于安全管控的范畴。如果对蜜罐设备进行安全管控会增加无效工作量，因此要聚焦管控范围，就需要识别蜜罐设备。但是目前大多数开放、开源的设备识别系统都容易遭受蜜罐的欺骗，即使部分系统具备一定的蜜罐识别能力，但是面对高级的蜜罐仍然束手无策。此外，和传统的计算机蜜罐系统不同的是，工业互联网的蜜罐中存在很多针对工控设备和服务的蜜罐。由于工业互联网设备之间差异较大，这些蜜罐在设计之初往往是以特定的设备或协议为模板进行伪造和仿制的，因此不同蜜罐之间的差异较大，识别蜜罐的难度也随之增大。

2. 蜜罐识别的常用方法

当前，针对工业互联网蜜罐的识别技术的研究较少，大多采用传统信息系统蜜罐的识别思路，主要是挖掘蜜罐各方面的特征。例如，通过分析目标的 TCP/IP 特征、操作系统、物理地址、时延特征等，挖掘蜜罐系统通用特征进行识别。这类特征主要是蜜罐的共同特征，不需要太多目标本身的信息。此外，针对特定蜜罐的功能、协议、服务进行分析，寻找其具体实现上和标准/规范有出入的地方也可以作为识别特征。因为真实设备对于功能服务的实现一般会严格遵照规范，而蜜罐在功能实现时则会根据实际情况（例如效率、开销等）进行折中，因此其中必然存在很多实现不完整或不合规的地方，而这就是可以用于蜜罐识别的重要特征。接下来将详细介绍四种主要的蜜罐识别方法。

（1）利用通用特征进行蜜罐识别

通用特征指蜜罐的泛在特征，这些特征不会随蜜罐类型的变化而变化，这类特征往往在应用层无法仿真。

例如，互联网中的 IP 地址的特征就是一种通用特征。一般来说，工业互联网中的工控系统设备（如控制器、远程控制单元等关键设备）很少会暴露在互联网中，而很多蜜罐则通常会托管在云服务器上。因此，通过 IP 查询目标的云服务提供商即可判断是否为蜜罐。现有的在线 Whois 查询服务一般都具备该功能。一旦查询出目标 IP 是云服务商的地址，则可以初步判断目标是蜜罐。

在局域网中，可以利用 MAC 地址作为特征进行判断。MAC 地址是用于确认网络设备位置的地址，是分配给网络接口控制器的唯一标识符，其中包括制造商组织的标识，例如，前缀为 00:01:E3 的 MAC 地址属于组织 Siemens AG。MAC 地址通常在制造网卡（例如以太网卡或 Wi-Fi 卡）的时候存储在硬件中。在传统的计算机领域中，许多网络接口都支持更改其 MAC 地址，但是在工业互联网中，设备多采用嵌入式系统，并且这些嵌入式系统大多不支持修改 MAC 地址，因此可以根据 MAC 地址中的唯一标识符来判断目标是厂商的设备还是蜜罐。

此外，网络响应时间间隔也是一个典型的特征。当与目标建立连接并交互时，目标接收数据包并处理之后会将其返回。由于蜜罐上通常会部署多个服务，因此其针对大量交互或一些精心设计的交互的处理时间间隔必然和正常服务不同，这个时间间隔一般称为等待时间。通过计算不同目标的等待时间就可以判断出目标是否为蜜罐。需要说明的是，尽管结果在很大程度上取决于所使用的网络拓扑、技术和配置方法，但由于软件和硬件时序分辨率存在巨大差异（即真实设备使用的基于硬件的计时器多以毫秒为单位运行，而基于软件的计时器以毫秒为单位运行），因此通过采集大量处理时间的数据并进行分析和判断的方法是可行的。

（2）利用默认配置进行蜜罐识别

通常，成熟的蜜罐具备多种可配置的参数以适应不同的环境和需求，而用户在使用时通常不会理解每个参数的配置，这也使得蜜罐上线之后会保留很多默认的配置，这些默认的配置特征即可作为识别蜜罐的依据。以著名的开源工控蜜罐 Conpot 为例，其默认的序列号为"88111222"，默认的标识字段为"Mouser factory"，通过构造特殊的协议包来提取这些默认的标志字段，即可有效识别默认配置下的蜜罐系统。

（3）利用协议实现缺陷进行蜜罐识别

出于轻量和性能方面的考虑，蜜罐在实现时会对其搭载的协议或服务的实现进行简化，而实际的工业互联网设备会按照标准化文件对协议和服务加以完整实现，分析二者的差异即可进行识别。以 Conpot 为例，Conpot 蜜罐能够支持 Modbus 协议，但仅实现 Modbus 协议的少数功能码，对于一些常用的功能码（如"0x04""0x05"等）均未提供支持。对于这些未支持的功能码，Conpot 在处理时会表现出异常。

除此之外，有些蜜罐对于部分特殊协议功能的支持存在缺陷，或缺乏合法性校验，例如通过 S7Comm 协议可以提取设备的固件版本和订货号等信息，实际上固件版本和订货号并非随机，而是存在一定的关联性，利用这些关联性可以判断目标的合法性，进而可以识别出蜜罐。

（4）利用数据包分片进行蜜罐的识别

数据包分片的处理是蜜罐粗粒度实现的另一个重要特征。大多数蜜罐对于数据包分片的处理方法不严谨，导致产生可利用的识别特征。以 Conpot 为例，在其 Modbus 协议的实现中，针对每一个 Modbus 请求，Conpot 会首先尝试获取 7 字节的信息，包含 Modbus 的 MBAP 报文头信息。如果采用数据包分片技术将正常的 Modbus 请求进行人工分片，使第一个数据分片的长度小于 7 字节，那么 Conpot 在处理的时候就会认为该信息是非法信息，而正常设备会处理该信息。此外，Conpot 对于 S7 协议的处理也存在类似的问题。对于 S7 请求，Conpot 会先读取 4 字节的信息，如果信息不满 4 字节，就会断开连接并报错。

蜜罐识别是一个综合性较强的问题，需要结合多方面的知识和特征来判断。在工业互联网中，设备、服务具有多样性，蜜罐识别的难度远大于传统信息系统。但是由于工业互联网体系结构复杂，设备的很多特性使用纯软件仿真的难度较大，因此，出现了软硬件结合的蜜罐和纯硬件的蜜罐，这些蜜罐技术适合具有信息物理融合特性的工业互联网系统，虽然增加了蜜罐的部署成本，但是也提高了识别难度。不过，蜜罐终究是真实设备的仿制品和改造品，不可能完全复现真实的设备和服务。因此，只要蜜罐和真实设备之间存在差异，就一定能够找到识别的方法，完成工业互联网中蜜罐的标识工作。

5.3 设备定位

设备定位是在线设备安全分析的重要支撑技术之一。确定工业互联网中设备的位置与分布情况，不仅能够为重点区域的精准设备发现提供支撑，还有利于掌握整个工业互联网中的设备位置、结构与拓扑。

工业互联网中的设备从网络层开始才脱离物理空间的通信限制，真正实现网络空间中的点对点互联，IP 地址是网络设备在网络空间中的标识。IP 定位技术是通过目标设备的 IP 地址来确定其地理位置的技术。通过 IP 定位技术，可以将设备 IP 与其所属的地理位置以及位置相关的价值因素联系到一起。位置相关的价值因素涵盖商业价值、科研价值和安防价值等多个方面，有利于实现定向内容推送、社交网络中的附近朋友推荐、物联网设备实时追踪等功能。

从定位方式上，设备定位技术可以分为基于互联网信息挖掘的设备定位和基于网络特征分析的设备定位两类。

5.3.1 基于互联网信息挖掘的设备定位

互联网是一个巨大的全球性信息服务中心，涉及新闻、广告、金融、教育、政府、电子商务等领域。基于互联网信息挖掘的设备定位是指利用数据挖掘技术，从互联网上海量、琐碎的数据中收集并分析与设备定位相关的数据，形成知识，最终实现设备的定位。

基于互联网信息挖掘的设备定位有三种方法：基于 WHOIS 登记信息的定位方法、基于主机名称的定位方法和基于 IP 历史位置分析的定位方法，本节将详细介绍这三种方法。

1. 基于 WHOIS 登记信息的定位方法

WHOIS 是用来查询 IP 注册信息的传输协议。实际上，WHOIS 就是一个用来查询 IP 是否已经被注册，以及注册 IP 的详细信息的数据库。早期的 WHOIS 查询多以命令行接口的形式存在，现在出现了一些网页接口的线上查询工具。网页接口的查询工具仍然依赖 WHOIS 协议向服务器发送查询请求，这类工具仍然被系统管理员广泛使用。每个 IP 的 WHOIS 信息由对应的互联网注册机构保存。

全球有 5 个区域性互联网注册机构，分别是 ARIN、RIPE、APNIC、LACNIC 和 AFRINIC。通过这 5 个区域性互联网机构网站，可以查询或下载 IP 的 WHOIS 注册信息。WHOIS 注册信息包括 IP 所属区间、网络名称、机构信息、所属国家和所属 AS 号等。我们以 A 公司的 IP 地址 211.*.*.114 为例进行说明。从服务亚洲和太平洋地区的 APNIC 查询该 IP 的注册信息，查询结果如表 5-5 所示。从表 5-5 中可以看出，IP 的所属区间为 211.*.*.0 – 211.*.*.255、网络名称为 WISCO、机构信息（略）、所属国家为 CN、所属 AS 号为 AS9808、上次修改信息的时间为 2016-11-30T07:24:06Z。

表 5-5 WHOIS 信息

inetnum	211.*.*.0 – 211.*.*.255
netname	WISCO
descr	***** **** *** ***** ****.
descr	Provide internet access service and WWW service for the whole ***** **** *** ***** ****.
country	CN
admin-c	JT172-AP
tech-c	JT172-AP
status	ASSIGNED NON-PORTABLE
mnt-by	MAINT-CERNET-AP
mnt-irt	IRT-CHINAMOBILE-CN
last-modified	2016-11-30T07:24:06Z
origin	AS9808
source	APNIC

通过百度的 Geocoding API 将该 IP 所属机构，即 A 公司的地理地址换为经纬度，可实现对该 IP 的定位。定位结果是一个以 114.36052 与 30.605129 为中心的经纬度。

2. 基于主机名称的定位方法

主机名称（HOSTNAME）是分配给连接到计算机网络的设备的标签，它可以是一个由单个单词或短语组成的简单名称，也可以是一个结构化的名称。

通常情况下，主机名称包含设备的接口类型、接口编号、设备角色和地址标识等关键信息。图 5-8 给出了一个例子，其中各部分表示的信息如下：

图 5-8 主机名称信息说明

1）该设备是一个路由器。
2）该路由器的网络接口类型是 Juniper 10GE（xe）。
3）该路由器的接口编号是 11-1-0。
4）该路由器是边缘路由器（edge）。
5）该路由器的地理地址位于美国纽约（NewYork）。
6）该路由器所属的网络服务提供商（ISP）是 Level3。

基于主机名称的定位方法可以提取设备主机名称中的地址标识，然后使用正则匹配算法，将地址标识转换成实际的地理位置。例如，图 5-8 中的地址标识"NewYork"可以转换成美国纽约。

3. 基于 IP 历史位置分析的定位方法

基于 IP 历史位置分析的定位方法是通过采集 IP 的历史基准点数据、预处理 IP 的历史基准点数据和聚类 IP 的历史基准点数据，实现设备 IP 的定位。

（1）采集 IP 的历史基准点数据

移动 APP 可以记录用户上网的 IP 和 GPS 位置信息，脱敏后的用户 APP 历史信息仅包含 IP、GPS 位置和时间，形成 IP、经度和纬度三元组格式的基准点数据。由于 APP 数量和用户数量较多，同一个 IP 在不同时刻可以收集到多个不同的基准点数据。我们将这些基准点数据称为该 IP 的历史基准点数据，为基于 IP 历史位置分析的定位方法提供数据支撑。

（2）预处理 IP 的基准点数据

接下来，针对移动 APP 搜集的 IP 基准点数据进行预处理，删除异常基准点数据和陈旧基准点数据，确保基准点数据的准确性和实效性。

针对一个 IP，异常基准点数据是指一个 IP 的基准点数据出现在该 IP 历史基准点经常出现的区域之外。如图 5-9 所示，三角形表示的就是异常基准点数据。陈旧基准点数据是指采集时间较早（通常以 6 个月为期限）的基准点数据，这些基准点数据由于时间过长已经失去了时效性。图 5-9 中的菱形表示的就是陈旧基准点数据。

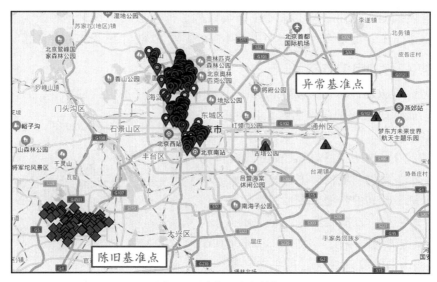

图 5-9　异常基准点数据

（3）聚类 IP 的历史基准点数据

IP 有静态和动态之分。静态 IP 是指长期分配给一台计算机或网络设备使用的 IP，一般是采用专线上网的计算机才拥有的 IP 地址。因此，静态 IP 的历史基准点数据往往呈现出单个 IP 的历史基准点聚集的情况。动态 IP 指的是在需要的时候才分配 IP 地址，例如当互联网用户进行网络连接时，运营商会为上网用户动态地分配一个 IP 地址。运营商往往将一个或者若干个连续 IP 块分配给某个小区的用户使用，因此，动态 IP 的历史基准点往往以覆盖相同区域的一个或者若干连续 IP 块的形式存在。针对上述两种不同的情况，需要使用不同的聚类算法，实现对静态 IP 和动态 IP 的定位分析。

● 静态 IP 的聚类定位

静态 IP 的单个 IP 历史基准点数据比较集中，在统一经纬度坐标系和 Z-Score 标准化经纬度的基础上，可使用动态密度聚类算法进行聚类，实现对静态 IP 的聚类定位。

● 动态 IP 的聚类定位

对于动态 IP，会针对目标 IP 所在的 IP 块进行定位分析，通常 C 块是动态 IP 的最小单元。

聚类定位过程包含三个步骤：①统一经纬度坐标系，并对经纬度进行 Z-Score 标准化处理；②使用动态密度聚类算法对标准化后的数据进行密度聚类；③分析并优化聚类定位结果，实现对动态 IP 的聚类定位。

聚类的原则是聚类形成的圆形区域覆盖面积越小越好，召回率（圆形区域包含的基准点数量/全部基准点数量）越高越好。

在图 5-10 中，A 表示覆盖面积，R 表示召回率。左图的覆盖面积为 25.59，召回率为 79.3%；右图的召回率为 100%，覆盖面积为 247.46。这两种情况的结果要么偏大、要么偏小，都不合适，因此实际的聚类过程会采用中间图所示的聚类结果，覆盖面积适中（为

149.49）且召回率较高（为 96.2%）。

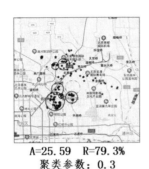  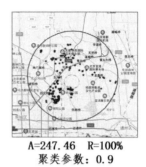

图 5-10　聚类参数对比

我们以 115.*.132.0/24 为例进行说明。该 C 块是动态 IP，在统一经纬度坐标系和进行经纬度 Z-Score 标准化后，使用动态密度聚类算法对该 C 块的历史基准点数据进行聚类，实现对 IP 及其所在 IP 块的定位。聚类定位的结果是一个以 116.520031 与 40.012707 为中心经纬度，且以 10.3 公里为半径的圆形覆盖区域，如图 5-11 所示。

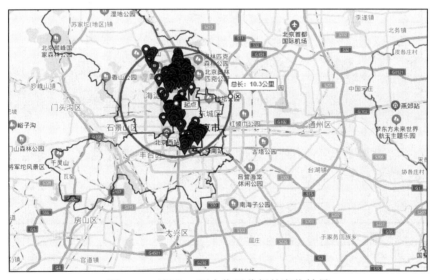

图 5-11　基于 IP 历史位置分析的定位结果

5.3.2　基于网络特征分析的设备定位

通过互联网信息挖掘技术可以获得定位所需的信息，并对 IP 进行定位。但是，并非所有 IP 都可以使用该方法获得精确的地理位置。针对这类 IP，可通过网络特征分析的方式进行定位。基于网络特征分析的设备定位方法分为两类：基于网络拓扑分析的定位方法和基于 IP 块特征分析的定位方法。

1. 基于网络拓扑分析的定位方法

基于网络拓扑分析的定位方法就是对 IP 进行网络拓扑与网络时延测绘，将其与具有相似网络拓扑结构的、时延相似度高的已定位 IP 进行绑定，从而实现定位。这种定位方法有三个步骤：网络路径采集、网络路径修复和网络拓扑分析定位，下面详细介绍这三个步骤。

（1）网络路径采集

我们使用 Traceroute 命令来采集指定 IP 的网络路径数据。Traceroute 是一种实用的路由追踪程序，源主机通过向目标主机发送一组连续、具有生存周期（TTL）的不同类型（TCP、ICMP 或 UDP）的网络探测包来获知路由。其工作原理如图 5-12 所示，第一个网络探测包的 TTL 值为 1，每经过一个路由器，路由器会将 TTL 值减 1；当 TTL 值减为 0 时，路由器返回一个 ICMP 超时消息（TTL Exceeded）；下一个网络探测包的 TTL 加 1 并继续探测，直到达到目标主机，并返回主机不可达信息（Unreachable Message）。通过这一系列消息，就可以得到源主机和目标主机之间的网络传输路径，实现对指定 IP 的主动网络路径探测。

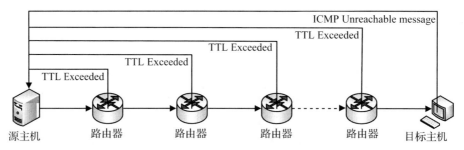

图 5-12　Traceroute 工作原理

我们以 5.3.1 节中的 A 公司的 IP 地址 211.*.*.114 为例进行说明，通过位于北京的一台探测节点对其进行 Traceroute，结果如表 5-6 所示。

表 5-6　Traceroute 结果信息

跳数	路由器接口 IP	网络时延（毫秒）
1	11.*.*.170	9.446
2	11.*.*.166	25.082
3	103.*.*.174	1.618
4	116.*.*.169	1.82
5	39.*.*.38	2.535
6	*	—
7	221.*.*.129	4.841
8	221.*.*.142	19.078

(续)

跳数	路由器接口 IP	网络时延（毫秒）
9	221.*.*.210	21.744
10	120.*.*.246	33.560
11	120.*.*.34	22.076
12	211.*.*.2	23.601
13	211.*.*.114	23.696

（2）网络路径修复

- 网络路径补全

在使用 Traceroute 工具收集网络路径的过程中，往往会出现以 * 号表示的路由器，如表 5-6 中第六跳路由器，这些路由器因为某些原因无法获取。为了保证得到的路径最长，即获得更多用于设备定位的路由器，需要使用物理合并和化学合并的方法来补全路径。

物理合并就是将同一个目标 IP 的不同包（前文中提到的 TCP、ICMP 或 UDP 等）的 Traceroute 路径进行合并。物理合并的原则是保证路径长度最长。

化学合并是指对同一个目标 IP 进行多轮 Traceroute 探测，将收集到的多条路径根据规则进行合并，最终得到一条最长的路径，并保证路由器的时延和基准点的时延在当前最小。

- 修复网络时延

由于网络不稳定等原因，主动探测获取到的网络时延可能会发生膨胀，即测量的网络时延大于真实的网络时延。在某些情况下，由于当前跳的路由器测量时延过于膨胀，可能造成当前跳的路由器时延大于后一跳的路由器时延，例如表 5-6 中的第 2 跳和第 3 跳的网络时延分别是 25.082ms 和 1.618ms。

修复网络时延可以保证在网络路径中，当前跳的路由器时延小于或等于后一跳路由器的时延，时延修复分为两步。

1）横向倒序修复时延。由目标 IP 开始，按倒序逐个修复路由器的时延，使得当前跳的路由器时延小于或等于后一跳的路由器时延（或目标 IP），如图 5-13 所示。

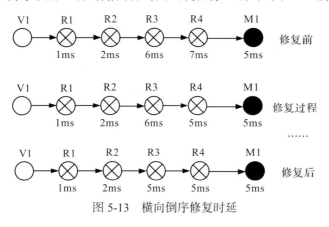

图 5-13 横向倒序修复时延

第一次修复，最后一跳路由器 R4 的时延是 7ms，大于目标 IP 的时延（5ms），因此把 R4 的时延修复为 5ms；第二次修复，倒数第二跳的路由器 R3 的时延为 6ms，大于最后一跳路由器 R4 的时延（5ms），因此把 R3 的时延修复为 5ms。最终，从探测节点 V1 到目标 IP M1 的路径中，当前跳的路由器时延都小于或等于后一跳的路由器时延。

2）纵向修复时延。获取探测节点到同一个路由器的最小时延，并更新路由器的时延。如图 5-14 所示，修复前，探测节点 V1 通过路由器 R1、R2、R3 到目标 IP M1 和 M2 的时延分别为 3ms、3ms、5ms、6ms 和 1ms、4ms、4ms、5ms；公共路由器 R1、R2 和 R3 的最小时延分别为 1ms、3ms 和 4ms。修复后，V1 到公共路由器 R1、R2 和 R3 的时延变为 1ms、3ms 和 4ms。

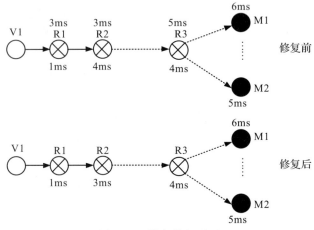

图 5-14 纵向修复时延

路径修复之后，166.111.4.100 的 Traceroute 的路径如表 5-7 所示。

表 5-7 路径修复后的 traceroute 信息

跳数	路由器接口 IP	网络时延（ms）
1	11.219.79.170	1.618
2	11.204.180.166	1.618
3	103.41.143.174	1.618
4	116.251.112.169	1.82
5	39.156.7.38	2.535
6	39.156.0.82	3.152
7	221.183.49.129	4.841
8	221.183.37.142	19.078
9	221.183.39.210	21.744

(续)

跳数	路由器接口 IP	网络时延（ms）
10	120.202.0.246	22.076
11	120.202.252.34	22.076
12	211.137.77.2	23.601
13	211.137.76.114	23.696

对比表 5-6 和表 5-7 可以看出：通过网络路径补全，补全了第 6 跳的路由器（39.156.0.82）；通过修复网络时延，修复了路径的时延膨胀，第 1 跳、第 2 跳和第 10 跳的时延由 9.446、25.082 和 33.560 分别修复为 1.618、1.618 和 22.076，确保当前跳的路由器时延小于或等于后一跳路由器的时延。

（3）名词解释

在介绍网络拓扑分析定位的步骤之前，我们先介绍四个重要术语，分别是绝对时延与相对时延、路由器下基准点的分布离散度和网络时延相似度。

- 绝对时延与相对时延

绝对时延是指探测节点与基准点之间的网络时延，相对时延是指路径中的路由器与基准点之间的网络时延。如图 5-15 所示，探测节点到基准点的时延是 4ms，到路由器 1、2 和 3 的时延分别是 1ms、2ms 和 3ms，则探测节点到基准点的绝对时延是 4ms，路由器 1、2 和 3 与基准点的相对时延分别是 3ms、2ms 和 1ms。

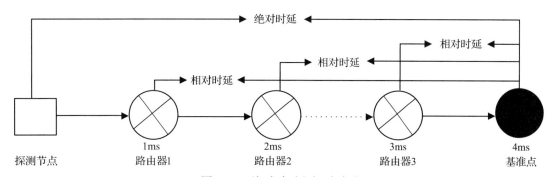

图 5-15 绝对时延和相对时延

- 路由器下基准点的分布离散度

路由器下基准点的分布离散度指的是路由器覆盖的所有基准点之间的距离和均值，用于衡量该路由器下基准点的分布离散程度。路由器下基准点的分布离散度越小，该路由器下基准点越集中。如图 5-16 所示，某路由器覆盖基准点 1、2、3 和 4；基准点 1 与基准点 2、3 和 4 之间的距离分别是 1km、2km 和 4km，基准点 2 与基准点 3 和 4 的距离分别是 4km 和 3km，基准点 3 与基准点 4 之间的距离是 5km，则该路由器下基准点的分布离散度是 (1 + 2 + 4 + 4 + 3 + 5)/6 = 3.17km。

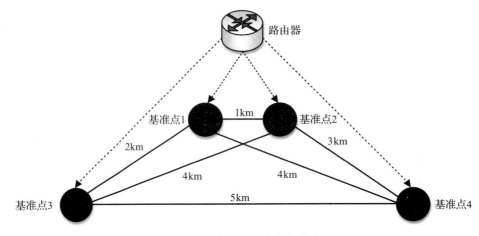

图 5-16 路由器的分布离散度

- 网络时延相似度

网络时延相似度是指同组探测节点到目标 IP 和基准点的网络绝对时延向量的欧式距离大小。欧式距离越小，目标 IP 和基准点的网络相似度越大；欧式距离越大，目标 IP 和基准点的网络相似度越小。欧式距离是指空间两点间的绝对距离，与各个点的位置坐标直接相关，如图 5-17 所示，dist(A, B) 即为 A 和 B 两点的欧式距离。

（4）网络拓扑分析定位

本节将从筛选公共路由器、排序筛选出的公共路由器和绑定基准点三个步骤详细阐述网络拓扑分析定位的过程。

- 筛选公共路由器

首先，通过使用 CAIDA 的 IP 与机构的对应关系

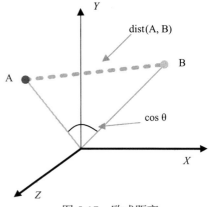

图 5-17 欧式距离

数据，筛选与目标 IP 属于同一机构的路由器；其次，由于基准点数量较少，可能会出现异常情况，导致最终定位错误，因此筛选覆盖基准点数量大于等于 2 个的路由器。

- 排序筛选出的公共路由器

针对筛选出的路由器，按照路由器下基准点的分布离散度从小到大进行排序。如图 5-18 所示，路由器 7、6 和 5 的基准点的分布离散度分别是 1、2 和 3。因此，图 5-18 中路由器的先后顺序为路由器 7、6 和 5。

- 绑定基准点

按照路由器的先后顺序逐个对路由器进行分析，计算目标 IP 与路由器下基准点的绝对时延相似度。

计算时延相似度时，将不同探测节点到目标 IP 和基准点的绝对时延作为基准点和目

标 IP 的时延向量，使用欧式距离的计算方法计算目标 IP 和基准点之间的时延相似度。

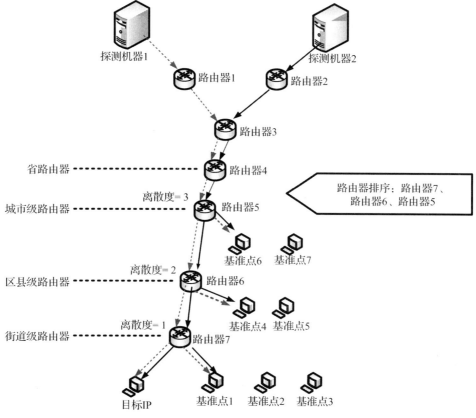

图 5-18 筛选路由器并排序

若目标 IP 与多个基准点绝对时延的相似系数都大于等于 0.95，则将目标 IP 与相似系数最高的基准点进行绑定，从而实现对目标 IP 的定位；若目标 IP 与基准点绝对时延的相似系数小于 0.95，则保留城市级的定位结果，实现目标 IP 的城市级定位。

以 211.*.*.178 为例，该 IP 与 5.3.1 节的 A 公司的 211.*.*.114 在同一个 C 段下。

通过不同探测节点对该 IP 进行探测并得到多条路径（上面所述的是其中一条路径），对路径合并之后，该 IP 的 Traceroute 路径中出现了多个路由器，包括 211.*.*.2 等，通过覆盖的基准点分布离散度（2km）排序后，该路由器被选为最优路由器。最后，从该路由器下覆盖的基准点中选出与目标 IP 绝对时延相似度最高的基准点（211.*.*.114），最终将 211.*.*.178 与该基准点 211.*.*.114 进行绑定，定位结果为该基准点的定位结果。

2. 基于 IP 块特征分析的定位方法

除了用基于网络路径分析的方法进行定位外，还可以利用 IP 块的特征辅助进行定位。比如，一个 IP 块在 WHOIS 信息中被分割成较小的 IP 块（小于 /24），但是没有明确给出使用单位，并且无法基于网络拓扑分析进行定位。如果这些较小的 IP 块下多个 IP 的历史基准点数据都处于同一区域，则可以判定该块下的其他 IP 也在这一区域。

以 123.*.*.100 为例，该 IP 在 WHOIS 信息中显示的 IP 块为 123.*.*.96～123.*.*.127，机构名称是 B，无明显意义。对该 IP 块下有历史位置的 IP 进行定位，其定位结果的中心经纬度位置如图 5-19 所示。由此可推断，IP 块中其他没有历史位置的 IP 也在同一区域。最终，使用基于 IP 块特征分析的定位方法对该目标 IP（123.*.*.100）进行定位，定位结果如图 5-19 所示，是一个以 116.302432 与 39.971353 为中心经纬度，且以 48m 为半径的圆形区域。

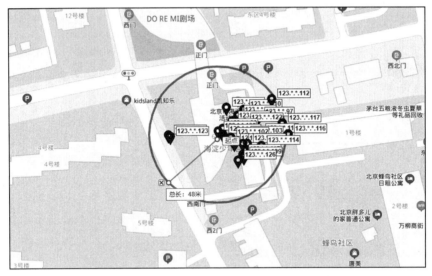

图 5-19　123.*.*.96～123.*.*.127 块中各 IP 定位结果

5.3.3　定位结果的信心度分析

定位结果的信心度分为高、中、低三个等级，通过不同的定位方法进行定位，对应的信心度也不同。5.3.1 节和 5.3.2 节中提到的五种定位方法的信心度分析如表 5-8 所示。

表 5-8　定位信心度分析

定位方法	定位信心度	判断理由
基于 WHOIS 登记信息的定位方法	中	WHOIS 登记信息较为准确，但可能存在更新不及时的问题
基于 HOSTNAME 信息的定位方法	低	定位半径较大，且可能存在信息更新不及时的问题
使用 IP 历史位置分析的定位方法	高	IP 真实出现的 GPS 位置，在经过过滤和聚类后，准确度较高
使用网络拓扑分析的定位方法	中	由于网络不稳定，网络拓扑分析的结果可能不准确，准确度适中
使用 IP 块特征分析的定位方法	高	IP 块较小，且同一 IP 块下的特征相似，准确度较高

当一个 IP 能够通过多种方法进行定位时,可以根据设定的规则选择定位方法,实现对该 IP 的定位。规则如下:

1)定位信心度不同,通过由高到低的原则选择定位结果。
2)定位信心度相同,且多个定位结果之间的距离较近时,采用以下规则:
- 定位信心度都为高,若目标为单 IP,优先使用 IP 历史位置分析的定位结果;若目标为 IP 块,优先使用 IP 块特征分析的定位结果。
- 定位信心度都为中,当目标 IP 为单 IP,优先使用网络拓扑分析的定位结果;若目标为 IP 块,优先使用基于 WHOIS 登记信息的定位结果。
3)定位信心度相同,但多个定位结果之间的距离较远时,采用以下规则:
- 若多个定位结果之间的距离较近,依据少数服从多数的原则,使用多数的定位结果。
- 若多个定位结果之间的距离较远,依据目标 IP 的类型(静态 IP 或动态 IP),结合规则 2 选择定位结果。

5.4 设备漏洞分析

设备漏洞分析是离线设备安全分析的主要支撑技术,用于对工业互联网设备进行漏洞分析、挖掘、评估。工业互联网设备因为受到应用场景的限制,一般会提供定制化的功能,比如为了满足对物理设备的驱动和监视,通常需要复杂的外设,如 GPIO 等。此外,由于工业互联网厂商繁多,因此芯片、操作系统、协议等也呈现多样化的状态。本节将梳理工业互联网设备常见的漏洞类型和典型的漏洞的分析方法,并且针对工业控制器和电子汽车的攻击面进行安全评估,并对具体的漏洞进行分析和测试。

5.4.1 工业互联网设备常见的漏洞和分析方法

跨越多个公共域或私有域的信息基础设施往往与 IT 领域的部署和数据通信有共同的特点和属性,在工业互联网领域尤其如此。许多关键领域(例如化工、运输和能源)的关键基础设施高度依赖于信息系统实现。不过,这些关键基础设施和资源系统正在逐渐迁移到新的通信技术中,会同时产生积极和消极的影响。

一方面,这种迁移给控制系统用户和制造商提供了新的更有效的通信方法、更强大的数据管理功能,以及更快的上市时间和更好的互操作性。另一方面,授权控制系统用户会带来新的风险。控制系统相关的信息基础设备在隔离状态下本不存在的安全问题,在系统接入网络后会逐渐出现。

工业互联网与典型计算机系统的主要区别在于工业互联网中的设备不使用标准信息技术(IT)硬件或软件,定制的工业互联网设备也没有像普通计算机产品那样要经过审查,并且更新换代的频率低得多。现在,许多工业互联网开始结合 Web 应用程序和服务,以便工程师进行远程控制、监视或数据分析。在使工作更加便利和高效的同时,这样的设计也给工业互联网带来了新的安全隐患。另一个区别是安全目标的优先级。与典型的 IT 系统不同,任何可能导致设备可用性、完整性、保密性被破坏的问题都属于工业互联网漏洞,而工业互联网中漏洞的破坏力比一般的网络攻击更大。

1. 常见的设备漏洞

表 5-9 列出了工业互联网设备的常见漏洞。

表 5-9 工业互联网常见的设备漏洞

分 类	常见漏洞
输入认证不当	缓冲区溢出
	命令注入 ● 设备操作系统命令注入 ● SQL 注入
	跨站脚本攻击
	路径遍历
许可、权限和访问控制	不当的访问控制(授权)
	不当的默认权限配置
	信道能被非终端设备接入(认证)
完整性	伪造跨站请求
	数据完整性校验缺失
	代码完整性校验缺失
ICS 设备软件安全	补丁管理不足,使用未安装补丁的软件或第三方应用
	安全配置不正确 ● 未使用安全配置或功能 ● Debug 信息泄漏
凭证管理	凭证保护措施不足 ● 密码以明文方式存储 ● 凭证以明文方式传输
	硬编码
	密码管理策略不足,如使用默认的用户名和密码

输入认证不当的问题在传统互联网漏洞和工业互联网漏洞中都占据很大的比例。工业互联网中存在各种输入形式,一旦缺乏相应的认证,就会对工业互联网的可用性、完整性和保密性造成冲击。在不当的输入认证中,包括缓冲区溢出、命令注入、跨站脚本攻击、路径遍历等类型。即使在适当的长度内输入数值或者发送完全符合工业互联网协议规范的数据包,在不产生溢出的情况下也可能触发漏洞。SQL 注入已成为含有数据库的网站中常见的问题。跨站脚本漏洞使攻击者可以将代码注入易受攻击的 Web 应用程序生成的网页中。

许可、权限和访问控制用于在工业互联网上执行访问控制。许多工业互联网设备在设计时忽视了访问控制功能，导致设备没有对试图访问其资源的用户做任何身份认证，于是攻击者可以轻松获得权限。除此之外，许多控制器存在本地认证的问题，当用户请求访问控制器时，控制器将密码进行加密或哈希处理后发送给工程师站，在工程师站上与用户输入的访问密码进行比对。这种做法看似实现了一定的安全保护，但本地认证的攻击者完全不需要获得密码，只需要篡改上位机软件就能入侵控制器，导致访问控制形同虚设。

完整性表明数据包、文件、程序等在传输过程中是否发生了变化。一旦完整性被破坏，那么这个消息或文件就变得不可信，应该被丢弃。但在工业互联网中，往往缺少对完整性的验证。许多工业互联网传输协议缺乏在传输过程中验证数据完整性的机制。此外，通过网络以明文形式发送数据也会使系统面临各种风险。例如，如果攻击者能够从流量中捕获用户名和密码，就能够使用该用户的权限登录系统。

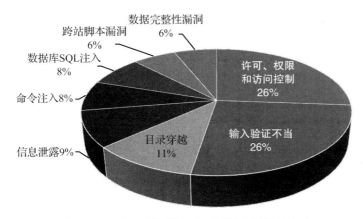

图 5-20 工业互联网设备中不同类型漏洞的占比

图 5-20 给出了工业互联网设备不同类型漏洞的占比。可以看到，部分漏洞源于 5.1.1 节中介绍的第三类和第四类设备，在传统互联网中已经对这些设备做了大量深入研究，并有了较为成熟的解决方案，本书不再赘述。接下来将介绍工业互联网的"大脑"和"四肢"，即控制设备和现场设备的漏洞分析方法。

2. 控制设备和现场设备的漏洞分析方法

图 5-21 给出了这两类设备的架构图。和传统的互联网设备不同，它们没有很好的交互界面或开放的调试接口，想要对它们进行安全性分析，往往需要从固件获取开始。

（1）固件获取

简单来说，固件就是运行在设备上的程序和数据。一方面，固件需要和底层的硬件设备（例如 CPU、内存等）进行交互，另一方面，固件还要处理来自应用程序的各种任务和指令。固件一般存在于两个位置：外置的 Flash 存储器中（如存储卡）或内置的 Flash 存储器中。存储在不同位置的固件可以使用不同的获取方法。

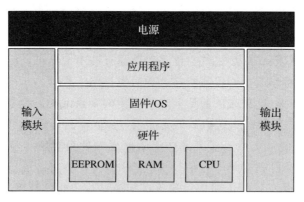

图 5-21 控制设备和现场设备的结构

1)通过互联网进行获取。

虽然大部分嵌入式设备生产商不会提供固件下载,但仍有少量设备的固件能从官网上下载,有的设备甚至能获取部分源码,这给安全性分析和漏洞挖掘提供了极大便利。

对于大部分并不直接提供下载的设备的固件,攻击者可能尝试监听设备固件更新时的通信流量,获取下载地址甚至是固件本身。但这种方法并不是百试百灵,因为通信内容可能进行了加密,或者下载的固件是增量更新部分而不是完整的固件。

2)通过硬件接口获取。

每个设备都有对应的调试方法,通过专用的硬件调试器和调试接口可以调试设备中的程序。常用的调试器有 J-Link、ST-Link 等,通过这些调试器也可以进行固件提取。例如,J-Link 调试器支持 JTAG 接口和 SWD 接口。接通 J-Link 调试器后,可以使用 savebin 等指令读取并保存 Flash 中的内容。但这种方法也不是每次都有效,因为很多设备的发行版本都会设置 Readout Protection(RDP),导致无法提取 Flash 中的内容。

UART 通信接口是一种广泛使用的通信接口,大部分设备都支持此类接口。但不同设备通过 UART 接口提取固件的方法各有不同。例如,有些设备通过 UART 引导启动处于其他 Flash 中的固件,进而完成主 Flash 中的固件获取。因此,应根据具体情况灵活应对。

3)其他获取方法。

当设备端使用外置 Flash 存储器时,可以使用热风枪或者电烙铁等将 Flash 芯片从电路板上取下来,然后利用该 Flash 的读卡器来读取 Flash 中的固件内容。针对内置 Flash 存储器,也有一些获取固件的方法,例如利用芯片的漏洞或固有问题等。

(2)固件静态分析

当研究人员拿到固件之后,获得的往往是一个二进制文件,文件到底包含什么内容尚不明确。此外,获取固件文件的方式也会对文件的内容产生影响。

例如,通过网页下载的固件文件可能包含一些烧录配置信息,此信息会被烧录程序读取并用于配置烧录固件。对于直接读取外置 Flash 内容而获取的固件文件,这个文件就是此 Flash 中保存的所有内容。除了固件之外,可能还包含一些设备端在运行时生成的需要保存在 Flash 中的其他数据。

在分析固件内容时，有一个很常用的工具——binwalk。通过 binwalk 工具，可以快速发现并提取固件文件中包含的各种内容，如 lzma 压缩数据、squashfs 文件系统等。

若通过 binwalk 工具无法分析出任何结果，可能是以下原因造成的：①固件文件是一个可执行文件，不存在其他压缩数据；②固件文件被加密或者固件本身是增量更新的数据；③固件中的标识位被抹掉了，从而导致 binwalk 分析失败。

完成固件内容的获取之后，就可以逆向分析固件中的程序了。常用的分析工具有 IDA、Ghidra 等。与 Windows 逆向、Android 逆向不同的是，工业互联网设备种类繁多，这意味着在进行逆向工作时会遇到各种指令集，比如，家用设备中常见的指令集有 x86、ARM 和 PowerPC 等。

接下来，我们根据设备中是否有操作系统，以及操作系统的不同分别讨论如何对设备进行安全性分析。

1）无操作系统。

操作系统具有承上启下的作用。应用程序运行在操作系统之上，操作系统提供内存管理、线程调度等核心功能，只要熟悉操作系统提供的各种 API，即可完成应用程序的开发工作。

如果智能设备中没有运行操作系统，那么开发者就要直接操作底层硬件设备，这就导致在逆向过程中直接操作物理内存，以及操作映射到内存地址的各种外设（如 GPIO 等）。

2）操作系统与应用程序分开。

操作系统与应用程序分开是指操作系统与应用程序被编译成不同文件，最常见的就是嵌入式 Linux 操作系统。很多优秀的操作系统都是基于嵌入式 Linux 实现的，比如 OpenWRT、RTLinux 等。

当操作系统与应用程序分开时，逆向工作相对简单，只需要单独逆向关注的某一个程序即可。

3）操作系统与应用程序混合。

操作系统与应用程序混合是指操作系统和应用程序被编译成同一个可执行文件，例如 FreeRTOS、ThreadX 等。

（3）固件动态调试

仅依赖静态逆向分析会遇到很多难题。例如，分析一些自定义的复杂加密算法时，静态阅读代码是一个不小的挑战，如果能配合动态调试，问题就变得简单了。接下来将介绍一些动态调试的方法。

1）使用硬件调试器调试。

运行 Windows、Android 等操作系统的应用程序主要依靠 Windows 或 Android 操作系统建立的调试体系，由内核层和应用层协作完成应用程序的调试工作。当所研究的固件没有操作系统或者操作系统与应用程序混合时，无源码调试固件相当于同时调试操作系统和应用程序，在固件中设置断点意味着操作系统和应用程序的执行过程都被暂停。此时，需要一个硬件调试器来完成调试工作。

不同的设备会使用不同的硬件调试器，常见的硬件调试器有 J-Link、ST-Link 等。研究人员需要阅读设备的芯片手册，以确定选择何种硬件调试器；然后将硬件调试与设备的引脚接通，此步骤可能涉及电路板焊接工作；最后，接通硬件调试器和计算机，开始调试。

2）使用 gdbserver 调试。

gdbserver 一般是指运行在嵌入式 Linux 操作系统中的 gdbserver 程序。使用 gdbserver 可以直接在智能设备的设备端调试应用程序，与在仿真环境中调试固件程序相比，在原本的环境中调试程序会简单。

在固件中使用 gdbserver 一般有两个步骤：一是开启 shell，包括串口登录后的 shell 或 ssh、telnet 等 shell，总之需要通过 shell 上传 gdbserver 以及运行 gdbserver 程序；二是选择合适版本的 gdbserver，不同的设备指令集可以执行的 gdbserver 是不同的，即使是同一个 ARM 指令集，也分为很多版本，如 ARM7、ARM64 等。

3）使用 qemu 仿真调试。

如果手头没有要研究的设备，又想调试固件程序，那么可以选用 qemu 作为仿真器。qemu 提供两种仿真模式：user-mode emulation 和 full-system emulation。

通常，在分析嵌入式 Linux 系统时，可以使用 user-mode emulation 对想要调试的程序进行仿真。根据 qemu 的介绍，user-mode emulation 会接管被仿真程序的 system call、POSIX sigal 等，将其翻译、转发给宿主机。

由于不同智能设备的底层差异较大，qemu 只能适配指定的几个固件，其他固件需要进行大量调试工作才能适配。

（4）无固件通信分析

通信分析是工控设备安全研究中的重要部分。即使可以获得固件，研究人员也会采用通信分析这种方法。通过监听智能设备固件的通信内容，可以辅助逆向工作。常用的通信分析方法有以下几种。

1）有线/无线网卡通信。

有线/无线网卡通信常见于设备端与云端的通信。这种情况下，通信内容相对容易获取，只要有一个能做端口镜像的交换机，使设备端利用有线或无线的方式通过此交换机与外界通信，就可以直接监听端口镜像而来的通信数据。

2）通过 Zigbee 通信。

通过 Zigbee 通信常见于设备端与设备网关的通信。在这种情况下，监听通信内容变得相对复杂。通常情况下，可以选择比较廉价的 usb dongle 作为监听设备。

虽然本节介绍了控制设备和现场设备的一般分析方法，但由于工业互联网设备的多样性，每种设备都有其特点，因此漏洞分析过程不尽相同。接下来的内容中，我们将以单体设备控制器和互联设备车联网为例，介绍相关的漏洞分析方法。

5.4.2 工业互联网可编程逻辑控制器的漏洞分析

可编程逻辑控制器是连接互联网和工业现场设施的核心设备，既可以用来控制简单的离散逻辑（如交通信号灯、电梯），也可以控制复杂的连续过程（如大型发电系统、核设施等）；既可以用于单个区域的本地设备控制（如工厂），也可以进行远程监视、管理和控制（如国家电网）。可编程逻辑控制器功能丰富、类型繁多，在工业互联网中具有举足轻重的地位。它们本身存在的安全漏洞会严重影响工业互联网的安全、稳定运行，甚至会影响国家安全和民生安全。本节将针对工业互联网中可编程逻辑控制器设备存在的安全漏洞进行分析。

图 5-22 给出了可编程逻辑控制器内部实现的示意图。可编程逻辑控制器一般分为逻辑层、固件层（任务层、内核层）以及硬件层。逻辑层实现主要的控制逻辑，如精馏塔的工艺流程等，一旦控制逻辑被攻击者恶意篡改，就会直接破坏工业现场设施。第 6 章会详细阐述这类恶意逻辑，本节不再详细讨论。固件层支撑逻辑层的功能实现，如解析和执行控制逻辑，同时固件层承担对外通信的任务，用来接受来自上层对控制器本身以及物理现场的监控任务。这也是可编程逻辑控制器与外界交互的主要渠道，直接面临外界网络的威胁。接下来，我们总结可编程逻辑控制器主要的漏洞类型、漏洞特点和相关的防护方法。

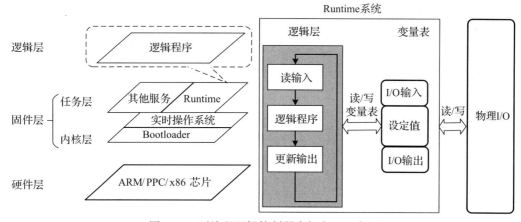

图 5-22 可编程逻辑控制器内部实现示意图

1. 输入验证不当

工业控制器的主要功能是利用工业私有协议或通用协议信息通道与外界进行信息交换。其中，任务层提供与外部组件的通信服务，接受外来的控制命令，并将相应的结果反馈给外部组件。任务层代码中如果缺少对输入数据的严格检查，就容易产生漏洞，包括缓冲区溢出、数据库注入（SQL 注入）、跨站脚本漏洞（XSS）等。攻击者可以利用这些漏洞注入恶意的数据，篡改程序的执行。在实际的工业场景中，攻击者可以利用这些漏洞终止设备的正常运行或者植入高级的恶意代码，进行高级持续攻击。

从工业界披露的数据来看，工业互联网设备协议容易受到格式错误或包含非法或其他意外字段值的数据包攻击。

本节以开源 libmodbus（v3.1.10）库中的一个公开漏洞为例，分析这种漏洞的成因、危害、常用的分析方法以及修复办法（libmodbus 漏洞源码如图 5-23 所示）。

该漏洞出现在 modbus.c 代码响应读写寄存器命令过程中。在客户端向控制器请求读写寄存器时（功能码是 0x17，即 _FC_WRITE_AND_READ_REGISTERS），没有严格检查表示所读寄存器个数的 nb 参数的大小，便将其作为数组遍历的长度值（line 901）。然而，被赋值的目标数组 rsp 是长度为 260 的局部变量，当 nb>130 时会产生栈溢出漏洞（line 902,903）。

```
case _FC_WRITE_AND_READ_REGISTERS: {
    int nb = (req[offset + 3] << 8) + req[offset + 4];
    uint16_t address_write = (req[offset + 5] << 8) + req[offset + 6];
    int nb_write = (req[offset + 7] << 8) + req[offset + 8];

    if ((address + nb) > mb_mapping->nb_registers ||
        (address_write + nb_write) > mb_mapping->nb_registers) {
        //report error
        ......
    } else {
        int i, j;
        rsp_length = ctx->backend->build_response_basis(&sft, rsp);
        rsp[rsp_length++] = nb << 1;

        /* Write first.
           10 and 11 are the offset of the first values to write */
        for (i = address_write, j = 10; i < address_write + nb_write; i++, j += 2) {
            mb_mapping->tab_registers[i] =
                (req[offset + j] << 8) + req[offset + j + 1];
        }

        /* and read the data for the response */
        for (i = address; i < address + nb; i++) {
            rsp[rsp_length++] = mb_mapping->tab_registers[i] >> 8;
            rsp[rsp_length++] = mb_mapping->tab_registers[i] & 0xFF;
        }
    }
}
```

图 5-23　libmodbus 漏洞源码

按照 Modbus 协议格式构造如下触发该漏洞的数据包：

事务	协议	长度		命令	读起始地址	读长度	写起始地址	写长度	写字节数	填充（字节）
10 00	00 00	00 23	01	17	0000	00a2	0000	0030	18	18

在服务端进程调试的过程中，可以利用 GDB 调试器捕获 Modbus 协议服务端进程崩

溃的异常。如图 5-24 所示，服务端进程崩溃在 modbus_reply 函数中，而栈溢出的异常被 __stack_chk_fail 函数捕获。恶意的攻击者可以根据进程崩溃点的上下文信息，利用 ROP 等技术劫持进程的执行流，进而达到执行任意代码的目的。

```
bt
#0  __GI_raise (sig=sig@entry=0x6) at ../sysdeps/unix/sysv/linux/raise.c:51
#1  0x00007ffff6c39801 in __GI_abort () at abort.c:79
#2  0x00007ffff6c82897 in __libc_message (action=action@entry=do_abort,
    fmt=fmt@entry=0x7ffff6daf988 "*** %s ***: %s terminated\n")
    at ../sysdeps/posix/libc_fatal.c:181
#3  0x00007ffff6d2dcd1 in __GI___fortify_fail_abort (need_backtrace=need_backtrace@entry=0x0,
    msg=msg@entry=0x7ffff6daf966 "stack smashing detected") at fortify_fail.c:33
#4  0x00007ffff6d2dc92 in __stack_chk_fail () at stack_chk_fail.c:29
#5  0x00007ffff7bceb74 in modbus_reply (ctx=0x606000000020, req=<optimized out>,
    req_length=<optimized out>, mb_mapping=<optimized out>) at modbus.c:913
#6  0x0000000000000000 in ?? ()
```

图 5-24　Modbus 协议服务端进程崩溃点

通过上面的分析可知，漏洞的成因是用户输入的长度字段数据没有经过严格的检查，加入对 nb 变量大小的检查即可避免该漏洞。因此，用图 5-25 的代码替换图 5-23 中 879～888 行的代码，即可修复该漏洞。

```
if (nb < 1 || MODBUS_MAX_WRITE_REGISTERS < nb || nb_bytes != nb * 2) {
    rsp_length = response_exception(
        ctx, &sft, MODBUS_EXCEPTION_ILLEGAL_DATA_VALUE, rsp, TRUE,
        "Illegal number of values %d in write_registers (max %d)\n",
        nb, MODBUS_MAX_WRITE_REGISTERS);
```

图 5-25　漏洞修复代码

2. 许可、权限和访问控制

攻击者可以利用工业互联网访问控制机制欠缺或较弱的漏洞，在未经授权的情况下获得对控制器功能的访问权限。如果设备未对所有可能的执行路径设置访问控制，则用户或攻击者都能够访问不应访问的数据或执行不该执行的操作。

以下的行为会导致工业互联网的访问控制存在漏洞：
- 访问权限没有被限制在需要的范围内。
- 工业互联网协议允许工业互联网主机读取或覆盖其他主机上的文件，而没有进行任何日志记录。
- 文档和配置信息可以自由共享。
- 缺少基于身份的访问控制。
- 允许在工业控制器中任意上传/下载文件。
- 存在未公开的"后门"管理账户。

接下来，我们根据漏洞的成因从两个层面展开分析。

（1）权限分配不当

严格来说，所有的外部访问请求都应该经过认证，换句话说，需要设备确认请求是否为合法客户端发送来的合法请求。为此，应对设备采用合理的访问控制管理模型。但是，在实际的应用中，厂商出于设备性能、开发成本等方面的考虑，往往难以采用完善的访问控制管理策略，造成权限分配不当等安全问题。比如，在某型号的 PLC 中，设备提供三个层次的安全访问策略，分别是：无保护、写保护以及读写保护。其中"读写保护"模式为最高层次的保护模式，在该模式下运行的 PLC 不允许外部未授权设备进行读写访问操作。然而，并非所有危险的读写访问操作都会被屏蔽。即使设备运行在"读写保护"模式下，攻击者依然可能读写设备的内存，进而篡改控制过程。此外，攻击者还可能不经授权直接关闭设备运行，导致整个现场失去控制。

（2）认证绕过

如前文所述，为保障设备的访问控制安全，所有外部请求都应经过认证。然而，在认证过程中，如果存在被绕过的安全漏洞，攻击者就有可能突破访问限制，进行越权访问。造成的后果取决于缺少访问控制的功能是什么，包括读取或修改敏感数据、访问管理其他功能的权限，甚至执行任意代码。

3. 不安全信息传输

工业控制器与外界进行数据交换时通常采用专用的工控协议，但是大部分工控协议在设计之初没有考虑安全需求，因此在信息传输安全性方面存在缺陷。近十几年来，工控协议安全的进展较为缓慢，在保密性和完整性保护上依然存在严重的问题。

（1）完整性验证

许多工控协议没有在传输过程中验证数据完整性的机制。如果工业互联网协议和软件不能充分验证数据的来源或真实性，它就可能接收到无效的数据或者被篡改过的数据。对于依赖数据完整性的系统来说，这是一个严重的问题。

当通信协议不能确保每个通信者的身份或消息的完整性时，就容易遭受中间人攻击（Man in the Middle，MitM）。如果攻击者冒充可信任的用户并同时为消息重新赋予完整性检验的值，则通信信道将面临风险。ARP MitM 攻击是攻击者用来访问目标系统网络流的一种常见方法。这种攻击方式以局域网上计算机的网络 ARP 缓存为目标，攻击受害者的 ARP 缓存表。MitM 攻击对任何交换网络均有效，因为它可以将攻击者的计算机有效地置于两台主机之间，这意味着主机会将攻击者的计算机误认为目的主机，从而将数据传输到攻击者的计算机。

遭受 MitM 攻击后，工业互联网设备的操纵数据或反馈给操作员的数据有可能被篡改，导致系统得到虚假信息，或给设备下达错误的指令。这种篡改使攻击者可以操纵系统或欺骗操作员。

如果工业互联网设备从网络下载源代码或可执行文件后直接执行代码，而未充分验证代码的来源和完整性，则攻击者可能通过破坏主机服务器来欺骗授权服务器等执行恶意代码。常见的情况是攻击者篡改设备固件。若固件安装更新的过程缺少完整性认证，则攻击者可以通过在固件中植入恶意代码来设置后门，甚至达到执行任意代码的目的。

（2）明文信息传输

通过网络以明文形式发送数据会使系统面临风险。例如，如果攻击者能够从流量中捕获用户名和密码，就能够使用该用户的权限登录系统。与工业互联网源代码、拓扑或设备有关的任何未加密信息对攻击者来说都是可以利用的漏洞。

现在，仍有一些未加密的以明文传输的网络通信协议被广泛使用。许多应用程序和服务使用包含明文的协议。攻击者可以使用网络嗅探工具查看此类网络流量，截获、读取和篡改工业互联网通信数据包的内容。在这种情况下，易受攻击的数据包括用户名、密码和工业互联网指令。

（3）弱加密口令与硬编码

即使对通信过程做了一定的处理，不再使用明文传输信息，但由于加密与哈希算法过于简单，仍存在加密信息被破解的可能。例如，将一个在1~20之间变化的随机数作为加密参数，这样低级的安全设计在实际系统中屡见不鲜。

在工业互联网软件和配置中有时可以找到用于身份验证的硬编码密码。若密码固定不变地嵌入在软件代码中，那么攻击者通过逆向分析等手段就可以获得密码，进而攻击工业互联网。例如，在设计PLC时，工程师通过上位机软件打开工程和登录PLC时，通常需要输入正确的工程密码和登录密码，通过校验后才可以打开工程和登录PLC，并进行工程读写以及文件的上载与下装。但是，如果程序员缺乏安全意识，在设计时将后门密码硬编码进上位机软件中，攻击者即使不知道密码，也可以通过后门密码进行工程的读写与文件的上载与下载，导致系统面临危险。

4. 面向I/O操作控制的漏洞

工业互联网场景中常常要使用可编程逻辑控制器（PLC）、集散控制系统（DCS）或机械臂等工控设备。作为嵌入式系统设备，它们在相对极端的物理环境中也能保证稳定运行。针对这类设备漏洞的研究往往集中在固件、控制流完整性、协议安全性等方面，但忽视了设备底层I/O控制中隐含的安全问题。引脚控制器的特殊之处是其行为由一组寄存器决定，通过更改这些寄存器，就可以改变I/O控制的行为而不产生任何中断。攻击者可以利用此功能破坏I/O操作的完整性或可用性，从而改变PLC与外设的交互方式。

（1）I/O控制概述

为了更好地理解I/O控制漏洞的核心问题，我们先回顾一下嵌入式设备的I/O操作过程。在嵌入式系统SoC（System on Chip）中，引脚（Pin）直接连接到芯片中。每个引脚由具有特定物理地址的特定电位逻辑控制。例如，"输出使能"逻辑意味着引脚是输出引脚，"输入使能"逻辑意味着引脚是输入引脚。在现代嵌入式系统中，这些逻辑寄存器被映射到虚拟地址中，称为"寄存器映射"。这种寄存器映射可以由操作系统直接控制。注意，寄存器映射仅仅是将系统中的物理寄存器地址转换为操作系统中可引用的虚拟地址。

用软件控制这些被映射到虚拟地址中的寄存器的方式称为引脚控制。

如图 5-26 所示，在引脚配置之后，runtime 循环执行逻辑中的指令（所谓的程序扫描）。典型情况下，runtime 通过扫描输入引脚，并将每个输入的值存储在变量表中，这些输入值将进一步被用于逻辑程序的执行。在执行期间，程序逻辑中的指令仅操作变量表中的值，I/O 引脚中的每个更改都将被忽略，直到下一次程序扫描，这些更改才会反映到变量表中。在程序扫描结束时，runtime 将输出变量写入对应的被映射到内存中的 I/O 引脚寄存器中，最终由内核写入实际的物理 I/O。

（2）I/O 操作漏洞

了解了嵌入式设备的 I/O 控制与隐患后，攻击者利用上一节提到的 I/O 引脚控制存在的安全隐患，就可以展开 I/O 引脚控制攻击。I/O 引脚控制攻击能够在运行时篡改嵌入式系统的 I/O 引脚控制功能，使攻击者可以通过篡改引脚来中断 PLC、DCS 等与外设的通信，造成设备的物理损坏或通过合法进程操纵读取或写入外设的数据。

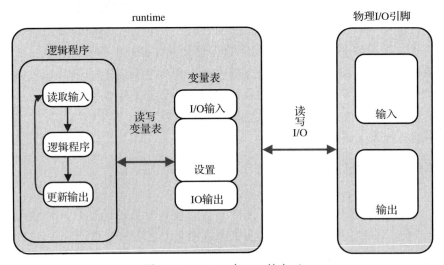

图 5-26　runtime 与 I/O 的交互

1）原理。

输出操作：如果 runtime 试图将值写入配置为输出模式的 I/O 引脚，则攻击者会将 I/O 引脚重新配置为输入模式。runtime 进行写操作时，首先把引脚物理地址映射到内存的虚拟地址中，再将值写入本应该配置为输出模式（现在被篡改为输入模式）的 I/O 引脚中。虽然在实际物理场景中，runtime 的写入没有成功，但是因为 runtime 能够成功地在虚拟内存中执行写入操作，所以 PLC 完全不会意识到发生了故障，仍然返回操作成功。

输入操作：如果 runtime 试图从配置为输入模式的 I/O 引脚读取值，则攻击者可以将 I/O 引脚重新配置为输出，并将其希望输入的值写入重新配置的引脚中，使得 runtime 读取攻击者所篡改的值。

2）漏洞利用。

为了准确地定位并篡改 PLC 逻辑中的控制流，攻击者必须能够拦截 runtime 的读写操作。调试寄存器本来是帮助开发人员分析软件，不同架构（ARM、Intel 和 MIPS）的处理器都有这样的寄存器。这些寄存器允许将硬件断点设置在特定的内存地址上。一旦进程访问了调试寄存器中保存的地址，就会调用中断处理程序并执行自定义的代码。

作为攻击的第一阶段，攻击者将映射到内存中的 I/O 地址放入调试寄存器中，并拦截 runtime 每次的写入或读取操作。当 runtime 想要读取或写入 I/O 引脚时，处理器会暂停进程并调用攻击者预先写好的中断处理程序。处理程序利用前面讨论的引脚配置功能来执行 I/O 操作。图 5-27 描述了这个过程。

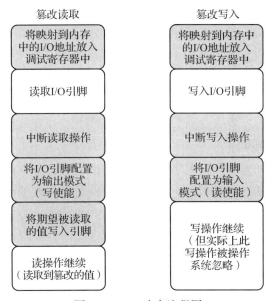

图 5-27　I/O 攻击流程图

（3）漏洞防御

如图 5-28 所示，想要对 I/O 引脚进行篡改，需要通过三种方式，一旦任意一种方式对于攻击者来说是可行的，那么设备就存在 I/O 操作控制漏洞。

通过调试子系统，攻击者可以在 CPU 访问到特定的内存地址时产生中断，并执行编写好的终端处理程序。调试子系统在现在芯片中虽然普遍存在，但是想要使用，就必须获取到 root 密码或者能够提权到 root 权限。所以，root 密码的强度和 I/O 控制漏洞的存在与否十分相关。根据工业互联网 Cert 漏洞库中的漏洞显示，大量的设备都会在出厂时使用默认密码并不要求用户在初次使用时进行更改，这使得设备面临着被攻击的风险。检查 root 用户的密码是否为默认值，是检测是否存在 I/O 控制漏洞最基础也是最关键的一步。

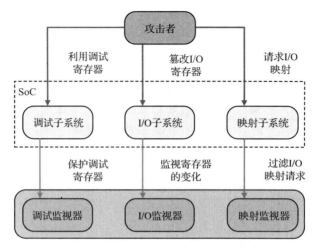

图 5-28 I/O 操作漏洞攻击方法和防御检测手段

即使不知道 root 密码，攻击者依然可以通过前文叙述的那样，通过一些可以直接管理内存的文件（例如 /dev/mem、/proc/ modules、/proc/$pid/maps），就可以对 I/O 引脚对应的寄存器进行篡改，若一般用户已能够访问这些文件，I/O 控制过程就存在着安全隐患。所以我们对于 I/O 系统中的关键文件也应该加以权限隔离。

5.4.3 电子汽车漏洞评估

随着智能汽车产业的发展，汽车早已不是纯粹的机械设备。汽车内部包含各种电子元件，整个汽车是电子元件的有机整合。本节将从硬件角度对电子汽车的内部构造进行简要介绍，然后针对一辆电子汽车的安全渗透测试过程给出实例。

1. 电子汽车的架构与模块

（1）电子汽车的架构

图 5-29 给出了某电子汽车的车载系统联网架构，主要模块包括 IVI 车载娱乐系统、CAN 总线、中央网关、电子控制单元（ECU）和 T-Box 远程信息处理设备。

1）CAN 总线：汽车内部各个模块的信息通过 CAN 总线进行交互。根据功能的不同，CAN 总线被划分为不同的域，包括娱乐 CAN、动力 CAN 等。不同的总线域在物理层面是不直接相连的，其信息交互需要通过中央网关来完成。

2）电子控制单元（ECU）：各个 ECU 模块都连接在与其功能相符的 CAN 总线上，并基于 CAN 总线的信号来实现一系列专门的功能。例如，车身 ECU 与车身 CAN 相连，负责后视镜、后备箱的操控；引擎相关的 ECU 与动力 CAN 相连，负责引擎的控制。

3）T-Box 远程信息处理设备：汽车内的 T-Box 模块通过以太网和 USB 接口与车载娱乐系统连接，实现智能车载通信服务（G-Book 服务）。同时，该模块还与中央网关连接，可以查询各个 ECU 的状态（例如引擎和车门的状态等），并且将这些信息反馈给其他终端（例如云端后台）。

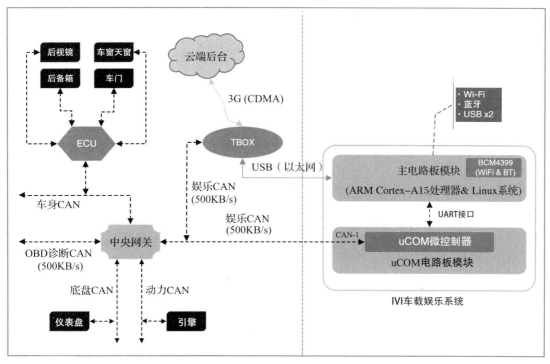

图 5-29　某电子汽车联网架构

4）IVI 车载娱乐系统：车载娱乐系统（IVI System）通过触摸板、Wi-Fi、蓝牙等直接与用户交互。该系统通过以太网和 USB 接口与 T-Box 连接，并且通过娱乐 CAN 总线与中央网关连接。

5）中央网关：中央网关将不同的 CAN 域连接起来，并实现这些域之间的通信。

（2）模块功能

- 控制器局域网总线（Control Area Network Bus，CAN Bus）

控制器局域网总线是一种基于总线型结构的通信协议，其设计初衷是在不需要核心主机的情况下，实现各种微处理器和汽车内设备之间的通信。目前 CAN 已经广泛应用于几乎所有汽车的内部网络通信。

为何汽车要采用 CAN 总线协议？最主要的原因是其"广播式"的通信方法。一台汽车内的电子元件数量庞大，若把各个元件用专门的线分别连接，则成本很高且难以管理维护。CAN 总线协议允许总线上的所有节点向总线发送信息，或者从总线接收信息。这些节点可自行判断当前的总线信息是否有效或是否与自身模块相关。

如图 5-30 所示，CAN 总线结构可以极大地降低线路连接的成本。同时，CAN 对于新节点的加入支持十分友好，只需把新节点接入总线即可，不需要改变总线结构。然而，CAN 的这种信息广播的特点会带来安全隐患。因为总线上的信息被这些节点共享，所以攻击者控制了总线信号的收发权后，就能很容易地将恶意信息广播到 CAN 总线上，此时所有节点都有受到攻击的可能。因此，在安全渗透测试中，要充分评估 CAN 总线协议带来的安全威胁。

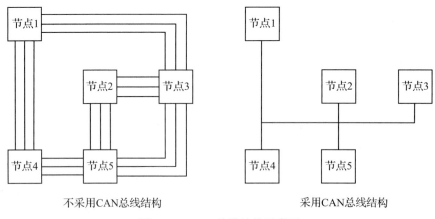

图 5-30　CAN 总线结构示意图

- 电子控制单元

电子控制单元（Electronic Control Unit, ECU）是车内的各种电子模块的总称。这些模块有专门的任务。典型的 ECU 包括引擎控制模块（Engine Control Module）、刹车控制模块（Brake Control Module）、车身控制模块（Body Control Module）等。这些 ECU 被连接到各自的 CAN 总线域内，再由 CAN 总线联入中央网关，从而实现总线域之间的信息交互。

汽车内部的 ECU 从 CAN 总线接收信息并做出反应，或者广播信息到自己所在的 CAN 域上。这些行为是通过 ECU 本身的固件（Firmware）来进行定义的。对于攻击者而言，如果能篡改这些固件并且将这些固件升级到 ECU 上，就相当于能够操控 ECU 执行任意行为。

- 远程信息控制模块

远程信息控制模块（Telematics Box, T-Box）是为汽车提供网络信息服务的车载电子设备，其中包含 GPS 单元、移动通信单元等。一方面，T-Box 直接与 CAN 总线连接，可读取车辆 ECU 的信息并对其进行功能诊断；另一方面，T-Box 与云端通信，可以及时反馈车辆的状态，甚至能够执行云端下发的远程车控指令（例如解锁、空调调节、车窗控制等）。

当此模块被入侵后，攻击者可以获得包含汽车位置状态在内的一系列隐私数据，甚至有可能冒充车主远程开启车门。

- 车载信息娱乐系统

车载信息娱乐系统（In-Vehicle Infotainment System）是由汽车内部的一系列软硬件组成，其主要功能是直接与用户交互，提供地图导航、无线电广播以及多媒体（蓝牙通话、音视频播放等）和其他相关的功能。根据车型的不同，该模块的硬件构成和具体功能也不尽相同。随着车联网技术的发展以及用户对互联网功能需求的增长，该模块可充分利用 T-Box 的网络服务提供更加丰富的高级功能。典型的例子有车载 Wi-Fi、自动巡航配置、互联应用（如在线资讯、网页浏览）及语音控制等。

图 5-31 为某电子汽车的车载信息娱乐系统，表现为一块直接与用户交互的屏幕。通过与该屏幕的交互，除了基本的娱乐功能外，用户还可以实现很多其他的交互功能，比如调节车辆悬架高度、设置车灯状态、控制车窗等。一般来说，由于车载信息娱乐系统是与用户直接交互，交互方式多种多样（包括 USB 接口、Wi-Fi、蓝牙等），其潜在的攻击面往往也比较多。

图 5-31　某电子汽车的车载娱乐系统

- 中央网关

中央网关（Central Gateway）是车联网络内部的中央信息交换节点，对于 CAN 总线上各个 ECU 的信息交互以及从车内到车外的信息交互扮演着"路由器"的角色。负责不同功能（例如车身控制、动力控制等）的 CAN 总线域被连接到中央网关上，中央网关负责这些域之间的数据收发与交换。同时，中央网关会有一系列安全保障措施，通过 CAN 消息过滤和路由规则使其能够拒绝各种不被授权的访问。

中央网关对于车内的信号交互任务至关重要，所以这也是对汽车 ECU 安全影响最大的模块之一。当攻击者获得中央网关的控制权限，能控制 CAN 总线上的信号时，就会使整个汽车陷入十分危险的处境。

2. 某电子汽车渗透测试案例

本节将通过案例介绍如何测试车载系统中的软件安全漏洞。通过本案例，读者可以初步了解如何提升电子汽车这类嵌入式系统的安全性。⊖

⊖ 本案例不针对特定厂商车型，涉及漏洞的发现者已经按照负责任地披露原则将该漏洞报告给相关厂商，并协助厂商进行了漏洞修复。在征得厂商同意的情况下，以案例形式说明相关技术。

如图 5-32 所示，电子汽车的渗透测试包括三个步骤：

1）通过伪造特定的 Wi-Fi 热点和利用系统漏洞，获取汽车的车载娱乐系统的最高执行权限，实现从车外到车内的第一步攻击。

2）从车载娱乐系统出发，进一步渗透并控制其他车载模块（包括仪表盘、网关等）。

3）在获取了各个电子模块的最高权限后（特别是网关），就可以从网关出发操控 CAN 总线上的信号，最终实现对车辆 ECU 的控制。

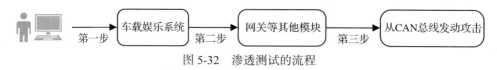

图 5-32　渗透测试的流程

具体的渗透测试步骤如下：

1）从车外到车内：进入车载娱乐系统。

汽车中的车载娱乐系统通常为一块中央显示屏（Central Information Display，CID）。进入 CID 是实现对整车渗透的第一步，而这项工作又可分为两个步骤：获取系统代码执行权限和 Root 权限提升。

首先，获取 CID 系统代码执行权限。CID 系统的 Wi-Fi 和浏览器两个模块都存在一些安全漏洞，利用这些漏洞，攻击者能够以普通用户权限在 CID 中执行恶意代码。

Wi-Fi：安全研究人员通过对 CID 固件进行逆向工程后，发现一个 Wi-Fi 热点信息被配置到 CID 系统中。这是一个由车辆维修店和充电桩提供的默认 Wi-Fi 热点，Wi-Fi 热点的 SSID 和密码被存储到 CID 系统中，以便车辆能够自动连接该 Wi-Fi 热点。如果攻击者能够伪造该 Wi-Fi 热点，CID 就会自动连接到伪造的 Wi-Fi 热点上，CID 系统请求的数据流量也就被攻击者所操控。

浏览器：CID 中存在一个基于开源项目的浏览器模块，用户可通过该模块在 CID 中使用浏览器上网。研究人员通过逆向分析发现，浏览器使用了一个较老版本的内核，而该内核版本存在诸多安全问题。

对 CID 进行渗透时，首先需要伪造 Wi-Fi 热点对 CID 浏览器的数据流量进行劫持，接着利用浏览器漏洞实现在 CID 系统中执行恶意代码。通过这两个漏洞，攻击者可以将恶意代码写进浏览器进程的内存，从而实现在 CID 中以浏览器权限执行恶意代码。

进一步获取 Root 权限。通过浏览器漏洞获取 CID 系统的代码执行权限后，由于存在系统保护机制，攻击者在 CID 系统中只有很低的执行权限。为了在 CID 内部获得更高的权限，必须找到其他漏洞来绕过系统保护机制。

如果 CID 系统使用的 Linux 内核版本较为陈旧，研究人员可能通过逆向分析发现 CID 系统中存在一个关键的 Linux 内核漏洞。攻击者可以在浏览器权限下利用该 Linux 内核漏洞对系统内存进行任意读写。而且利用该漏洞，攻击者可以直接关闭系统保护机制模块并获取 CID 系统的最高权限。

2)从车内渗透:攻击车内其他组件。

除了 CID,智能汽车内还有三个可被渗透的模块:仪表盘(Instrument Cluster,IC)、无线上网模块(Parrot)和中央网关,如图 5-33 所示。这些模块和 CID 同属于一个车载局域网。

- IC

仪表盘位于驾驶座的正前方,通过电子显示屏向车主展示当前车辆的各种状态,包括车门状态、车速等。在获得 CID 系统的最高权限后,研究人员发现可以从 CID 直接通过 SSH 服务以 Root 用户身份登录 IC 系统,甚至不需要密码验证。根据存储在 CID 系统中的 .ssh 文件夹中的信息,可以得到 IC 对应的 SSH Key。通过简单的 ssh 命令,攻击者就能从 CID 系统渗透到 IC 系统。

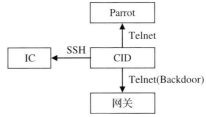

图 5-33 从 CID 出发渗透其他模块

- Parrot

无线上网模块集成了蓝牙和 Wi-Fi 功能,通过 USB 接口与 CID 连接并为其提供无线上网服务。通过对 Parrot 网络端口进行扫描,研究人员发现 Parrot 模块开放了 Telnet 服务,以便 CID 系统对其进行管理。与 IC 相似,可以直接从 CID 系统登录到 Parrot 模块,实现对 Parrot 模块的控制。

- 中央网关

中央网关模块作为车辆内部各个 ECU 信息交互的"命脉",有着十分重要的地位。对中央网关进行攻击比攻击 IC 和 Parrot 困难,因为中央网关缺乏明显的攻击入口,并且汽车厂商在进行系统设计时,会对中央网关采用特定的安全验证机制。研究人员发现,对中央网关的渗透主要分为两个步骤:

①**定位攻击入口**:研究人员通过逆向分析 CID 系统的 gw-diag 程序后,发现 gw-diag 负责诊断中央网关,并且可以通过 UDP 协议(端口 3500)调用网关内置的一系列功能服务。在 gw-diag 中存在一个名为 ENABLE_SHELL 的函数,该函数可以激活网关内置的 Shell 接口。在 CID 系统中调用该函数,就可以直接打开网关的 Shell 入口。

②**获取验证 Token**:在找到并且激活网关 Shell 入口后,研究人员发现不能直接通过 Shell 入口进入网关系统,因为开发人员对网关的 Shell 访问设置了 Token 验证。通过逆向网关固件,发现 Shell 的验证 Token 以明文形式硬编码在固件中。至此,在成功定位了攻击入口并且找出用于验证的 Token 后,攻击者就具备了在中央网关上执行特定 Shell 命令的权限。

目前,包括 CID、IC、Parrot 和 Gateway 在内的四个模块都被成功渗透。然而,想要对各个 ECU 产生影响,还需要从中央网关出发,对 CAN 总线进行更深入的分析。

3)通过总线的攻击:从 CAN 总线影响 ECU。

获取中央网关的权限后,就可以针对汽车内部的 ECU 进行安全分析了,主要分析通过篡改固件、发送恶意 CAN 信号以及解锁 ECU 的更高权限会产生哪些影响。

● 篡改 ECU 固件

由于汽车的中央网关负责升级车辆 ECU 固件，因此中央网关一旦被攻击者控制，理论上攻击者能够篡改 ECU 固件并通过中央网关将恶意固件升级到 ECU 中。实际上，中央网关需要通过一张外置 SD 卡来保存 ECU 固件升级文件以及升级日志等数据（如图 5-34 所示）。

```
→ gateway ls
booted.img  hwidacq.log  log          orig_int.dat  update.log
config      hwids.acq    modhwid.log  release.tgz
dtc         hwids.txt    modinfo.log  udsdebug.log
→ gateway █
```

图 5-34　中央网关上的 SD 卡的内容

其中几个与固件更新过程高度相关的文件描述如下：

① udsdebug.log：中央网关升级车辆 ECU 固件的日志文件。

② boot.img：中央网关用来实现自身固件更新的程序。在固件更新时，会被加载到中央网关的内存中并执行，然后被重命名为 booted.img 以防止重复更新。

③ release.tgz：包含所有需要更新的 ECU 固件。对其进行解包结果如图 5-35 所示。

```
→ release tar xf ../release.tgz

gzip: stdin: decompression OK, trailing garbage ignored
tar: Child returned status 2
tar: Error is not recoverable: exiting now
→ release ls
bdy.hex            chgsph2cpld.hex   dhfd.hex     gtw.hex     pdm.hex
bmscpld.hex        chgsph2.hex       dhfp.hex     hndfd.hex   pm.hex
bms.hex            chgsph3cpld.hex   dhrd.hex     hndfp.hex   ptc.hex
chgph1cpld.hex     chgsph3.hex       dhrp.hex     hndrd.hex   rccm.hex
chgph1.hex         chgsvicpld.hex    difpga.hex   hndrp.hex   sec.hex
chgph2cpld.hex     chgsvi.hex        di.hex       ic.hex      sun.hex
chgph2.hex         chgvicpld.hex     dsp.hex      lft.hex     thc.hex
chgph3cpld.hex     chgvi.hex         eas.hex      log.cfg     tpms_hard_cal.hex
chgph3.hex         cp.hex            epb.hex      manifest    tunercal.hex
chgsph1cpld.hex    dcdc.hex          epbm.hex     msm.hex     tunerdsp.hex
chgsph1.hex        ddm.hex           esp.hex      park.hex    tuner.hex
→ release █
```

图 5-35　release.tgz 解压后固件

图 5-35 所示的 hex 文件就是各个 ECU 的固件，分别以自身的名字命名。

release.tgz 中的 gtw.hex 就是网关本身的固件。通过对该固件进行逆向分析发现，前文提到的 UDP 端口 3500 实际上是网关开放给 CID 的诊断端口，专门用来收发诊断信息。该端口接收的 UDP 包包含需要被调用的函数 ID，根据该 ID，中央网关会执行具体的函数。在这些函数中，ID 为 0x08 的函数负责固件更新流程。该函数首先检查升级程序 boot.img 的格式是否正确，并且需要验证文件的 CRC32 完整性。若验证流程通过，SD 卡中的升级程序 boot.img 会被网关加载到内存中，并执行 ECU 固件更新流程，同时升级程序 boot.img 会被重命名为 booted.img。根据以下流程，攻击者可以将任意 ECU（包括中央网关自身）的固件更新为被篡改过的固件：

①篡改原始的 ECU 固件（例如仪表盘固件 ic.hex）。

②篡改 boot.img 以及其他与校验相关的固件以通过校验流程。
③将 boot.img、release.tgz 以及其他与校验相关的固件传输到网关。
④调用函数 0x08，重启网关并启动固件更新流程。

通过以上流程，攻击者可以篡改 ECU 里原本的固件，并且被篡改后的固件将永久驻留在 ECU 中。

- 发送任意 CAN 信号

由前文可知，各个 ECU 被连接到对应的 CAN 总线域上，对 CAN 上的信号进行响应或者广播信号到该 CAN 上。因此，如果能从中央网关向各个 CAN 域广播特定的 CAN 信号，就能直接对各个 ECU 产生影响，例如开启车门、开启后备箱等。

研究人员发现，中央网关从 UDP 端口 20100 和 20101 上接受特定格式的通信数据后，将数据转换为标准的 CAN 数据包并转发到对应的 CAN 总线上。因此，通过伪造对应的 UDP 包，攻击者可以从 CID 系统将恶意的 CAN 信号通过网关转发到 CAN 总线上。

具体来说，可以利用网关中名为 diagtask 的系统任务实现在 CAN 总线上发送任意信号。该任务负责向 CAN 总线发送诊断信息。但在实际操作中发现，当汽车启动时，diagtask 诊断任务会被禁用，此时 diagtask 将不能向 CAN 发送任何信息。通过对 gateway 固件进行逆向分析后，研究人员发现网关中有两个函数能够向 CAN 总线发送信息：函数 0x01 和函数 0x04。函数 0x01 比函数 0x04 的优先级更高，可以在汽车行驶状态下收发 CAN 消息。因此，通过对网关固件中的 diagtask 任务函数进行代码修改，可以将函数 0x04 替换成 0x01，从而实现当汽车处于任意状态时，都能成功发送任意 CAN 信号到各路 CAN 总线。

基于以上分析，在篡改网关固件的 diagtask 系统任务并将固件重新刷入网关模块后，攻击者可以在汽车的任意状态下，通过网关向 CAN 总线发送任意信号，实现对 ECU 的操控。

- 解锁 ECU

仪表盘（IC）模块的 ECU 连接在底盘 CAN 上，IC 接收底盘 CAN 上的信息（包括车速、发动机转速等），将这些信息转化为用户可读的信息并显示在屏幕上。

在进一步介绍之前，有必要先对 UDS（Unified Diagnostic Service）进行简要介绍。UDS 是一种广泛用于车辆 ECU 的诊断协议。UDS 定义了一系列可以直接与 ECU 进行交互的功能，包括读取静态数据（例如错误码）、读取动态数据（例如汽车当前速度）、解锁 ECU、对固件重编程等。理论上，通过 UDS 协议，攻击者能够与某一 ECU 进行更加深入的交互。UDS 协议通过 CAN 总线传输，每个 UDS 数据包都定义了 1 字节长度的 Service ID（SID）来表示 UDS 的服务类型。

一个典型的 UDS 服务类型就是 Security Access，该服务允许 ECU 对客户端发来的请求信号进行安全检查，从而决定是否解锁更高权限的 UDS 服务。首先，客户端需要发送一帧 Security Access 请求，这时 ECU 端会生成一个 Seed，并返回给客户端。客户端应根据 Seed 和对应的加密算法得出一个 Key。把正确的 Key 发给 ECU 后，即可解锁 ECU 并访问更高级别的 UDS 服务。这里将以 Security Access 为例展示如何从网关出发解锁 IC。

当网关对 IC ECU 进行固件更新时，研究人员在 IC 的 CAN 总线上抓取通信数据，发现这些数据中包含大量的 UDS 协议数据包。这些 UDS 数据包括重置 ECU、解锁 ECU 以及其他信息交互行为。通过对这些 UDS 数据进行分析，研究人员可以获知 IC 如何收发和处理 UDS 协议。

在对 UDS 协议分析的过程中，研究人员从 CAN 总线发送不同等级的 Security Access 服务请求时，IC 总是返回 16 字节的 Seed：01 02 03 04 05 06 07 08 09 0A 0B 0C 0D 0E 0F。基于该 Seed 计算出来的 Key 也总是 16 个字节的反馈数据：35 34 37 36 31 30 33 32 3D 3C 3F 3E 39 38 3B 3A。以下是实现解锁 IC 的 UDS 数据流的示例。

图 5-36 为 Security Access 验证的第一步。客户端发送值为"27 01"的 UDS 数据，表示请求进行级别为 1 的 Security Access（0x27 为该服务的 Request SID）。随后客户端收到固定的 Seed。

```
8   SEND  17:54:38.181  0x0000064c  DATA Frame  0x08  10 12 27 02 35 34 37 36
9   RECV  17:54:38.181  0x0000065c  DATA Frame  0x08  30 00 00 00 00 00 00 00
10  SEND  17:54:38.291  0x0000064c  DATA Frame  0x08  21 31 30 33 32 3d 3c 3f
11  SEND  17:54:38.391  0x0000064c  DATA Frame  0x08  22 3e 39 38 3b 3a 00 00
12  RECV  17:54:38.391  0x0000065c  DATA Frame  0x08  02 67 02 00 00 00 00 00
```

图 5-36 发送 Key 和得到成功反馈

图 5-37 为验证的第二步。客户端发送计算出的 Key，然后得到 IC 的反馈"67 02"，表示该等级的 Security Access 被允许（0x67 为该服务的 Response SID）。

```
3   SEND  17:54:36.771  0x0000064c  DATA Frame  0x08  02 27 01 00 00 00 00 00
4   RECV  17:54:36.781  0x0000065c  DATA Frame  0x08  10 12 67 01 00 01 02 03
5   SEND  17:54:36.981  0x0000064c  DATA Frame  0x08  30 00 00 00 00 00 00 00
6   RECV  17:54:36.981  0x0000065c  DATA Frame  0x08  21 04 05 06 07 08 09 0a
7   RECV  17:54:36.981  0x0000065c  DATA Frame  0x08  22 0b 0c 0d 0e 0f 00 00
```

图 5-37 发送 Request 和接收 Seed

通过对网关固件进行逆向分析，能够还原出 Seed 以及对应 Key 的生成算法。

最终，攻击者可以发送对应的 UDS 信号来解锁 IC，从而实现对其更高权限的控制。

基于以上渗透测试过程的分析，我们看到，电子汽车中各个电子模块均存在遭受漏洞攻击的威胁，在针对电子汽车的防御方案中需要采用"纵深防御"等系统化防御理念，以应对不同层次、不同模块中存在的漏洞威胁，最终阻止攻击者远程非法操控汽车的恶意行为。

5.5 本章小结

本章介绍了工业互联网中的设备安全问题及设备分析方法，重点分析了基于在线和离线的全生命周期设备安全分析技术，为设备安全防护奠定基础。在线设备安全分析部分介绍的主要支撑技术包括设备发现和设备定位技术；在离线设备安全分析中主要介绍了设备漏洞分析技术，梳理了工业互联网设备常见漏洞类型和典型漏洞的分析方法。最后，以一个电子汽车的实际案例来阐述工业互联网中的设备安全问题。

学完本章后，读者应对工业互联网设备安全问题有初步了解，并理解设备安全防护、设备安全分析，为后续学习安全分析和风险评估奠定基础。

5.6 习题

1. 工业互联网设备本身面临哪些主要问题？
2. 搭建一个 Conpot 蜜罐，然后使用本章提到的办法进行识别，编写实验报告。
3. 针对某种工控设备，设计设备探测发现方法和探测发现脚本，编写实验报告。
4. 请列举出一些常见的工业互联网设备漏洞，并尝试将它们分类。
5. 应该如何检测和防范 I/O 操作控制存在的漏洞，并谈谈各种方法的优缺点。

第 6 章

控制安全分析

工业控制系统（简称工控系统）是以计算机为基础的生产过程控制与调度自动化系统。经过几十年的发展，工业控制系统形成了一些典型的系统方案，比如 SCADA（Supervisory Control And Data Acquisition）、DCS（Distributed Control System）等。这些系统具有实时采集生产数据、生产设备过程监控、生产设备异常报警、数据分析、数据报表管理及仪表盘展示等功能，已经应用在电力、冶金、石油、化工、燃气、铁路等领域的数据采集、监视控制以及过程控制等工作中。

从抽象的技术层次来讲，工控系统网络由上而下分为管理层、监控层和控制层（如图 6-1 所示）。其中，管理层包含历史/实时数据服务器、企业资源计划（Enterprise Resource Planning，ERP）服务器和 Web 服务器，负责整个生产过程的计划和管理，各层级、各设备间使用网络进行连接。监控层包括操作员站、工程师站、监控计算站和人机交互界面（HMI）等设备，能够完成控制任务的部署、监控和调整等工作。控制层由控制器、传感器和执行器等现场设备组成，用于在底层控制任务的实现。控制层是连接工业互联网域和控制现场的纽带，如果攻击者渗透到这一层，就可以直接篡改运行时数据信息，影响系统执行正常的任务，甚至会直接破坏现场的物理设施。

在本章中，我们重点介绍控制层设备和业务现场面临的安全威胁以及针对控制层攻击的恶意代码分析的思路和技术。

近年来，攻击 SCADA 系统的安全事件时有发生。影响较大的有伊朗核电站遭受"震网"病毒攻击，乌克兰电网被攻击，加拿大水利 SCADA 系统遭到入侵以及美国供水系统、水务系统受到攻击等。由于被攻击的关键基础设施关系到国家能源、经济，因此造成了极大的损失。

分析这些攻击事件可以发现，针对工控系统发起的攻击通常利用控制层网络组件的特点和漏洞来构造恶意代码，以达到攻击目的。

控制层恶意代码具备跨越信息物理空间进行实体破坏的特征，但在传统的信息流量上难以提取这些特征，因而难以使用常规的信息防护手段对其进行检测和防御。此外，恶意代码在设备间传播和在设备中驻留时，通常会采取一定的隐蔽措施，以免被工控系统自身的监控系统发现。在 6.1.2 节中，我们会着重介绍几个工业控制过程场景下经典的隐蔽攻击和实体破坏攻击案例及防护方法，帮助读者理解这类恶意代码攻击的常见形式以及如何防护此类攻击。

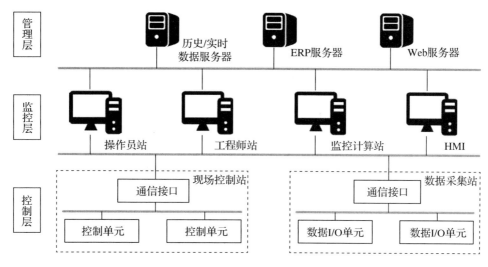

图 6-1　工控系统网络拓扑

控制层通信协议有别于互联网协议，存在格式专有、加密方式专有以及认证方式难以统一的问题。对这些协议的安全性分析存在三类研究问题：①专有协议的逆向分析；②认证机制的突破与绕过；③工控语义攻击的发现与检测。我们将在后续内容中介绍工控协议的逆向分析方法、认证机制的安全问题与绕过方法，以及工控语义攻击的相关检测技术。

6.1　控制层恶意代码分析

对于工控系统而言，"可用性"具有最高优先级，这与信息系统对完整性和保密性有较高要求不同。在复杂的工业现场，比如在高电磁干扰、高温、高压或者高速运行的环境下，底层设备通常无法采用性能最高的芯片（大多数 PLC 采用的 CPU 频率为 300MHz～600MHz），在有限的计算资源下还要优先保证系统功能的可靠和稳定。此外，工控系统需要多学科知识以满足复杂的业务需求。比如，在火电发电厂中，除了监视和控制的信息系统，还有专业的热力学生产系统。要保证发电系统可靠运行，需要正确的控制逻辑、可靠的设备性能以及必要的故障诊断机制。

在工控系统中，各子系统之间的同步和协作需要与具体环境的通信网络相适应。在早期，控制层网络主要依赖于现场总线技术，传感器、执行器不支持复杂的以太网协议栈。随着工业以太网、嵌入式等技术的发展和在工控系统中的应用，工控系统控制层网络呈现出多种技术并存、专用化程度高的特点。特别是工业以太网技术广泛应用后，控制网络和传统信息网络逐渐无缝衔接，这也为网络攻击创造了许多"有利"条件。为了准确捕获、阻止针对控制层的恶意代码，应该对其特点有深入的理解。

基于工控系统的特点，工控系统的恶意代码呈现出明显的跨越信息物理空间影响的特点。具体表现为：①以破坏系统的"可用性"为目的；②结合控制层内设备和协议的特点，隐藏攻击意图。在信息系统内发起的攻击通常会对信息层面产生影响，比如常见的信息窃取、恶意勒索、数据文件破坏等。而在工业系统中，如果攻击者具备丰富的知识，熟悉相应的工艺流程，就可以结合工艺特点，发起有针对性的攻击。例如，他可能篡改某关键传感器阈值，影响工艺流程的安全进行；窃取工业设备的控制权，操控其在危险区域运行；频繁开关器件，缩短其使用寿命等。这些融合工艺特点的攻击实现了从信息侧向物理侧的跨越，会造成物理侧的设备损坏，甚至会导致安全事故。

在本节中，我们将针对工控恶意代码实体破坏性和隐蔽性的特点，结合具体的案例来分析工控恶意代码，使读者熟悉常见的分析思路。

6.1.1 跨越信息物理空间的实体破坏性攻击

针对工控系统发起的实体破坏性攻击，可能造成设备损坏或人员伤亡，攻击效果取决于攻击载荷的设计。实体破坏性攻击的目标是对现实物理设备产生影响和破坏，攻击者通常会结合物理设备的特点设计攻击载荷，主要流程包括：

1）了解工艺流程，设计违反工艺安全流程的逻辑代码。

2）设计攻击思路，根据攻击目标的不同，制定相应的传播模式和攻击模式，比如设定触发计时器或者周期性地攻击目标设备以达到实体破坏的目的。

这类攻击代码通常不具备传统计算机恶意代码的特征，因此无法用杀毒软件进行查杀，而是要审计控制逻辑的安全性。

本节将从精馏塔、机械臂和安全仪表系统这几个典型场景入手，对控制层恶意代码的实体破坏性进行分析，为防御方设计相应的防护方案提供支撑。

1. 场景一：攻击精馏塔，干扰生产过程

干扰工业生产过程将严重影响生产的质量和安全。本部分将针对精馏塔的工作场景进行分析。

精馏塔是一种用于分离混合物的汽液接触装置，它利用混合物中各组成部分的挥发度不同进行分离，在化工生产中有广泛的应用。一般的精馏塔包含塔身、冷凝器、再沸器等部分。图 6-2 给出了板式精馏塔的结构示意图。汽/液两相在精馏塔内接触，到达塔顶的蒸汽经过冷凝器后，部分冷凝液回流进塔顶，其余为塔顶产物；到达塔底的液体进入再沸器，部分液体汽化，返回塔底，其余液体为塔底产物。进料口在精馏塔的中部，进料的液体和顶部的液体一起下降，气体和底部的气体一起上升，汽/液两相在整个过程中进行逆流接触，使液相中易挥发成分进入汽相，汽相中难挥发的成分进入液相，最终实现混合物的分离。

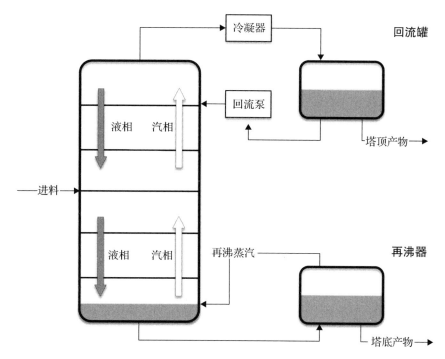

图 6-2 板式精馏塔示意图

在精馏塔的工艺流程中,有三个重要的平衡:物料平衡、汽/液相平衡和热量平衡。物料平衡是指单位时间内精馏塔的进料总量等于出料总量,汽/液相平衡是指混合物中的汽相和液相达到平衡状态(如两者的浓度不再改变),热量平衡是指进塔热量和出塔热量的平衡。这三个平衡相互影响,任何一个平衡对工艺流程都至关重要,决定着工艺的效率和质量。对精馏塔进行攻击的一种思路就是干扰和破坏这三个平衡。以物料平衡为例,塔底液面高度是评估的一个指标,对于攻击者来说,可直接篡改液位传感器采集的数据来破坏物料平衡,或者篡改液位高度控制程序中的 PID 参数来破坏控制过程。对于汽/液相平衡和热量平衡来说,主要通过精馏塔内的温度和压强来进行观测和调控,因此攻击者可对温度和压力传感器进行攻击,从而达到破坏工艺流程的目的。

上述针对精馏塔的攻击方式可归结为篡改重要数据,如篡改传感器读数和控制程序参数等。接下来,我们将通过梯形逻辑炸弹来对这种攻击载荷进行简要说明。梯形逻辑炸弹是一种用梯形逻辑编写的恶意代码,攻击者将这类恶意代码插入现有的控制逻辑中,可以持续更改控制过程,或等待特定的触发信号来激活恶意行为。逻辑炸弹的利用方式有很多,攻击载荷的设计不同,对现实物理设备造成的破坏程度也不同。图 6-3 是利用梯形逻辑炸弹实现数据篡改的一段恶意代码逻辑,包括三个部分:常开触点、MOVE 功能块以及攻击函数发生器。当地址 DBX1.3 置 1 时触发攻击,先将液位控制参数传入另一地址位,然后执行攻击函数发生器,向系统中注入恶意数据。

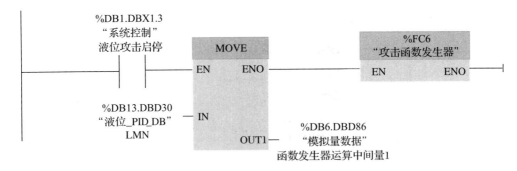

图 6-3　利用逻辑炸弹篡改关键数据的梯形图

图 6-3 所示的梯形逻辑炸弹会对一些关键数据进行篡改，进而造成严重的破坏。比如，篡改精馏塔液面高度的控制参数，影响物料平衡。

图 6-4 显示了精馏塔程序中控制液面高度的 PID 设置（图的左右两部分为同一模块的上下两部分）。该梯形图中设置了很多控制参数，比较重要的有液面的设定高度（SP_INT）、PID 的 P 参数（GAIN）和 I 参数（TI）。如果利用图 6-4 所示的梯形逻辑炸弹篡改了液面的设定高度，就可以更改控制后的液面位置；如果篡改了 PID 的参数，将破坏液面高度的控制过程；如果增大 P 参数，可能导致液面控制中出现振荡。无论是更改液面高度的设定值，还是破坏 PID 控制过程，都会影响精馏塔的物料平衡，对生产过程造成破坏。

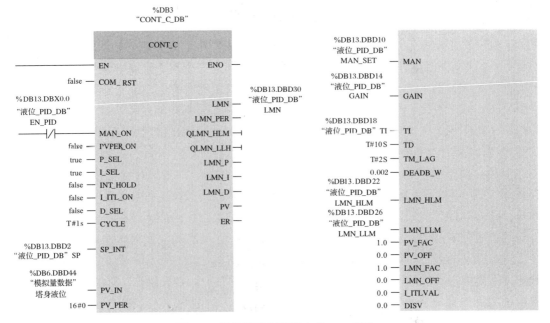

图 6-4　精馏塔控制程序中的 PID 部分

2. 场景二：攻击机械臂，造成运行故障

工业机械臂是一种模拟人体手臂功能的机械电子装置，它能抓取物体并按照程序设定的轨迹移动，可以执行焊接、零部件装配等任务，在各种工业场景中发挥着重要的作用。工业机械臂的一种简单控制结构如图 6-5 所示，操作人员通过工业机械臂配套的开发软件进行编程，之后将代码下载到机械臂中实现控制。在机械臂的运行过程中，会将数据发送到上级 SCADA，操作人员通过采集到的运行数据对机械臂的状态进行监控。

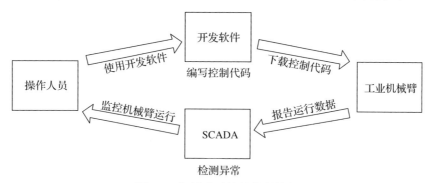

图 6-5　机械臂系统的控制结构

从机械臂的控制结构可以看出，控制代码下载和数据采集是操作人员与机械臂之间进行交互的两个重要环节，前者是实现高效、安全控制的基础，后者是进一步的保障。针对机械臂的一种攻击思路就是破坏这两个关键的环节：①修改控制代码或控制命令可以破坏机械臂的正常运行，比如篡改机械臂的运行参数可以改变它的运行轨迹，进而影响工艺流程，错误的运行轨迹还可能造成机械臂与周围设备或人发生碰撞，导致安全事故；②篡改机械臂发送给上级 SCADA 的运行数据，实现对上级监控系统或操作人员的欺骗，如通过重放正常数据来掩盖正在执行的攻击，或者通过篡改运行数据来诱导操作人员做出错误的控制决策。

上述两种攻击在独立执行时能产生一定的攻击效果，但也存在一定的问题。比如，修改机械臂控制参数会对机械臂的运行造成破坏，但 SCADA 或操作人员很快就能发现异常的运行数据；针对 SCADA 的重放攻击可以实行欺骗，但破坏性不大。攻击者为了获得更好的攻击效果，可能将上述两种攻击结合起来。下面通过一个实例来进行说明，攻击的示意图如图 6-6 所示。

在图 6-6 所示的攻击中，攻击者同时篡改了开发软件与机械臂之间、机械臂与 SCADA 之间的数据。一方面，攻击机械臂的控制参数，修改其运行轨迹或运行方式；另一方面，篡改机械臂发往上级 SCADA 的数据包，重放以前记录的正常数据，实现攻击的隐蔽性。其中，会对实体造成破坏的方式主要是修改机械臂控制参数。欺骗 SCADA 涉及隐蔽性，此处不做过多说明。

在攻击时，修改机械臂控制参数的部分代码如图 6-7 所示，它构造了发送给机械臂

的控制数据 payload_one，包含 pkt_hex_one、record、5d 三个部分。其中，record 是主要的数据部分，它记录了以前的控制数据，用于替换原本应当发送的数据。pkt_hex_one 中的 index_left_parenthesis 是存储某个特定字符位置的数组，主要用于定位数据，此处不过多说明。简单来说，可以分别将 pkt_hex_one 和 5d 理解为控制数据 record 的开始和结尾。这三个部分构成了主要的攻击载荷。

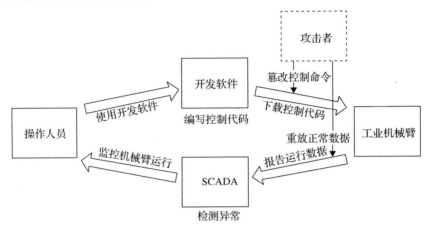

图 6-6　针对机械臂系统的攻击示意图

```
for j in  range (len(index_right_parenthesis)):
#paload_data
    paload_one += pkt_hex_one[index_left_parenthesis[j]:
    index_left_parenthesis[j]+axis_position+2] + record[
    count_record][j%len(record[count_record])]+"5d"
```

图 6-7　攻击机械臂代码的载荷部分

图 6-8 是在某机械臂实验平台上实施上述攻击前后的示意图，实验平台配备两台机械臂（攻击主要针对右侧的机械臂），正常的运行流程是两台机械臂对零件进行协同组装。攻击前，右侧机械臂会将物块夹放至图中方框所示的位置。通过攻击修改了右侧机械臂的运行参数后，机械臂将在错误的位置释放物块，导致生产过程出现故障，而操作人员通过 SCADA 无法发现异常。

3. 场景三：攻击安全仪表系统，瓦解防护机制

Triton 恶意软件会利用 TriStation 通信协议（简称 TS 协议）对安全仪表系统（SIS）发起攻击。安全仪表系统是工厂控制系统中的报警和联锁部分，它能检测生产过程中出现或潜在的危险，发出警报，进而降低事故的危害，提升生产过程的安全性。一旦 SIS 被攻破，攻击者就可以使系统的报警等安全功能瘫痪，严重降低生产过程的可靠性和安全性。在此基础上，攻击者还可以联合其他系统（如 DCS），结合生产的工艺流程，对工厂发动规模更大的攻击，造成物理设备损坏和重大的安全事故。

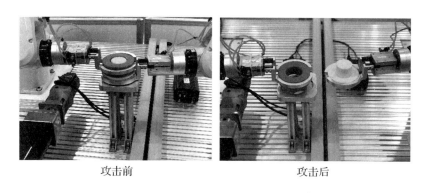

图 6-8 攻击机械臂的效果示意图

Triton 恶意软件会尝试对 SIS 中的 PLC 进行攻击,试图修改 PLC 的控制逻辑。Triton 的攻击流程如图 6-9 所示。

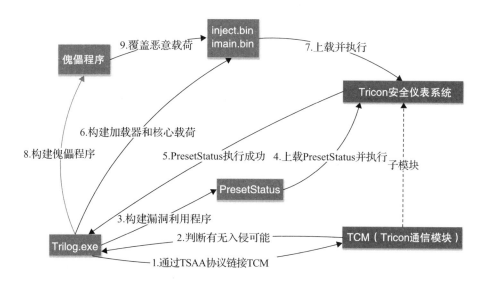

图 6-9 Triton 攻击流程

1)Triton 恶意软件将自身伪装成正常的程序,通过社会工程学等手段进入可能包含 SIS 的网络。

2)广播特殊 Ping 包,寻找 SIS 的控制器 PLC。

3)若在网络中找到 PLC,则与其建立连接,尝试将特定数据写入 fstat 字段,判断其是否可被入侵。

4)查询控制程序(CP)状态,检查 fstat 的值以判断写入是否成功。若成功,则该 PLC 可被入侵,将 fstat 的值作为下一阶段的参数(inject.bin 注入时的等待时间和步骤序号)。

5）如果判断 PLC 可被入侵，则将载荷 inject.bin 和 imain.bin 注入 PLC。

6）若 inject.bin 和 imain.bin 注入成功，则向 SIS 上传新的梯形图，修改其系统逻辑。

7）上传傀儡程序覆盖核心载荷。

为了对攻击流程有更深入的理解，下面对 Triton 的框架进行简要介绍和分析。Triton 的攻击框架主要由三部分组成：①主程序 Trilog.exe；②注入组件 inject.bin 和 imain.bin；③通信库 library.zip，包括 TsHi.py、TsBase.py、TsLow.py、Ts_cnames.py 等。

（1）主程序 Trilog.exe

Triton 病毒为了绕过白名单监控机制，将自身伪装成 TriStation Triconex Trilog 应用程序（Trilog.exe 原本是 Triconex 中的正常程序，用于记录日志、回放和分析来自 Triconex 控制器的高速操作数据）。Triton 病毒伪装的 Trilog.exe 是通过 py2exe 打包后生成的可执行程序，为了对其进行分析，可通过反编译等操作，将其还原成 Python 源码。

主程序在与 PLC 建立通信后，将会进行 4 段二进制载荷的注入。第一段注入的代码如图 6-10 所示。这段代码是一段四字节序列，它将被写入 fstat 字段，用于判断 PLC 是否可被入侵，并作为 inject.bin 注入时的控制参数。

```
print 'setting arguments...'
result = PresetStatusField(test, '\x01\x80\x00\x00')
```

图 6-10　主程序中调用 PresetStatusField() 植入四字节序列

四字节序列如果成功注入，则说明 PLC 可被入侵，接下来将注入载荷 inject.bin 和 imain.bin。这两个二进制攻击代码位于另外两个单独的文件中，在主程序里进行引用，并将其整合为 data，如图 6-11 所示。

```
while True:
    try:
        data = open('inject.bin', 'rb').read()
        data = sh.chend(data)
        payload = open('imain.bin', 'rb').read()
        payload = sh.chend(payload)
        payload = payload + struct.pack('<II', len(payload) + 8, 5666970)
        data = data + struct.pack('<II', 4660, len(payload)) + payload
    except:
        print 'module file read FAILURE'
        break
```

图 6-11　主程序中引用 inject.bin 和 imain.bin 的部分

最后一段注入的代码如图 6-12 所示，它是用于覆盖核心载荷的傀儡程序。

```
def UploadDummyForce(TsApi):
    empty_code = '\xff\xff`8\x02\x00\x00D \x00\x80N'
    return TsApi.SafeAppendProgramMod(empty_code, True)
```

图 6-12　主程序中用于覆盖核心载荷的傀儡程序

（2）注入组件 inject.bin 和 imain.bin

inject.bin 和 imain.bin 是注入组件，其中 imain.bin 是主要功能载荷，inject.bin 是实际

注入执行体。inject.bin 通过寻找 imain.bin 数据前后的标识来定位后门程序 imain.bin，并完成注入。inject.bin 利用 Triconex Tricon Mp3008 10.0 到 10.4 固件版本中存在的安全漏洞来获取系统访问权限，禁用固件 RAM/ROM 一致性检查，注入载荷，并修改函数跳转表入口为 imain.bin 的地址。inject.bin 在注入 imain.bin 之前，会经过空等待期和漏洞验证期等阶段。如果 inject.bin 确定漏洞有效且可控、可利用，就会开始进行 imain.bin 的注入。

imain.bin 是后门实体，通过通信库高层接口 TsHi.py 中的函数与 Triton 框架进行通信。利用该后门程序，攻击者可以获取安全控制器内存的读取权限，且不受 Triconex 开关位置或者控制程序重置等的影响。

（3）通信库 library.zip

在 Triton 框架中，Trilog.exe 通过 TS 协议与 PLC 进行通信，其通信过程依赖通信库 library.zip。该通信库是攻击者通过对 TS 协议进行逆向获取的，虽然协议的逆向并不成熟，但足以支持攻击者实施攻击。

library.zip 中包含很多 Python 组件，4 个核心模块分别是：TsHi.py、TsBase.py、TsLow.py 和 Ts_cnames.py。其中，TsHi.py 是框架的高级接口，提供读写函数和程序、检索项目信息、与攻击载荷通信、CRC 校验等功能，可被 Trilog.exe 调用，进而实施攻击脚本；TsBase.py 主要作为高层接口 TsHi.py 与底层 TS 协议之间的转换层，具有获取程序状态、运行或停止程序、开始或结束传输等功能；TsLow.py 是整个通信框架的底层，它包含 ts_exec()、tcm_exec() 等重要的通信函数，以及对校验和、CRC 校验等的调用，将上层的数据制作为 TriStation 数据包，通过 UDP 协议发送到 Tricon 系列 PLC 的通信模块；Ts_cnames.py 用于对通信数据包中的命令进行解释，包括 TS 协议的功能和响应代码、开关状态、程序运行状态和其他功能码。

6.1.2 面向控制层的隐蔽欺骗载荷

工业控制系统广泛使用可编程逻辑控制器（PLC）对系统中的现场终端（包括传感器、执行器、设备驱动等）进行控制。编程人员可以使用符合 IEC 61131-3 标准的编程语言（如梯形图、ST 语言）编写 PLC 的控制逻辑程序，在上位机上进行编译，然后将程序下载到 PLC 中。PLC 借助固件对控制程序进行解释，从而实现 PLC 对硬件的控制。

PLC 在控制系统中的地位十分重要，若其信息安全或物理安全受到威胁，会直接影响整个控制系统的安全。攻击者一般通过注入精心构造的逻辑代码、篡改现场层的运行逻辑达到攻击的目的。由于 PLC 的控制逻辑层在用户更新控制逻辑程序时，普遍缺少对程序的校验和认证机制，因此攻击者很容易写入恶意代码，影响 PLC 的正常运行。前文提到的针对核电站、水利系统的攻击事件中，攻击者就是在 PLC 的控制逻辑层注入恶意代码，进而危害整个系统运行的。

攻击者在发动对 PLC 的攻击时，会使用一些方法来隐蔽自身的攻击行为，或者欺骗系统工程师，使他们难以察觉。本小节将介绍四类隐蔽性攻击载荷来说明控制层恶意代码的这一特性,包括载荷传播方式隐蔽性、载荷触发方式隐蔽性、载荷实体驻留隐蔽性以及载荷信息窃取隐蔽性。

1. 载荷传播方式隐蔽性

2010年,震网病毒爆发,该病毒具有通过木马将其拷贝隐藏到可移动存储介质文件中的能力,用户完全意识不到移动存储介质已被感染。

在 Windows 系统上,震网病毒将驱动 MrxNet.sys 注册为一个服务。MrxNet.sys 会分别扫描"\FileSystem\ntfs""\FileSystem\fastfat""\FileSystem\cdfs"这三个文件系统的驱动对象。震网病毒还会创建一个新的设备对象,并且将其加入设备链中。MrxNet.sys 会对这个驱动对象进行管理。通过加入这样的对象,震网病毒就可以拦截 IRP 请求(比如 NTFS、FAT 或 CD-ROM 设备的读写请求)。

驱动程序还注册到文件系统注册回调例程,以便随时钩取新建的文件系统对象。驱动程序监视"目录控制"IRP,特别是"目录访问"通知。当用户程序浏览目录时,这些 IRP 被发送到设备,并且请求它包含的文件列表。有两种类型的文件会从目录访问结果中被过滤掉。这些过滤器隐藏了"震网"通过可移动存储介质传播的文件,包括 Windows 快捷方式文件 .lnk 的副本、~wtr4132.tmp 文件、~wtr4141.tmp 文件等。

2. 载荷触发方式隐蔽性

针对 PLC 的恶意代码——梯形逻辑炸弹(Ladder Logic Bomb,LLB)是一种典型的载荷触发方式隐蔽性的攻击。LLB 使用梯形图(或其他符合 IEC 61131-3 标准的编程语言)编写,运行在 PLC 的控制逻辑层。攻击者尝试在 PLC 的控制逻辑层中注入 LLB,影响 PLC 的正常运行。但是,LLB 在被注入 PLC 后并不会立刻触发执行,而是在满足特定条件时才会触发执行,也就是说,LLB 具有一些隐蔽的触发方式。这些触发方式主要包括特定输入触发、特定输入序列触发以及计时器触发。

(1)特定输入触发

特定输入触发是指当系统检测到特定的输入时触发 LLB。例如,在水处理系统中,PLC 通过水位传感器获取水槽中的水位值,LLB 可以设定为当水位上升到某个高度后触发。

图 6-13 展示了一个 LLB 被特定输入触发执行的过程,右侧框标出的是 LLB 代码,左侧框标出的是 LLB 的触发条件。可以看到,LLB 代码前面是一个"=="指令,即判断 Seq 是否等于 5,如果相等,就会执行 LLB 代码,反之则不执行。这里可以把被比较的两个量都看作水位值,Seq 是 PLC 读入的实时水位值,5 是目标水位值,那么"实时水位值与目标水位值相等"就成为触发 LLB 的特定输入。

(2)特定输入序列触发

特定输入序列触发比特定输入触发复杂,它要求满足一系列特定输入后才能执行 LLB。

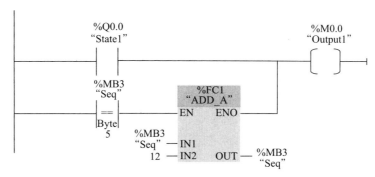

图 6-13 通过特定输入触发的 LLB

图 6-14 展示了一个通过特定输入序列触发的 LLB，右边的框标出了 LLB 代码，左边的框和中间的框分别标出了 LLB 的两个触发条件：①输入"State1"值为 1；②"Seq"值等于 5。只有这两个条件同时满足，LLB 才会被触发执行。这个例子中的输入序列比较简单，实际的工程代码中的输入序列要复杂得多。

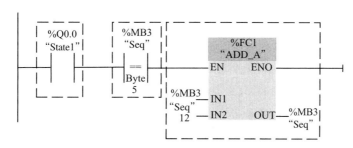

图 6-14 通过特定输入序列触发的 LLB

特定输入序列触发 LLB 比特定输入触发 LLB 的触发条件更苛刻，所以更难被检测到。

（3）计时器触发

计时器触发是指 LLB 受计时器的控制，计时器预先设定一个时间，当计时器变化时触发 LLB 执行，类似于定时炸弹。

图 6-15 展示了一个通过计时器触发的 LLB，下面的框标出了 LLB 代码，上面的框标出了计时器。本例代码中使用的计时器为 TON 计时器，即延时开启计时器。设定好延时时间 ET 后，触发计时器运行，计时器开始时的输出值 Q 为 0，经过设定的时间 ET 后，计时器的输出由 0 变为 1，触发 LLB 的运行。

3. 载荷实体驻留隐蔽性

攻击载荷通常具有实体驻留隐蔽性，包括伪装系统文件、伪装正常指令、隐藏在子程序中等方式。

（1）伪装系统文件

震网病毒是典型的利用伪装系统文件来实现隐蔽性的攻击技术，它通过伪装技术来拦截上位机软件的函数调用，从而隐藏其存放在 PLC 上的恶意代码。

SCADA 系统的软件会使用一个库文件来实现与 PLC 之间的通信，该软件在访问 PLC 时需要调用库文件中不同的回调函数。

震网病毒运用伪装技术对这一过程做了手脚。一旦病毒执行，它就会对函数进行重命名，然后用自己的 dll 文件替换原来的文件，进而拦截软件访问 PLC 所调用的函数。

（2）伪装成正常指令

在编写 LLB 时，攻击者通常将恶意代码隐藏在正常代码之中（比如，将恶意代码伪装成正常的加指令），增加其被发现的难度。

例如，图 6-13 中 LLB 的功能是对 PLC 发起拒绝服务（DoS）攻击。该 LLB 本质上是一个死循环，当代码满足 Seq 等于 5 的条件时，LLB 被触发，程序陷入死循环，无法执行 LLB 之后的程序，使得 PLC 无法正常

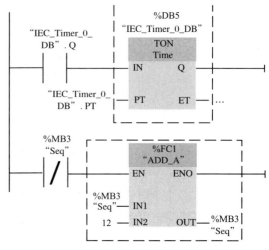

图 6-15　通过计时器触发的 LLB

完成控制任务。由于 DoS 攻击较为明显，容易被控制系统的操作员察觉，因此为了增加定位恶意代码的难度，攻击者会将 LLB 伪装成加指令。首先，攻击者将代码块的名称改为 ADD_A，让工程师将其看作普通的加指令，同时将名称与真实加指令的名称 ADD 区分开来；其次，攻击者需要使代码块的输入和输出数目与加指令相等，即出现两个输入和一个输出；最后，攻击者把实现 DoS 攻击功能的死循环构造在 LLB 中。这样，LLB 就可以伪装成加指令同时执行 DoS 攻击了。

（3）隐藏在子程序中

除了把 LLB 伪装成加指令，攻击者还会通过将 LLB 隐藏在子程序中的方法来逃避检测。如图 6-16 所示，攻击者将 LLB 编写在一个名为 trigger 的子程序中，把它和控制逻辑中正常的子程序 IO、Validate_Input、Raw_Water 等放在一起。当 trigger 子程序通过特定输入序列被触发后，它会修改 PLC 中传感器的数据，进而破坏控制过程。

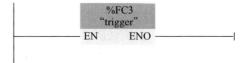

图 6-16　将 LLB 隐藏在控制逻辑子程序中

4. 载荷信息窃取隐蔽性

某些 LLB 并不影响 PLC 的正常运行，而是产生一些隐蔽的攻击效果。例如，它会潜伏在 PLC 中，持续记录系统中的一些敏感数据。

攻击者通常会用系统提供的数据记录（DataLog）指令集实现系统数据的窃取，如

图 6-17 所示。首先,通过 DataLogCreate 创建一个数据日志,然后将其输出 Done 信号作为 DataLogWrite 函数的触发信号。DataLogWrite 的功能是将数据写入日志,这样当数据日志创建完成后将立即执行写入数据操作。日志文件以 CSV 格式存储在 PLC 的存储卡中。触发机制是经过特定时长,通过计时器模块实现的,可以确保在 PLC 运行 N 天后记录数据。在该攻击模型下,能够物理访问 PLC 的攻击者可以直接取出存储卡,以读取数据文件。如果 PLC 启用了 Web 服务器功能,攻击者可以通过访问 PLC 的 Web 页面来获取数据。攻击者还可以使用通信模块将需要的数据发送至间谍站点,例如通过 TMAIL_C 指令使用 SMTP 发送携带了敏感数据的邮件,或使用 TCON 指令和间谍站点建立通信链路来传送 PLC 系统数据。

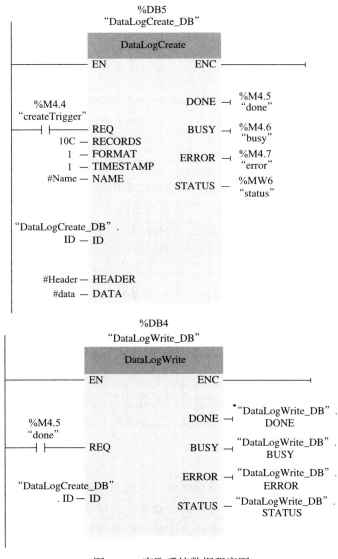

图 6-17 窃取系统数据程序图

目前,主要还是通过人工方式来检测PLC中的LLB,即需要熟悉现场情况的工程师审计PLC中的工程代码,并从中找到恶意代码。对于一些控制逻辑简单、代码少的小站点,人工检测可能比较有效。但是,在控制逻辑复杂的情况下,工程师从诸多的梯形图代码中找到LLB是十分困难的,因此安全研究人员需要进一步研究针对控制层恶意代码的建模和自动化检测方法。

6.1.3 防御措施

对于面向控制层的隐蔽欺骗载荷,目前可以从两个方面缓解安全风险:①增强协议、设备的内生安全性,这依赖于设备提供商的主动性。但目前来看,这种方式能提供的安全性并不稳定。②采取工业解决方案,比如入侵检测系统(Intrusion Detection System,IDS)和控制逻辑集中存储(Centralized Logic Store, CLS)等方式进行防御。

1. 内生安全加固

从前面精馏塔、工业机械臂、安全仪表系统这几个案例中看到,实体破坏型攻击载荷涉及逻辑炸弹、重放攻击、中间人攻击、工控协议逆向等技术。针对这些技术,防御思路有以下几种。

(1)加强认证和加密等防御机制

在机械臂场景中,通过中间人攻击和重放攻击实现了对控制代码的篡改和对上级SCADA的隐蔽;在安全仪表系统场景中,通过设置特定的程序名(Trilog.exe),绕过了原本的白名单监控机制。针对这些攻击手段,防御时可考虑加强认证和加密等机制,包括为通信增加口令认证、会话认证、数据完整性校验等。比如,针对重放攻击,可考虑在通信数据包中加入时间戳或序号来验证数据的新鲜性;针对中间人攻击,可考虑加强对ARP映射表的保护,设立静态ARP映射等;针对白名单机制的绕过,可考虑设置更严格的访问控制和白名单机制。

(2)保持工控协议的私有性

在安全仪表系统场景下,攻击者在设计Triton前,对SIS所用的TriStation协议进行了逆向。虽然攻击者的逆向不够成熟,但足以支持他发起攻击。攻击者对协议的逆向很可能是通过官方网站的资料、帮助文档或者硬件手册等来实现的,因此严格地保持协议的私有性,使攻击者难以从网络等公共资源中获取协议的相关资料进行协议逆向,从而加大实施攻击的难度,是增强系统安全性、防范危险的有力手段。

(3)及时进行设备更新

新版本的设备往往对信息安全考虑得更多,因此及时对老旧设备进行更新换代有助于提升系统的安全性。此外,除了设备硬件的更新换代,设备的安全更新和固件升级也非常重要。很多攻击就是利用设备某些版本的固件漏洞来实施的,比如Triton就是利用固件版本的安全漏洞来获取访问权限的。如果及时更新设备固件,就能有效抵御这些攻击。

2. 安全解决方案

入侵检测系统是一种对网络传输进行实时监控，及时发出警报或者采取主动反应措施的网络安全设备，属于积极主动范畴内的安全防护技术。入侵检测系统可以检测利用隐蔽方式进行传播的攻击载荷（比如利用木马或蠕虫），能够有效阻拦攻击载荷的传播。入侵检测系统也可以检测 PLC 中控制逻辑程序的更新过程，如果检测出有非法的控制逻辑程序试图更新到 PLC 中，系统就会报警，因此能有效防止梯形逻辑炸弹相关的攻击。

若使用控制逻辑集中存储的防御方式，那么工程师需要将所编写的最新版本的合法 PLC 控制逻辑程序上传到一个数据服务器中，这个数据服务器称为 CLS。定期将正在运行的 PLC 控制逻辑程序下载到 CLS，并将其与之前存储在 CLS 中的合法程序进行比对。若发现两者不同，则说明 PLC 中运行的程序遭到了非法篡改，从而达到检测出梯形逻辑炸弹的目的。

6.2 控制协议安全测试

近年来，随着网络技术的进步，工控网络经历了由 RS-232 到 RS-485、由模拟电信号到数模混合 HART 网络、由现场总线技术到工业以太网的复杂演化过程。工业以太网作为工业 4.0 概念的基石之一，被越来越多的工控厂商所支持，相应地，用于工业以太网的大量工控协议应运而生。由于工控系统中通常使用专业设备，其功能在生产时已经确定，因此工控协议往往用于简单指令和测量数据的传输，不涉及复杂的自定义指令。在这样的使用场景下，使用二进制协议能够让通信内容更为紧凑，因此目前业界使用的工控协议均为二进制协议。其中，比较知名的工控协议有 Modbus/TCP、Ethernet/IP、S7 Comm、BACnet、IEC60870-5-104 等。这些协议均能运行在基于 TCP/IP 模型的工业以太网之上。

以 Modbus/TCP 协议为例，在该协议中，所有的数据均通过明文进行传输，包括寄存器地址、数值、变量类型等敏感数据。一旦攻击者进入网络监听，就可以直接读取这些信息。此外，协议中没有设置 CRC 等校验机制，这意味着攻击者可以轻松地对该网络实施中间人攻击等。事实上，Modbus/TCP 协议存在的安全问题也是目前大部分工控协议所共有的。这些工控协议在设计时并未考虑工控系统与外界网络的交互，因此安全机制薄弱。随着工控系统的开放性日益增加，工控系统内部网络面临着前所未有的巨大考验，来自外部网络的攻击者可以利用工控协议的脆弱性对工控网络发起攻击，造成无法挽回的后果。

震网事件后，业界更加重视工控系统安全问题，在新的工业互联网协议设计中引入了相关安全机制。比如，西门子公司在 1500 系列 PLC 中应用了新的协议，增强了对中间人攻击等的防御能力。在泛工业互联网协议中，以 OPC UA 规范为例，设计了会话加密、访问控制、信息签名等机制，以确保信息交互的安全性。然而，由于工控系统中设备的更新周期以数十年计，旧的工控协议仍然被广泛应用，新的安全工控协议尚未普及，因此攻击者仍然有机可乘。进行工控协议的安全检测，一方面有助于寻找协议中的安全漏洞，进行相应的外部加固，另一方面，能给新的工控协议设计提供更多的思路。

与传统互联网协议相比,工控协议的安全检测具有以下独特之处。

1)私有性:出于系统安全、商业目的等多方面的考虑,大部分工控厂商选择保留协议规约的私有性,即不公开协议的格式等信息。

2)封闭性:工控协议应用于多种工控设备中,而这些设备出于各种原因通常不开放调试端口,导致工控协议具有封闭性。

3)场景性:工控协议所传递的数据通常来自现实的控制系统,数据在不同的场景下有不同的意义,分析数据背后的工控语义可以获取系统的部分知识。

本节将针对工控协议的以上特点,介绍和讨论以下三个问题:

1)针对工控私有协议的逆向分析方法。由于工控协议和相关设备的私有性、闭源性,协议逆向成为协议安全测试技术能够顺利实施的前提条件。

2)协议认证机制设计和实现中的安全漏洞测试。合理的认证与授权机制是保护相关设备资源和功能不被滥用的基础。

3)遭受复杂形式攻击时系统内部网络协议流量的动态异常检测技术。目前,主流的工控网络入侵检测研究根据检测方法的不同,分为基于特征和基于异常两大类,前者通过建立白名单等方式进行检测,后者则使用各种机器学习模型、统计学方法对网络流量中提取的特征进行建模,并用于后续偏离模型异常行为的在线检测。对于更隐蔽的攻击策略,比如攻击者控制了某个设备并发送错误数据,应用上述方法的效果并不理想。因此,本节还会分析目前相关研究遇到的瓶颈,以及可能的解决方法。

6.2.1 私有协议逆向分析

工控协议的私有性在一定程度上防止了攻击者分析和利用脆弱性进行攻击,但也给相关的安全研究带来了阻碍。以协议模糊测试为例,需要对协议报文进行变异等操作得到输入测试集,而利用协议规约的相关知识可以减少测试集生成算法的搜索区间,从而大幅提高模糊测试的效率。此外,协议规约对于协议设计的脆弱性分析也有一定的辅助作用。为了获取私有协议的规约,需要对协议进行逆向分析。

协议规约包含三个要素:协议的语法、语义和时序。其中,语法定义协议报文中各个字段的边界,语义定义各字段对应的功能,时序则定义报文的顺序规范。协议语义和语法构成协议的格式,协议时序定义协议状态机。协议逆向分析就是通过各种手段得到上述要素的过程。

目前,应用层协议逆向主要采用人工方式对协议流量进行观察、分析,结合协议实体程序的逆向分析,逐步推断协议的格式和状态机信息。但是,人工方法存在工作繁复、进展缓慢等问题,协议本身的更新也可能导致先前的分析工作前功尽弃。以著名的开源项目 Samba 为例,它对 SMB 协议的逆向分析工作耗时 12 年才完成。因此,业界开始关注协议的自动化逆向分析方法的研究,目前主流的协议自动化逆向方法根据分析对象的不同分为两类:基于网络流量的协议逆向和基于程序分析的协议逆向。

1. 基于网络流量的协议逆向

基于网络流量的协议逆向通过分析大量报文数据集，提取报文的字节变化频率和取值特征进行报文格式的恢复。其原理如下：首先，在传输相同类型的功能信息时，报文的结构具有一定的相似性；其次，在同一个会话（session）中，报文的时序关系相对固定，其中包含协议状态机的格式，也就是协议状态机的子集。利用相关的算法对上述特性进行提取，就可以得到比较理想的结果。

在流量分析中，常用的技术是序列比对技术，这种技术在生物信息学领域常用于比对 DNA 序列。根据比对的数目，可以分为双序列比对和多序列比对。这里将以双序列比对技术中代表性的 Needleman-Wunsch 算法为例进行介绍。

Needleman-Wunsch 算法是一种动态规划算法，其解决问题的思路如下：

1）使用一个矩阵进行比较序列相似度的计分：假定对长度分别为 m 和 n 的两个序列 p 和 q 进行比较，那么要初始化一个 $(m+1) \times (n+1)$ 的 S 矩阵，其初始化方式为：

$$S_{ij} = \begin{cases} 0 & p_i \neq q_j \\ 1 & p_i = q_j \end{cases}$$

2）积分累加：使用另一个矩阵 M 进行路径上公共序列长度的累加，其算法为：

$$M_{ij} = \max(M_{i-1,j-1} + S_{ij}, M_{i,j-1}, M_{i-1,j})$$

其含义为，如果当前 p_i、q_j 不匹配，则进行一定程度的惩罚（也就是无法计分），以方便后续进行最优路径的回溯。

3）最优回溯：从矩阵 M 的右下角开始，从权值最高的矩阵元素回溯至起始位置。在移动过程中，需要考察上方、左侧、左上方三个方向的权值，并移动到权值最大的点。如果存在权值相同的情况，则优先移至左上方的位置。如果移动到左侧，则在序列 p 中插入一个占位符；如果向上移动，则在 q 中插入一个占位符，否则保持序列不变。移动到终点时，可获取两个序列的公共模式。

在应用层协议逆向中，大部分研究都通过序列比对方法得到公共子序列，随后使用聚类等方法进行深层次的信息挖掘和分类，最终提取到关键字、分隔符等重要字段，完成协议格式的解析。代表性的方法有 Protocol Information（PI）、Discoverer、Netzob 等。

除上述研究工作外，还有学者使用 n-gram 等自然语言处理领域的主流算法对报文进行分析，但是，序列比对算法的效果更好。不难发现，无论是序列比对算法还是其他方法，依赖的都是文本协议中广泛使用的关键字，类似于 HTTP 中的属性字段。这些字段通常使用可打印文本进行字段语义的标注和边界分割。因此，通过识别关键字和分隔符进行分析是一种非常直观的思路。

2. 基于程序分析的协议逆向

协议报文在程序内部进行处理时，由不同的程序段处理协议的不同部分，因此可以利用这一特点从程序运行记录中获取协议的格式信息。目前，主流的方法是使用动态污点分析（Dynamic Taint Analysis）进行程序运行记录的分析并获取格式信息。

动态污点分析方法最早用于程序脆弱性分析，其原理是，先将程序输入标记为污点数据（Source），在程序运行过程中通过事先定义的污点传播规则进行污点传播。若发现污点数据作为 jmp、call 等敏感指令的输入，则标记为异常并进行记录（Sink）。图 6-18 对动态污点分析的流程进行了概括。

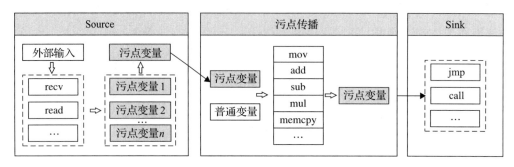

图 6-18　动态污点分析的流程

在协议逆向中，程序接收的协议报文数据被标记为初始的污点数据。在程序运行过程中，该数据处理的函数上下文关系等信息被逐一记录。通过记录内存地址与函数调用之间的关系，可以逐步恢复得到协议真正的格式信息。这个过程称为协议字段树构建。

协议字段树构建的算法描述如下：

1）建立字段树的根节点 root。通常，这个节点代表调用 Socket 等套接字函数的函数名，也就是首次出现污点数据的函数。

2）对于函数 f_1 和 f_2，如果 f_1 调用了 f_2，则 f_1 是 f_2 的父节点，按照此方式建立函数调用的树结构。

3）如果函数中使用了污点数据，则关联函数对应的污点数据（其在源数据中的偏移量）。

4）重复步骤 2 和步骤 3，直至根节点退出。

使用上述算法的代表性研究工作有 Polyglot、AutoFormat、ReFormat 等。Dispatcher 则反其道而行之，通过观察程序在报文前缓冲区中的报文组装过程推导协议的报文结构。

尽管上述方法已提出多年，但相关技术仍未得到实际应用，这与自动化分析手段的精度不理想有一定关系。在已有的研究中，大多数分析对象为互联网协议而非工控协议，工控协议的特殊性导致上述成果无法直接应用于协议规范的逆向分析。工控二进制协议与文本协议不同，其固定位置的字节通常有严格定义，不需要利用关键字和分隔符等要素进行字段分隔，因此基于网络流量的分析效果非常差。工控协议网络数据集获取困难也是另一个难以解决的问题。基于程序分析的逆向方法需要对包含协议栈的应用程序进行分析，这些程序通常封装在工控上位机编程软件和相应的嵌入式设备固件中，存在提取困难、缺少多操作系统/架构程序分析手段等问题。因此，要在工控私有协议的自动化逆向分析方法上有所突破，必须先解决上述问题。

6.2.2 认证机制突破与绕过

工控协议认证机制的工作原理是，用户访问工控设备时，需提供有效的身份标识，设备根据协议规则核验标识，并根据核验结果决定用户是否有操作设备的权限。认证机制在工业互联网安全保护中有非常重要的作用，是工业生产环境中最基本、最关键的防线。

1. 工控协议与互联网协议在认证机制方面的区别

传统的互联网协议和工控协议的认证机制与实现主要存在以下不同。

（1）保护目标不同

传统的互联网协议认证保护的是信息的可用性、真实性、完整性和机密性，而工控协议认证除了实现上述要求，还要保护真实的物理系统不受信息物理威胁，以及阻止对物理设备的未授权访问。更进一步，工控网络中的认证机制还应当保证实时性和可用性，包括网络延迟在容许范围内、网络链路的吞吐量有冗余、端设备的计算资源不被耗尽等。因为要兼顾多方面的安全需求，所以工控协议认证机制的设计更加困难。

（2）嵌入层次不同

由于互联网的基础架构已经固定，不会有大的改动，因此互联网协议的认证和加密机制只能嵌入 TCP/IP 的应用层。相比之下，工控网络可以从头开始设计，根据安全目标定制专门的架构，如表 6-1 所示（表中加锁的项目表示可以在这一层使用安全协议，具备加密功能）。于是，就出现了将认证机制嵌入数据链路层的架构，让认证服务运行在每一个接入交换机中，实现网络准入控制，这称为内嵌认证。认证在协议栈中的布局更加灵活，使得工控协议具有异构和多重保护的特性，能更有效地应对未知的攻击方式。

表 6-1 互联网协议与工控网络协议的比较

	互联网协议	工控网络协议
应用层	🔒SSL/TLS	🔒SSL
传输层	TCP/UDP	TCP/UDP
网络层	IPv4/IPv6	🔒IPSec
数据链路层	Ethernet	🔒Ethernet

（3）加密算法不同

传统互联网多采用经典加密算法，如非对称加密采用 RSA、安全散列采用 SHA、对称加密采用 AES 等算法。一些具有加密机制的工控网络则采用经过严密论证、更加安全可靠的国密算法，包括非对称加密 SM2、安全散列 SM3、对称加密 SM4 等，因此可以在保持认证流程不变的情况下替换认证机制内部的算法。

（4）认证场景不同

在传统互联网中，网站多采用安全证书，借助证书颁发机构来证明自己的身份，用户则使用自己注册时设定的用户名和密码来证明自己的身份。工控网络通常与外网隔离，无法借助证书颁发机构证明身份,所以设备与上位机软件在安装时会各拥有一份证书。用户管理系统是较为简单的,用户只有密码,没有用户名,也没有找回密码等高级功能。上位机软件连接到设备时,设备先通过证书认证上位机软件,同时建立安全连接,再通过密码认证用户。习惯使用互联网的用户在刚开始使用工控设备时,如果没有注意这些区别,很可能忽视一些安全风险。

(5)发展过程不同

互联网协议的主要目的是实现用户间的交流,因此在其诞生时就对安全性提出了较高要求。工控设备的主要用途是实现工业生产的相关操作,其最重要的标准是实用性与可靠性。同时,早期的工控设备与外网隔离,拥有天然的保护屏障,不存在遭受网络攻击的风险,其安全性更容易被忽略,很多设备的认证机制过于简单甚至没有认证机制。随着工业互联网的兴起,越来越多的工业设备接入网络中,之前欠下的"安全债"就暴露出来。

2. 常用认证方式

工控协议种类繁多,其认证机制也不尽相同。下面总结几种常见的认证方式。

(1)无认证

早期的工控设备没有接入网络,以"孤岛"的形式运行,很多旧版本设备没有安全认证。攻击者只要能在网络中访问该设备,并以该设备支持的协议格式向设备发送指令,就能取得设备的控制权,从而影响工业生产的安全性。由于开发者更在意设备的功能实现而非安全保护,因此很多新版本设备也缺乏认证机制。例如,如果机械臂控制器没有设置身份认证,攻击者一旦通过网络与控制器建立连接,就可以发送特定数据包来修改或覆盖控制器的执行程序、修改机械臂运动安全范围甚至直接控制机械臂运动。

(2)口令认证

目前,大多数公司都为产品设置了口令认证功能,以防止未经授权的访问和操作。操作人员可以为设备设置访问口令,用户访问设备时必须输入口令。设备或者上位机软件会将输入口令与正确口令进行比较,比较结果无误才能访问设备。按照口令的传输方式,可分为明文传输、加密传输两种方式;按照口令比较的位置,可分为上位机验证(上传验证)、设备端验证(下载验证)两种方式。口令认证机制的类别和复杂程度决定了攻击者突破认证的难度。

(3)会话认证

在密码学中,两个用户建立通信时,会将临时交互号(nonce)作为会话的唯一标识,从而保证会话的安全性。类似的认证机制也存在于工控设备的通信中。以 S7comm-plus 协议(V2 版本)为例,设备收到上位机的访问请求后,会随机生成一个名为 SessionID 的会话认证码,并返回一段与 SessionID 相关的会话认证数据。上位机通过一定的加密算法,以会话认证数据为输入计算出 SessionID 并发送给设备进行校验,校验通过后,双方才能建立通信连接。在之后的会话中,通信双方发送的数据包中都会包含 SessionID,以确保本次会话是安全的。如果上位机返回的 SessionID 错误，设备将拒绝通信。通过随机生成的 SessionID 可保证访问者拥有和设备相同的 SessionID 生成机制，增加访问的可信性。

（4）信息完整性认证

为了防止上位机与设备之间的通信数据被篡改，部分工控协议中包含完整性验证机制。在传输数据前，利用一定的加密算法，根据数据包中的程序、参数、变量值等重要信息生成摘要值，随数据包一同发送。设备或上位机收到数据包后，重新计算摘要值并与之前计算的摘要值进行比对，若摘要值相同，则说明传输数据没有被篡改。利用该机制可防止中间人攻击。

（5）复杂认证机制

部分协议为了提高安全性，设置了独特的认证机制。例如，S7comm 协议在 V3 版本中设置了四次握手验证机制和会话密钥生成机制，涉及椭圆曲线加密等复杂的加密算法，大大提高了设备通信的安全性。

3. 认证突破方式

复杂、严谨的认证机制能够保护设备免受攻击者的恶意操作，并保证设备通信安全可靠。如果设备认证机制简单，甚至没有认证机制，攻击者就可能突破认证，做出停止正在执行的操作、启动设备、读取敏感数据、修改执行程序等危险行为，影响正常的生产工作，甚至造成严重的安全事故。

在对工控设备进行认证突破时，常使用 Wireshark 工具来观察上位机与设备间的流量包。如果协议被 Wireshark 解析，就可以看到数据包的结构、各层次内容，甚至是认证方式。在对协议有一定了解之后，可根据认证方式采用不同方法突破。

（1）重放攻击

如果协议没有认证机制，那么可以通过重放攻击对设备进行操作。首先，记录上位机发送给设备的数据包，再根据需要将特定功能的数据包重新发送给设备，这样即可控制设备执行特定功能。例如，针对没有设置认证保护的 PLC，可以记录上位机控制 PLC 启动、停止时发送的数据包，与 PLC 建立 TCP 连接后重放数据包即可控制 PLC 启动和停止。

（2）获取会话认证码

只有会话认证的工控协议也可能被攻破。利用 Wireshark 等网络流量嗅探工具，可以找到会话认证码在数据包中的位置。通过观察、比对就可以推算其生成机制，随后向设备发送建立连接的申请。在收到设备发送的数据包后，攻击者识别出会话认证数据的位置并生成会话认证码，即可通过会话认证与设备进行通信。一些早期的工控协议可通过该方式突破认证。会话认证码一般随机生成，如果随机范围较小，则很容易产生相同的随机认证凭据。攻击者可以记录多个会话过程，根据以往的会话认证码预测当前认证码，在此基础上实现重放攻击。

（3）"安全时间窗"重放

一些工控设备在进行口令认证后，会产生一个"安全时间窗"，在该窗口期内进行的操作不需要包含认证信息，都被认为是安全操作。攻击者可以利用这个漏洞，提前记录设备操作的数据包，并在设备的安全时间窗内重放，从而在不知道口令的情况下对设备进行恶意操作。

（4）中间人攻击

如果协议没有完整性认证机制，那么可以通过中间人的方式绕过认证，从而实现攻击。攻击者通过 ARP 欺骗，使正在通信的上位机和设备误认为攻击者是当前通信的对象，并向其发送数据包。攻击者截获双方的数据包后，对其中的数据进行修改，再将数据发送给真实的接收者。由于协议没有完整性验证机制，上位机和设备无法判断接收到的数据是否被修改，攻击者的阴谋就会得逞。

（5）修改上位机执行流程

如果设备设置了口令保护，但是口令认证过程是在上位机软件中完成的，那么攻击者可以通过修改上位机软件的程序执行流来绕过登录密码的验证过程，然后像合法用户一样对设备进行操作。

（6）口令爆破

对于设置了口令认证的设备，如果输入错误口令后没有相应的处理措施（例如输入若干次错误密码后设备被锁定），攻击者就可以利用暴力破解的方式获得设备的密码值。

4. 其他问题

（1）设备信息泄漏

某些 PLC 存在信息泄漏漏洞，通过 Modbus 读取变量、文件和内存块时会泄漏 SNMP 信息（CVE-2019-6806、CVE-2018-7848、CVE-2018-7844）。攻击者利用这一漏洞，可以在未通过身份认证的情况下，对 PLC 发送指定数据包，获取 CPU 型号、固件版本等信息，为下一步渗透做铺垫。

（2）认证机制覆盖范围不全面

部分厂商的设备虽然设置了完善的认证保护功能，但一些敏感的配置功能并没有涵盖在认证保护功能中。例如，某些 PLC 的认证保护没有覆盖 IP 配置（包括 IP 地址、子网掩码和默认网关）。如果这些配置被攻击者修改，将造成严重的故障（CVE-2019-6820）。

（3）使用安全性较弱的方式传输认证凭据

一些厂商的设备使用安全性较弱的方式传输用户凭证，大大增加了凭证被攻击者记录的可能性。例如，某些 PLC 使用 HTTP GET 的方式传输用户凭据，这种方式很容易被攻击者利用，进而突破认证机制（CVE-2017-7898）。

6.2.3 工控语义攻击的发现与验证

语义攻击主要研究如何利用通信协议的内容以及通信协议或网络应用中存在的缺陷，插入恶意或虚假的数据报文来破坏合法通信。在实施语义攻击时，攻击者通过网络或者现场接入的方式进入系统内网，然后根据掌握的系统先验知识发送恶意报文。整个攻击过程用一台机器就能完成，因为一个畸形的数据包足以影响整个服务。典型的语义攻击手段包括泪滴、死亡之Ping，BGP中毒等。

1. 工控语义

在工业控制系统中，不同ICS组件之间的网络通信语义主要表现在过程感知和过程控制两个概念中。过程感知是受控过程状态信息在设备间的传播，特别是ICS监视设备要求PLC定期更新运行状态，以便向操作人员报告当前工厂的状态。除了不断升级、更新关键信息以及时做出反应外，过程感知还收集趋势数据以进行长期流程分析。这样的信息更新周期一般为几秒。PLC还在设备间传播感知信息，以确保每个设备在进入下一个流程之前都能获得关于关键变量的足够信息（例如，PLC1需要在开始下一个流程之前，了解连接到PLC2的现场设备的状态）。过程控制一般有两种方式：PLC根据其嵌入的逻辑进行控制，由操作员指令覆盖PLC内部逻辑。在这两种情况下，都是PLC执行操作，因此过程实际运行状态的改变反映为PLC内部状态的更新。

PLC的过程变量表征了当前的运行状态，典型的变量包括某物理进程的设定值（即配置设置）、一个阀位传感器的当前值和一个循环程序步骤的当前位置等。过程变量可以作为PLC代码的输入，例如，表示高水位的变量值可能会触发排水过程。同样，PLC通过写入相应的变量来执行操作员命令。例如，打开阀门的命令将更新程序代码定期检查的某个变量，一旦它检查到更新，就将相应的模拟信号输出到物理设备。在设备内部，过程变量通过PLC的数据模型映射到PLC的存储单元。数据模型决定过程数据在PLC内存和网络层的表示，通常直接与供应商使用的通信协议绑定，实际的映射是由PLC程序员决定的。在通信协议方面，由于协议本身具备语义属性，因此工控协议中的工控语义有两个层面的意义：一是工控协议本身的字段结构、功能码类型等；二是工控协议数据部分和操作码等的具体内容。针对第一个层面，工控语义的攻击检测研究与普通的工控协议安全研究甚至通用网络协议安全研究类似，通常是选取通信流量的五元组数据，结合数据长度等要素对通信进行分析，采用的方法包括基于分类的方法或者建立规则库等。在后面的内容中将着重阐述针对第二个层面的工控语义攻击与发现，这些研究通常是基于工控协议深度包解析的，即网络协议OSI模型中网络层以上通信字段的内容。

2. 工控语义攻击

工控语义攻击实际上是工控语义与语义攻击两个概念的结合，利用工控系统中不同组件之间相互传递的信息内容对工控系统进行破坏。对于攻击者和研究者而言，工控语义攻击是在绕过系统认证环节或者利用中间人等手段打通攻击链路后真正执行恶意操作的攻击，它使得深谙计算机漏洞利用的攻击者能够完成针对工控系统的特定且准确的攻击，从而达成预期的攻击效果。

研究表明，工控语义攻击由于融合了实际控制过程的物理信息，可以使用精确的控制命令语句对该特定过程下达恶意命令。这种攻击显著提升了攻击的威胁性，因为内存缓冲区溢出等漏洞均是针对某些硬件架构或固件型号而非针对具体工业生产过程，所以利用这类漏洞发动的攻击可能对实际工业过程的威胁不明确，而工控语义攻击则是明确针对工厂的某个过程。

工控语义攻击具有一定的复杂性，任何工控系统中的操作命令均可被用作恶意命令进行语义攻击，而这些命令通常与正常命令混杂在一起，给入侵检测带来了极大的困难。2017 年，Davide Quarta 等研究人员演示了针对标准工业机器人的 5 种特定攻击，包括：①改变控制回路参数，即攻击者改变控制系统，使机器人不按预定情况运动或运动不准确；②篡改校准参数，即攻击者改变校准，使机器人不按预定情况运动或运动不准确；③篡改生产逻辑，即攻击者操纵机器人执行的程序，使工件产生缺陷；④攻击者篡改操作员获取的机器人状态信息，使操作员不知道机器人的真实状态而导致意外情况；⑤攻击者操纵机器人实际状态，使操作员对机器人失去控制或受伤。这些攻击的实现是通过利用 FTP 或者机器人的一些软件接口的弱认证，将包含特定恶意命令的动态链接库上传到机器人控制器正在运行的系统目录而完成的。这些恶意的修改包括对相关参数的调整以及校准篡改等，而在机器人正常工作时，上述命令均有涉及，所以需要特别的手段检测命令中语义的合理性和合法性。

图 6-19 给出了工控语义攻击的一个例子，攻击者通过接入现场交换机或感染工控上位机的方式进入系统网络。由于从站与主站之间的通信是未经认证的，因此只要是符合系统协议格式的报文，无论来源、数据内容正确与否，都可以被从站控制器接收并响应。而且，协议具有环形通信的机制，带有流量监控软件的设备（如 Wireshark）一接入交换机，即可获取网络中的所有数据，并且可以向网络中注入任意符合协议格式的恶意报文。

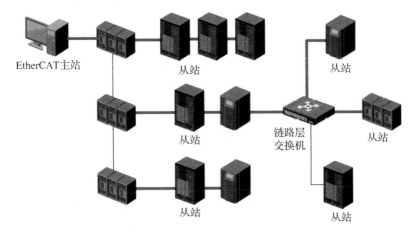

图 6-19　EtherCAT 系统结构图

EtherCAT 报文帧的结构如图 6-20 所示，本例中的攻击运用的是 EtherCAT 数据部分中一类特殊的逻辑地址映射命令，该命令的作用是在初始化阶段为 EtherCAT 从站寄存器的某个物理地址分配逻辑地址,以便进行逻辑读写。通过构造恶意的命令,可以实现逻辑地址映射的篡改,导致逻辑读写命令的对象更改,达成攻击目的。

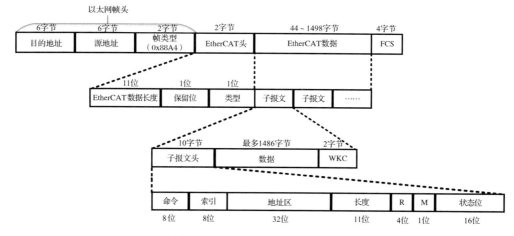

图 6-20　EtherCAT 报文帧的结构

3. 工控语义漏洞检测

实现工控语义攻击本质上是利用工控系统通信内容的含义来制造攻击载荷,反之,发现与识别工控语义漏洞也需要利用基于语义信息的深度包入侵检测技术,如基于网络流量的检测方法。利用语义进行工控系统入侵检测的想法源于工控协议自身具备的语义属性,协议的不同字段具有不同含义,执行不同功能,找出复杂工控语义中各个字段在正常运行时的不变集并以此作为对照,即可过滤恶意的工控语义。

基于语义信息的深度包入侵检测技术分为三类。

(1)基于单包语义规则模型的检测方法

该方法比较简单,也是目前广泛应用的一种检测方法。其原理是,安全工程人员获取大量系统语义信息先验知识,建立黑名单或白名单,进行语义规则匹配。语义规则通常为基于 Snort 模板的包过滤规则,根据网络数据流是否匹配以上语义信息规则来判断流量是否异常。

(2)基于流量行为建立状态迁移模型的检测方法

该方法主要利用工控系统网络中的典型交互模式实现。以 SCADA 系统为例,由于系统监控中心定期轮询各控制器,因此在通信过程中,各个设备会采用固定的请求、响应行为模式。在系统正常运行的过程中,上位机会向控制设备发送一系列请求及指令数据包,控制设备会定期进行响应或执行相应的操作。在这类检测方法中,首先对网络数据报文进行解析,提取关键的语义信息,其中包含设备在通信过程中的功能及收发的指令信息,如各类标识符、功能码等。通过分析这些信息字段的变化,就能够获取系统中发生的事件信息。利用上述语义信息作为特征,通过建立离散时间马尔可夫链(DTMC)或确定有限状态自动机（DFA）等状态迁移模型就可以进行检测。

（3）基于过程变量建立时序预测模型的检测方法

在这类检测方法中，首先通过数据报文解析恢复数据包中有效载荷字段与实际被控过程物理量之间的映射关系，获取过程数据语义信息。这类信息往往具有时间上的连续性，具备严格的时序相关关系，如被控过程中的液位、温度、压力等测量值。基于这类信息字段的特点，采用时间序列分析方法对其进行处理，通过时序预测模型拟合变量曲线，预测当前时刻的变量值，并与实际数据报文中该语义字段代表的变量值进行比对，就可以判断系统运行是否偏离预期。

建立时序预测模型的一种方法是利用朴素贝叶斯算法对流量进行分类，通过融合多项式模型与高斯模型实现异常检测。朴素贝叶斯是一种广泛使用的简单机器学习算法，适用于二元和多元分类问题。朴素贝叶斯分类基于条件概率实现，其核心部分为贝叶斯法则，在假设样本的各个特征属性相互独立的前提下，利用训练过程中得到的各个类别的出现频率及其中每个特征属性的条件概率作为各事件发生的先验概率，估计样本属于各个类别的概率，这也是朴素贝叶斯中多项式模型的实现方式。

另一种方法是基于自回归模型的检测方法。在检测过程中，语义信息分类为配置信息和连续过程数据。对于配置信息、常数等给出一个枚举集，超出该集合则报警；对于连续过程数据，如果其值超出限制或产生一个自回归模型的预测偏差，则报警。具体而言，为了估计自回归模型中的偏差，将残差方差（在训练期间观察到的）与预测误差方差（在测试期间观察到的）进行比较，当预测误差方差显著高于残差方差时，说明实际流偏离了估计模型，此时应发出检测警报。

6.3 本章小结

本章分析了工业控制系统控制层恶意代码的特征，针对其跨越信息物理空间的实体破坏性和隐蔽攻击性，结合真实的恶意代码案例进行描述，旨在为读者展示攻击方式，为防御方提出攻击检测及防御方案提供支撑。本章还针对工控私有协议逆向技术、认证机制安全缺陷和语义攻击的发现与验证等问题进行梳理、归纳和分析，为读者提供相应的入门知识，以及支撑协议层面的防御和安全协议设计。

6.4 习题

1. 简述震网病毒利用伪装技术攻击 SCADA 系统的原理。
2. 工控语义攻击与其他攻击的区别是什么？除了基于语义内容的检测方法，还有哪些检测手段？
3. 有哪些常用的工控协议认证机制？常用的绕过方法有哪些？
4. 针对恶意软件 Triton 的样本，对其中的 script_test.py 文件（主程序 Trilog.exe 反编译获得的 Python 源码）进行分析，简要梳理和概括程序的执行流程。

第 7 章

工业互联网安全风险评估

工业互联网安全风险评估的目的是从风险管理角度，运用科学的方法和手段，系统地分析工业互联网面临的威胁及其存在的脆弱性，评估安全事件一旦发生可能造成的危害程度，从而提出有针对性的防护对策和整改措施，尽可能地防范和化解工业互联网的安全风险，保障工业互联网的安全。

本章详细介绍工业互联网安全风险评估的相关标准、方法、流程以及处置策略，为读者执行风险评估提供翔实的指导。首先，将介绍风险评估的基本概念、参考标准以及方法，接下来按照风险评估的常见流程进行讲解，使读者了解风险评估的准备、风险信息收集、风险计算分析以及风险评估处置的相关内容。

7.1 风险评估的基本概念和方法

本节首先介绍风险评估的基本概念和各要素及其关系，再结合工业互联网特性介绍工业互联网安全分析原理，最后介绍风险评估实施的流程。本节内容将为后续风险评估的实施做好准备。

风险的定义在不同标准中的表述有所不同。ISO/IEC31000 将风险定义为：对目标的不确定影响。通常，风险评估的主要目的是评估存在的负面风险，也就是评估风险事件带来的损失和影响。

2007 年，我国制定并颁布了风险评估标准《GB/T 20984—2007 信息安全技术 信息安全风险评估规范》，该标准将信息安全风险（information security risk）定义为：人为或自然的威胁利用信息系统及其管理体系中存在的脆弱性导致安全事件的发生及其对组织造成的影响。信息安全风险评估（information security risk assessment）的定义为：依据有关信息安全技术与管理标准，对信息系统及由其处理、传输和存储的信息的保密性、完整性和可用性等安全属性进行评价的过程。它要评估资产面临的威胁以及威胁利用脆弱性导致安全事件的可能性，并结合安全事件涉及的资产价值来判断安全事件一旦发生对组织造成的影响。

通过工业互联网安全风险评估,可以准确认识和评价工业互联网在相应生命周期阶段的安全现状、安全态势及量化风险,并进行风险处置,为后续的安全防御体系设计提供依据。进行工业互联网安全风险评估主要依据以下标准:
- GB/T 20984—2007 信息安全技术 信息安全风险评估规范
- GB/T 26333—2010 工业控制网络安全风险评估规范
- GB/T 30976.1—2014 工业控制系统信息安全 第1部分:评估规范
- GB/T 33009.3—2016 工业自动化和控制系统网络安全 集散控制系统(DCS)第3部分:评估指南
- GB/T 22239—2019 信息安全技术 网络安全等级保护基本要求

7.1.1 风险评估要素及其关系

结合信息安全风险评估规范,并结合工业互联网特性,可知工业互联网的风险评估要素及其关系如图 7-1 所示。

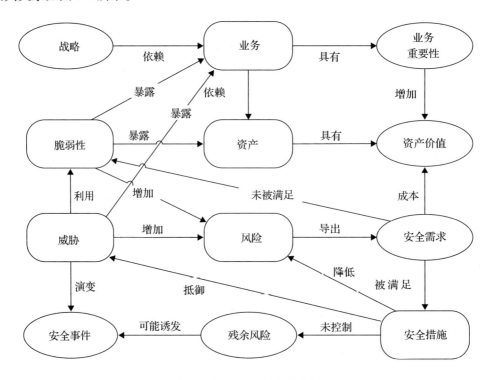

图 7-1 风险评估要素关系图

图中矩形部分的内容为风险评估的基本要素,椭圆部分的内容是要素相关的属性。总体来说,工业互联网安全风险评估围绕资产、威胁、脆弱性和安全措施这些基本要素展开。在评估过程中,需要充分考虑战略、资产价值、安全需求、安全事件、残余风险等与基本要素相关的属性。

7.1.2 工业互联网安全分析的原理

工业互联网的安全分析涉及业务、资产、威胁、脆弱性、安全措施和风险六个基本要素,每个要素有各自的识别内容。业务的识别内容是战略、战略地位、盈利程度和职能;资产的识别内容是可靠性、保密性、完整性、可用性、隐私和数据保护性;威胁的识别内容是动机、能力、频率和可能性等;脆弱性的识别内容是业务和资产弱点的严重程度。工业互联网安全分析的原理如图 7-2 所示。

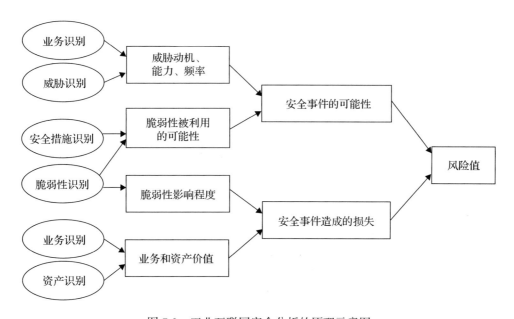

图 7-2 工业互联网安全分析的原理示意图

7.1.3 安全风险评估的实施流程

工业互联网安全风险评估的实施流程如图 7-3 所示。根据流程中的各项工作内容,一般将风险评估划分为评估准备、风险要素识别、风险分析三个阶段。其中,评估准备阶段的工作是评估过程有效性的保证,是评估工作的开始;风险要素识别阶段的工作主要是对评估活动中的各类关键要素——资产、威胁、脆弱性、安全措施进行识别与赋值;风险分析阶段的工作主要是对识别阶段中获得的各类信息进行关联分析,并计算风险值。通常,风险评估结束后是风险处理阶段。风险评估的实施流程和风险处理将在本章后续内容中详细介绍。

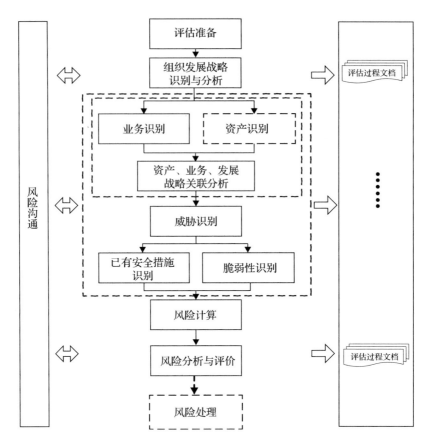

图 7-3 风险评估实施流程图

7.2 风险评估的准备

风险评估的准备是风险评估过程有效性的保证。组织实施风险评估是一种战略性考虑，评估结果会受到组织战略、业务、业务流程、安全需求、系统规模和结构等因素的影响。因此，在实施风险评估前，应做如下准备：

1）确定风险评估的目标。
2）确定风险评估的对象和范围。
3）组建适当的评估管理与实施团队。
4）对系统进行前期调研。
5）确定评估的依据和方法。
6）制定风险评估实施方案。
7）获得最高管理者对风险评估工作的支持。

信息安全风险评估涉及组织内部的重要信息，因此被评估的组织应慎重选择评估单位、评估人员的资质和资格，并遵守国家或行业的相关管理要求。前期准备的内容因实际情况而有所不同。

7.3 风险信息收集

在实施工业互联网安全风险评估前，各评估实施机构或自评估企业应对工业互联网的情况进行深入调研，获取支撑风险评估的基础信息。信息收集方法包括人员访谈、制度调阅、现场检查、技术检测等。

针对工业互联网进行现场检查与技术测试是风险信息收集中的重要一环，主要工作是利用技术检测工具对现场待评估的工业互联网的协议、漏洞、配置等情况进行分析，发现可能存在的技术风险。在本章中，我们将以工业互联网安全体系示意图作为示例进行介绍，如图7-4所示。

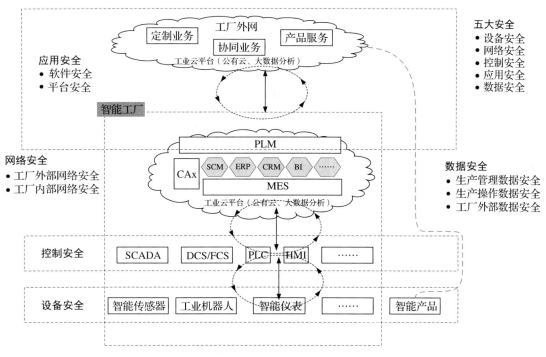

图 7-4 工业互联网安全体系

7.4 风险计算分析

工业互联网安全风险评估实施的主要步骤包括对评估对象进行业务识别和赋值、资产识别和赋值、威胁识别和赋值、脆弱性识别和赋值。其目标是根据各项资产在业务中的重要性，量化工业互联网风险，并给出风险处置的建议，这些步骤也称为风险计算分析。

7.4.1 发展战略识别

发展战略是组织发展的方针。发展战略识别的内容包括组织的属性与职能定位、发展目标、业务规划和竞争关系。发展战略的表现形式多样,其内容可根据组织的发展状况和外界情况进行动态调整,并受政府和行业管控、法律法规监管以及竞争关系等因素的影响。

发展战略识别是风险评估的重要环节,可以通过发展战略推导出各业务的发展情况,也可以将各项业务作为核心,针对各项业务的定位和情况确定整体发展战略。业务具有关联性,以业务为核心进行战略识别时可根据业务间的关联性进行综合分析,也可参考机构的发展战略规划。

7.4.2 业务识别

业务识别是指分析发展战略依赖的业务,将战略与实现该战略的业务进行拆解,并对该业务在战略中的地位等因素进行赋值。首先对业务流程进行识别。业务流程是指按照一定规则、业务关系及其先后顺序实现的一系列业务活动,通过对业务流程的管理、审批和控制,可实现业务数据之间的交换和集成。

对于工业互联网,应重点识别工业生产过程或可靠运行生产的业务流程。在业务流程识别中,进行业务逻辑识别、数据流识别、流程管理审批识别时,还应对涉及的PLC、SCADA系统、运动控制(MC)系统、过程控制系统(PCS)等进行相关的监控控制流程识别。

接下来考虑业务识别的内容。业务是组织发展的核心,具有价值属性、多样性、复杂性等特点。业务识别是风险评估的关键环节。业务识别与战略识别关系紧密,相互补充。业务识别的内容包括业务定位、业务关联性识别和业务完整性。业务识别的数据可来自熟悉组织业务结构的业务人员或管理人员。业务识别可通过访谈、文档查阅、资料查阅等方式进行,还可通过梳理信息系统后加以总结和整理而完成。

最后,对业务赋值。发展战略对业务具有依赖性,组织战略的实施需要通过业务来实现。从战略对业务的依赖程度出发,将战略和业务的关系进行量化,就可以对业务重要性进行赋值。

重要性是评价业务和业务流程的属性,但业务流程和业务的关联性不在此体现,业务流程应作为一个整体进行赋值。业务的重要性会对资产的重要性产生影响,也会对威胁的动机、能力产生影响。

根据业务或业务流程的重要程度,可将其分为五个等级。本节提供了一种重要性赋值的参考,如表7-1所示。

表 7-1 业务重要性赋值表

赋值	标识	定 义
5	很高	业务或业务流程在战略中极其重要，在战略的属性及职能定位层面具有重大影响，在短期目标或长期目标中占据极其重要的地位，在业务规划层面与较多业务有很强的交叉性，是多个业务流程的重要环节
4	高	业务或业务流程在战略中较为重要，在战略的属性及职能定位层面具有较大影响，在短期目标或长期目标中占据极其重要的地位，在业务规划层面与较多业务存在交叉性
3	中等	业务或业务流程在战略中具有一定的重要性，在战略的属性及职能定位层面具有一定影响，在短期目标或长期目标中占据重要的地位，在业务规划层面与其他业务存在一定的交叉性
2	低	业务或业务流程在战略中具有一定的重要性，在战略的属性及职能定位层面具有较低影响，在短期目标或长期目标中占据一定的地位，在业务规划层面与其他业务的交叉性较小
1	很低	业务或业务流程在战略中具有一定的重要性，在战略的属性及职能定位层面具有较低影响，在短期目标或长期目标中占据较低的地位，在业务规划层面相对独立

7.4.3 资产识别

资产识别是指对工业互联网信息资产进行识别，主要目标是得到对组织有价值的资产明细，脆弱性及威胁识别都是以资产识别为基础的。

1. 资产识别的内容

资产识别包括资产类别的识别、资产业务承载性的识别和资产关联性的识别三个方面。

根据工业互联网资产的表现形式，可将资产分为设备、控制、网络、应用以及数据五个类别。在实际工作中，资产的分类方法可以根据评估对象和要求，由评估方灵活把握。这里给出的资产分类方法如表 7-2 所示。

表 7-2 一种基于表现形式的资产分类方法

类 别	资 产
设备	• 单点智能器件：智能传感器 • 成套智能终端：智能仪表 • 智能产品：工业机器人 • 涉及操作系统/应用软件与硬件
控制	• 控制协议 • 控制软件 • 控制平台
网络	• 工厂内部网络 • 工厂外部网络 • 标识解析系统

(续)

类别	资产
应用	• 工业互联网平台：边缘层、平台 IaaS 层、平台 PaaS 层、平台 PaaS 层 • 工业应用程序
数据	采集、传输、存储、处理等各个环节的数据，主要有生产管理数据、生产操作数据以及工厂外部数据，如用户信息。

资产根据业务承载性有多种表现形式，同样的资产会因为属于不同的业务而具有不同的重要性。对于提供多种业务的组织，其业务组成形式较多，资产承载情况较为复杂。将信息系统作为纽带，对资产进行业务承载性识别，可以为下一步的风险评估打下基础。

资产具有关联性，同一资产可能承载了不同的业务。在云计算平台或大数据平台上，计算资源、网络资源和存储资源都进行了虚拟化，所以资产间具有更多关联性。

可靠性、保密性、完整性、可用性、隐私和数据保护性是用于评价工业互联网资产的五个安全属性。在风险评估中，资产的价值不是以资产的经济价值来衡量的，而是由资产对这五个安全属性的达成程度或者未达成安全属性时造成的影响程度，以及资产与业务关联后的重要程度来决定的。安全属性达成程度的不同使资产具有不同的价值，业务重要程度的不同使资产具有不同的重要性，资产面临的威胁、存在的脆弱性以及已采用的安全措施都将对资产安全属性的达成程度以及业务的安全程度产生影响。所以，应对组织中的资产进行识别。

2. 资产赋值

业务对资产具有依赖性，业务的运行需要依托信息系统。信息系统和资产有一定的对应关系，以信息系统为纽带，将业务对资产的依赖程度作为因子，对业务和资产的关系进行量化，就可以对资产和业务的关联程度进行赋值。

资产在安全属性上的赋值可以采取分级思路。根据资产在五个安全属性上的不同要求，可将其分为五个不同的等级，分别对应资产在安全属性上应达成的程度或者安全属性缺失时对整个组织的影响。

资产重要性应依据资产在安全属性上的赋值等级，以及与业务的关联分析结果，经过综合评定得出。组织可以根据自身的特点，对资产安全属性和业务流程重要性进行加权计算，得到资产的最终赋值结果。可根据组织的业务特点确定加权方法。

为与上述安全属性的赋值相对应，根据最终赋值将资产划分为五级，级别越高表示资产越重要，也可以根据组织的实际情况来确定资产识别中的赋值依据和等级。评估方可根据资产赋值结果，确定重要资产的范围，并围绕重要资产进行下一步的风险评估。表 7-3 给出了一种资产重要性赋值的参考。

表 7-3　资产重要性赋值表

等级	标识	资产重要性赋值描述
5	很高	非常重要，其安全属性被破坏后可能给组织造成非常严重的损失
4	高	重要，其安全属性被破坏后可能给组织造成比较严重的损失
3	中等	比较重要，其安全属性被破坏后可能给组织造成中等程度的损失
2	低	不太重要，其安全属性被破坏后可能给组织造成较低的损失
1	很低	不重要，其安全属性被破坏后会给组织造成很小的损失，甚至可以忽略不计

7.4.4　战略、业务和资产的分析

发展战略、业务和资产的组织形式自上而下分别是战略、业务、信息系统、平台、基础设施。关联分析的重点是分析战略对业务的依赖性、业务对资产的依赖性和资产安全属性丧失对业务/战略的影响。

资产安全属性丧失会对业务产生不同程度的影响，进而对战略产生不同程度的影响。

战略、业务和资产分析的目的是明确被评估组织的战略、业务和资产之间的关联性，将业务的价值传递到资产。业务重要性赋值不仅是对业务本身的重要性赋值，还要综合分析业务在战略中的重要性。资产重要性赋值是对资产安全属性赋值，而资产在业务中的重要性赋值是指具体业务中各资产的重要程度赋值。战略、业务和资产的关系如图 7-5 所示。

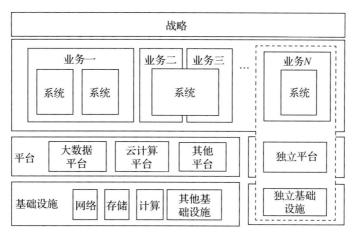

图 7-5　战略、业务和资产的关系图

7.4.5　威胁识别

工业互联网的发展使得现场设备由机械化向高度智能化方向转变，并催生了嵌入式操作系统 + 微处理器 + 应用软件的新模式，这样海量智能设备可能直接暴露在网络攻击之

下,面临攻击范围扩大、扩散速度增加、漏洞影响扩大等威胁。

从控制角度来说,工业互联网使得生产控制由分层、封闭、局部逐步向扁平、开放、全局方向发展。在控制环境方面,信息技术(IT)与操作技术(OT)日益融合,控制网络由封闭走向开放,控制范围从局部拓展至全局,并伴随着控制监测上移与实时控制下移。上述变化改变了传统生产控制过程封闭、可信的特点,带来了安全事件危害范围扩大、危害程度加深、信息安全与功能安全问题交织等隐患。

从网络角度来说,工业互联网的发展使工厂内部网络呈现IP化、无线化、组网方式灵活化与全局化的特点,而工厂外部网络则呈现信息网络与控制网络融合、企业专网与互联网融合以及产品服务日益互联网化的特点。这些变化造成传统互联网中的网络安全威胁向工业互联网蔓延。

从应用角度来说,工业互联网应用范围覆盖智能化生产、网络化协同、个性化定制、服务化延伸等方面。目前面临的安全威胁主要包括数据泄漏、非法篡改、数据丢失、权限控制异常、非法漏洞利用、账户劫持、非法接入等。

从数据角度来说,随着工厂数据从少量、单一、单向朝着大量、多维、双向转变,工业互联网的数据体量不断增大、种类不断增多、结构日趋复杂,并出现数据在工厂内部与外部网络之间双向流动、共享的趋势。由此产生的安全威胁主要包括非法数据披露、非授权分析等。

1. 威胁分类

动机、能力和频率是威胁的属性,威胁来源的不同决定了威胁类别的不同。威胁来源分为人为因素和环境因素。根据威胁的动机,人为因素又可分为恶意和非恶意两种。环境因素包括自然界的不可抗因素和其他物理因素。威胁的作用形式可以是对业务或信息系统进行直接或间接攻击,也可以是偶发或蓄意的事件带来的攻击。

在对威胁进行分类前,应考虑威胁的来源。对威胁来源的识别,应以组织职能和发展战略为核心。表7-4提供了一种威胁来源的分类方法。

表7-4 威胁来源列表

来源		描述
环境因素		断电、静电、灰尘、潮湿、温度、鼠蚁虫害、电磁干扰、洪水、火灾、地震、意外事故等环境危害或自然灾害,以及软件、硬件、数据、通信线路等方面的故障,或者依赖的第三方平台或者信息系统等方面的故障
人为因素	恶意人员	心怀不满或有预谋的内部人员对信息系统进行恶意破坏;内部人员或内外部人员勾结盗窃机密信息或篡改信息,获取利益;外部人员利用信息系统的脆弱性对网络或系统的保密性、完整性和可用性进行破坏,以获取利益或炫耀能力
	非恶意人员	内部人员由于缺乏责任心,或者由于不关心、不专注,以及没有遵循规章制度和操作流程而导致系统故障或信息损坏;内部人员由于缺乏培训、专业技能不足、不具备岗位技能要求而导致信息系统故障或被攻击

针对表 7-4 列出的威胁来源，可以根据其表现形式将威胁分类，如表 7-5 所示。

表 7-5 基于表现形式的威胁分类表

种 类	描 述	威胁子类
软硬件故障	对业务实施或系统运行产生影响的设备硬件故障、通信链路中断、系统本身或软件缺陷等问题	设备硬件故障、传输设备故障、存储媒体故障、系统软件故障、应用软件故障、数据库软件故障、开发环境故障等
支撑系统故障	信息系统依托的第三方平台或者接口相关的系统出现问题	第三方平台故障、第三方接口故障等
物理环境影响	对信息系统正常运行造成影响的物理环境问题和自然灾害	断电、静电、灰尘、潮湿、温度、鼠蚁虫害、电磁干扰、洪水、火灾、地震等
无作为或操作失误	应该执行而没有执行相应的操作，或无意执行了错误的操作	维护错误、操作失误等

2. 威胁赋值

威胁赋值分为威胁动机赋值、威胁能力赋值、威胁频率赋值、威胁的可能性赋值，下面分别对它们进行介绍。

1）威胁动机赋值：可综合威胁来源对行业的关注度和重视程度、威胁来源企图对对象进行破坏的意愿大小及获取经济利益的多少等方面来进行分级，通常将威胁动机划分为五个等级。

2）威胁能力赋值：根据威胁来源的渗透能力、情报能力及隐匿能力等进行赋值，通常将威胁能力划分为五个等级。

3）威胁频率赋值：判断威胁出现的频率是威胁赋值的重要内容，评估方应根据经验和（或）有关的统计数据来进行判断。在评估中，需要综合考虑多方面因素，以判断在某种评估环境中各种威胁出现的频率。通常将威胁频率划分为五个等级。

4）威胁的可能性赋值：可结合威胁发生的动机、能力、频率进行矩阵赋值、加权赋值等。

除结合威胁发生的动机、能力、频率外，还应考虑业务重要性，所以威胁综合赋值是通过计算函数计算业务重要性和威胁可能性后得出的值，如表 7-6 所示。

表 7-6 威胁识别表

业务	业务重要性	威胁	威胁动机赋值	威胁能力赋值	威胁频率赋值	威胁的可能性赋值	威胁计算值
业务 B2、B9	4	威胁 T1：拒绝服务攻击	5	5	4	5	5
业务 B2、B9	4	威胁 T4：地震	1	5	1	2	3
业务 B1、B4	5	威胁 T5：地震	1	5	1	2	3

7.4.6 脆弱性识别

资产本身存在脆弱性，如果没有被相应的威胁利用，脆弱性本身不会对资产造成损害。如果系统足够强健，严重的威胁也不会导致安全事件发生，并造成损失。也就是说，威胁总是要利用资产的脆弱性才可能造成危害。不正确、起不到应有作用或没有正确实施的安全措施本身就可能是一个脆弱性。

1. 脆弱性识别的内容

脆弱性识别是风险评估中的一个重要环节。它以工业互联网资产为核心，针对每一项需要保护的资产，识别可能被威胁利用的弱点，并对脆弱性的严重程度进行评估。脆弱性识别主要从技术和管理两个方面进行，技术脆弱性涉及设备、控制、网络、应用、数据等方面的技术安全问题。管理脆弱性可分为技术管理脆弱性和组织管理脆弱性，前者与技术活动相关，后者与管理环境相关。

（1）技术脆弱性

1）物理环境：物理环境脆弱性识别主要通过现场勘查、调阅工程文档、填写调查问卷和访谈的方式进行。识别脆弱点时可以参照相关的国际/国家标准，如场地相关标准、等级保护中的物理环境安全等。

2）设备脆弱性：设备的脆弱性主要包括设备固件的操作系统内核漏洞、协议栈漏洞以及现场设备的系统信任根缺陷。

3）控制脆弱性：控制系统的认证授权缺陷、权限未划分缺陷、控制协议未加密缺陷以及鲁棒性未达到要求等脆弱性都可能被威胁利用。工业互联网中的控制软件漏洞等也是控制脆弱性的来源。

4）应用脆弱性：对工业应用程序而言，最大的脆弱性来自安全漏洞，包括开发过程中编码不符合安全规范而导致的软件本身的漏洞以及由于使用不安全的第三方库而出现的漏洞等。

5）数据脆弱性：数据由于未加密、未设置正确的访问控制权限和接入认证、未进行数据脱敏等情况而导致在数据的收集、传输、存储以及处理等各个环节出现的脆弱性。

（2）组织管理脆弱性

根据《GB/T 30976.1—2014 工业控制系统信息安全 第1部分：评估规范》，工业互联网/工业控制系统信息安全组织管理机构评估的主要内容如表7-7所示，这些也是可能存在组织管理脆弱性的方面。

《GB/T 30976.1—2014 工业控制系统信息安全 第1部分：评估规范》中详细描述了工业控制系统的组织管理机构需要评估的详细内容。在进行组织管理脆弱性分析时，将以此标准作为依据，并结合被评估系统所在组织的实际情况进行脆弱性识别。

可以根据对资产的损害程度、技术实现的难易程度、弱点的流行程度，采用等级方式对已识别的脆弱性的严重程度进行赋值。

表 7-7 工控安全管理组织机构评估内容

A.5 安全方针				
A.6 信息安全组织				
A.7 人力资源安全	A.8 资产管理			
	A.9 访问控制			
	A.10 密码学			
	A.11 物理和环境安全	A.12 操作安全	A.13 通信安全	A.14 信息系统的获取开发和维护
	A.15 供应关系			
A.16 信息安全事件管理				
A.17 业务连续性管理的信息安全方面				
A.18 符合性				

对于某个资产,其技术脆弱性的严重程度可能受到组织管理脆弱性的影响。因此,资产的脆弱性赋值还应参考技术管理和组织管理脆弱性的严重程度来确定。

2. 脆弱性赋值

可以根据脆弱性对业务和资产的暴露程度,以及已有安全措施和脆弱性关联识别分析的结果、技术实现的难易程度、流行程度等因素,采用等级方式对已识别的脆弱性的可利用性和严重程度进行赋值。由于很多脆弱性反映的是同一方面的问题,或可能造成相似的后果,因此赋值时应综合考虑这些脆弱性,以确定这一方面脆弱性的可利用性和严重程度。

通过威胁、脆弱性和已有安全措施识别结果,得出脆弱性的可利用和严重程度,并划分处理等级,不同的等级代表业务和资产脆弱性可利用性和严重程度的高低。等级数值越大,脆弱性的可利用性和严重程度越高。表 7-8 提供了脆弱性的可利用性和严重程度的一种赋值方法。

表 7-8 脆弱性赋值表

等级	标识	定 义
5	很高	脆弱性的可利用性很高,如果被威胁利用,将对业务和资产造成完全损害
4	高	脆弱性的可利用性高或很高,如果被威胁利用,将对业务和资产造成重大损害
3	中等	脆弱性的可利用性较高、高或很高,如果被威胁利用,将对业务和资产造成一般损害
2	低	脆弱性的可利用性一般、较高、高或很高,如果被威胁利用,将对业务和资产造成较小损害
1	很低	脆弱性的可利用性低、一般、较高、高或很高,如果被威胁利用,对业务和资产造成的损害可以忽略

7.4.7 已有安全措施的识别

识别脆弱性的同时,评估人员应对现有安全措施的有效性进行确认。确认安全措施时应评估其有效性,即是否真正降低了系统的脆弱性,抵御了威胁。有效的安全措施应继续使用,以避免不必要的工作和费用,防止重复部署安全措施。对确实不适合的安全措施应考虑取消、进行修正或者采用更合适的安全措施。

1. 已有安全措施识别内容

安全措施可以分为预防性安全措施和保护性安全措施。预防性安全措施可以降低威胁利用脆弱性导致安全事件的可能性,如入侵检测系统;保护性安全措施可以减少安全事件对组织或系统造成的影响,如业务持续性计划。

已有安全措施确认与脆弱性识别存在一定的联系,使用安全措施可以减少系统在技术或管理上的脆弱性,但安全措施确认并不需要像脆弱性识别那样具体到每个资产、组件的弱点,它是一类具体措施的集合。安全措施只为风险处置计划的制定提供依据和参考。

2. 脆弱性与已有安全措施关联分析

可通过对比分析和扫描、渗透测试的方式对脆弱性和已有安全措施进行关联分析。对比分析方式是指针对每一项脆弱性,对相关安全措施进行削减脆弱性分析,从而对脆弱性赋值进行调整,得到已有安全措施关联后的脆弱性赋值。

扫描和渗透测试方式是指通过扫描和渗透测试探测新的脆弱性,再与脆弱性列表中已有项目合并得出关联分析结果。本节给出了一种脆弱性与已有安全措施关系的示例,如表7-9所示。

表7-9 脆弱性与安全措施关系

分类	脆弱性	安全措施
管理	人员缺乏、安全培训不充分、缺乏安全意识、缺乏监督机制等	合同约束和管理优化、人员培训等
物理层	建筑物、门和窗缺乏物理保护,供电设施不稳定,处于易发生自然灾害的地区,对电磁辐射敏感,对存储介质的维护不充分,缺乏有效的配置变更控制等	机房选址、建筑物的物理访问控制、防盗窃和防破坏、防雷击、防火、防水和防潮、防静电、温湿度控制、电力供应、电磁防护等
网络层	缺乏通信完整性校验、网络通信带宽和质量不充足、网络设备安全配置缺失、无恶意代码和入侵防范措施等	VLAN划分、网络访问控制、网络设备防护、安全审计、边界完整性检查、入侵防范、恶意代码防范等
主机层	缺乏系统安全配置、系统加固,数据清除不彻底,无入侵防范、恶意代码防范措施等	身份鉴别、访问控制、安全审计、剩余信息保护、入侵防范、恶意代码防范、资源控制等
应用层	软件检测缺乏或不充分、缺乏审计、软件缺陷、缺少备份措施等	身份鉴别、访问控制、安全审计、剩余信息保护、通信完整性、通信保密性、抗抵赖、软件容错、资源控制等
数据层	缺乏数据备份、加密、通信完整性校验	数据完整性保护措施、数据保密性保护措施、备份和恢复等
其他	其他脆弱性	其他安全措施

7.4.8 风险分析

在完成了业务识别、资产识别、威胁识别、脆弱性识别,并确认了已有安全措施后,应采用适当的方法与工具确定威胁利用脆弱性导致安全事件发生的可能性。综合安全事件涉及的资产价值及脆弱性的严重程度,可以判断安全事件对组织的影响,即安全风险。安全风险计算公式如下:

$$风险值 = R(B, A, T, V) = R(L(H(B, T), Va),F(Ia, Vb))$$

其中,R 表示安全风险计算函数,B 表示业务重要性,A 表示资产,T 表示威胁,Va 表示脆弱性,Ia 表示安全事件涉及的资产价值,Vb 表示脆弱性严重程度,H 表示受业务价值影响后的威胁,L 表示威胁利用资产的脆弱性导致安全事件发生的可能性,F 表示安全事件造成的损失。

工业互联网安全风险有以下四个关键计算环节。

1. 计算威胁值

根据威胁的动机、能力和频率的状况,计算不同业务价值下的威胁,计算公式如下:

$$威胁值\ Tb = H(业务重要性,威胁) = H(B, T)$$

在具体评估中,应综合不同业务和业务流程面临的威胁,主要包括威胁动机、能力和频率。

2. 计算安全事件发生的可能性

根据威胁出现的频率及脆弱点的状况,计算威胁利用脆弱性导致安全事件发生的可能性,计算公式如下:

$$安全事件发生的可能性 = L(威胁出现的频率,脆弱性) = L(T, V)$$

在具体评估中,应综合攻击者的技术能力(专业技术程度、攻击设备等)、脆弱性被利用的难易程度(可访问时间、设计和操作知识的公开程度等)、资产吸引力等因素来判断安全事件发生的可能性。

3. 计算安全事件发生后的损失

根据资产价值和脆弱性严重程度,可计算出安全事件所带来的损失,计算公式如下:

$$安全事件造成的损失 = F(资产价值,脆弱性严重程度) = F(Ia, Vb)$$

安全事件造成的损失不仅影响资产本身,还可能影响业务的连续性。不同安全事件对组织造成的影响也是不一样的。在计算某个安全事件的损失时,应考虑其对组织的影响。判断安全事件造成的损失还应参照安全事件发生可能性的结果,对发生可能性极小的安全事件(如处于非地震带的地震威胁、在采取完备供电措施时的电力故障威胁等)可以不计算其损失。

4. 计算风险值

根据安全事件发生的可能性以及安全事件造成的损失,可以计算风险值,计算公式如下:

$$风险值 = R(安全事件发生的可能性,安全事件造成的损失)$$
$$= R(L(H(B,T),Va),F(Ia,Vb))$$

评估方可根据自身情况选择相应的风险计算方法（如矩阵法或相乘法）来计算风险值。矩阵法通过构造一个二维矩阵，形成安全事件发生的可能性与安全事件造成的损失之间的二维关系；相乘法通过构造经验函数，将安全事件发生的可能性与安全事件造成的损失进行运算，得到风险值。

5. 风险结果判定

为实现对风险的控制与管理，可以对风险评估的结果进行等级化处理。等级化处理方法按照风险值的高低划分等级，风险值越高，风险等级越高。风险等级一般可划分为五级。

根据风险值的分布状况，为每个等级设定风险值范围，并对所有风险计算结果进行等级处理。每个等级代表相应风险的严重程度。本节提供了一种风险等级的划分方法，如表 7-10 所示。

表 7-10 风险等级划分表

等级	标识	描述
5	很高	一旦发生将造成非常严重的经济或社会影响，如严重破坏组织信誉、严重影响组织的正常经营、造成重大经济损失、社会影响恶劣
4	高	一旦发生将造成较大的经济或社会影响，在一定范围内给组织的经营和组织信誉造成损害
3	中等	一旦发生会造成一定的经济、社会影响，对组织的生产经营产生一定影响，但影响面和影响程度不大
2	低	一旦发生，影响程度较低，一般仅限于组织内部，通过一定手段很快能够解决
1	很低	一旦发生，影响几乎不存在，通过简单的措施就能弥补

组织应当综合考虑风险控制成本与风险造成的影响，提出一个可接受的风险范围。对某些资产的风险，如果风险计算值在可接受的范围内，则该风险是可接受的风险，应沿用已有的安全措施；如果风险评估值在可接受的范围外，即风险计算值高于可接受范围的上限值，就属于不可接受的风险，需要采取安全措施以降低、控制风险。另一种确定不可接受的风险的办法是根据等级化处理的结果，设定可接受风险值的基准，对达到相应等级的风险进行处理。

6. 风险评估的持续改进

工业互联网资产面临的风险是随着业务、技术的发展和环境的变化而不断变化的。为了确保风险评估及风险处置的有效性，应定期组织风险识别和评价。

三级工业互联网企业应当至少每年进行一次网络安全风险评估。

二级工业互联网企业应当至少每两年进行一次网络安全风险评估。

工业互联网企业的分级主要考虑企业所属行业的网络安全影响程度、企业规模、企业应用工业互联网的程度、企业发生网络安全事件的影响程度等要素。

为了使全体员工了解并有效控制信息资产的风险，有效实施风险处置计划和方案，应组织培训，提升全员信息安全意识、了解风险评估的概念和过程。

经过前述风险评估过程，就可以明确工业互联网当前存在的风险及风险的严重程度。作为工业互联网的运营管理方，应根据组织自身的特点制定适用的风险接受准则，并进行风险处置。同时，在按照风险处置流程处置风险后，应进行残余风险的评审，以确保经处置后风险降低到可接受水平，并且在此过程中未引入新的风险。

7.4.9 风险可接受准则

针对风险评估中已发现的各类风险，应参照风险可接受准则对风险进行处理。各行业普遍采用的风险可接受准则如下：

1）对于极高、高风险必须采取安全控制措施进行风险消减。

2）对于中风险，应尽可能采取控制措施进行风险消减。若暂时无法对该种风险采取有效管控措施，可选择接受该种风险，但该风险需纳入风险处置计划并持续跟踪。

3）对于低风险，由于发生的可能性较低，或发生后对业务的影响较低，可选择接受该风险，不将其纳入风险处置计划。

7.4.10 风险处置策略

在信息安全领域，无论采用技术评估还是管理评估，针对已发现的风险普遍采用的风险处置策略包括风险消减、风险规避、风险转移、风险接受和不适用五种，如表7-11所示。

表7-11 风险处置准则

策　　略	描　　述
转移风险	通过购买保险、外包等方法把风险转移到外部机构
规避风险	不进行引起风险的活动，从而避免风险
接受风险	风险值不高或者处理的代价高于风险引起的损失，可以接受该风险/残余风险
消减风险	通过适当的控制措施降低风险发生的可能性
不适用	该项风险对于工控部门不适用

针对不同风险，具体的处置方法有如下三种：

1）制度修订：通过新增或修订现有制度或信息安全策略文件，将信息安全管理要求落实在制度或信息安全策略文件内，并遵照制度执行。

2）管理优化：针对现有各类信息安全管理要求，加强安全意识教育和培训，并对各类要求的落实情况进行监督和检查。

3）技术改造：针对现有技术管控中存在的不足，对现有的系统、工具进行改造，或引入外部成熟的工具、设备，从技术上实现相应的管控要求。

7.5 风险评估处置

当风险评估结束后，应根据《风险评估报告》的结果采取相应的处置措施。图 7-6 给出了风险处置的流程。

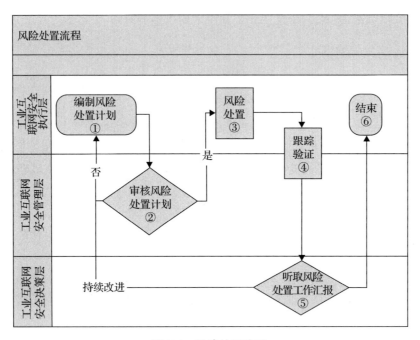

图 7-6 风险处置流程

在流程中，会涉及各个流程节点，如表 7-12 所示。

表 7-12 风险详细任务表

序号	流程节点	责任人	输入	流程描述	输出
①	编制风险处置计划	工业互联网安全执行层	风险评估报告	工业互联网安全执行层根据风险评估的结果，将需要采取处置措施的所有风险进行汇总，并进行相应的归类处理 与各工业互联网管理人员进行充分讨论，设计每一个风险的处置建议 对风险处置措施可能带来的处置风险进行评价 形成包含处置建议、处置起始日期和截止日期、预期目标在内的风险处置计划	风险处置计划

(续)

序号	流程节点	责任人	输入	流程描述	输出
②	审核风险处置计划	工业互联网安全管理层	风险处置计划	工业互联网安全执行层将编制完成的风险处置计划提交给工业互联网安全管理层进行审批，并对各风险的处置建议进行解释 工业互联网安全管理层从整体上对各处置建议、处置可能发生的风险、处置周期、预期目标等进行考量，给出具体批示，形成已授权的风险处置计划	已授权的风险处置计划
③	风险处置	工业互联网安全执行层、各系统管理员	已审批的风险处置计划	工业互联网安全执行层根据已审批通过的风险处置计划要求，组织各工业互联网管理人员实施处置工作 对风险处置的过程进行监督，保障各项处置措施的贯彻执行	风险处置记录
④	跟踪验证	工业互联网安全执行层、工业互联网安全管理层	风险处置记录	根据各工业互联网的风险处置反馈情况，工业互联网执行层通过现场核查或技术验证对每项风险处置情况进行反复确认，直至满足目标需求 工业互联网安全执行层定期将风险处置进展及结果汇报给工业互联网安全管理层，保障工业互联网安全管理层能够持续关注各项处置的进展（管理层可通过抽查等方式验证风险处置的有效性）	风险处置跟踪记录（或报告）
⑤	听取风险处置工作汇报	工业互联网安全决策层	风险处置记录、其他汇报材料	风险处置的各项工作完成后（个别处置周期较长或现有条件不具备处置能力除外），工业互联网安全执行层和管理层应及时对风险处置的整体情况进行梳理，向高层领导汇报处置工作的目标达成情况，对遇到的困难或需继续投入的人力、物力、资金支持等情况进行说明，获取高层领导的支持 工业互联网安全决策层结合公司的安全战略和目标，对风险评估和处置工作进行评审和评价，对需要进一步开展持续改进工作的内容提出指导意见	评审记录

在风险处置计划的实施和跟踪监督过程中，应组织、协调必要的资源及时评估残余风险，确保风险处置达到预期目标。

通常情况下，选择并实施了风险控制措施之后，需要再次评价对应的风险等级，判断残余风险是否达到可接受的水平。若残余风险不能接受，则应再次重复风险处置过程（重新制订风险处置计划—实施处置方案—评价残余风险），直至残余风险达到风险可接受水平。此外，在风险接受准则的具体执行方面，允许存在一些特殊情况。

依据《GB/T 30976.1—2014 工业控制系统信息安全 第1部分：评估规范》，当残余风险仍高于可接受水平时，组织也可以选择接受风险。接受的原因包括：采取控制措施的成本过高或伴随着风险可能带来显著收益，组织自身认为有必要接受残余风险。在此类情况下，应对风险接受标准进行修订。如无法及时修订，则应逐一明确可能存在的风险，给出具体的描述和违反正常风险接受准则的适当理由，并向高层领导进行汇报。

对每一项已符合可接受标准的残余风险或符合《GB/T 30976.1—2014 工业控制系统信息安全 第1部分：评估规范》的特殊情况，应在风险处置计划中给出清晰、全面、具体的说明，以便对残余风险进行持续的闭环监控。

7.6 本章小结

本章详细介绍了工业互联网安全风险评估的基本方法、过程以及常见的风险处置方法。通过本章的学习，读者应该初步掌握工业互联网安全风险管理中的常用方法。由于篇幅所限，本章对于工业互联网面临的威胁及脆弱性未能详细介绍，读者可参考相关资料进行深入学习。在10.2节中，将通过案例形式介绍本章内容在实际场景中的应用，以加深读者的理解。

7.7 习题

1. 在工业互联网安全风险评估中，资产价值为何不是由资产的经济价值来衡量？应该以什么来衡量？
2. 简述对工业互联网进行现场测试时的注意事项及方法。
3. 简述威胁频率与威胁可能性之间的联系。
4. 简述在对脆弱性与已有安全措施进行关联分析的过程中，有哪些情况会引起脆弱性赋值的调整。

第 8 章

安全防御技术基础

当前，工业互联网面临的安全威胁呈现组织化、集团化的趋势，对一个系统进行单点突破已不是难事。在这样的安全态势下，必须健全安全防御体系，构建相应的安全防御能力。本章从工业互联网安全防御理念的演进谈起，归纳总结出工业互联网安全的防御技术基础模型，帮助读者对工业互联网安全工作建立系统的认识。之后，针对安全防御工作中设计规划和运营响应两大主要工作域涉及的主要技术和应用进行介绍。接下来，基于业界的主流技术介绍常见的安全攻防技术及应用，从而更加贴近当前主流的安全业务。

8.1 安全防御的演进

一个组织完整的安全能力需要覆盖目标系统的全生命周期，并且结合自身情况选择合适的安全防御理念，掌握安全工作各个工作域内的解决方案，如图 8-1 所示。要想达到这样的目标，对于任何一个组织来说都不是容易的事情，更实际的做法是在资源有限的情况下，设计更合理的方案来解决主要问题，使识别出来的风险可控、结果可接受，这就要求组织具备必要的安全防御能力。

一个组织想要构建安全能力，需要综合考虑资产、技术、管理、知识等因素。以前的安全模型、标准、规范在提到安全防御或者保障体系时，都会谈到技术与管理的作用及其重要性。但是，近年来网络安全产业实际的发展情况以及层出不穷的安全事件说明，只谈技术和管理是远远不够的，因为虽然很多时候技术和管理是否到位起着决定性作用，但是整个组织的运营能力，以及运营过程中积累的数据和经验转化为完善的安全能力，目前无法完全依赖于安全产品和自动化技术实现，复杂的系统环境下的网络安全问题更是如此。因此，本书提出如下的安全能力公式，一个组织想要获得足够的安全能力就需要统筹公式中给出的技术、管理、资源和运营维度。

$$安全能力 = (技术 + 管理 + 资源) \times 运营$$

本章主要关注公式中的技术和运营部分。安全防御理念是安全防御工作的关键，前面已经详细介绍了工业互联网安全风险分析的内容，在整个工业互联网的安全工作中，风险评估不是最终目的，找到系统的风险点后考虑如何解决风险问题才是关键。风险评估之后会获得工业互联网相关系统对应的风险点，这些风险点就是进行安全防御工作的核心。

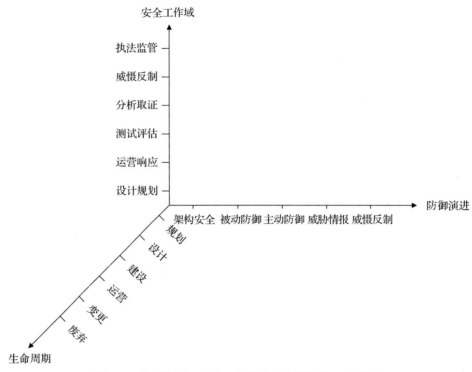

图 8-1　防御演进、安全工作域和生命周期的三维模型

安全防御设计在大多数情况下是根据风险评估的结果进行的，也有一部分是基于安全目标、安全事件、审计问题或渗透测试结果进行的。本节将按照工业互联网安全攻防的演进过程，介绍具有代表性的安全防御理念及其主要特性和应用。

基于第 2 章介绍的工业互联网安全的发展阶段，我们从防御者视角来审视现在所面对的安全问题，以及不同发展阶段的安全防御理念的变化。这里的介绍以 Robert M. Lee 提出的网络安全滑动标尺（The Sliding Scale of Cyber Security）模型为参考，这是一个被广泛接受的安全防御理念发展模型，如图 8-2 所示。此模型基于防御者视角，将安全防御的演进分为五个阶段，分别是架构安全、被动防御、主动防御、威胁情报以及威慑反制。

这五个阶段或者类别之间的递进关系或者发展联系采用滑动标尺模型，有助于更加形象地理解安全防御理念的演进过程，并且认识被动防御的局限性。同时，此模型还可以帮助个人和组织更好地制定合理的工业互联网安全方案和投资计划。

滑动标尺模型说明每个类别中的某些安全措施其实与相邻类别密切相关。例如，给漏洞打补丁属于第一阶段架构安全的内容，但是在一定程度上，补丁更接近第二阶段被动防御的工作。在实际的业务工作中,两个阶段都会有所涉及。对于威胁情报,与收集和分析开源信息相比,在对手网络中进行的情报活动更接近于一种攻击行为。比如渗透测试中的主动信息收集工作,一般只要有有效的情报就能很快转化为攻击行为;而以威胁情报的形式收集、分析和生成响应数据的情报更接近于第三阶段主动防御的工作,分析人员会将这些情报用于防御目的。所以,不需要对每个类别中的安全技术或措施进行严格区分,在不同场景、不同应用方式下,这些措施会发挥不一样的作用。区分类别和阶段主要是从安全防御角度考虑的。

图 8-2 网络安全滑动标尺模型

(1)架构安全

安全的架构是安全防御工作的基础,主要包括工业互联网系统环境的安全规划、设计、实施和维护工作,覆盖IT、OT与CT从设计之初到最后废弃的全过程,这样才能保证在设计、实施、使用到回收期间架构中平台、数据和服务的整体安全。安全架构的建设是国内大多数工业互联网组织投入安全计划后的主要工作内容,其目标是确保将安全设计到系统的全生命周期中,为后续网络安全方面的工作打下基础。可以说,工业互联网安全防御中最重要的工作就是确保系统有一个合理的架构,包括组织的制度、资金和人员的联系等。

安全实施工作主要覆盖边缘安全防护系统和企业安全防护系统的实施工作。从安全工作域来说主要是设计规划,覆盖了系统的规划、设计、建设阶段。8.2 节会重点介绍其中涉及的重点技术,包括隔离、访问控制、密码、认证、入侵检测等。

(2)被动防御

与架构安全相比,一般意义上的被动防御体系的主要特点是可以在没有安全人员的情况下,24 小时不间断地自动进行威胁发现和防御工作,为系统提供始终一致的安全防护。一般情况下,在组织已经对工业互联网相关环境的安全架构进行了必要的投入并建立了适当的安全基础后,就有必要在被动防御方面进行投入。被动防御是在良好的架构基础上新增的,用于在攻击者出现时有效地保护系统。当遇到能力较强的攻击者时,基础安全架构大概率会被绕过,此时就需要被动防御体系的防护了。

在网络空间环境中,被动防御可以理解为架构中增加的提供持续威胁防护和检测功能且无须经常人工互动的系统。此安全理念已经覆盖到系统的运营阶段,也就是运营响应的工作域，但防护手段比较初级，多借助于安全产品实现，也没有动态成长的能力。其安全实施工作主要覆盖边缘安全防护系统和企业安全防护系统，8.2节、8.3节、8.4节将介绍其中涉及的重点技术，包括防火墙、攻击防御、反病毒、安全审计、入侵容忍、拟态防御等。

（3）主动防御

架构安全结合被动防御的理念可以解决大多数安全威胁，但是遇到目标坚定、经验丰富的攻击者时，仍然无法有效地进行防御，典型例子就是APT。针对这类攻击，需要采用主动安全措施，还要有训练有素的防御人员来对抗攻击者。更重要的是，要对这些安全人员进行授权，确保其在安全架构内进行操作，而这样的安全架构需要受到妥善部署的被动防御措施的保护及监控。

在网络安全中，主动防御可被定义为：威胁分析师监控、响应网络内部威胁，从中汲取经验并将知识应用其中的过程。注意定义中"网络内部"这个关键词。另外，承担主动防御任务的分析师包括事件响应人、恶意软件逆向工程师、威胁分析师、网络安全监控分析师以及利用自己的环境寻找攻击者并进行响应的其他人员。架构安全和被动防御涉及的技术和产品本身无法提供主动防御能力，只能作为主动防守者的工具。此安全理念主要作用在运营阶段，涉及运营响应、测试评估、分析取证等工作域，并将工作中的数据和经验沉淀为组织的安全资源。这个阶段的安全实施工作主要覆盖企业安全综合管理平台、省/行业级安全平台及国家级安全平台，8.3节和8.4节将介绍其中涉及的重点技术，包括资产侦测、安全监测、取证、态势评估、大数据侦查、分析协同防护、攻击源追踪与定位等。

（4）威胁情报

威胁情报是关于IT或信息资产所面临的现有或潜在威胁的循证知识，包括情境、机制、指标、推论与可行建议，这些知识可为威胁响应提供决策依据。达到主动防御效果的关键就是能够利用对手的情报来推动环境中的安全变化、过程和行动。使用情报是主动防御的一部分，但输出情报属于情报类别。正是在这个理念的指导下，分析师使用各种方法从各种来源收集关于攻击者的数据、信息和情报。在网络安全领域，"情报"的定义为：收集数据、利用数据获取信息并进行评估的过程，以填补之前发现的知识空白。

此安全理念必须在主动/被动防御理念落地的基础之上才能真正体现其价值，它同样作用于运营阶段，涉及运营响应、测试评估、分析取证、威慑反制、执法监管等各级工作域，将工作中的数据和经验沉淀为组织的安全资源。其安全实施工作主要覆盖企业安全综合管理平台、省/行业级安全平台实施及国家级安全平台，8.4节将介绍其中涉及的重点技术，包括大数据侦查、威胁情报、威胁狩猎等。基于第2章中的分层设计，具体安全理念的落地关系见表8-1。

表 8-1 安全设计规划、运营响应于攻防各项能力在安全实施和理念落地中的位置

安全实施工作	架构安全	被动防御	主动防御	威胁情报
边缘安全防护系统	隔离 访问控制 密码 认证 入侵检测等	防火墙 反病毒 审计 入侵容忍等		
企业安全防护系统	隔离 访问控制 密码 认证 入侵检测等	防火墙 入侵防御 反病毒 审计 流量清洗 入侵容忍 拟态防御等		
企业安全综合管理平台			资产侦测 安全监测 态势评估 分析协同防护等	安全监测 大数据侦查 威胁情报等
省/行业级安全平台			资产侦测 安全监测 取证 态势评估 大数据侦查 分析协同防护 攻击源追踪与定位等	安全监测 大数据侦查 威胁情报 威胁狩猎等
国家级安全平台			资产侦测 安全监测 取证 态势评估 大数据侦查 分析协同防护 攻击源追踪与定位等	安全监测 大数据侦查 威胁情报 威胁狩猎等

（5）威慑反制

如果一个组织已经在架构安全、被动防御、主动防御和威胁情报方面做好了基础性工作，那么威慑反制是可以带来更多正向性安全的一个增量。威慑反制是滑动标尺模型的最后一个阶段，是针对敌手网络的直接行动。无论国家法律和国际法演变成何种形式，民间或国家组织的任何攻击行为都必须是合法的，只有这样才能被视为网络安全行为，而不是侵略行为。攻击可能出于国家政策或冲突等网络安全以外的目的发生，这些攻击行为在这里被定义为：为了自卫而在友好系统之外的，对对手采取的法律对抗和反击行动。

需要说明的是，这五个阶段的安全理念对实际安全效益的贡献并不一致，如图 8-3 所

示。在架构安全阶段,设计和实施工业互联网安全防御体系时采取的措施将极大地增强系统的防御能力,而部署这些安全措施所需的成本远高于实施对应的攻击行为的成本。一个有技术、有耐心的攻击者总会找到方法绕过防御架构,因此安全投资的焦点不能只放在架构安全上。滑动标尺模型的所有类别都很重要,但是通过前期的风险评估,计划的投资回报应该指导组织实现安全性与投资之间的平衡,在风险可接受的情况下尽量减少支出,从而构建合理的防御体系。例如,如果一个组织的基础架构和被动防御体系很差,那么它投入主动防御后所能获取的安全增益会很低,因此不应该在没有解决基本问题的情况下追求威胁情报或威慑反制。

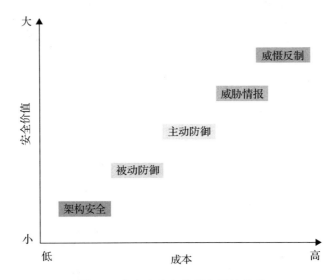

图 8-3　安全支出和价值之间的关系

通过表 8-2 可以看出基于不同的防御体系能够解决什么类型的问题。

表 8-2　不同防御体系解决的问题

	架构安全	被动防御	主动防御	威胁情报
脚本小子	*			
网络罪犯	*	*		
黑客组织	*	*	*	
国家队	*	*	*	*

从表 8-2 中可以看到,对于前面提到的 APT 问题,防御级别至少在积极防御以上才能奏效,而这对于国内绝大多数组织来说是很难做到的。

在当前不同的组织已经有大量成熟的防御体系的情况下,仍然可以看到各种新型的安全防御体系和理念,以及随着业务形态的变化而不断提出的新技术。安全威胁和安全防御这对永远的对手必然会随着技术的变化而不断发展。

在实际的安全防御体系构建过程中，产业应用领域一般也会将安全投入计划分为前期建设的设计与规划，后期使用的运营与响应，然后融入各种主流前沿的新技术应用在攻防实战中，以应对各种新技术、新威胁、新业务的变化。后续将介绍这三个部分中的重点基础技术。

8.2 安全设计与规划技术

工业互联网安全设计与规划的工作域是风险评估之后安全防御工作的基础，侧重整体安全方案的规划、系统架构设计、安全集成、合规监管等。

此工作域主要针对初建系统或者已有系统进行安全技术设计、建设或整改，为目标系统设计、实现一个安全架构和被动防御的基础软硬件环境，有助于完成边缘安全防护系统和企业安全防护系统的实施工作。这项工作一般是由工业互联网企业中的安全管理部门、技术部门、集成业务部门来负责。工作内容主要包括以下几个方面。

1）安全方案：主要包括工业互联网系统整体的安全规划、安全风险评估和安全加固等方案的设计和编写，同时为其他人员提供安全咨询和方案服务。

2）安全架构设计：主要包括设计 IT、OT 与 CT 结合的网络安全架构，根据实际需求规划并建设网络安全防御体系。及时制定安全解决方案并推进实施。

3）安全项目实施：主要包括编制工程项目实施计划，执行工程安全管理制度，合理调度资源，控制工程项目成本和进度。同时，协调资源并按计划推进项目实施工作。

4）系统功能安全：包括计划项目中的功能安全活动，通过安全分析创建安全目标及其属性，编写功能安全概念和技术安全需求，支持功能安全评估以确保系统满足功能安全要求。

5）安全集成：主要包括系统集成方案设计，项目实施管理和验收以及供应链安全评估验收等。

6）安全合规：负责内部技术开发的规范化和安全管理的标准化，跟踪各项合规要求的落实情况，对不符合要求的项目进行督促整改。

在安全设计与规划中，需要熟悉和掌握的主要技术包括网络隔离与访问控制技术、数据加密与身份认证技术、入侵检测与攻击防御技术等，这些也是设计安全技术架构时的关键内容，是实现安全防御理念演进过程第一阶段的主要工作。同时，这也是针对边缘安全防护系统与企业安全防护系统的工作的主要部分。

8.2.1 网络隔离与访问控制

网络隔离是重要的网络安全措施，其目的是限制网络之间的资源共享，防止一个网络的信息泄漏到另一个网络，例如 OT 区域工业现场控制相关的信息泄漏到 IT 区域接入的互联网。网络隔离有多种类型，包括涉密与非密信息的隔离、不同密级信息间的隔离、相同密级但属于不同拥有者的信息的隔离，还包括信息存储隔离、信息传输隔离，以及在不对高密级网络产生负面影响的前提下允许低密级网络的信息向高密级网络流动。

这种不同区域之间的隔离策略，以及隔离之后安全地进行信息交互，就需要应用访问控制技术。也就是说，在鉴别访问主体的合法身份后，通过某种途径准许或限制用户对数据信息的访问能力及范围，从而控制对关键资源的访问，防止非法用户入侵或者合法用户因不慎操作而造成破坏。随着网络应用的发展，这一技术的思想和方法被迅速应用于工业互联网信息系统中。

网络隔离技术按照实现方式可分为三类：物理隔离、协议隔离、应用隔离。无论采用什么形式的网络隔离，其实质都是进行数据或信息的隔离，进而实现主客体之间的访问控制。

1. 物理隔离

国家保密部门以及相关主管部门规定，涉密网及国家重大基础设施网络必须与公网物理隔离，以确保这些重要网络的安全。由于工业互联网应用场景的特殊性，覆盖了大量涉密及重大基础设施网络，因此需要进行物理隔离。常见的隔离措施有如下三类。

1）在物理传导上隔离：确保没有物理传导的通道，以规避不同安全级别的网络之间发生交互。这种隔离主要是在工业互联网中的 OT 区域实施，例如离散制造领域的各个独立数控机床和车间需要隔离。隔离方案主要依赖于对业务模式和安全性的准确分析，进而实现合理的区域规划设计。有时也会将一些单向传输技术（如 SCSI 开关技术）归类于物理隔离的范畴。

2）在物理辐射上隔离：确保网络中的电磁辐射或耦合方式不会泄漏到其他网络，避免侧信道分析这样的安全威胁。这种隔离在工业互联网中主要发生在关键服务器、传输信道、关键控制器上，相应的隔离手段有电磁屏蔽机柜、金属屏蔽线、电磁干扰滤波器等。

3）在物理存储上隔离：确保不会因为物理存储介质丢失而泄漏安全信息。对于易失性存储介质，例如 Cache、内存等，需要应用跨网络清除和读写控制技术。对于非易失性存储介质，例如硬盘、磁带等，需要应用分级管理、自加密机制和销毁机制等。

2. 协议隔离

协议隔离也称为逻辑隔离，从 OSI 网络分层结构模型的角度来说，一般将基于第二层以上相关协议特性实现的网络隔离技术称为协议隔离。典型的协议隔离包括第二层基于 MAC、网元的隔离（如 VLAN 技术），第三层基于 IP 协议和第四层基于协议端口的隔离（如 NAT 技术、包过滤技术等）以及第二、三、四层上的几种基于隧道的 VPN 技术，例如 GRE、IPSec、SSL 等。

3. 应用隔离

典型的基于应用层上各类安全应用技术实现的隔离措施有基于密码技术和隧道技术的应用层 VPN。另外，系统、应用、进程、存储等之间的隔离技术虽然不属于网络隔离范畴，但也是常见的安全隔离技术，包括Hypervisor虚拟化技术、Docker技术、沙箱技术等。

网络隔离技术在工业互联网的IT、OT环境的安全规划设计中有大量应用，如表8-3所示。在网络安全理念和安全技术还不像现在这么成熟的时候，很多工业互联网系统环境之所以能够保证一定的安全性，很大程度上依赖于网络隔离技术的应用。但是，随着目前IT和OT的边界被打破，孤岛系统之间的交互比以往更加频繁、更为重要，对网络隔离技术的要求也越来越高。

表8-3 网络隔离和访问控制在工业互联网中的典型应用

区域	典型产品应用	位置	核心技术
IT	网络交换机	不同网络之间	VLAN技术
	路由器	不同网段之间	NAT技术
	防火墙	不同安全域之间	包过滤技术、状态检测技术
	光刻机	不同主机之间	介质摆渡技术
	安全浏览器	不同应用之间	沙箱技术
	私有云平台	不同VM之间	虚拟化技术
	公有云平台	不同租户之间	微隔离技术
	VPN	跨网络之间	密码技术、隧道技术
OT	工业隔离网关	不同网络之间	VLAN技术
	工业防火墙	不同安全域之间	包过滤技术
	安全隔离网闸	不同安全域之间	SCSI开关技术 总线单向技术
	光闸	涉密网与非涉密网之间	旁路分光采集还原技术

8.2.2 数据加密与身份认证

数据加密技术是利用数学或物理手段保护信息，以防在传输或存储过程中泄漏信息的技术。数据加密一般可以在通信的三个层次实现：链路加密、节点加密和端到端加密。数据加密与身份认证、访问控制技术可以综合应用，从而实现可信任的接入和资源应用，这三个技术是早期安全应用的核心，现在也是安全机制的基础。

数据加密技术已经应用在工业互联网领域的各个层面，现场设备中的固件系统和存储都应用了各种加密技术，图8-4给出了常见的工业加密网关。

这里以PLC的密码应用为例说明工业物联网中数据加密技术的应用。对PLC而言，密码就像一把锁，把PLC程序锁在PLC内部，想要读取程序必须有正确的密码。目前，常用的PLC加密方法是密码与程序文件一起写入PLC，基于实现不同有三种验证方式。

图 8-4　常见的工业加密网关

1）明文包装：直接返回明文。

2）简单加密包装：返回密文。

3）内部实现：不返回数据，PLC 内部完成校验。

这几种验证方式也是 PLC 密码机制在演进过程中的不同实现方式。

第一阶段：PLC 与 PC 通信采用密文传输。在这种方式下，通过试探以及跟踪，仍然有可能找到加密算法，进而得到密码。例如，早期某些型号的 PLC 靠上位机软件来判断密码正确与否，也就是说，电脑一旦连接 PLC，PLC 就自动将密码上传给 PC，攻击者很容易截获这段数据，经过简单的破译和分析就能获取真实密码。

第二阶段：密码比较由 PLC 完成。这时，密码不再传给 PC 进行验证，从而避免攻击者获取密码。但这种方式的缺点是效率较低、容易被暴力破解或者通过寻找特殊寄存器而破解。

第三阶段：密码策略调整。目前，某些型号的 PLC 会限制在一定时间内的密码输入的错误次数，从而规避暴力破解。有些型号的 PLC 甚至将上传程序的权限锁死，如图 8-5 所示。

如图 8-5 所示，四级加密的大致规则如下：

- 1 级：没有任何加密措施。
- 2 级：可读写 PLC 中的数据，可以上载用户程序，但必须拥有密码才可以下载程序。
- 3 级：可读写 PLC 中的数据，但必须拥有密码才可以上载和下载用户程序，强制数据位，或进行存储卡编程。
- 4 级：禁止上载程序，即使有密码也不可以。

随着工业互联网中的角色越来越多（管理者、工程师、生产人员、设计师、开发、客户、合作伙伴、供应商等),以合法身份进行合理访问变得越来越重要。身份认证是判断对象身份是否属实或有效的过程,主要通过知识类认证方式、资产类认证方式、本征类认证方式来实现。在工业互联网场景下,为提高认证方式的安全性,通常利用上述三种认证方式的组合。工业互联网中身份认证技术的应用场景和产品非常多,这里以电力行业中变电站导航系统移动终端的应用为例进行介绍。

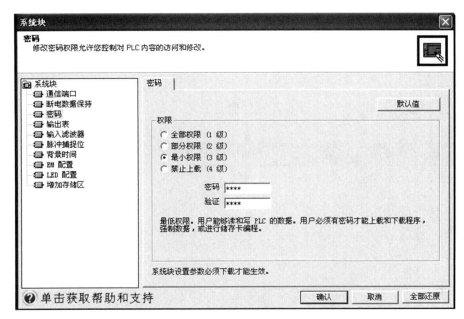

图 8-5　PLC 系统块加密配置界面

变电站导航系统主要包括用户身份认证与权限获取、实时数据安全传输、系统安全导航三个模块,应用的技术包括身份认证、地理位置加密和离线导航。其中,身份认证技术的实现非常关键。由于 ID 和口令认证的安全性太低,而系统应用于电网巡检人员的移动设备上,因此可以将设备的唯一标识符作为身份认证的一个因素。然后,采用 HMAC 计算方式,对随机动态口令 K 与设备的唯一标识符 MAC 值进行 HMAC 运算,从而确定登录用户及登录的移动设备的合法性,如图 8-6 所示。

还有一些新型的身份认证技术正逐步应用到工业互联网中,包括:①基于 FIDO 标准的线上身份验证技术,它基于生物识别技术的特性,可以有效地取代现在密码为主的身份认证方式;②区块链技术,其典型的应用就是身份认证,它极大改变了以往 PKI 体系所建立的身份认证和密码应用;③量子密码和轻量级密码,这两种技术在工业互联网这种有大量室外和超远距离安全通信需求的场景下非常有前景。

8.2.3　入侵检测与攻击防御

随着攻击的种类越来越多,入侵检测技术也被应用到工业互联网领域。在工业互联网环境下，入侵检测常见的做法是针对各个关键节点进行信息收集，然后根据特有的算法和识别技术发现其中可能的攻击行为的一种技术。计算机免疫技术是在工业互联网中广泛应用的一种入侵识别技术，也称为基于白名单的异常检测技术。它是借鉴生物体免疫的理论在计算机系统中实现异常目标的识别，其原理如图 8-7 所示。计算机免疫技术在工业互联网场景中被大量应用的一个重要的原因就是在工业互联网的 OT 场景中，资产、业务和数据具有单一性和稳定性特征，使其误报率被大大降低。

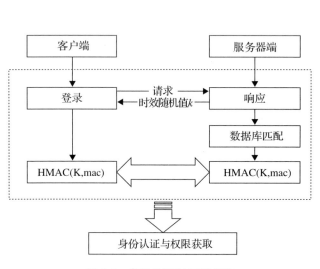

图 8-6　身份认证与权限获取

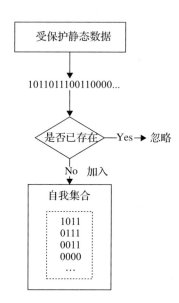

图 8-7　计算机免疫技术的原理

目前，工业互联网中代表性的入侵检测技术有基于负载的攻击检测技术和基于习惯的早期预警技术。

1. 基于负载的攻击检测技术

基于负载的攻击检测技术常用于对各类拒绝服务攻击进行识别。尤其是在 OT 区域现场设备层，性能负载相对稳定。例如，有的 PLC 设备只有 8 个并发会话，并发会话稍微增多就可能发生安全事故，因此通过负载可以发现攻击。

2. 基于习惯的早期预警技术

基于习惯的早期预警类似于白名单模式，通过对业务习惯和模型进行学习或者了解，就可以提前预判网络行为的变化，发现一些潜在的或正在发生的威胁，从而实现早期预警。

以智能电网中基于通信协议的入侵检测技术为例，智能电网系统中不同协议的入侵检测方法如表 8-4 所示。

表 8-4　工业协议检测技术示例

协议	异常行为	检测方法	未知攻击	应用
GOOSE	违反预定的正常操作	正常 GOOSE 报文特征比对	是	实时的检测重放和篡改报文的软件系统
GOOSE、SMV	注入攻击、DoS 攻击	报文数阈值	否	多播报文异常检测模型（SMMAD）
GOOSE、SMV	异常与恶意操作	基于规范和预定义安全规则的检测	否	基于网络的网络入侵检测系统（NIDS）
IEC 61850	信息域、物理域的常见攻击行为	综合信息域、物理域知识，基于多参数的检测	是	综合 IDS
GOOSE、MMS	24 个已知攻击和部分未知攻击	统计分析网络动态特征与静态特征的检测	是	基于行为的 IDS
IE61850	信息域、物理域的交互攻击	基于关键物理特征变量检测	否	基于物理属性的网络 IDS

针对传统网络的攻击技术原理不同，相应的防御技术和理念也有明显的差异。在庞杂的工业互联网安全框架设计中，必要的设计就是流量清洗技术，它主要是针对拒绝服务（Denial of Service，DoS）攻击和分布式拒绝服务（Distributed Denial of Service，DDoS）攻击的监控、告警和防护的一种网络安全措施。在工业互联网中，下至工业传感器、工业 PLC，上到工业云平台都有可能发生 DoS 攻击（DoS 攻击的演进如表 8-5 所示）。相应的防护主要是围绕 DoS 攻击所利用的漏洞而展开的。例如，针对 TCP/IP 协议栈设计缺陷的 SYN flood 采取的就是三次握手超时周期的配置优化或者依赖第三方建立三次握手进行链接缓冲池等。

表 8-5　拒绝服务攻击演进

单一型攻击			复合型攻击
网络层攻击	应用层攻击	放大攻击	
Fragmentation	Slowloris	DNS 放大攻击	网络层攻击
SYN flood	HTTP GET flood	NTP 放大攻击	应用层攻击
Ping flood	R.U.D.Y.	……	放大攻击
……	……		……

但是，从目前的技术发展来看，单纯从组织机构自身的视角去扩充带宽容量或提升设备性能都无法有效解决拒绝服务攻击。因为在当前应用了大量工业云平台和边缘计算设备的工业互联网环境中，组织通过常规办法所付出的经济成本已经远超面对的外部威胁攻击成本了。解决这个问题最好的办法就是在城域网这一级上进行流量清洗工作，但是这种方案依赖于拥有大量服务器或者带宽资源的大型网络运营商。

流量清洗工程的基本原理是当流量被发送到 DDoS 防护清洗中心时，通过流量清洗技术，将正常流量和恶意流量分开，正常的流量回注到业务系统，保证网络的正常运行，如图 8-8 所示。对于典型的 DDoS 攻击，流量首先进入流量清洗中心，将其分成基础架构攻击流量或者应用层攻击流量，之后通过向量和期待特征做进一步区分，最终将攻击流量清洗出去。

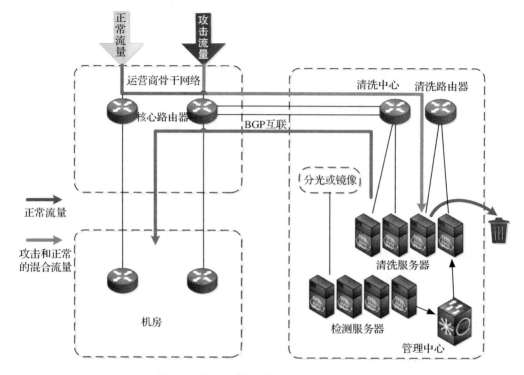

图 8-8　骨干网络级的流量清洗应用原理

流量清洗一般通过两种技术来防御 DDoS 攻击。

（1）DDoS 流量检测技术

前期通过正常业务流量模型的学习，并进行分组分析和业务流量统计后，会自动形成业务流量模型的基线。基于该基线检测装置，可以实时监测系统的业务流。当检测到系统流量异常时，检测设备将攻击报告给专用业务管理平台。通过异常流量限速和静态漏洞攻击特征检测、动态规则过滤和指纹识别技术，可以实现多级安全防护，在各种网络上准确检测和拦截 DoS/DDoS 攻击及未知恶意流量。

（2）DDoS 流量牵引技术

当系统受到 DDoS 攻击时，为了动态地将流量拖到清洗中心，清洗中心利用中继协议，首先在所属城域网中的业务路径上与多个核心设备建立连接。当发生攻击时，流量清洗中心通过 BGP 协议向核心路由器发出通知，更新核心路由器上的路由表条目，将所有核心设备上受攻击服务器的流量动态拖动到流量清洗中心进行清洗。

8.3　安全运营与响应技术

为了实现安全目标，组织通过人、工具（平台、设备）、发现安全问题、验证问题、分析问题、响应处置、解决问题并持续迭代优化的过程称为安全运营。工业互联网安全运营的工作域是工业互联网相关系统规划、设计并实施完成之后,在后期实际运营过程中涉及的部分,这也是整个工业互联网生命周期中最长、最核心的阶段。

此安全工作域侧重业务及业务上数据资产的安全保障及针对安全事件的应急响应。运营中心、应急管理部门、运营商、企事业单位的信息化部门是主要的工作群体。一个典型的企业级安全运营技术框架如图8-9所示。

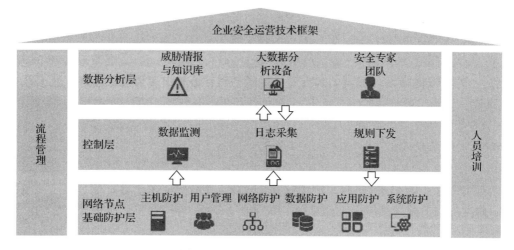

图8-9 企业安全运营技术框架

工业互联网安全运营与响应技术一般涉及如下六个领域:

1)数据安全:主要包括数据管理及安全保护,对数据流转过程进行把控,控制数据策略。

2)安全运营:主要包括安全设备与平台的运营、策略的制定与审核、网络架构的规划、安全监控以及审计等。

3)安全运维:包括常规信息化业务的运维安全保障,变更业务的安全保障,确保业务连续性且无安全隐患,对运维体系进行安全规划与建设等。

4)新兴安全业务运维:包括新技术业务(如物联网、大数据、云计算、工业互联网、移动互联网等)的运维安全保障,确保业务连续性且无安全隐患,对新兴业务运维体系进行安全规划与建设等。

5)应急响应:包括应急响应管理流程的制定、响应指标与损失量化指标等安全规范与标准,对安全事件进行应急处置和溯源,维护和保障业务安全运行等。

6)灾备与恢复:包括灾备架构的整体规划以及灾备演练方案的规划与实施,灾备业务连续性计划、风险分析报告、业务连续性分析报告等方案的编写。在安全事件发生时,负责指导灾备中心进行应急处置,对受损系统和业务进行恢复等。

在安全运营技术工作中，需要熟悉和掌握的主要内容有资产侦测与安全管理、数据保护与安全审计、安全监测与态势评估、应急处置与协同防护等，合理应用这些技术可以很好地实现安全防御理念中的被动防御和主动防御，是安全运营人员主动参与安全防御体系工作的重要内容，有助于整个系统安全运行，并对后续威胁情报和威胁反制能力的实现打下必要的基础。这是工业互联网系统环境中针对企业安全综合管理平台的主要部分，也是省/行业级安全平台、国家级安全平台的重要内容。

8.3.1 资产侦测与安全管理

要做好工业互联网的安全运营与响应工作，首先需要明确当前所拥有的资产情况，并且在适当情况下探知外部网络空间的资产。ISO13335-1:2004《IT安全管理指南》中将资产定义为"任何对组织有价值的东西"。资产作为IT安全管理的对象，包括信息（或数据）、硬件、软件、资金、服务、人员等。网络资产侦测是指追踪、掌握网络资产情况的过程。本节探讨在工业互联网的IT与OT环境中，如何针对终端、设备、服务等典型的网络软硬件资产进行侦测，它是实现网络安全管理的重要前提，在网络安全相关工作中具有广泛的应用价值。

工业互联网主要的网络空间资产侦测方式包括人工统计、基于客户端、基于网络扫描的主动侦测、基于流量分析的被动侦测、基于搜索引擎的非入侵式侦测，如表8-6所示。前四种技术在前面已经做了介绍，本节重点阐述基于搜索引擎的非入侵式侦测技术。

表8-6 现有网络资产的探测方法及其特点

类型			范围	主要特点		存在的问题
传统	人工统计		内网，小规模	可以发现新型探测方法无法分析到的部分（不产生网络流量或探测数据包无法触及的网络资产）		耗时费力，时效性差
	基于客户端			需要大规模安装客户端，由客户端自动采集、上报网络资产数据，速度快，效率高，节省人力		入侵性最强，限制因素多；客户端开发、设计成本高
新型	主动探测		全网/内网，各种规模均适用	无须安装客户端，在网内一个节点运行并收发探测数据包即可；速度快，能及时发现不产生网络流量的资产		噪声大，易触发报警；仅能了解当次探测的状态；对安全设备保护的网络资产探测的难度大
	被动探测		仅限于内网	无网络流量插入，入侵性小；对安全设备保护的网络资产具备一定的探测能力；支持历史数据的积累		适用范围限于内网；探测结果受限于所分析网络流量的全面性；不产生流量的资产无效
	搜索引擎	通用网络安全专用	仅限于公网（目标资产必须具有公网IP）	以查询的方式探测，隐蔽性强，探测速度快；支持全网探测；支持历史数据的积累	仅对Web相关网络资产有效。对公网网络组件、网络设备、网络服务等的探测具有优势	无法对内网资产进行探测；受限于搜索引擎的数据获取能力；易被欺骗，准确率较低

当前的网络搜索引擎已经不只用于网页检索了,除了日常生活工作中常用的谷歌、百度、必应等通用搜索引擎外,还有针对有联网资源目标的 Shodan、Censys 及 ZoomEye 等专用搜索引擎。这些搜索引擎主要应用于网络安全领域,尤其是以工业互联网安全领域,它们是基于搜索引擎的非入侵式侦测技术的基础,如图 8-10 所示。

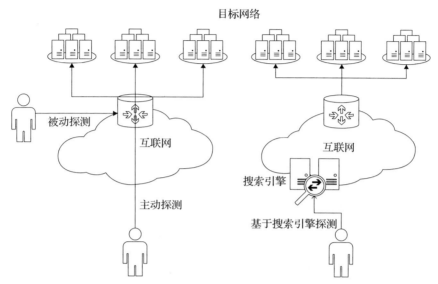

图 8-10　基于搜索引擎的非入侵式探测与其他探测方法的对比

基于搜索引擎的资产侦测能够以搜索查询的方式间接、高效地完成大规模网络资产探测的任务。根据使用的搜索引擎类型,可分为基于通用搜索引擎的探测和基于网络安全专用搜索引擎的探测。

(1) 基于通用搜索引擎的探测

谷歌黑客技术是一种利用谷歌搜索引擎进行漏洞目标探测以及敏感信息挖掘的技术,可以实现网站映射、查看站点目录列表、查找登录页面、查找口令文件、查找网络设备等功能,因此具备一定的网络资产探测能力。

GHDB(Google Hacking DataBase) 是一个谷歌黑客搜索查询指令的数据库,可以基于 GHDB 中的特定搜索查询串、某些服务的页面脚注、Web 服务器返回的错误消息中携带的信息实现端口、操作系统及版本的探测。但是,由于通用搜索引擎局限于所使用的网络爬虫的数据获取范围,因此基于通用搜索引擎探测方法的探测对象以 Web 相关的网络资产为主。

(2) 基于网络安全专用搜索引擎的探测

Shodan 侧重对所有连接互联网的设备及其组件类型信息的搜索,可以使用 Shodan 搜索摄像头、打印机、工业控制器,甚至是粒子加速器、核电站控制设备。

Censys 系统可以对搜集的数据进行数据处理汇总,提取结构化数据,并将其保存于谷歌云存储平台。它还可以利用开源的 ElasticSearch 平台和谷歌 BigQuery 分别在前端和后台为用户提供 ZMap 全网端口、服务扫描结果的搜索查询。

ZoomEye 在 Nmap 的基础上，开发了 Web 指纹识别引擎 Wmap，依托其后台的大数据存储处理平台提供了联网设备指纹、Web 服务等搜索功能，并支持 12 种工控协议的数据检索。

国内工业互联网网络空间资产探测的代表性平台是 360 公司的巡天平台，其主界面如图 8-11 所示。该平台通过引入多维度的协议识别技术实现了广泛的协议解析。除了可以识别 HTTP、HTTPS、FTP、Telnet、SNMP 等通用协议外，还支持主流工控协议的指纹识别，包括 SiemensS7、Modbus、IEC 608705 104、DNP3、OMRON FINS、PCWORK、EtherNet/IP、BACnet、Tridium Niagara Fox 等。该平台支持多任务下发，用户可以自创建扫描任务，支持灵活的 IP 地址格式导入，支持全球各国、国内各省市以及业务内网的扫描任务创建。

图 8-11 "巡天"工业互联网资产侦测系统界面

上述基于搜索引擎的非入侵式网络资产探测方法依托从搜索引擎获取的网络爬虫结果或专用服务器扫描结果，提供了一种通过间接查询实现联网资产侦测的方式。这种方式不仅高速、隐蔽，避免了同目标网络直接交互，为安全管理员审视工业互联网的网络资产的安全情况提供了新的视角，并为全网范围的探测和历史数据的积累提供了支持。

8.3.2 数据保护与安全审计

网络安全风险已经成为所有组织面临的风险管理挑战之一，开展数据保护与网络安全审计更加必要和重要，如表 8-7 所示。为了实现工业互联网的安全性、可靠性与有效性，由独立于审计对象的工业互联网审计师，从第三方的客观立场对各类工业互联网信息系统进行综合检查与评价,向审计对象的最高领导提出问题与建议的一系列活动称为工业互联网审计。

表 8-7 网络安全审计的关系、目标和意义

网络安全中的关系管理	网络安全审计计划的目标	内审在网络安全中的角色
1. 信息技术	1. 三道防线	1. 网络安全框架
2. 信息安全	2. 超越合规性	2. 内部审计将发生的变化
3. 信息风险管理	3. 预防、检测和响应的三阶段战略	3. 未来的技能需求
4. 合规和其他团队	4. 专业的网络评估	4. 寻找和留住人才

网络安全审计是工业互联网审计的一部分,是对计划、执行、维护等层面的风险进行识别和检查的一种方法和措施。安全审计技术作为传统的网络安全防护手段的补充,是网络安全体系中不可缺少的措施之一,可用于收集、评估证据以决定网络与信息系统是否能够有效、合理地保护资产、维护信息的完整性和可用性,防止有意或无意的人为错误,防范和发现安全入侵活动。

工业互联网的 IT 与 OT 环境在综合运用各种安全防护、检测措施的同时,通过网络安全审计对内部人员、运行维护人员以及第三方人员的登录、操作信息进行收集和分析,评估安全违规行为,掌握安全状态,调整安全策略,确保整个安全体系的完备性、合理性和适用性。可以利用网络安全审计技术有针对性地对网络运行的状况和过程进行记录、跟踪和审查,从中发现安全问题。常用的安全审计技术包括日志审计、网络审计、主机审计、运维审计、应用审计等,如表 8-8 所示。

表 8-8 安全审计技术及其应用场景

安全审计对象			安全审计技术				集中操作运维审计		应用系统安全审计	
			日志审计	网络行为审计		主机审计				
				旁路式	串联式		堡垒主机	数字KVM	登录审计	自身审计
审计需求满足程度	网络设备	日志收集	√			√				
		远程操作维护		√	√		√	√		
		本地操作维护						√		
	服务器	日志收集	√			√				
		安全漏洞审计			√	√				
		网络操作			√	√				
		本机行为				√				
		入侵行为				√				
		远程操作维护		√	√	√	√	√		
		本地操作维护				√		√		

(续)

安全审计对象		安全审计技术							
		日志审计	网络行为审计		主机审计	集中操作运维审计		应用系统安全审计	
			旁路式	串联式		堡垒主机	数字KVM	登录审计	自身审计
审计需求满足程度	计算终端	日志收集	√			√				
		安全漏洞审计			√	√				
		内网行为			√					
		本机行为				√				
		上网行为		√	√					
	数据库	日志收集	√			√				
		安全漏洞审计		√	√	√				
		网络操作		√	√	√				
		入侵行为		√	√	√				
		远程操作维护		√	√	√	√	√		
		本地操作				√		√		
	应用系统	日志收集	√						√	√
		登录行为				√			√	√
		监控网络操作		√	√	√				
		入侵行为		√	√	√				
		应用系统内部操作行为			√	√				
		数据操作行为			√					√
	安全设备	远程操作维护					√	√		
		本地操作维护						√		
		日志收集	√							

要实现网络安全审计,保障工业互联网的 IT 和 OT 系统中信息的机密性、完整性、可控性、可用性和不可否认性(抗抵赖),需要对系统中的所有网络资源(包括数据库、主机、操作系统、网络设备、安全设备等)进行安全审计,记录发生的所有事件,供系统管理员作为系统维护以及安全防范的依据。网络安全审计的对象如表 8-9 所示。

目前,市场上的网络安全审计产品功能相对单一,为满足相关法律、法规、标准的要求,以及日常对网络、终端、应用、数据库、主机的安全审计要求,可按照不同的角度和实现技术将网络安全审计产品分为合规性审计产品、日志审计产品、网络行为审计产品、主机审计产品、应用系统审计产品、集中操作运维审计产品六大类。

表 8-9　工业互联网中主要审计对象的类别

类型	IT	OT
网络设备	网络交换机、路由器、负载均衡设备等	工控交换机、网络交换机、物联网关、边缘计算设备等
服务器	通用服务器、域控服务器、DNS 服务器等	OPC 服务器、MTU 服务器、CA 服务器等
计算终端	电脑、手机、平板、打印机、摄像头等	电脑、HMI、IOT 设备、IED、RTU、PLC、DCS 控制单元、SIS 控制单元、机器人、数控机床、遥控终端、打印机、摄像头等
数据库	历史数据库	OPC、实时数据库
应用系统	工业云平台、工业 APP、门户网站、OA、ERP、PDM、DNS 等	组态程序、OPC、MES、CAD、CAE、CAM 工程辅助软件、各种定制化软件等
安全设备	网络防火墙、IPS、IDS、防病毒网关、安全审计设备、VPN、运维管理设备、网闸等	工业防火墙、单向隔离网关、纵向加密装置、工业审计设备等

与安全审计相比，监测管理技术虽然实现的效果类似，但是有安全实时性的要求，主要应用于工业互联网 IT 环境中，OT 环境中的监控多使用组态技术实现，有时也使用网络监控技术，而物理环境则采用视频监控的方式。最有代表性的网络监控管理技术是利用 SNMP 协议技术实现的网络监控管理，它是网络管理中被广大设备厂商及用户支持和应用的协议，现实生活中经常用于实现网络设备管理、网络管理、网络监控。

以在工业互联网的工业控制器、机床、机器人等系统中大量的 VXworks 操作系统 SNMP 协议技术的应用为例。SNMP 代理将工业标准网络管理引入实时嵌入系统中，实现了与嵌入式设备管理的接口。应用上只需配置其初始化过程和应用系统提供的部分接口就可以方便地实现对嵌入式设备的管理，同时支持多种 SNMP 版本的支持。现在已经可以支持 SNMPv3 最高版本。

Vxworks 将 SNMP 应用到整个系统，实现了对嵌入式设备的标准化管理，有利于和不同的管理站进行接口。SNMP 不仅实现了对嵌入式设备的管理，还提供了监视整个系统是否正常运行的功能，同时还可以通过对 CPU 的检查发现软件方面的漏洞。总之，将 SNMP 应用到微内核，会在工业互联网的嵌入式自动化领域发挥越来越大的作用。

8.3.3　安全监测与态势评估

工业互联网中包含大量主机节点、网络组件、控制系统、物联设备和检测设备，这些检测设备承担着从不同角度监控网络及主机运行状况的任务，它们产生的日志和报警之间存在着关联性。传统的网络监测和安全审计方法利用单一检测设备提供的日志信息进行分析，由于检测设备本身的不确定性以及数据来源的单一性，会导致安全监测和态势分析结果的准确性出现较大偏差。因此，出现了通过多源信息融合进行安全监测和网络安全态势评估的方法。这种方法以多个相关检测设备的日志为数据源，对多源信息进行融合，从而得到外部攻击信息。然后，利用节点漏洞信息和服务信息进一步计算外部攻击对网络安全态势的影响，并利用时间序列分析方法对安全态势进行预测分析，有效弥补传统安全审计和网络监测技术的不足。这种新型的安全态势评估技术有时候被称为态势感知技术，也是当前威胁情报体系的核心技术之一。

网络安全态势感知的具体流程是先采集所有安全设备的防护、拦截日志信息，然后对这些信息进行分析、理解，再对当前网络未来可能面对的环境变化进行预测。这个过程可以总结为态势信息提取、态势评估和态势预测三个步骤。网络安全态势感知的建模过程如图 8-12 所示。

图 8-12　态势感知模型

准确、全面地提取网络环境中的安全态势信息是进行网络安全态势感知研究的基础，需要提取的信息包括静态的配置信息（网络的拓扑信息、脆弱性信息和状态信息等）、动态的运行信息（各种防护措施的日志采集和分析技术获取的威胁信息）以及网络的流量信息等。

态势评估是指在获取海量安全数据的基础上，通过解析数据之间的关联性，对其进行融合，获取宏观的网络安全态势。态势评估的核心是这些海量数据的融合。目前，应用于工业互联网安全态势评估的融合算法主要有 4 类：基于逻辑关系的融合方法、基于数学模型的融合方法、基于概率统计的融合方法以及基于规则推理的融合方法。

安全态势的预测是指根据网络安全态势的历史信息和当前状态对网络未来一段时间的发展趋势进行预测。网络安全态势的预测是态势感知的一个基本目标。

对于安全态势评估模型，首先需要熟悉三个术语：

1）攻击发生概率：某种攻击已经发生的可能性，以 $m(h)$ 表示。

2）攻击成功概率：某种攻击发生后，该攻击成功的概率或程度，以 $s(h)$ 表示。

3）攻击威胁：某种攻击成功实施后造成的影响，以 V 表示。

通过对以上三个数据进行信息融合可以得到当前已经发生的攻击对受害节点造成的理论影响，该影响就是此节点的安全态势。

网络安全态势评估的流程如图 8-13 所示。

第一步：基于相关检测设备的数据融合计算 $m(h)$。

第二步：基于此攻击利用的漏洞信息和节点漏洞信息计算 $s(h)$，同时利用已知攻击信息计算 V，得到此节点的安全态势。

第三步：利用服务信息判断各节点权重，经过节点态势融合得到整个网络的安全态势。

第四步：基于安全态势评估结果，引入时间序列进行分析，对网络安全态势进行趋势预测。

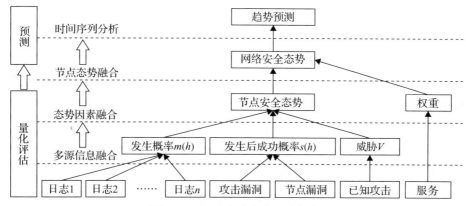

图 8-13 网络安全态势评估框架

大多数工业互联网的网络安全态势评估类技术主要应用于大型监管机构和行业组织机构。下面以 360 公司的工业互联网企业级态势感知平台为例,介绍其在工业互联网中的应用。

该平台的框架如图 8-14 所示,从图中可以看出,平台不仅包括一般态势感知所需的技术,还将资产侦测、监控、取证溯源的需求进行了集成。

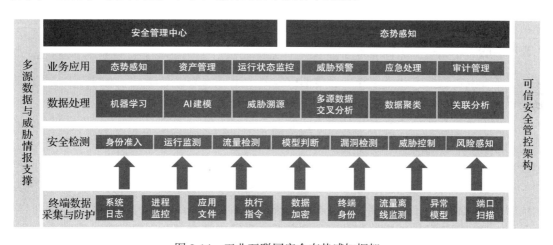

图 8-14 工业互联网安全态势感知框架

1)数据采集阶段:采集的数据包括正常/异常会话连接、正常/违规资源访问、网络/主机探测扫描、病毒/木马传播感染、网络探测/口令猜测、安全攻击/非法外联、应用服务状态异常、设备/系统故障告警、系统登录成功/失败记录等。外部数据的输入包括病毒、木马样本、BOT 检测结果、恶意 IP、恶意域名、恶意 URL、恶意行为特征、恶意文件检测、异常流量监测和黑白名单等。

2)关联分析阶段:包含单一逻辑分析、复合逻辑分析、黑白名单关联、威胁情报关联、基于统计关联、基于时间关联、基于攻击关联和基于资产关联。

3）场景分析阶段：对每天 24 小时持续产生的相同告警进行自动归类、筛选，基于行业特征分组聚类与场景进行关联。

4）知识图谱分析阶段：将安全告警作为线索进一步分析提炼，挖掘其中的安全告警，主要包括交叉验证、关联分析、上下文验证、攻击链验证、影响范围评估等。

5）溯源分析阶段：包括攻击路径分析、优先级分析、攻击追溯等。

态势感知最终的可视化效果如图 8-15 所示。

图 8-15　工业互联网态势感知应用

8.3.4　应急处置与协同防护

在工业互联网安全运维工作中，遭遇突发安全事件后的应急处置与协同防护是重中之重，而分析协同防护正是该工作的核心。它包括两个维度，一是技术维度，二是组织工作维度。技术维度是指安全技术或应用之间的联动机制，例如通过入侵检测机制发现威胁或者通过身份认证机制发现异常的时候，可以联动网络隔离和审计设备针对威胁或隐患进行阻断、深入分析、记录等相关威胁处置动作，如图 8-16 所示。从组织工作维度，不仅包括 IT 和 OT 架构层面的安全防护协同，还包括内部团队和安全服务商的协同，以及系统架构内部组件和数据机制的协同。只有从两种维度都做出相应的设计、部署和运营后，才能规避因为缺乏单点故障和协同机制而带来的跨域渗透或者多目标入侵等安全威胁，从而更好地保护工业系统，实现多方协同的应急响应处置机制。

原有的针对网络中单一对象或适用于特定网络类型的网络防护技术由于彼此之间相互独立，缺乏协同作用，难以形成统一的防护力量，因此不能适应 IT、OT 融合的工业互联网的需要。虽然针对各层面防护的研究已有很多，但在工业互联网层面上的协同防护体系的研究还比较少。

随着工业监测、智能交通、城市规划、智能物流、感知农业等各类工业互联网应用的普及，其对象多元、交互快速、地区广布、性质多维的特点日益凸显，迫切要求工业互联网系统具备安全交互能力、安全风险全域感知能力和适应不同规模、不同性质及不同地区的全维一体化协同防御能力。

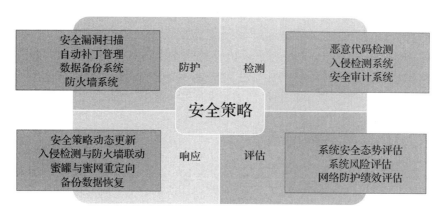

图 8-16 基于 P2DER 的协同防护模型

工业互联网主要的安全业务类型包括安全数据监测（包括事件、通知）、远程安全控制、数据安全处理以及安全通信业务。工业互联网安全数据传输类型包括：安全数据采集类（上行）、安全广播类（下行）以及安全传输/桥接类（双向）。

对于电路域，传统通信安全业务（语音、短信）直接通过所属接入网接入电路域核心网获取所需的安全服务；分组域承载的通信安全业务则通过核心网中的安全控制服务器实现异构安全融合，安全接入网关负责提供到该安全服务器的网络层互联通道。安全协同防护在工业互联网的逻辑体系层面上有 3 个层次，如图 8-17 所示。

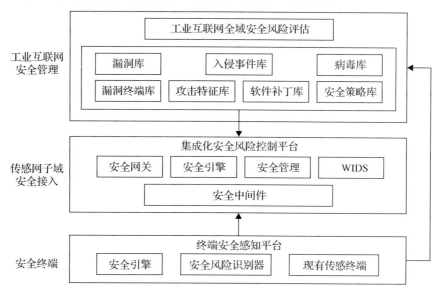

图 8-17 工业互联网安全协同防护逻辑体系

最底层是终端安全感知平台。该层在安全接入网关的基础上使用终端漏洞自修复和安全引擎自加载技术,通过基于 DS 的安全态势分析方法实现工业互联网系统的安全风险识别,达到综合安全风险感知的目的,体现"防"的理念。

中间层是集成化的安全风险控制平台。该层以安全控制服务器为主要载体,包括工业互联网系统安全风险预测与动态控制子系统,通过安全网关、安全引擎、安全管理、UN安全中间件等组件的集成,体现"测、控、管"的思想。其中,安全管理组件用于管理终端软件漏洞、病毒库、审计和无线定位以及瘫痪节点的隔离与修复。安全中间件则为各种终端提供定义良好的一致安全接口,屏蔽设备的异构性。

最上层是工业互联网安全风险评估层。通过工业互联网系统安全策略的层次联合建模方法,结合安全风险评估系统和基础数据库,实现工业互联网全域安全评估的自动化,体现安全中以"评"促"管"的理念。

8.4 常用的安全攻防技术

实际工业互联网环境中,新型攻击层出不穷,对系统的危害越来越大。通过前面几节介绍的安全防御技术配合合理的运营和管理策略,可以在很大程度上规避常见的安全威胁。但是,在实际业务应用中,还有更多情况需要考虑。例如,社会工程和 0Day 组合的 APT 攻击、遭遇入侵时要保证关键业务可持续运行、针对未知源头的攻击行为进行有效防御和追溯等。这时需要引入前文提到的威胁情报和威胁反制的理念,通过应用新型的技术解决具体的业务安全问题。

在一些场景下,需要保护的不是具体的资产、系统或企业环境,而是针对整个区域或行业的组织机构、社会经济环境进行安全保障,其安全技术理念和运营模式又有很多独特之处。由于本书的定位以及篇幅原因,本节仅对主流的技术进行介绍,包括侧重于主动防御和威胁情报理念的大数据安全侦察、威胁狩猎与安全分析、攻击源追踪与定位;侧重于被动防御理念的工业蜜罐与网络诱骗、入侵容忍与拟态防御等。

8.4.1 大数据安全侦查

大数据侦查与前面介绍的网络安全监测与态势评估类似,主要差异体现在应用方向上。大数据侦查一般是为了回溯安全事件过程和原因,网络安全态势评估技术则主要用于预测安全趋势,所以前者多为执法部门对网络犯罪行为进行侦查之用,后者则多用于组织的安全风险管理工作。

广义的大数据侦查包含一套完整的侦查体系;狭义的大数据侦查则侧重于发挥大数据技术的优势,通过准确无误的结果实现对整个侦查范围内所有事件的掌控。目前,大数据侦查是指法定侦查机关针对已发生或尚未发生的犯罪案件,为了查明犯罪事实、预测犯罪活动等而依法采取的以大数据技术为核心的行为。

大数据侦查的外延宽于传统侦查。传统侦查的对象限定在已经确立的刑事案件上,但大数据侦查延伸了侦查时间,将"预测性侦查"纳入其中,可作为一种侦查理念来理解。

当前大数据侦查的应用主要有两种:①大数据搜索法,即利用大数据强大的搜索功能,通过组织内部数据或者社会数据对安全事件中的行为人、身份信息以及相关线索、证据材料进行搜索,完成查询、收集、提取与事件有关的证据材料的工作。②大数据挖掘法,是指在数据搜索、集合的基础上,利用计算机数据分析工具在海量数据中构建数据模型,发现数据间关系,探查和分析大量数据中隐藏的有意义、有价值的信息的过程。

大数据挖掘技术有多种应用方式。

(1)大数据碰撞法

大数据碰撞法是指在两个或两个以上的数据库中,输入相关数据,运用计算机相关软件进行碰撞、比对,然后对重合数据、交叉数据进行深度分析,从中发现事件线索、证据材料,锁定嫌疑目标的过程。网上摸排、网上追踪、网上串并、网上控赃等侦查措施,以及以大数据为依托的 DNA 技术,都采用大数据碰撞法进行侦查。

(2)大数据画像法

在网络侦查中,数据画像法是指通过大数据分析方法,将入侵行为人或者相关人员的身份、行为特征、兴趣爱好、人际关系等情况以数据形式表现出来,刻画出被分析对象的数据全貌,为事件侦查指引方向。通过利用大数据画像技术,入侵嫌疑人会成为"透明人",其身份信息、行为轨迹、消费习惯、经济状况、家庭关系、兴趣爱好、人际关系等特征会完整地展现出来。

(3)犯罪网络关系分析

犯罪网络关系分析是指通过大数据技术,利用入侵分子的手机通话数据、即时通信数据、社交网络数据等对入侵活动中涉事成员的连接、分工、合作关系进行分析,对侦查恶意攻击、恐怖犯罪、有组织的入侵事件具有重要的意义。

8.4.2 威胁狩猎与安全分析

威胁情报(Threat Intelligence)也称为安全情报(Security Intelligence)或安全威胁情报(Security Threat Intelligence)。Gartner 对威胁情报给出了较为权威的定义:"威胁情报是一种基于证据的知识,它就网络资产可能存在或出现的风险、威胁,给出了相关的场景、机制、指标、内涵及可行的建议等,可为主体响应相关威胁或风险提供决策信息。"当前,网络安全风险不断向工业领域转移,工业互联网正在成为网络安全的主战场。传统的被动式防御手段以及针对单点的攻击取证与溯源技术难以应对高级持续性威胁(APT)、新型高危漏洞等复杂安全威胁。利用威胁情报技术能够收集、整合分散的攻击与安全事件信息,支撑选择响应策略,支持智能化攻击追踪溯源,实现大规模网络攻击的防护与对抗,进而构建融合联动的工业互联网安全防护体系。威胁情报典型的应用场景有三类。

(1)工业互联网安全事件管理与响应

按照威胁情报标准对安全信息与安全事件进行记录,以便进行信息共享、关联分析以及事件响应。威胁情报反映出的工业互联网安全态势有助于预判后续可能的安全风险,使系统响应网络威胁的速度更快、准确度更高、防范能力更强。

(2)工业互联网攻击分析与溯源

威胁情报技术可用于分析攻击手法,还原攻击路径。结合关联威胁情报,可以对攻击方进行组织画像和溯源,构建攻击知识库,实现对APT攻击的智能化攻击意图推理及样本变种自动化跟踪。威胁情报框架ATT&CK引入知识图谱等AI技术,支持对工业互联网攻击的智能分析。

(3)工业互联网安全防护体系建设

在主动防御方面,利用威胁情报制定和组织反制计划,能规避可能的隐蔽手段。在被动防御方面,基于威胁情报研究攻击路线,可探索应对抗检测手段的新方法。在工业互联网设备层,利用威胁情报快速识别攻击行为的优势能实现工业互联网设备轻量化攻击检测。工业互联网企业可利用威胁情报模拟攻击,测试和评估其防护系统的检测和防御效果,指导制定安全增强方案。

业界将威胁情报分为三个级别,从低到高依次为战术(Tactical)情报、行动(Operational)情报、战略(Strategic)情报。根据情况级别由低到高,其获取的难度也依次升高。三种情报的对比分析见表8-10。

表8-10 情报级别比较

对比项	战略情报	行动情报	战术情报
生产过程	多个领域专家利用技术和非技术资源分析产生	安全专家利用技术资源产生	安全分析设备产生或人和设备共同产生
使用对象	高层决策领导	技术人员	安全设备和技术人员
交付周期	天~年	小时~月	秒~小时
有效时间	长	短	非常短
应用点	计划/决策	检测/响应	检测/响应
举例	企业安全战略规划	完整的分析报告:攻击者画像、攻击意图、攻击工具、攻击过程	IP/domain/URL信誉库、文件哈希、主机特征等

威胁情报与取证、溯源、态势评估等技术有紧密联系,其中面向攻击溯源的威胁情报共享利用框架如图8-18所示,其中包含对内部威胁情报和外部威胁情报的共享和利用。

接下来以PDRR模型为例,分析威胁情报在预测、防护、检测、响应四个阶段的主要应用场景。

(1)预测阶段

威胁预测:威胁情报可以帮助企业掌握外界的信息安全形势(例如哪些系统和应用是攻击重点目标)、跟踪威胁热点及趋势,做好企业自身的威胁预测。

安全评估:针对威胁情报中披露的漏洞、攻击方法、攻击工具等信息,分析企业安全在技术和管理上的脆弱性和漏洞,做好全面的安全评估。

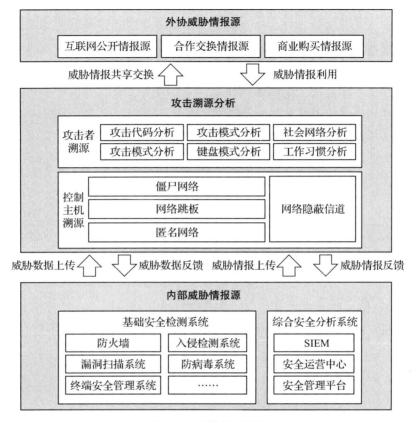

图 8-18　总体技术框架

（2）防护阶段

系统加固：威胁情报中包含漏洞情报,企业不仅可以获取漏洞的危险等级、受影响目标,还可以了解外界已经出现的针对该漏洞的攻击方法和工具,从而更加有针对性地做好漏洞修复等系统加固工作。

攻击防护：威胁情报可以与下一代防火墙、IDS、IPS、邮件网关、终端检测与响应 EDR 联动,企业基于威胁情报创建设备检测和防御规则,进行实时阻截防御,做好攻击防护。

（3）检测阶段

异常检测：威胁情报中的攻陷指标 IOC 可以与网络日志、终端日志做关联检测,及时分析内网的异常情况。

事件风险评估：威胁情报可以帮助企业了解事件的攻击源、攻击利用的方法以及攻击当前阶段、攻击的目标,从而全面评估风险并确定事件的优先级。例如,如果攻击是由一个大规模的攻击团伙发动的,那么网络攻击可能已经持续了较长时间,攻击风险较高。

事件缓解：威胁情报中的应对措施是针对威胁信息提供的应急处置措施，供企业做好事件缓解。

（4）响应阶段

事件调查取证：威胁情报中的攻击事件有助于进行攻击溯源分析，基于情报中的攻击工具、攻击方法信息，企业可以确定从何种网络、终端数据中捕获攻击痕迹，从而进行调查取证。

威胁狩猎是一种主动跟踪并能够尽早从网络中消除威胁的行为的方法，威胁情报则是实现威胁狩猎的基础之一。想要实现针对网络空间中威胁的狩猎，必须有安全专家、业务焦点并使用前沿的技术。威胁狩猎过程的起点是假设，这种假设有三种假设来源，也是狩猎的主要方式，见表8-11。

表8-11 威胁狩猎方式

基于分析的方式	基于重点的方式	基于情报的方式
基本数据分析以及机器学习的UEBA高级分析	皇冠珍珠分析法，基于IT资产中比较重要的资产进行重点关注	基于威胁情报提供的内容进行威胁狩猎

想要实现有效的威胁狩猎，人、技术和数据来源三者缺一不可，按照其能力的成熟度，应急响应专家David Bianco提出了有五个级别的成熟度模型，参见图8-19。

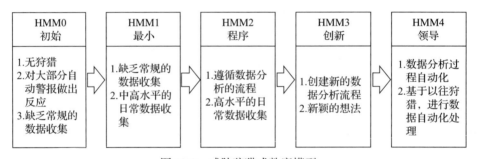

图8-19 威胁狩猎成熟度模型

8.4.3 工业蜜罐与网络诱骗

网络诱骗是指在一个严格控制的欺骗环境中，诱骗入侵者进行攻击或在检测出对实际系统的攻击行为后，将攻击重定向到该严格控制的环境中，从而保护实际运行的系统。同时，还可以收集入侵信息、观察入侵者的行为、记录其活动，以便分析入侵者的水平、目的、工具和手段等，并为入侵响应以及对入侵者进行法律制裁提供证据。在工业互联网中，由于系统和业务特性的差异，有不少专用的网络诱骗技术，典型的网络诱骗技术就是工控蜜罐。

工控蜜罐是指在OT区域针对工业控制系统的蜜罐技术，是在威慑反制中为了诱捕和欺骗对手攻击常用的技术手段之一。典型的蜜罐系统包含交互仿真、数据捕获和安全控制三个模块，如图 8-20 所示。在工业互联网领域，衍生出了各种蜜罐工具软件，为工控蜜罐的快速部署和数据采集提供了保障，包括虚拟网络拓扑、服务仿真、威胁捕获、安全控制、数据可视化分析等。

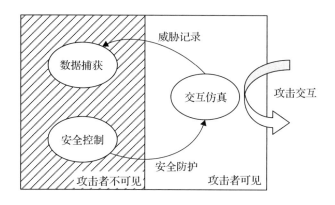

图 8-20　蜜罐系统设计原理

攻防对抗是网络安全领域的常态。在安全威慑与反制工作中，为了应对工控蜜罐，也出现了反蜜罐（Anti-Honeypot）技术，其本质是分析工控蜜罐和工控真实设备之间的差异。在分析蜜罐系统设计原理的基础上，利用反蜜罐技术进行识别主要依赖 8 类识别要素，如图 8-21 所示。

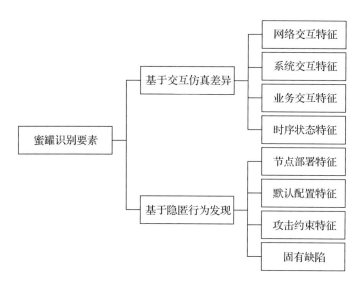

图 8-21　蜜罐的识别要素

如图 8-22 所示，蜜罐识别流程包括三个步骤。

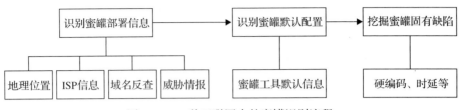

图 8-22 一种互联网中的蜜罐识别流程

步骤一：识别蜜罐部署信息。通过查询目标 IP 相关的地理位置、ISP 信息、域名反查信息和威胁情报信息来识别蜜罐部署的相关信息。地理位置通常可以反映目标的业务特点，ISP 和域名反查信息则反映目标的组织信息，Shodan、Threatbook 等提供了对蜜罐可能性的分析能力。但是，内网无法依赖上述方式进行蜜罐识别，且用于特定保护功能的蜜罐往往部署在产品系统附近，所以这种识别对内网蜜罐和企业内部蜜罐几乎不起作用。表 8-12 对常见工业蜜罐的交互特性做了比较和分析。

步骤二：识别蜜罐默认配置。识别默认配置是指针对已知的蜜罐工具识别方法进行筛选分析，对已知的蜜罐特征进行"黑名单"筛选，确定目标系统的蜜罐可能性。

步骤三：挖掘蜜罐固有缺陷。除了仿真交互的直接对抗方式，挖掘蜜罐固有缺陷更加强调对蜜罐系统的架构级的识别。通过 TCP/IP 特征分析、操作系统识别、物理地址识别、时延特征等分析测试手段，可以挖掘蜜罐系统的架构级特征。

下面介绍一些常见的开源工控蜜罐，以及相关的工作流程。

1）Conpot：这是一个部署在服务端的低交互工控蜜罐，能够快速地部署、修改和拓展。开发者通过提供一系列通用工控协议，能够非常快速地在系统上构建一套复杂的工控基础设施用于欺骗未知的攻击者。Conpot 支持 BACnet、enip、guardian_ast 等协议。

2）GasPot：GasPot 是用来模拟 Gaurdian AST 仪表的蜜罐。这些油罐压力表在石油和天然气工业中主要用在加油站，用于监控存储的燃料。GasPot 被设计得尽可能随机化，所以可以认为没有两个 GasPot 的实例完全一样。

3）XPOT 蜜罐：XPOT 是典型的工控高交互蜜罐，它能模拟参考模型 SIMATIC S7-314C-2 PN/DP，也能够模拟其他的 S7-300/400 模型。

表 8-12 典型开源工控蜜罐的比较

常用蜜罐	低交互			中等交互				高交互	
	TCP/IP 堆栈欺骗	读取系统状态列表	HTTP SNMP	列块	读取存储	写入存储	开始/暂停 CPU	上传/下载块	执行程序
Conpot	—	√	—	—	—	—	—	—	—
SNAP7	—	√	—	(√)	(√)	(√)	(√)	—	—
CryPLH2	(√)	√	√	√	√	√	√	√	—
XPOT	√	√	SNMP	√	√	√	√	√	√

8.4.4 入侵容忍与移动目标防御

入侵容忍技术是自动化安全运营与响应的核心技术之一,在系统遭到入侵后可用于维持业务的持续性运行。对于将业务持续性放在第一位的工业互联网来说,入侵容忍尤为重要,也是主动防御体系的核心。传统的以防御为中心的控制方法只能解决一部分问题,因为无法抵御所有的攻击。在这种情况下,就需要入侵容忍技术的保护,使系统在攻击和被入侵的情况下,仍然可以提供重要的服务,保护核心的数据和业务。

常见的入侵容忍技术有冗余与多样性技术、门限密码共享体制技术和系统重配技术。

(1)冗余与多样性技术

冗余是信息系统容错的有效方法。当一个组件或某个子系统发生故障时,可由备用组件或系统提供服务直至该组件或系统被修复。多样性是指冗余的组件应该在一个或多个方面有所差异。冗余技术基于应用模式不同,主要有五种实现方法:硬件冗余、软件冗余、信息冗余和时间冗余。例如,软件冗余可以屏蔽软件故障,恢复受故障影响的运行进程。冗余和多样性技术可以有效减少错误关联的风险,但是增加了系统的复杂性。为了实现冗余,必须使用多套系统或组件。所以,冗余技术可以增强系统服务可用性,但系统资源成本较高。

(2)门限密钥共享体制技术

门限密钥实质上是为攻击者设置一个门槛,当受到的攻击低于这个门槛时,系统可以容忍攻击行为,保持系统的可用性。这种技术的基本思想是通过某种手段把数据 P 分成 A 份,设置一个最小数值 M。当从 A 份数据中收回的数据大于等于 M 份,就可以获取数据 P 的详细信息;如果收回的数据少于 M 份,则无法获得数据 P 的信息,那么 M 就是门限值。相比于冗余技术,门限技术的机密性符合要求,但可生存性较差。A 和 M 的取值有难度。M 取值小,可以得到较高的性能,但数据的可靠性会降低;若 A 取值大,可以确保可用性,但会降低系统性能并且存储的要求较高。

(3)系统重配技术

系统重配技术主要研究系统组件产生入侵触发信息后,对系统组件进行重新配置的策略和方法,进而建立能对大规模、异步的分布式系统进行主动或反应性重新配置的安全、自动框架。

DARPA 资助的 OASIS(Organically Assuredand Survivable Information System,有机保证和可幸存的信息系统)计划旨在研究入侵和攻击的方法。该项目的研究目标包括:基于具有安全漏洞的组件来建立入侵容忍系统,描述节省成本的入侵容忍机制,开发评估和验证入侵容忍机制的方法。下面简单介绍 OASIS 计划支持的几个典型项目。

1)SITAR(Scalable Intrusion Tolerance Architecture,可伸缩的入侵容忍体系结构)项目:其目标是研究容错和入侵的关系,开发入侵容忍模型,定义初始的体系结构;权衡分析和仿真方法,实现一个原型系统,通过实验评估原型系统。SITAR 主要应用可重配操作策略和错误处理策略，采用入侵检测机制和入侵遏制机制。具体而言，系统中代理服务器模块运用资源冗余和多样性设计，每个系统组件含有入侵检测模块。系统在面临入侵时能够对安全策略、系统资源和服务进行重新配置，保证系统的安全和服务的连续性。

2）ITTC（Intrusion Tolerance via Threshold Cryptography，基于门限密码学的入侵容忍）项目：主要研究基于 RSA 的门限密码体制，建立入侵容忍的 Web 安全和 CA 应用。ITTC 项目主要应用容错策略、可重配操作策略和机密性操作策略，采用安全通信机制、入侵检测机制、入侵遏制机制和错误处理机制。通过将密钥分成若干共享影子分别保存在不同的服务器上，ITTC 系统能确保一部分系统组件被攻破后不会泄漏敏感的安全信息，在应用过程中不进行密钥的重建。

3）COCA 项目：该项目的目标是为局域网和 Internet 提供容错和安全在线认证服务。它主要运用可重配操作策略、错误处理策略，采用入侵检测和错误处理机制。在 COCA 中，签名私钥以秘密共享的方式分别存储在 $3f+1$（f 为整数）个共享服务器上，系统采用门限密码算法签发证书，当系统中至多 t 个服务器出现故障或被入侵时，不会影响系统的可用性和安全性。另外，COCA 项目提出了将拜占庭法团系统 (Quorum System) 和主动恢复密钥结合的方法，以获得可靠性和主动安全。

4）ITUA（Intrusion Tolerance by Unpredictable Adaptation）项目：该项目的目标是针对预先计划的、协同的、可能导致系统灾难性失效的攻击，开发能够容忍这类攻击的算法和软件工具。该项目主要运用容错策略，采用入侵检测、入侵遏制和错误处理等容忍机制，开发自适应的、能感知和反应系统可用性、服务质量的中间件技术，使系统具有适应性和不可预知性，帮助应用程序在面临攻击的情况下容忍攻击造成的影响。

目前，导致大多数工业互联网系统环境的网络安全问题的一个主要因素是静态的、相似的和确定的状态，基于漏洞和后门的攻击高度依赖目标系统的这些属性。目标系统保持静态、稳定状态的时间越长，危险的时间窗口越大。

美国国家技术委员会在 2011 年提出了"移动目标防御"（MTD）的概念。这种技术的思路不同于以往的网络安全研究思路，旨在部署和运行不确定、随机动态的网络和系统，让攻击者难以发现目标。动态防御还可以主动欺骗攻击者，扰乱攻击者的视线，将其引入死胡同，并可以设置一个伪目标/诱饵，诱骗攻击者对其实施攻击，从而触发攻击告警。

MTD 技术的目标是构建配置不再是静态的网络环境，网络自身能通过各种方法（例如改变软件应用在网络上的地址、在应用场景之间进行切换、改变重要系统数据的位置等），自动和周期性地随机改变其配置。移动目标防御的核心是让攻击者觉得网络是无序变化的，由于网络不断改变其配置，因此增加了攻击者的入侵难度。对合法用户来说，系统是正常运行的，且能保证可见和可知。

在工业互联网场景中，想要实现物理环境的诱骗，目前主要采用蜜罐技术，而虚拟环境中可采取的手段比较多。下面介绍一种在工业云平台中已经得到应用的方式——基于 OpenFlow 中网络调整的灵活性实现 SDN 环境的 MTD 方案。在网络层，通过对防护区域内通信的每一跳网络地址进行伪随机变换，对跨区域网络通信的出口端口进行伪随机映射，从而实现通信节点的隐藏以及网络结构的保护。

IP 跳变模块负责实现域内的 IP 地址跳变功能，原理如图 8-23 所示。IP 地址跳变是指在域内进行传输的数据分组在传输路径上的每跳节点进行网络地址变化，从而实现通信双方网络地址的隐藏。攻击者无法通过嗅探和分析在网络中间位置截取的数据分组中识别网络上的存活节点。端口跳变模块负责对域间的数据通信进行保护，将内部的传输数据通过端口跳变的方式进行隐藏，并对从域间接收到的已跳变数据分组进行还原。恶意攻击者无法通过对域间传播的数据分组进行嗅探和分析来识别内部节点。

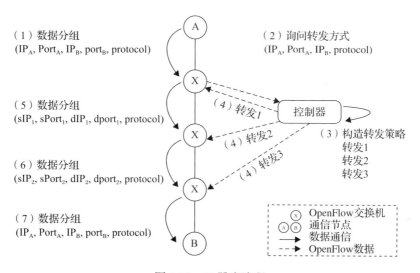

图 8-23　IP 跳变流程

在整个通信过程中，只有与通信节点直连的交换机端口可以收到和发出具有真实 IP 地址的数据分组，其他（包括直连交换机与其他交换机）端口收到和发出的数据分组头部均为虚拟地址。由于攻击者无法与通信节点同时连接同一个交换机端口，因此攻击者无法在节点通信过程中获取具有真实节点网络地址的数据分组头部。

端口跳变的过程可以参考传统网络 NAT 的方式，其原理如图 8-24 所示，它将内部通信链路转换成域间使用的区域公网 IP 地址和相应的端口。但不同之处在于，NAT 对于一次通信会话绑定的端口无法改变，攻击者在不同时刻截取到不同的通信数据分组，就可以很容易地还原通信会话。因此，在传统网络中使用域间区域公网 IP 和绑定端口，可以唯一表示一次通信会话。攻击者可以针对固定的通信端口进行攻击，攻击无法避免。这里提出的端口跳变方式可以在同次通信会话过程中，不断改变通信双方网关交换机绑定的通信端口，使攻击者无法简单地从窃取的数据分组中还原通信内容、定位内部节点。即使攻击者根据某次截取到的 IP 和端口信息来定位攻击目标，也无法在下一时刻再次利用该 IP 和端口定位同一个域内节点。

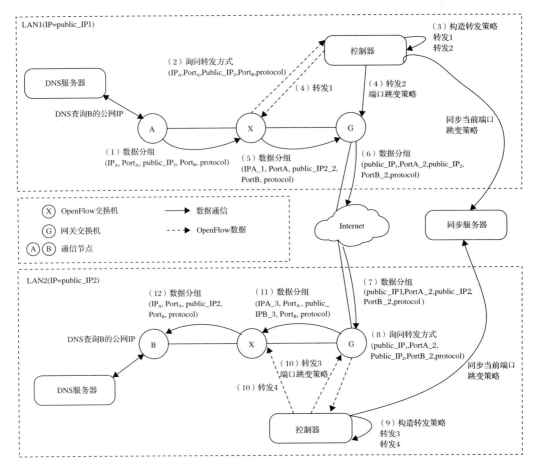

图 8-24 端口跳变流程

8.4.5 内生安全与拟态防御

内生安全（Endogenous Security，ES）是指利用系统的架构、机制、场景、规律等内在因素获得的安全功能或属性。通过基于软硬件系统结构的设计，能够在不依赖先验知识和附加防御设施的基础上获得独立、可靠、点面结合的防御效果，这就属于内生安全的范畴。基于一体化设计的内生安全控制结构提供高可信、高可靠服务和利用内生架构机制增强目标系统防御能力的技术都可以称为内生安全技术。网络空间拟态防御技术（Cyberspace Mimic Defense，CMD）是属于该范畴的一种新型防御技术，同时具备静态和动态防御、被动和主动防御的特点。

1. CMD 的核心思想

CMD 以不依赖传统防护手段为前提，以相对正确的公理逻辑表达为多模输出矢量测量感知手段,在动态异构冗余(Dynamic Heterogeneous Redundancy,DHR)架构上导入基于拟态伪装策略的裁决机制、策略调度机制、负反馈控制机制和多维动态重构机制,归一化解决构造内传统和非传统安全威胁问题,在广义鲁棒控制架构上建立一种以内生安全机制为基础的新型防御体系。它以渐进或迭代收敛方式应对威胁,追求问题场景的"快速规避"而不苛求其"快速归零"。

2. CMD 的基本目标与典型拟态场景

CMD 的基本目标是构造"非配合条件下,动态多元目标协同一致的攻击难度",形成"测不准"效应,创造点面结合且不依赖攻击先验知识和特征的融合式防御模式。它可以归一化地管控架构内不确定扰动影响,使得系统可靠性与抗攻击性可量化设计、可测试度量。

在防护过程中,有以下几种典型的拟态场景及防御效果:①神秘化场景,使攻击者看到的目标对象防御场景在其知识库中没有任何可匹配的信息,使其无从下手;②似是而非场景,使攻击者看到的防御场景在可涉及的知识库中有多个匹配信息,但总是无法形成完整、清晰的认识;③伪装隐匿场景,使攻击者倾其经验和知识也不能发现目标对象的防御特征,无法与事先植入的代码建立联系;④片面化与碎片化场景,将目标按非全景方式从不同角度/时间/空间呈现给攻击者,使其难以形成对目标整体架构或运行规律的认知;⑤过拟合场景,有意识地暴露大部分目标特征且添加特征噪声,造成攻击者基于机器学习的预测评估陷入误区;⑥屏蔽与掩饰异常场景,通过屏蔽或掩饰运行异常,误导积累探查数据,给攻击者侦察和攻击效果评估引入错误或不确定的表象。

3. CMD 的主要实现机制

CMD 的功能等价执行体可以是网络、平台、系统、部件或模块、构件等不同层面、不同粒度的设备或设施。输入代理器与输出裁决器覆盖区域的边界称为拟态界。拟态界通常由输入分配与代理、反馈控制器和输出代理与裁决器组成,是当前的防护边界,如图 8-25 所示。

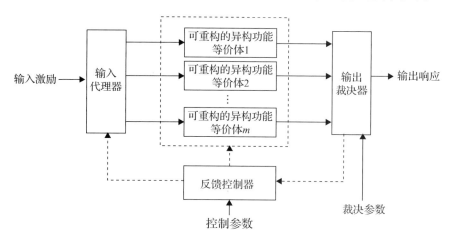

图 8-25 拟态防御架构抽象模型

CMD 的工程实现通过 17 种机制来保证其达到预定的防御目标，实现结构与服务功能映射关系的视在不确定性。

以工业网络拟态存储为例，构造效应与功能融合机制是集约化功能的实现基础，而基于拟态裁决的策略调度和多维动态重构负反馈控制机制作为其核心机制负责系统的整体运行逻辑。拟态伪装机制用来掩饰或屏蔽构造内部的广义不确定扰动，达到"熵不减"的效果；敏感路径以"控制功能分布化、控制关系简约化、控制信息最小化"的单线或单向联系机制作为手段，造成攻击通道可达性障碍；重要信息以碎片化、分布化、动态化传输与存储等作为具体方法。表 8-13 为 CMD 主要实现机制及其对应的实现方法与功能。

表 8-13　CMD 工程实现

主要实现机制	实现方法	功能
构造效应与功能融合	采用动态异构冗余架构	高可靠功能、高可信服务一体化
单线或单向联系	流水线处理方式，控制功能分段化	处理流程上造成攻击通道可达性障碍，使攻击构建或维持困难
策略调度	将外部输入序列分发给指定的执行体	使拟态呈现形式更为诡异，隐匿拟态括号内部的场景特征
拟态裁决	对多模输出矢量进行策略性判决	感知任何反映到拟态界面上的非协同性攻击或随机性失效情况
负反馈控制	架构内整合多种防御	获得高性价比可靠性与抗攻击性
输入指配与适配	输入通过指配环节连接到相应的异构执行体	使得输入通道灵活连接到拟态括号服务集内的异构执行体
输出代理归一化	增加输出矢量归一化处理和输出代理	对内部异构执行体表现出透明性，对外界实现"隐身性"
分片/碎片化	信息碎片异构传输存储	实现隐私或敏感信息使用安全性
随机/动态/多样	随机动态多样化场景	使难以建立起持续可靠的攻击链
虚拟化	虚拟容器技术	经济、灵活地设定拟态场景
迭代与叠加	执行体构件进一步拟态	指数量级提升防御环境不确定性
软件容错机制	异构冗余	降低同时出现相同错误的可能性
相异性机制	策略性调度、重构	拟态括号内防御场景的差异化
可重构重组	可重构重组软硬件架构	提高防御资源相异度和丰富度
清洗恢复	执行体上下线清洗重构	消除故障与待机式协同攻击等
多样化编译	混淆、变换、随机化编译	增加代码逆向和漏洞利用难度
拟态构造程序	借助并行程序设计语言	充分发挥并行处理环境的优势

4. CMD 的代价、挑战与待解决的科学问题

采用 CMD 作为防御手段，在提升安全性的同时，为了实现上述机制，不可避免地需要付出一些代价，主要包括实现动态异构冗余架构的代价、清洗与重构的额外资源和时间

开销、虚拟化带来的固有性能和安全损耗、执行体同步的状态迁移开销、裁决带来的短板效应、输入/输出的固定开销、单线联系带来的系统复杂度上升等。然而，硬件处理资源和软件产品在目标系统总成本构成中的占比并不高，即使拟态界内异构执行体的实体资源增加3～5倍，对于总成本的影响可能仍然处于可承受的范围内。

目前，CMD在工程实现上面临的主要挑战有功能交集最佳匹配问题、拟态裁决复杂性问题、服务颠簸问题、使用开源构件问题、拟态化软件执行效率问题、应用程序多样化问题、拟态防御界设置问题、非跨平台应用程序装载问题、再同步与环境重建问题和简化异构冗余实现复杂度等问题。

另外，CMD领域还有一些科学问题有待探讨，主要包括攻击理论与模型构建、拟态防御的发展路线图、拟态防御粒度的科学设定、安全等级的度量以及拟态防御的数学原理的建立等问题。

5. CMD工业网络应用举例

（1）工业拟态路由器

工业拟态路由器以DHR架构为基础，在配置管理平面引入多个实体或虚拟管理执行体，在路由控制平面引入多个实体或虚拟路由计算执行体，在数据转发平面引入多个实体或虚拟数据负载语义变换执行体，从而在各个平面构建出物理的或逻辑的异构冗余处理单元。通过引入输入代理进行消息分发，引入拟态裁决并通过负反馈控制执行体的动态调度与清洗恢复。增加的拟态插件理论上具有攻击的不可达性，因此不会因为漏洞因素额外增加系统的风险系数。

实践证明，工业拟态路由器可以在"有毒带菌"环境中继续提供可信的服务功能，既不影响功能，也不会降低性能，同时极大地降低安全维护的实时性要求和频繁升级的代价，并且成本可控，可以显著地提升路由器对抗已知安全风险或未知安全威胁的能力。

（2）工业网络拟态存储系统

工业网络拟态存储系统由元数据服务器、对象存储设备（也称数据服务器）、仲裁器、客户端等组成。元数据服务器管理整个网络存储系统中的元数据，数据服务器存储文件数据的片段，客户端生成的文件分别存储在元数据服务器和数据服务器中。通过引入基于DHR的存储架构，对存储系统中的硬件平台、本地文件系统、节点操作系统等进行拟态化处理。仲裁器将来自客户端的请求转发给至少三台元数据服务器，对各元数据服务器的处理结果进行拟态裁决，从中选择一个合规结果返回给客户端，在发现异常行为时触发后台处理机制进行执行体切换。

工业网络拟态存储系统可以发现从数据平面、管理平面、控制平面发起的网络攻击，实施预置的安全防护策略（按照预置策略，动态替换受攻击的工作执行体），对功能和性能没有明显影响，并且大幅度提高了抗广义不确定扰动的能力。

8.4.6　工业云及嵌入式取证

不同于大数据侦查技术，不仅执法部门需要利用取证技术，相关的安全审计和技术部门也需要使用取证技术。一般意义上的取证是指取证人员按照法律/规范规定的方式,对能够成为合法、可靠、可信地存在于计算机、相关外设和网络中的电子证据进行识别、获取、传输、保存、分析和提交的过程。电子证据的范围不限于文件、图片和邮件,还包括电子设备的历史工作进程、网络活动状态、固件系统等。犯罪行为留下的痕迹会通过取证流程被采集和捕获,通过对捕获的证据进行分析和鉴定,可以向司法机关提交以规范形式保存的结果。工业互联网的 IT 与 OT 环境中涉及取证的主要对象包括工业云取证与嵌入式系统取证。相对传统电子取证技术而言,针对工业云环境的取证是目前比较主流的研究领域,也是区别于传统 IT 环境的内容。

1. 工业云取证

工业云取证是指在工业云平台中,通过云计算环境获取犯罪信息,向有关机构提交从云平台中采集、获取的电子证据,基于这些证据对犯罪嫌疑人进行司法判定。云取证可合理利用云计算的技术优势完成大数据中的取证工作。云取证的数据量高于传统的电子取证,因为面向的对象虽然是实际存在的物理设备,但是大多处在复杂环境中,且处于无法直接接触的状态。

随着技术的发展,违法分子的犯罪形式不断变化,因此需要更新各种网络技术来对犯罪行为进行电子取证。云取证便是网络技术更新的成果,但新的技术也带来了新的挑战,如多用户的共享问题、服务商或者用户之间的相互服务问题、分布式异构虚拟计算资源问题、活动产生的庞大临时文件和数据访问记录存储问题等。海量数据分析的高效性和高准确率要通过云计算的超大规模计算能力来保证。云取证的关键技术有分布式处理、海量数据处理、虚拟化、协同处理、基于人工智能算法的证据分析等,常用的人工智能算法有基于遗传的算法、基于贝叶斯网络的算法、基于神经网络的算法和基于聚类分类方法的算法等。

在云取证的证据识别、获取、分析及展示过程中,证据获取及分析最为重要。因此,当前工业云取证的工作主要集中在证据获取和证据分析阶段。

(1)证据获取

证据获取阶段是指取证调查者借助取证工具对犯罪现场进行证据收集的过程。目前,该领域的工作主要包括残余数据的获取、日志的获取和虚拟机迁移隔离技术,其特性见表 8-14。

表 8-14 现有的工业云证据获取技术

需要解决的问题	现有云证据获取技术		
	客户端残余数据获取	日志获取	虚拟机迁移隔离技术
用户对数据缺乏控制	√	√	—
多用户数据混杂	—	√	√
证据易失性	×	√	√
证据可信度	×	√	√
适用场景	特定云产品	通用	IaaS
开销	大	较小	大

（2）证据分析

证据分析阶段是指取证调查者借助分析工具、分析算法对获取的证据进行分析的过程。目前，该领域的工作主要集中在数据源的分析、事件重构、文件搜索和基于云的取证分析算法方面。

客户终端与云端资源的每次交互都由数据采集模块实时提取，提取的数据会进入入侵检测模块，由入侵检测模块全面检测客户终端与云端资源的所有交互信息。一旦发现与入侵模式库中匹配的信息，该模块就会激活入侵响应模块和证据提取模块。入侵响应模块在发出告警信息的同时会触发相应的安全控制模块，从而保障客户终端的信息安全，同时入侵响应信息、告警信息和安全控制信息会载入日志模块，以备后续审查分析之用，并且日志模块中可作为证据的信息会实时输入证据库。证据提取模块将可疑信息进行过滤和提取，证据保全模块会将提取的数据作为证据进行数据加密、数字摘要并加盖时间戳后，加密传送到实时证据库。最后，通过证据信息生成取证分析报告。此应用流程贯彻上述云计算环境下取证的基本要求，在取得证据的同时保证了证据的完整性、可靠性。

2. 嵌入式取证

嵌入式取证技术目前属于起步阶段。云取证主要应用于工业互联网的 IT 环境，而嵌入式取证在 OT 环境中越发重要，包括常见的 PLC、RTU、AGV、工业机器人、CNC、网络设备等。常规的电子数据取证工具广泛应用于传统的 ICT 领域，例如硬盘、易失性存储器（RAM）以及移动电话和导航系统等，但大多数嵌入式系统目前没有类似的技术方案和取证工具。另外，以往对嵌入式系统主要关注功能安全，而不是网络安全。

在开始对嵌入式系统取证时，如果目标系统仍然完好无损，那么可以连接到对应设备（例如 DCS 控制单元或 PLC 控制器）进行事后取证调查，例如确认火灾或爆炸等事故的原因。为此，必须建立一个针对工业现场尤其是工控系统的取证过程。在这个过程中，主流的做法是针对两个不同的数据来源进行取证：网络数据和设备数据，如图 8-26 所示。

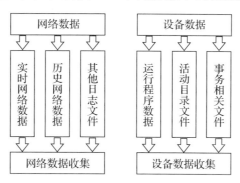

图 8-26　工控系统取证数据收集

（1）收集网络数据

对于网络数据的网络调查，必须确定需要分析的网络数据的类别。

网络数据可以是备份文件、数据库等历史信息,也可以是实时网络数据(原始网络数据、ARP表、流记录等)、历史网络数据(基于主机的日志、数据库查询、防火墙日志等)和其他日志文件(备份档案、访问日志等)。

(2)设备数据收集

大多数工业控制设备都没有专用的设备级取证工具。但是,PLC有专用的编程工具,可以将程序下载到PLC中,同时会将一些数据和日志文件发送给计算机系统。另外,出于维护的需要,部分设备会配备一些专门的调试工具。这两类工具可以实现针对设备级数据证据的收集工作。常见的设备级数据包括以下几类。

- 运行程序数据:如RAM转储、芯片图像、存储卡等。
- 活动日志文件:如RAM转储、活动进程、控制日志等。
- 事务日志文件:如串行通信日志、错误日志、事件日志等。

实际业务中,调查工控系统不仅是为了找到网络犯罪活动的相关证据,大多数调查是和安全事故相关的,比如工控系统的火灾或爆炸事件。进行这类调查时,必须了解工控系统的工作方式。工控系统的调查与常规的数字取证工作类似。由于嵌入式系统具有不同的通信协议,因此针对集成电路系统某些部分(包括连接接口、操作系统和程序语言)的取证比较困难。几乎所有的PLC制造商都有能够保护RAM不受设备影响的服务工具。在工具的帮助下,PLC的数据获取能够达到司法程序的合理性要求,确保数据是可靠的原始数据。

如果有一个大型、复杂的集成电路系统与远程站点和SCADA系统连接,那不必调查整个系统,可以根据中间数据只调查PLC的内存,但是要有相应的物理接口和编程语言接入操作。直接研究PLC RAM将提供有关PLC过程的更多信息,大多数SCADA系统只记录PLC生成的部分日志文件。在这种情况下,只能在PLC本身的RAM中找到所有需要的信息。具体的分析方式和内容根据分析者的不同分为两类。

1)工控工程师、网络工程师、供应商:主要包括用户和事件日志显示了什么,配置是否匹配固件版本,固件是否能被证明来源于FAT或SAT,运行中的配置,最后一次正常运行的配置和标准配置,配置和逻辑是否符合业务进程,通信方式是否正常(串口、USB、以太网、无线模块等)。

2)供应商、数字取证专家、嵌入式系统分析员:主要包括嵌入式系统文件、休息和运输过程获取的数据,易失性数据(代码注入、潜伏程序)等。

8.4.7 攻击源追踪与定位

工业互联网中的攻击源追踪技术在很大程度上依赖于数据侦查技术和取证技术,这几种技术经常会在实际工作中综合应用。典型的攻击源追踪技术包括网络溯源技术和恶意代码溯源技术,其中网络溯源用于追溯入侵攻击者的身份、位置、攻击路径等信息,而恶意代码溯源则用于对恶意代码的作者、恶意代码家族进行溯源。在实际业务中,这两种技术都是为了找到攻击者并确认攻击者背后的真正意图,从而遏制攻击者的进一步行动。

针对攻击路径，网络溯源技术包括分组标记溯源、发送特定 ICMP 溯源、日志记录溯源、受控泛洪溯源和链路测试溯源。针对攻击者身份是运营方还是监管方，可以采用全面实施 uRPF、业务实名制、IP 地址实名制等措施。近几年，安全研究（尤其是监管执法领域常用的安全研究）是针对网络攻击者位置的溯源，这个位置不同于攻击路径溯源中间虚拟地址，而是真实的物理空间地址。目前常见的 IP 定位技术的比较如表 8-15 所示。

表 8-15 常见 IP 定位技术的比较

定位算法	复杂度	定位精度	客户端	主动测量	扩展性	部署方式
Geoping	O(M(N+T))	<50km	否	是	较好	分布式
Shortest Ping	O(MN)	<50km	否	是	较好	分布式
GeoTrack	O(MN)	50<d<100km	否	否	好	集中式
CBG	O(MN)	5<d<50km	否	是	较好	集中式
TBG	—	50<d<100km	否	是	较好	集中式
Octant	O(MN)	35km	否	是	差	集中式
Three Tier	—	690km	否	是	差	集中式
Skyhook	—	<50m	否	否	较好	集中式
Spotter	—	5<d<50km	否	是	较好	集中式
GPS	—	<50m	是	否	差	分布式
Cell&WiFi	—	<50m	是	否	较好	分布式
W3C	—	—	否	—	较好	集中式
EdgeScape	—	<50km	否	否	好	集中式
TraceWare	—	<50km	否	—	好	集中式
MaxMind	—	<50km	否	否	好	集中式
IP2Geo	—	<50km	否	否	好	集中式
IPligence	—	<50km	否	否	好	集中式
Software77	—	<50km	否	否	好	集中式
Posit	O(M(N+T))	43.5km	否	是	较好	集中式
NBIGA	O(MC)	<50km	否	是	较好	分布式
Geo-RX	O(MN)	<50km	否	是	较好	分布式

无论是哪种 IP 定位技术，在 IP 定位系统和定位算法中，有 4 个关键的因素：测量节点、定位服务器、基础设施和待定位节点。IP 地址地理定位旨在准确地确定给定 IP 地址的物理空间位置，通常采用基于测量的技术或者基于数据分析的技术。另外一个重要的资源是地理定位数据库，比较知名的有 IP2Location、IP2LocationLite、GEOLite、IPMarker、IPIPNET 和埃文离线数据库，表 8-16 对这几个离线数据库的信息进行了比较。还有一些基于 APP 定位数据源的商用数据库。为了更好地利用这些数据库，很多技术人员将各个

数据库进行合并，从而得到一个更为全面的地理定位数据库。

表 8-16　地理定位数据库信息

数据库	记录数	国家覆盖	地区覆盖	城市覆盖
IP2Location	12 365 108	244	3 126	94 954
IP2LocationLite	3 327 891	243	3 075	73 321
GEOLite	2 650 913	247	2 600	83 435
IPMarker	3 283 162	254	2 326	29 243
IPIPNET	1 061 445	811	845	380
埃文	16 106 220	236	2 981	91 002

恶意代码溯源是指通过分析恶意代码的生成、传播规律以及恶意代码之间衍生的关联性，基于目标恶意代码的特性实现对恶意代码源头的追踪。恶意代码溯源包括 4 个阶段：特征提取、特征预处理、相似性计算和同源判定。其中，需要关注的恶意代码特征包括时间戳、数字证书、函数、后门文件、攻击模式、漏洞利用、传播机制、编译环境、通信方式、功能模块、使用语言、地理职位、域名等。表 8-17 列出了在实际恶意代码溯源工作中应用的溯源方法。

表 8-17　常见的工业互联网恶意代码溯源方法

溯源方法	溯源目标
IP/域名	对攻击者使用的域名和 IP 地址进行分析，挖掘攻击源头
流量	某些攻击者达成入侵目标后清除了入侵痕迹，通过流量分析可以实现这类情况下的溯源
日志	对攻击者入侵主机后留下的大量行为操作日志进行分析，可以提取相关攻击者的信息
攻击模型	常见于某些专业化程度较高的个人或者组织，他们有自己的攻击套路，并且长期专注于一个领域的攻击，多数 APT 组织具有这样的特性
样本分析	通过静态或动态的方法提取样本特征，分析攻击者相关信息

下面介绍　种在很多工业互联网企业中已经应用的 IP 地址定位操作方法，它使用企业中现有的通用网络设备以人工方式就能实现。

步骤 1：基于网络设备的 ARP 缓存表查找需要定位 IP 对应的 MAC 地址。对于有多个 VLAN 的网络环境，可以直接在各个 VLAN 汇聚的网络设备中直接搜索全局 ARP 缓存表。

例如，对于 Cisco 的设备，可以使用命令

```
#show arp | in IP
```

找到对应的 MAC 地址和所在的 VLAN。

步骤 2：根据 VLAN 对应的交换机，在交换机上查找此 MAC 地址对应的物理端口。
例如，对于 Cisco 的设备，可以使用命令

```
#show mac | in MAC
```

找到对应的物理端口号。

步骤 3：确认端口是主机还是另一台网络设备。
例如，对于 Cisco 的设备，可以使用命令

```
#show cdp nei 端口号 detail
```

来查看端口，确认设备类型。当然，也可以通过 NMAP 等端口扫描和指纹识别工具进行分析。如果是另一台网络设备，则继续追溯到主机即可。

步骤 4：将确认的物理端口与组网拓扑进行比较，确认此主机 IP 的真实物理位置。

这种方案在工业互联网中可用于定位故障点和地址冲突主机，也可以定位发生在内部网络中的各类攻击行为，并进行必要的应急处置。

8.5 本章小结

本章回顾了工业互联网安全防御理念及其相关技术的发展过程，并从工业互联网组织的视角将安全工作分为设计规划和运营响应两个部分，结合应用覆盖典型业务系统环境的各个生命周期。由于工业互联网涉及 IT、OT、CT 以及融合的各种场景，还包含云计算、虚拟化、物联网、移动互联网等新技术应用，所以到目前为止没有一个成熟的防御体系可以兼顾方方面面的需求。本书结合了第 2 章中介绍的我国工业互联网产业联盟提出的安全技术架构、我国的等级保护标准、SANS 提出的滑动标尺、NIST 的 SP 800 以及产业界的常用防御体系技术进行介绍并分享应用实例。需要注意的是，很多安全技术虽然是在安全防御体系下进行介绍，但是每种安全技术都有两面性，没有纯粹意义上的攻击技术，也没有纯粹意义上的防御技术，所以各位读者要结合前面安全分析的内容进行学习和理解。

通过本章的学习，读者应该理解安全防御的技术体系和演进思路，从而在工作中更好地进行设计规划、运营响应、测试评估、威胁情报和分析取证工作。

8.6 习题

1. 如何在设计规划阶段综合利用网络隔离、访问控制、数据加密、身份认证、入侵检测、安全审计、协同防护等技术和理念，针对一个或多个典型的工业互联网系统环境进行整体的规划，从而实现基本的框架建设呢？
2. 请读者学习计算机免疫技术，并从技术原理上分析其与入侵检测技术的异同。
3. 资产探测技术、态势评估技术、大数据侦查技术、威胁情报技术之间有很多联系，它们分别属于不同的工作域。简述这四种技术之间的关系以及应用方案，并填入下

面的表格中。

	工作域	核心技术	目标
资产侦测技术			
态势评估技术			
大数据侦查技术			
威胁情报技术			

4. 从安全攻防的视角来看，安全测评、威胁分析与取证的工作域具有一定的攻击性，为什么说这类安全理念和相关技术也是防御体系的内容呢？
5. 欺骗（Deception）防御是帮助研究人员和信息安全人员观察攻击者行为的新兴网络防御战术，能让攻击者在一个受控的网络中表现出各种恶意行为。工控环境下的蜜罐和沙箱是两个有代表性的欺骗防御技术，请思考这两种技术在技术和应用方面具有哪些异同。
6. 请列举与入侵容忍和拟态防御理念相近的安全产品和技术。

第 9 章

安全防御前沿技术

万物智联时代的到来，给工业互联网带来了发展契机，也使工业互联网面临越来越多的信息安全问题。在攻防双方激烈的对抗过程中，前沿防御技术的研究尤为重要，这些研究为工业系统（尤其是关键基础设施）提供信息安全保障，以支撑相应产业的发展和升级。本章将从系统安全、工业软件安全、结合业务行为的安全防护和控制器安全四个方面介绍工业互联网的前沿防御技术。由于针对工业互联网的防御技术仍在不断变化，因此本章主要介绍防御技术的设计思路，以达到"授人以渔"的效果，读者可以阅读相关文献来了解具体的技术实现细节。

9.1 控制系统全生命周期的内生安全

工业控制系统安全贯穿工控系统的设计、验证、建设、验收、运维、销毁的整个生命周期的各个阶段。本节将介绍贯穿控制工程设计、运行、服务和运维全生命周期的内生安全体系，为实现工业控制系统内核的健壮性、鲁棒性和安全性提供保障。本节主要介绍两种工控系统内生安全技术，包括控制装备与软件平台的安全增强技术和工业控制系统运行安全技术。

9.1.1 控制装备与软件平台的安全增强技术

由于工控系统的使用周期较长，因此厂商通常把系统功能作为关键要素，在设计、研发和集成阶段不会充分考虑安全问题。这就导致很多工业控制系统被设计为封闭的单机系统，没有考虑联网需求，甚至没有防护软件，也不能安装杀毒系统，一旦上网就处于"裸奔"状态。同时，大多数企业没有能力识别或应对入侵和攻击，但是攻击者可以利用系统漏洞进入产线，造成严重的后果。以 WannaCry 勒索病毒事件为例，该勒索病毒爆发后，微软公司在短时间内就发布了相应的安全漏洞补丁，但很多企业没有及时升级相关补丁，导致大量主机和电脑被感染。直到现在，仍有大量电脑感染此病毒。

工业控制系统的安全增强是指基于完整性检测、信源可信和协同安全认证、安全联动、多重异构容错、动态隔离与在线恢复等技术，结合安全增强与动态防护在工业控制系统中的交叉融合和深度应用，实现工业控制系统嵌入式可编程电子组件和控制工程软件开发平台的安全增强和动态防护。

1. 嵌入式可编程电子组件的安全增强技术

以防火墙、入侵检测和病毒防护为主的传统控制系统信息安全技术仅从外部对企图共享信息资源的非法用户和越权访问进行封堵，以达到防止外部攻击的目的。对于来自内部的安全威胁，常规的信息安全技术很难发挥功效，无法防止内部信息被泄漏、窃取、篡改和破坏。要保证工业控制系统的可靠性、安全性（包括功能安全和信息安全）、实时性、可用性、可维护性，就需要提供一个可信赖的、安全可靠的工业测控系统及可信检测方法。

如图 9-1 所示，基于控制系统可信架构的 TPCM（Trusted Platform Control Module）模块包括 TPM（Trusted Platform Module）处理单元、内部总线、程序存储器、配置存储器、数据存储器、总线仲裁管理单元、加密引擎、密钥与随机数生成器、电源控制单元和完整性检测单元。各部分的作用如下：

1）TPM 处理单元用于运行 TPCM 程序代码，管理和控制 TPCM 内部各种硬件资源。

2）程序存储器为运行程序和中间数据提供存储空间。其核心安全区域为平台配置寄存器（Platform Configure Register，PCR），用于存储构建信任链过程中产生的各模块的完整性度量值。

3）配置存储器用于永久保存 TPCM 运行程序集身份标识等敏感信息。

4）数据存储器用于存储完整性检测结果和最终数据，为 TPM 处理单元管理各种硬件资源提供依据。

5）总线仲裁管理单元用于实现 TPCM 与外部系统资源的数据传输功能，并通过仲裁机制控制主控处理单元的数据总线和地址总线与系统资源的交互。

6）加密引擎、密钥与随机数产生器相互配合，用于实现数据加/解密和签名认证等功能。

7）电源控制单元用于管理 TPCM 模块的电源，并控制测控系统主控处理单元的供电。

8）完整性检测单元使用特定算法完成完整性测量，是可信计算信任链的基础。

在采用上述 TPCM 模块的可信设备上，由 TPCM 模块接管测控系统主控处理单元的供电单元与系统总线，通过电源控制实现主控处理单元的延迟受控供电，通过系统总线（包括数据总线、地址总线、控制总线）的仲裁管理实现系统资源（用户目标程序的程序存储、动态数据存储、实时网络驱动及其显示操作单元等）的动态同步监测、虚拟隔离与安全控制。

2. 控制工程软件开发平台的安全增强技术

控制工程软件开发平台的安全增强技术主要包括认证授权技术、黑白名单技术、动态加密技术等。

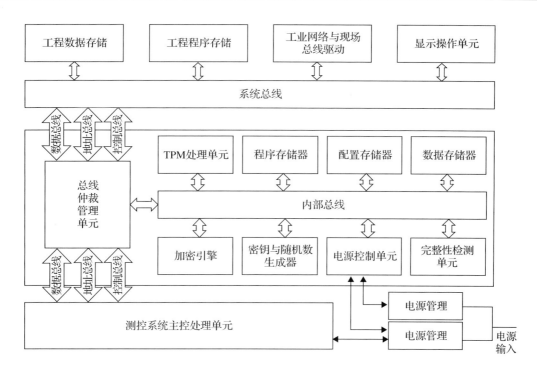

图 9-1 TPCM 模块的可信设备的结构

（1）认证授权技术

认证授权是指通过识别用户身份并实时监控用户行为，防止未授权行为访问信息资源来达到安全控制的目的，包括身份认证、监督控制、授权撤销等安全控制措施。以基于角色的访问控制为代表的传统访问控制策略的核心是访问矩阵模型，其访问授权规则需要预先定义，且主要针对封闭系统中的数据、资源等敏感信息的保护问题，难以满足开放环境下数据保护的应用需求。为此，需要采用基于用户、资源、操作和运行上下文属性进行权限控制的新型认证授权策略。

在身份认证方面，基于硬件器件在制造过程中自然发生的物理变化可以实现硬件的区分，将该物理不可克隆属性作为系统的全局身份标识，以识别接入硬件的身份。同时，利用数字证书和属性证书的规范认证和授权机制，通过全程监控审计认证和授权过程，实现人员身份统一认证。在授权管理方面，基于平台运行时的动态特性，有权限连续性和可变性两种新的重要特征。连续性是指授权决策在授权执行过程中对访问请求进行不间断或重复的判断，不满足授权规则时立即终止授权。可变性是指属性受主体行为的影响而改变，这种改变又会进一步影响对主体访问请求的授权决策。通过对各个功能模块进行分区，形成了功能区的概念，而对于各个功能模块中的细分单元（如记录点、基本图元、基本算法块等）做更进一步的权限划分，就形成了安全区的概念。工程实体动态绑定特定的功能区和安全区，超出授权范围的操作都将被禁止。同时，利用实体属性发现机制、属性－权限关联关系自动化挖掘方法、访问控制策略描述机制、访问控制中的多域合作机制、身份认证机制、权限实时更新机制等，可以实现访问请求的在线授权，确保访问控制的灵活性和权限控制细粒度要求下的高等级安全防护。

（2）黑白名单技术

控制工程软件开发平台集成了工程协同组态和广域网功能，使得大型工程的组态与远距离分布共享实时信息变得更加方便，但网络安全问题也随之而来。从工业控制系统信息安全的角度，针对工控系统对可靠性、稳定性、业务连续性的严格要求，以及工业控制系统软件和设备更新不频繁、通信和数据特殊这一规律，控制工程软件开发平台采用建立工控系统安全生产与运行的"可信网络白环境"以及"软件应用白名单"的理念，构建出工业控制系统的网络安全"白环境"。基于身份标识和规则，只有可信任的设备、操作请求和网络才能接入控制网络并执行，被屏蔽在外的便是列入黑名单的设备、操作请求和网络了。

通过预先配置和机器自学习方式对工控网络进行安全监测，建立工控网络流量、协议、访问关系、软件应用等的安全模型，构建工控网络正常通信及工作的"白环境"以及软件"白名单"后，只有可信任的设备才能接入控制网络，只有可信任的控制命令和消息才能在网络上传输，只有可信任的软件才能被打开执行。通过研究实时数据、控制算法运行数据、事件数据等数据实时动态核验方法，利用在线配置编程可信戳及可信进程白名单方法可保证数据的动态可信。

（3）动态加密技术

数据是实现工业控制系统实时监控、异常识别的基础，也是工业控制系统的重要附加资产。按照属性或特征，工业控制系统的数据分为设备数据、业务系统数据、知识库数据和用户个人数据；按照数据的敏感程度，可以将数据分为一般数据、重要数据和敏感数据。由于控制工程软件开发平台涉及数据传输、存储、处理等环节，当攻击者通过网络渗透到工业控制系统内部后，可能造成严重的业务或个人信息数据泄漏、非授权分析等问题，因此依据工程文件、实时数据、控制计算等的实时性、可用性、完整性、机密性等级要求，应采用不同强度和不同类别的加密算法，以实现对工程信息与实时数据的分级动态加密。

针对数据传输过程中的安全问题，首先通过过滤筛选出敏感数据包，并对其进行哈希计算，获得有效序列后放入有效序列集合。然后，密钥更新模块通过统计有效序列集合的长度，确定阈值长度。当集合长度达到门限时，进行密钥更新，同时重置有效序列集合。此时，数据加/解密模块利用实时密钥对敏感数据进行加密并计算发送消息的摘要，以便接收方校验消息的完整性。为了避免通信链路被攻击者劫持，采用动态路由选择敏感数据的上传链路，确保敏感数据的安全、有效传输。对于重要数据，采用非对称加密机制传输加/解密密钥，利用对称加密机制保护数据不被攻击者窃取，密钥按照通信双方约定的动态密钥有效时间进行更换。此外，为了降低加/解密过程对系统资源的消耗，一般不对数据进行加密保护。

在数据存储和处理阶段，基于特定用户与特定数据之间的明确从属关系，以及用户属性稳定性强的特点，可以使用基于逻辑关系的访问控制策略对数据进行加密，数据解密的前提条件是访问者必须满足其访问的控制属性。同时，将访问策略嵌入用户密钥中，属性集合嵌入密文中。在解密的过程中，用户将嵌入策略的密钥与嵌入属性集合的密文输入解密算法，通过这种方式实现策略与属性集合的匹配，从而保证编程配置信息等敏感数据的高安全性、高可用性以及历史数据、序列大数据等重要信息的防篡改特性。

9.1.2 控制系统运行安全技术

可信计算的研究涉及硬件、软件以及网络等技术层面，关键技术包括信任链传递技术、安全芯片设计技术、可信 BIOS 技术、可信计算软件栈（TSS）设计实现技术、可信网络连接技术等。以可信计算技术为基础、访问控制技术为核心，可以为组态监控软件构建可信、可控、可管的主动防御体系。建立安全可控的关键工业装备控制设计与运行维护机制，提高工程项目的设计、编程效率，可以保障控制系统工程设计链的可信、可控。基于可信计算的组态监控软件安全防护框架如图 9-2 所示。

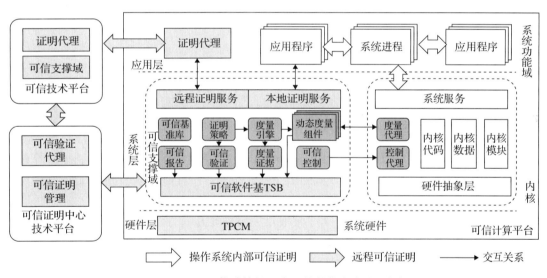

图 9-2 基于可信计算的组态监控软件安全防护框架

下面介绍三种安全可信技术，包括基于远程证明的可信 Modbus/TCP 协议、工业组态监控软件执行过程动态保护方法以及一种适用于 Web 组态的脚本控制方法。

1. 基于远程证明的可信 Modbus/TCP 协议研究

由于工业控制系统中的通信协议在设计之初几乎没有考虑安全性，因此传统的 ICS 网络专用协议很容易遭受来自 TCP/IP 网络的远程攻击。基于可信 Modbus/TCP 通信协议，提高使用专用通信协议的 ICS 网络的安全性，修改 ICS 网络中现场设备和控制设备原有的 Modbus/TCP 通信栈，可以达到双向认证的目的。利用远程证明方法基于白名单可以对 Modbus/TCP 客户机 / 服务器双方的身份和安全状态信息进行认证。这些信息的更新由在线的证明服务器维护并推送给现场设备，以减轻通信负担。

基于远程证明的可信 Modbus/TCP 认证协议数据可以通过如下两种方式进行保护：

1）通信过程中的消息认证密钥由可信硬件保护，只有拥有可信芯片绑定密钥的合法设备才能解密，以保证通信数据不会在未被发现的情况下被篡改。

2）加密 Modbus/TCP 的敏感操作信息的密钥也受到可信硬件的保护。

可信 Modbus/TCP 协议具有完整性、可认证性、新鲜性和机密性四个安全属性。协议由 HLPSL 语言描述，使用 SPAN 工具验证，未发现可被攻击者利用的入侵路径。协议性能消耗最大的是认证子协议密码相关功能，但该消耗仅存在于首次通信前和周期性验证失败后。而且，由于测试采用的是通用可信硬件，若采用针对 ICS 环境优化后的专用可信硬件，相关开销将大幅降低，因协议字段增加造成的通信开销较小，仅为毫秒级别。可信 Modbus/TCP 协议能够满足 ICS 正常业务性能要求，既能防范非法通信实体，又能防范原本合法但因系统被篡改而变得不再可信的通信实体对协议通信发起的攻击。

2. 工业组态监控软件执行过程的动态保护方法

监控组态软件是面向工控系统的软件平台工具，具有丰富的设置项目，使用方式灵活、功能强大。组态软件的特点是实时多任务，例如数据采集与输出、数据处理与算法实现、图形显示及人机对话、实时数据存储、检索管理、实时通信等多个任务可在同一台计算机上同时运行。

传统的信息安全技术（比如病毒查杀、防火墙、入侵检测）越来越难以应对如今隐蔽的病毒，为了解决 RMI（Reflective Memory Injection，反射内存注入）这类绕过计算机文件系统以及以文件系统为基础的安全软件监控系统的木马病毒，可采用在关键点对进程固有内存进行扫描验证以及对非法执行内存申请进行控制的方法。

工业组态监控软件执行过程的动态保护方法的实施流程图如图 9-3 所示。首先，对于程序固有空间，采用动态完整性度量方法进行度量，以保证程序完整性并在不被破坏的条件下运行。一旦发现程序完整性被破坏，就发出报警，必要时结束程序进程；其次，对于非固有内存空间，在内存分配环节进行阻止，防止远程代码注入。通过这两个环节，进程运行空间环境就有了监测和保护机制，能够保证进程在正确的状态下运行。

具体步骤如下。

第一步：消除所有已知的基于内存的安全漏洞，确保被攻击面尽可能小。

第二步：启用 OS 本地保护功能，降低基于内存开发的可能性，本地保护功能为 DEP 和 ASLR。

DEP（Data Execution Prevention，数据执行保护）是一种基于软件技术的内存防护方法，能够在内存上执行额外检查，以防止在系统上运行恶意代码。DEP 有 OS 软件技术和 EVP 硬件支持，较新的 AMD 和 Intel CPU 也支持 EVP 技术。ALSR 是一种针对缓冲区溢出的安全保护技术，通过对堆、栈以及共享库映射等线性区布局的随机化，增加攻击者预测目的地址的难度，防止攻击者直接定位攻击代码位置，达到阻止溢出攻击的目的。ALSR 可以有效降低缓冲区溢出攻击的成功率，Linux、FreeBSD、Windows 等主流操作系统都已采用该技术。

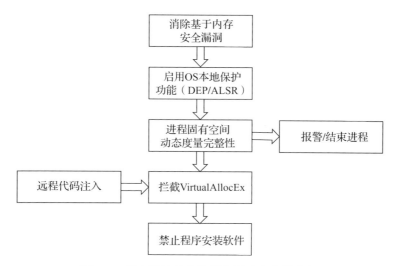

图 9-3　组态监控软件进程空间动态度量流程

第三步：使用进程内存动态检测技术和增强的内存保护技术可以识别和阻止企图进行的内存注入攻击，即在进程执行的关键节点进行进程内存的动态监测，从而起到及时预警、阻止危害行为发生的目的。

在进程执行的关键节点，可以进行进程内存空间检测，检测进程的内存哈希值是否被修改。执行的关键节点包括修改注册表、非法查看配置文件/日志/关键业务文件等；进程内存空间检测包括记录数据库中每个进程的内存哈希，检测时要对比数据库中的哈希值是否有变动。

3. 基于 Web 组态软件的脚本控制方法

图 9-4 给出一种针对 Web 组态软件实施的脚本控制系统结构，其中包括 Web 组态软件、脚本解析系统、脚本拦截系统、样本库和白名单数据库。

其中，Web 组态软件是采用 Web 技术实现的用于对工控系统进行监控的组态软件，在 Web 组态软件环境需要运行大量 PHP 脚本、JSP 脚本和 Shell 脚本。

样本库负责收集样本文件，并分类存储。样本文件包括 PHP 脚本文件、JSP 脚本文件、Shell 脚本文件和不属于以上三类的其他文件。

脚本解析系统包括学习模块、工作模块和特征库。学习模块采用文本分类算法学习脚本的特征；工作模块负责解析和判定文件的类型；特征库用来存储从学习模块学习到的脚本特征，包括PHP脚本特征库、JSP脚本特征库、Shell脚本特征库。脚本特征是由脚本文件中存在的脚本关键字、脚本文件中关键词出现的频率、脚本关键字间的关联关系以及一定不属于脚本文件的关键字等共同决定，分为高、中、低三个级别。高级别代表满足该特征的文件一定属于该类脚本，中级别代表满足该特征的文件可能属于该类脚本，低级别代表满足该特征的文件一定不属于该脚本。

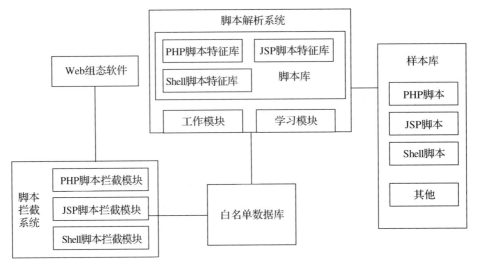

图9-4 一种针对Web组态软件实施的脚本控制系统结构

脚本拦截系统负责拦截脚本运行，包括PHP脚本拦截模块、JSP脚本拦截模块和Shell脚本拦截模块。其中，PHP脚本拦截模块在PHP脚本的加载位置拦截，并在PHP脚本加载前验证PHP脚本是否在白名单数据库中，只有验证通过的PHP脚本才能够加载；JSP脚本拦截系统在JSP脚本的加载位置拦截，在JSP脚本加载前验证JSP脚本是否在白名单数据库中，只允许验证通过的JSP脚本加载；Shell脚本拦截系统在Shell脚本的加载位置拦截，在Shell脚本加载前验证Shell脚本是否在白名单数据库中，只有通过验证的Shell脚本才能够运行。

9.2 工程文件全生命周期保护

工程文件是控制设备运行的关键程序，由工程师编译之后下发到控制器中执行，是工业互联网中的底层控制系统业务的主要体现。通过对来自用户的命令、传感器数据做出响应和处理，控制现场执行器的运行，从而实现预定的业务流程。工程文件作为在控制系统中无障碍执行的程序，已成为攻击者关心的重点之一。攻击者要想利用工程文件发起攻击，需要直接或间接进入控制网络。传统的工控网络安全防御技术大多采用以分区隔离和入侵检测为主的纵深防御技术体系，在控制网、企业网和外部网之间通过工业防火墙、安全网关、网闸等进行隔离。控制网内部仍然是一个开放的系统，表现为：通信协议开放、数据明文传输、数据合法性和完整性验证不足、控制设备之间缺乏身份认证和访问控制。此外，过去的安全事件也表明，这些传统的控制网的安全性存在很大的改进空间。这些安全性问题导致很多利用工程文件发起攻击的安全事件，利用的方法包括但不限于通过篡改上位机的 DLL 来间接篡改工程文件、直接向控制器发送控制指令修改其中的运行时程序等。但迄今为止，鲜有针对工程文件的完整的保护方法和体系。本章将详细介绍一种针对工程文件的全生命周期保护方法。

首先，工程文件的生命周期（工程文件在工控系统中的传递过程）包括以下四个环节：源代码存储、编译、传输和运行，工程文件的存储和编译都在工程师站上完成，传输和运行阶段都在控制网络中流动。这种方式引入了很多潜在的问题，比如源代码可能被篡改、编译阶段可能发生安全问题、传输和执行阶段会有来自网络和本地的攻击。

要解决工程文件的安全问题，仅从某个阶段入手是不全面的，需要从架构出发来考虑，从根源上进行改变。本节介绍的针对工程文件的全生命周期保护方法，就是从架构上进行改进，采用工程安全编译技术、在线异构冗余、区块链技术以及异构逻辑安全运行技术等多项前沿技术来保护工程文件全生命周期，提高系统对控制功能失效的主动防御能力。工程文件全生命周期保护技术的基本架构如图 9-5 所示。首先，将工程文件的编写存储和编译分开，将工程师站放在安全域之外。因为在工控系统中，往往只有在系统搭建初期和需要更新时才有可能进行代码编写的操作，所以将工程师站和编译服务器分开并划分在安全域之外，必要时再接入网络进行操作，可以减少攻击面。然后，利用拟态防御的思想，采用异构冗余的多变体执行技术，将同一份工程文件源代码发送到多个不同架构的编译服务器上，编译出功能相同但内部结构不同的数个多变体。通过修改控制器的架构，使单个控制器可以准同步地执行不同的多变体，对它们执行的结果进行判别，进而得到最终的执行结果予以输出。通过引入区块链技术可以保证整个过程中工程文件的源代码和编译后待下发的多变体在传输过程中没有被篡改。

整个架构按照工程文件的生命周期分为四个部分。
- 存储：核心是利用区块链技术保护工程文件的存储安全，保证每个环节的工程文件可信。
- 编译：核心是利用多个异构编译服务器对工程文件进行编译，生成功能相同但是内部结构不同的可执行程序。
- 传输：核心是利用动态多模冗余技术构建判决装置，保证工程文件在流程中进行传输时的安全，防止中间人攻击等。
- 运行：核心是利用多个 RTS 准同步执行和裁决技术保证工程文件运行时的安全。

接下来，本节将对四个部分采用的技术进行详细介绍。

9.2.1 逻辑组态存储时的安全技术

工程文件全生命周期保护中很重要的一步就是保证安全存储，而区块链技术很好地解决了组态文件在存储时的安全问题。应用区块链技术面临以下几个问题：

1）区块链保存了工程文件之后，在什么时候校验？
2）如何保证在校验的时候不被攻击？
3）区块链的一个重要特性是实时性不高，如何在实时性要求较高的工控系统中克服这个矛盾？

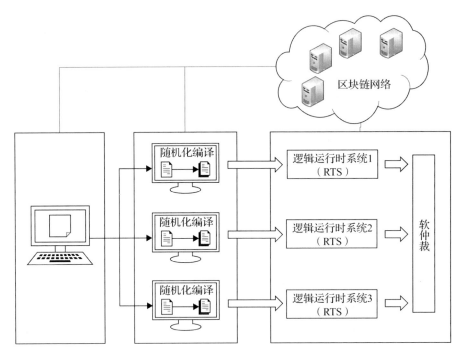

图 9-5　工程文件全生命周期保护技术基本架构图

1. 基于区块链的文件存储与校验

首先，在工程师编写好原始的工程代码之后优先上传至区块链网络中进行存储；然后，工程师站将源码传输给不同架构的编译服务器。在进行编译之前，各个编译服务器会与区块链网络通信进行验证，确保收到的源码是合法的。接下来，在不同架构的机器进行编译之后，会将编译后的多变体上传至区块链网络进行存储。最后，编译服务器分别将多变体下发到控制器的不同 RTS 上，而 RTS 收到之后不会立刻执行，而是会与区块链网络通信进行一次验证，确保收到的程序是合法的，最后执行。

从生成工程文件的源码、编译到下发，整个过程中产生的中间文件都上传至区块链网络进行存储和备份，然后每一个阶段进行一次查询，确保每一步都是未被篡改并可信的。

2. 动态多路多分片传输协议

区块链技术保证了工程文件流转的可信度。但是，区块链进行校验时如何保证安全性？本节将介绍一个全新的动态多路多分片的协议格式来解决这个问题。

为了保证多分片的传输，协议选择基于 UDP；为了保证多路和可靠性，需要对路由进行完善，协议采用 Kademlia 的分布式哈希表（Distributed Hash Table，DHT）管理网络上的节点之间的路由，在提供 TCP 可靠性和拥塞控制的同时可以解决 NAT 穿越的问题。动态多路多分片传输协议的协议栈如图 9-6 所示，路由之上是基于对等网络分布式哈希表的 VISIT 协议，提供对等网络通信访问方法的调用模块。在 VISIT 协议之上是 Channel 扩展协议，可以为 API 接口提供通信信道的调用。通过面向工控网络的安全传输协议，增强了工控系统网络中节点组件之间通信的安全性，解决了传统通信协议中易被第三方截获分析的问题。

应用	
VISIT	Channel
ROUTING	
OUDP	
UDP	
网络层	
数据链路层	
物理层	

图 9-6　安全通信网络基础模型

新协议的传输模式如图 9-7 所示。在此协议之下，数据通过多路多分片进行传输，若攻击者只嗅探单一路径，则无法抓取完整信息，即使多路同时嗅探也很难破解加密信息，充分保证了和区块链通信的链路的安全性。

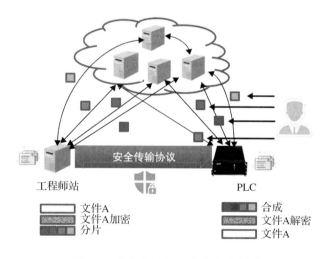

图 9-7　安全传输协议的传输示意图

3. 实时性的影响

区块链作为一个实时性较差的系统，各个环节消耗的时间比较多。虽然工控系统是一个高度实时性的系统，但并非每一步都有高实时性的要求。工控系统的实时性表现在逻辑周期的执行、实时数据传递等方面，但是如果考虑工程文件的"存储—编译—传输"的过程，其实对于实时性没有很高的要求，因为该步骤往往只在搭建初期或者进行维护的时候需要，所以区块链的引入对于系统实时性的影响微乎其微。

9.2.2 逻辑组态编译时的安全技术

编译环节的工作主要是接受从工程师站传递来的源代码，然后对工程文件源代码进行编译，生成控制器设备可执行的二进制程序。本节将详细介绍编译时采用的安全技术。

1. 异构环境的多态部署

编译时，安全技术将不再采用单一编译器的架构，而是使用多台编译服务器进行异构编译，生成多个功能相同的异构执行体，以便后续执行。多个编译服务器部署的示例如图 9-8 所示。

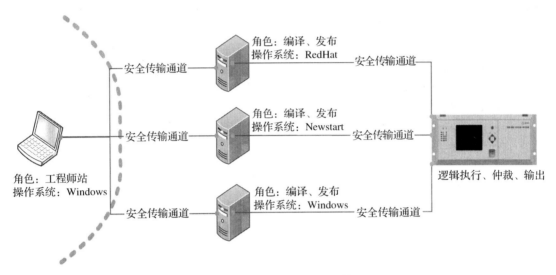

图 9-8 异构环境多态部署结构图

图 9-8 中的例子采用了 RedHat、Newstart、Windows 三个操作系统并配置编译环境。在工程师站编写好工程文件源代码之后，分别发送到三台不同架构的编译器上，生成 3 个功能相同的实例（即多变体），并分别下载到不同的运行时进程执行，最后通过控制器内部的判决器对不同实例的运行结果进行判决后输出。该部分的核心就是采用不同架构灵活地实现地址随机分布技术和指令混淆技术，通过生成数个多变体的方式，在运行时随机选择若干多变体完成需要的函数功能，并对选中的多变体的返回值进行多模判决。异构多变体的存在使得攻击者无法获取多变体中变量地址的具体值，进而无法发起精确攻击。此外，将原有工程师站的功能进行拆分也能够解决扁平化带来的安全隐患。

2. 逻辑变量地址随机分布技术

编译器在进行工程文件的编译时以时间为种子生成随机数，然后计算出一个合法的随机地址并判断是否能够成功分配，经过多次编译生成具有相同功能、不同变量地址的工程文件，其流程如图 9-9 所示。随机编译的重点是每次编译时生成的变量地址均不相同。即使只有一个变量，变量也可能出现在可用内存区的任意一个合法地址上，因此加大了攻击的难度和成本。

3. 指令混淆技术

指令混淆技术通过花指令和程序加壳两种方式实现。花指令包括可执行的花指令和不可执行的花指令。可执行的花指令会像正常指令一样进入 CPU 流水线，占用正常的 CPU 时间片，进行正常的寄存器操作和内存操作，一般情况下是一段可逆运算或者无效运算；不可执行的花指令不进入 CPU 流水线，主要目的是成功绕过反汇编。程序加壳的基本原理是对可执行文件进行加密操作，计算重定位信息，并在头部增加一段代码。在真正运行时，此段代码拥有系统控制权，并对代码以及数据区进行解密和重定位的操作，然后将控制权交给真正的可执行代码，或者返回给系统，由系统进行再次调度，如图 9-10 所示。

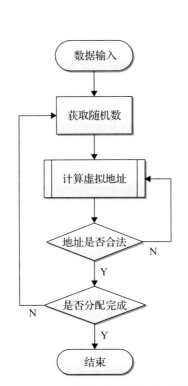

图 9-9　逻辑变量地址随机分布技术实现流程图

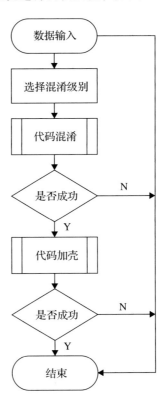

图 9-10　指令混淆技术实现流程图

9.2.3　逻辑组态传输时的安全技术

逻辑组态传输时的安全技术旨在解决源自网络的安全问题，具体来说就是如何保证从工程师站到编译服务器、从编译服务器到控制器的链路安全。工控安全事件大多是从网络侵入，但是由于网络中存在大量私有协议，因此很难颠覆原有的通信机制。针对目前工控网络面临的风险，借鉴动态目标防御和拟态防御思想，利用以太网报文安全重构和合规性判定及过滤技术，在控制设备之间建立多模、动态、透明的安全专属信道，可以有效规避控制网络协议开放性带来的安全风险。采用硬件实现的动态重构的多模冗余判决装置对中间链路进行保护，即从协议安全入手解决工控网络安全的本质问题。该装置的配置情况如图 9-11 所示。

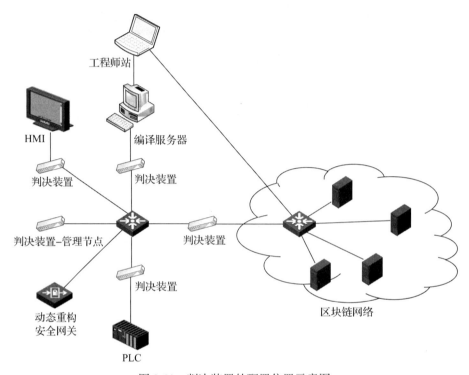

图 9-11 判决装置的配置位置示意图

判决装置使用硬件实现，所有装置之间通信都是加密的。所有接入网络的设备和主机都要通过一个判决装置才能与网络中的其他设备进行正常通信。通信结构的核心是管理节点，在每个网络中都会配置这样一个节点，负责对整个网络进行统一管理，包括加密密钥动态变化和统一，以及各个装置时间同步等。判决装置的内部模块如图 9-12 所示。

判决装置需要通过 FPGA 硬件实现，为了确保装置的实时性，系统采用模块化并行设计的方法。主控模块负责安全协议的构造、解析和判定，其他模块作为协处理器完成核心运算，它们之间通过 FIFO 模式交换数据，并通过同步信号进行协同。

前文提到，网络中存在管理节点和普通节点，管理节点进行动态重构控制，包括认证口令、密钥和加密算法动态的重构；普通节点则接管了所有接入网络的设备的通信重构，利用判决装置在数据发送端截获工控设备发出的以太网数据包，在数据段添加动态认证口令、摘要、时间戳等安全认证信息，并对其进行加密，形成安全报文后通过公共网络进行传递。接收端利用判决装置对安全报文进行解析、验证和还原，阻止非法数据包的传递，实现工控网络的访问控制、数据源认证、数据完整性与私密性保护以及重播攻击防护，进而构建内生安全的工业控制网络体系。另外，通过身份认证口令、密钥和加密算法等核心安全要素的随机变化实现动态防御，进一步增强工控网络的安全性。

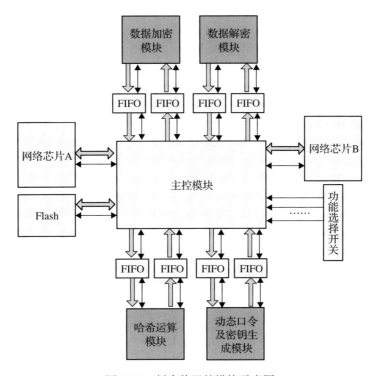

图 9-12 判决装置的模块示意图

在该体系中，所有网络化的工控设备均通过合法的判决装置接入安全网络，利用判决装置在工控设备之间建立多模、动态、透明的安全专属信道。对工控设备而言，网络是透明的，但数据传输信道是私有、安全的，从而有效防范非授权访问、中间人攻击和重播攻击等常见威胁，突破传统分区隔离防护技术的局限性，变被动防御为主动防御，变边界安全为内生安全。

9.2.4 逻辑组态运行时的安全技术

逻辑组态运行时安全技术解决的主要问题是如何对编译得到的多变体进行同步执行，并在统一裁决之后进行输出，同时保证执行过程的安全。这个过程中，主要有以下几个问题：

1）如何在一个控制器上执行多个不同的多变体实例？

2）如何对多个多变体实例的执行时间和结果进行同步？

3）如何统一多个多变体的执行结果并选择输出结果？

1. 动态重构的多变体执行技术

逻辑组态运行时安全技术主要通过在一台控制器上实现多个运行时系统（Runtime System，RTS）完成。在控制器中运行一个仲裁进程和多个地址空间独立的RTS，RTS进程在完成自己的运算后，会主动发送一个信号量给仲裁进程，仲裁进程收集到所有RTS的信号量后开始进行结果仲裁。若单次超时立即判为异常会导致仲裁抖动，因此这里引入一个异常阈值，连续超时3次才判定为异常，踢出仲裁域。

此外，实现仲裁还需要编译器的支持，编译器应能够进行模块级乃至函数级的重构，才能在系统执行阶段使控制流通过自动分发器分发到各个异构模块中，并收集各个异构模块的输出结果。最终由判决器对多个RTS的输出结果进行多模判决，确定系统的输出结果。

2. 准同步执行机制

传统的控制器内部执行机制分为刷新输入、逻辑运算、执行输出三个步骤，在此基础之上，本节将介绍一种准同步机制，如图9-13所示。

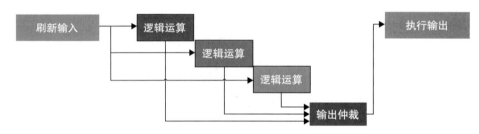

图9-13 准同步机制示意图

多个独立的RTS进程在各自的虚拟地址空间中运行，执行结束后将计算结果发送给仲裁进程，然后挂起，等待下一次启动运行的信号。仲裁进程收集到多个RTS给出的计算结果后开始进行仲裁，并将最终仲裁结果输出到底层驱动。仲裁进程在下一个逻辑运行周期开始后，会向所有RTS发送启动运行信号，开始下一轮计算。当某个RTS进程异常时，仲裁进程会检测到超时，并将该异常RTS踢出仲裁域。

3. 多余度表决算法

在异构多变体执行环境中，执行体会产生多个离散量和连续量输出结果，需要对其进行快速表决，得到一个正确的输出来驱动底层设备。对于离散量和模拟量而言，表决方法各有不同。

对于离散量而言，以三个输出为例，运算结果有true和false两种情况，分别用1和0表示，其表决算法为：

Out=（Out1&Out2）|（Out2&Out3）|（Out1&Out3）

对于模拟量而言，通过相似度判定法则进行表决。具体方法为：将 a，b，c 三个运算结果值看作同一坐标轴上的三个点，求它们之间的欧几里得距离，通过欧几里得距离判定它们之间的相似程度。欧几里得距离的计算公式为

$$\begin{cases} d(a,b) = \|a-b\| \\ d(a,c) = \|a-c\| \\ d(b,c) = \|b-c\| \end{cases} \quad (1)$$

判定结果分为相似和非相似两种情况，通过与一个事先设定的阈值 λ 进行比较，大于等于该值表示差异较大，小于该值表示相似，判定结果用 & 表示，具体表达式如下：

$$\begin{cases} \& = 0 & d \geq \lambda \\ \& = 1 & d < \lambda \end{cases} \quad (2)$$

仲裁规则如图 9-14 的矩阵所示，L 代表表决后的正确输出值，m 代表安全输出。本例只考虑三个变体程序中的一个被恶意篡改产生错误输出时的结果仲裁。当三个变体中有两个以上的变体程序被篡改时，仲裁没有意义。

多个多变体异构程序的执行能够有效防止攻击者针对控制器发起的直接攻击，即使攻击者有能力攻陷其中一个 RTS，但由于另外两个 RTS 和仲裁机制的存在，攻击者无法获得控制器的权限，或利用控制器达到攻击目的。

$$\begin{array}{cccc} \&ab & \&ac & \&bc & L \\ \begin{bmatrix} 1 & 1 & 1 \\ 1 & 1 & 0 \\ 1 & 0 & 1 \\ 0 & 1 & 1 \\ 1 & 0 & 0 \\ 0 & 1 & 0 \\ 0 & 0 & 1 \\ 0 & 0 & 0 \end{bmatrix} & & & \begin{matrix} (a+b+c)/3 \\ a \\ b \\ c \\ (a+b)/2 \\ (a+c)/2 \\ (b+c)/2 \\ m \end{matrix} \end{array}$$

图 9-14　仲裁规则矩阵

9.3　信息物理融合异常检测

本节主要介绍两种新型的信息物理融合异常检测技术：物理水印认证机制和信息物理协同防御方法。这两种方法的技术原理和面向的控制系统均有所不同。

9.3.1　基于水印认证机制的异常检测方法

数据完整性攻击通过篡改通信的数据或数据时序来达到破坏关键基础设施的目的。在实际生活中，已发生多起数据完整性攻击案例，Stuxnet 蠕虫对 PLC 发动了数据注入攻击，并损坏了 1000 多台核设施的离心机；在 Maroochy 水处理系统攻击事件中，攻击者入侵了 ICS 网络，给当地水道造成严重污染。因此，在现场控制层检测数据完整性攻击对保障 ICS 安全运行尤为重要。本节将介绍一种针对数据完整性攻击的基于水印认证机制的检测方法，包括水印认证机制的原理、理论方法以及水印认证机制的应用。

1. 水印认证机制原理

提起水印，人们想到的通常是数字水印。一般而言，数字水印多用在照片、音频或

视频等数字内容中,通过将特定信息嵌入载波信号来验证所有者的真实性或完整性。例如,照片上通常有版权水印,该数字水印应对照片编辑具有鲁棒性,使攻击者无法删除版权信息。此时,水印生成算法通常基于频域分析进行设计,并与鲁棒性指标进行比较,这些指标有峰值信噪比(Peak Signal-to-Noise Ratio,PSNR)和结构相似性度量(Structural Similarity Measure,SSM)等。受数字水印启发,研究者提出在控制系统中引入(物理)水印认证机制来检测面向控制系统的重放攻击,其原理如图 9-15 所示。

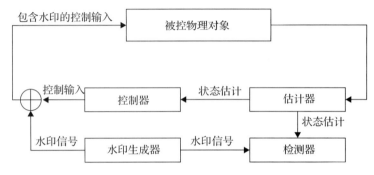

图 9-15 水印认证机制示意图

对于图 9-15 中的(工业)控制系统,当其处于稳态运行阶段,即系统状态在一定范围内,且系统运行在稳态工作点附近时,通常可用线性化模型来近似。此外,状态空间法是现代控制理论中分析与设计控制系统的基础方法。该方法以状态变量为中间量,能够方便、简捷地建立多输入、多输出的系统模型,并进行相应的分析。这对于揭示和认识控制系统的许多重要特性具有关键的作用,例如系统能控性与能观性。因此,控制系统经过线性化近似处理后,通常可由如下所示的多输入/多输出状态空间模型来描述:

$$x_{k+1} = Ax_k + Bu_k + w_k$$
$$y_k = Cx_k + v_k$$

其中,矩阵 A,B,C 为系统参数,x_k 是控制系统在 k 时刻的状态,u_k 是控制系统的控制输入,y_k 是控制系统的传感器测量值。此外,系统运行与传感器测量过程中不可避免会存在一定的噪声,可使用 w_k 和 v_k 分别表示控制系统的过程噪声和测量噪声,并且通常假设二者相互独立且服从特定参数的零均值高斯分布。

由于噪声的存在,因此难以准确观测到控制系统的状态与测量值。为了应对噪声带来的影响,通常需要部署相应的估计器。其中,卡尔曼滤波器(Kalman Filter,KF)是一类常见且高效的递归型滤波器,它能够基于一系列包含噪声的历史传感器数据 $\{y_{-\infty}, \cdots, y_1, \cdots, y_k\}$ 对控制系统状态 x_k 进行估计或预测。目前,卡尔曼滤波器已在许多领域中应用,包括机器人运动规划、太空船的导航与控制以及时间序列分析等。

基于估计器的结果,需使用相应的控制器来计算控制输入 u_k,从而实现控制系统的闭环控制。其中,线性二次高斯(Linear Quadratic Gaussian,LQG)控制器是常见的基于状

态估计的控制器。在一定目标与条件下，LQG 控制器能够实现线性系统的最优控制。LQG 控制器的控制信号计算表达式为 $u_k = L\hat{x}_{k|k}$，其中 $\hat{x}_{k|k}$ 表示 KF 在 k 时刻对系统状态 x_k 的估计值，矩阵 L 是 LQG 控制器的增益矩阵。

此外，为检测异常，控制系统将部署 χ^2 检测器 g_k，其工作原理为以 KF 中的传感器测量值预测误差 $z_k = y_k - C\hat{x}_{k|k-1}$（$\hat{x}_{k|k-1}$ 表示 KF 在 $k-1$ 时刻对 k 时刻系统状态 x_k 的预测值）作为输入，并检验输入的数据是否服从特定参数的 χ^2 分布。

在这种设置下，若攻击者将当前的传感器数据替换为历史传感器数据，即将 y_k 替换为 T 时刻之前的传感器数据 $y'_k = y_{k-T}$（该攻击被定义为控制系统中的重放攻击，其中 T 表示重放延迟），且控制系统的参数能够保证矩阵 $\mathcal{A} \triangleq (A+BL)(I-KC)$ 是稳定的（其中 L 和 K 分别代表 LQG 控制器和 KF 的增益矩阵），则该重放攻击能够绕过所部署的 χ^2 检测器。这是因为 χ^2 检测器是通过检验输入数据的统计特性是否发生变化来检测攻击，而重放攻击后的传感器数据是同一份带有一定延迟的历史数据，其统计特性并没有发生变化，因此 χ^2 检测器在某些条件下难以检测出是否存在攻击。基于这种隐蔽性，该攻击可以通过进一步注入恶意控制输入数据 u_k^a 来扰乱控制系统的运行，甚至带来灾难性的破坏效果（例如，持续增加油罐内部压力导致油罐爆炸）。

为了检测这种重放攻击，采用水印认证机制是一种行之有效的方法。具体而言，该水印机制在由 LQG 控制器计算得到的最优控制输入 u_k^* 上添加水印信号 Δu_k（如下式所示）：

$$u_k = u_k^* + \Delta u_k$$

得到的控制输入将使系统的输出（即传感器测量值）产生特定的变化。若攻击者在此期间篡改了传感器数据，且不知道系统采用了水印认证机制，则由水印带来的变化将无法在接收到的测量数据中体现。由此，基于水印认证机制的检测器可探测数据完整性攻击。

值得注意的是，尽管数字水印和控制系统中的物理水印都是通过认证机制来达到验证内容或数据完整性的目的，但数字内容水印（视频、音频和图像）与控制系统物理水印在数学公式和检测目标上均存在显著差异。控制系统水印的目标类似 MD5 或 SHA 算法之类的加密哈希算法。但是，这些加密算法不考虑时序，而时序对于控制系统至关重要。另外，控制系统物理水印还涉及系统物理动态模型，可以使检测更加有效。

2. 理论方法研究

对于数据注入攻击，攻击者一般掌握控制系统的知识，如系统参数、控制器和估计器设计等。在这种情况下，控制系统的检测方和攻击方处在信息不对等的环境中。水印认证机制的核心在于在控制系统上添加攻击者不知道的水印信号，缓解检测方在信息不对等环境中的劣势，从而为攻击检测甚至提升检测性能提供了可能。接下来将从适用性、性能和不足等角度对水印认证机制的理论方法研究进行介绍。

（1）适用攻击类型

除重放攻击外，水印认证机制也适用于错误数据注入（False Data Injection, FDI）攻击检测。与重放攻击不同的是，FDI 攻击能够将传感器数据 y_k 修改为任意值 y_k^a。从攻击者的角度，FDI 攻击除了通过修改传感器数据达到破坏系统的目的外，还需要保持一定的隐蔽性。因此，FDI 攻击基于可用的控制系统信息，以 KL 距离作为指标，使篡改后的数据分布与正常数据分布之间的统计特性差异最小化，即尽可能使 y_k^a 的分布接近正常分布 $y_k \sim \mathcal{N}_0(C\hat{x}_{k|k-1}, P)$，其中 P 为稳态 KF 的估计误差协方差。在该攻击下，控制系统在控制信号上添加独立同分布的高斯随机水印信号，同样可使得 KF 估计残差的分布偏离正常分布，具体如下：

- 无攻击时，估计残差 z_k 服从一个零均值正态分布，即 $z_k \sim \mathcal{N}_0(0, P)$。
- 有攻击时，估计残差 $\tilde{z}_k$ 服从异常正态分布，即 $\tilde{z}_k \sim \mathcal{N}_0(-C\epsilon_{k|k-1}, P_y + P)$。

基于该分布差异，检测方通过进一步设计二元假设检验即可检测 FDI 攻击。

此外，针对 FDI 攻击，除构建上述二元假设检验问题外，还可通过下述方法进行攻击检测。在控制系统中添加随机水印信号可以视为检测方在系统中注入一种噪声信号，且该噪声的统计分布和每个时刻的值均已知。更为重要的是，这些信息对攻击者来说是未知的。因此，可通过结合控制系统物理动态，从传感器数据中提取水印信号并检验该数据的统计分布，即可判断控制系统是否遭受数据篡改。例如，对于检测方，可通过 $x_{k+1} - Ax_k - Bu_k = B\Delta u_k + w_k$ 以及 $x_{k+1} - Ax_k - Bu_k - B\Delta u_k = w_k$ 计算得到 $B\Delta u_k + w_k$ 和 w_k。由于噪声的分布可通过大量历史数据拟合获得，且 FDI 攻击存在时会使计算得到的 $B\Delta u_k + w_k$ 和 w_k 与正常数据的分布不同，因此校验获得的 $B\Delta u_k + w_k$ 和 w_k 的分布即可检测 FDI 攻击。

（2）基于隐马尔可夫模型的水印设计

在水印类型选择上，通常选择最简单的独立同分布高斯水印。如前所述，在理想状态下，控制系统中的水印对攻击非常敏感。因此，是否存在其他更敏感的水印类型成为水印认证机制相关研究关注的问题之一。考虑到控制系统数据间的时序关联性，研究非独立的随机水印信号有可能进一步提升检测性能。对此，基于隐马尔可夫模型（Hidden Markov Model, HMM）的水印信号生成方法应运而生。该方法能够将水印信号间的时序相关性融入检测器设计中。具体而言，水印信号 Δu_k 的生成模型为：

$$\xi_{k+1} = A_h \xi_k + \psi_k, \Delta u_k = C_h \xi_k$$

其中，为保证 Δu_k 为稳态过程，初始状态需满足 $\text{Cov}(\xi_0) = A_h \text{Cov}(\xi_0) A_h^T + \Psi$，其中 Ψ 为常数矩阵。此时，Δu_k 与 Δu_{k+d} 间的时序关系可由自协方差来表示：$\Gamma(d) \triangleq \text{Cov}(\Delta u_k, \Delta u_{k+d}) = E(\Delta u_k \Delta u_{k+d}^T)$。根据相关研究，使用基于 HMM 生成的水印，可获得更好的检测性能。因为从可用信息的角度来看，攻击者除了不知道水印信号的统计特性和每个时刻的具体数值外，还缺少一维信息，即水印信号间的相关性，这使得检测方进一步缓解了信息不对等的情况，提升了检测性能。

（3）周期性水印机制

实际上，水印认证机制在检测攻击的同时，也为控制系统引入了额外的控制成本。这是因为在控制输入上添加随机水印信号相当于增大了外界输入噪声。这将导致控制系统的状态波动程度增大，而系统自身需要投入更多的控制代价来保持系统状态平稳。此外，大多数与水印相关的研究工作通常认为重放攻击者自攻击开始后会一直攻击，但通过实际案例可知，真正的攻击者很可能间断性地实施重放攻击。例如，震网病毒每个月仅攻击核设施一次，每次持续约 50 分钟。在这种情况下，若攻击者在一段时间内不存在，而依旧添加水印信号，就会浪费控制成本。为了应对这种不连续重放攻击，可采用基于周期性水印调度策略的检测机制，该方法在保证检测性能的同时，可以降低控制代价。周期性水印调度策略的示例如图 9-16 所示，此时周期为 5，每个周期内有 3 个时刻添加水印。

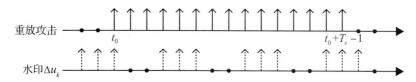

图 9-16　周期性水印调度示意图（箭头代表该时刻攻击存在或者水印已添加）

研究发现，周期性水印调度下的控制代价下降程度与调度水印占空比呈线性关系。例如，图 9-16 中的占空比为 3/5，此时控制代价为一直添加水印时的 3/5。此外，该工作还研究了当给定周期和水印调度占空比时，如何分配一个周期内的水印才能达到最优的检测性能。这部分内容需根据控制系统结构以及随机水印信号的协方差参数进行复杂的分类讨论，因此本节不再进行详细介绍，请感兴趣的读者参考相关文献。

3. 水印认证机制的应用

在 ICS 的工业现场控制层，传感器数据和控制指令数据通常通过硬实时通道进行传输。其中，硬实时通道是指延迟和抖动在毫秒或更短时间内的通信通道，例如 Profinet 协议的实时（Real Time, RT）和 IRT（Isochronous Real Time）通道。考虑到实时性要求，这些硬实时通道通常是未加密的。因此，这些通道容易受到不同程度的数据完整性攻击。在这种环境下，要增强硬实时通道的安全性，需要保证如下两点：

1）不可逆性：添加的安全措施难以被攻击者逆向破解。
2）速度快：需要快速完成计算过程，以满足实时控制需求。

水印认证机制由于其轻量级的特点，是可行的方案之一。与理论研究常用的高斯随机水印不同，迭代水印（Recursive WaterMark, RWM）机制用于实时、高效地保护硬实时通道的数据完整性。RWM 方法的具体流程如图 9-17 所示。

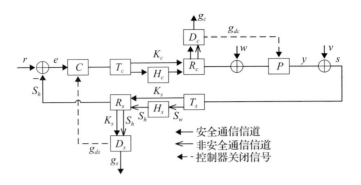

图 9-17 RWM 方法框架图

如图 9-17 所示，C 是控制器，P 是控制系统设备，S 是传感器，H_s 是攻击者，T_s 是传感器回路中的发送器，R_s 是传感器回路中的接收器，D_s 是检测器。r、e、u、y、w 和 v 分别是参考信号、误差信号、控制系统输入和输出、执行器和传感器噪声。RWM 算法由两个步骤组成。首先，以传感器数据传输通道为例，RWM 生成密钥 K_s 通过加密的非实时通道从发送器 T_s 传输到 R_s。其次，当 R_s 接收到 K_s 之后，T_s 通过 RT 或 IRT 通道向接收器 R_s 发送加水印后的数据 s_w。攻击者可以在 H_s 块内对 s_w 发起数据完整性攻击，并且输出为 s_h。此外，R_s 还将 K_s 和 s_h 转发到检测器 D_s。因此，D_s 基于密钥 K_s 和数据 s_h 来验证数据完整性。RWM 算法还可以应用在控制信号传输通道上，且与传感器数据传输通道类似，故不再赘述。在 RWM 算法中，水印通过哈希函数以一阶形式迭代生成，具体如下：

$$s_w[k]=s[k]+\alpha_1 h_n[k]+\alpha_2 h_r(s_w[k-1])$$

其中，h_n 和 h_r 为常用的伪随机数生成器，前者面向整数，后者面向实数。另外，α_1 和 α_2 为常值参数。RWM 方法使用的伪随机数生成过程一般难以逆向，且计算速度快，适用于实时性要求高的应用环境。研究学者已在某些 PLC 上进行了 RWM 算法的原型验证。实验结果显示，RWM 算法用 2.8 微秒左右的时间就可以完成一个水印添加或数据完整性验证操作，而常用的加密哈希方法至少需要 100 毫秒。由此可见，基于水印认证机制的检测方法在工业控制系统中有良好的应用前景。

9.3.2 基于 D-FACTS 的信息物理协同防御方法

随着智能时代的发展，传统电力系统逐步与信息技术和物理系统融合，形成了现代智能电网。随着新型通信和计算技术的引入，智能电网变得更加高效、智能和可靠。然而，先进信息通信技术暴露出来的脆弱性使智能电网面临着各种各样的网络威胁。与传统信息系统（即 IT 系统）相比，针对智能电网的网络攻击的一个特点是：物理系统会遭受巨大的破坏，导致经济损失和人员伤亡。

由于智能电网部署区域广泛，并且采用大量商用计算机和通信设备，因此在不同区域和不同层次均会暴露出攻击面，攻击者不仅可以执行单一攻击，且能同时执行多种攻击，或者不同的攻击者合谋对特定目标实施攻击。联合协同的攻击后果可能会超过单一攻击后果的总和。例如，攻击者可以在执行 DoS 攻击来阻断传感器和子站之间通信的同时，在控制器中注入恶意代码。系统操作员会发现 DoS 攻击，但很可能忽略注入控制器中的违规程序。为实现某个攻击目标，不同攻击可能彼此协同，从而造成更大的破坏。另外，协同不同的攻击可以迷惑针对单一攻击的检测器。实际上，目前针对工业控制系统的网络攻击多由一连串攻击构成，这些攻击会协同运作，大规模破坏基础设施。

智能电网信息物理融合的特点使其缺乏全方位防护。由于大部分电力设备位于偏远地区，操作员很难兼顾所有的攻击面，导致攻击者可从不同的攻击点破坏物理系统。在智能电网物理侧，电力设备（如断路器、开关和变压器）通常疏于防范，攻击者可直接物理破坏这些关键设备。在智能电网信息侧，为实现对电力系统所有状态的监控和感知，部署了大量通用传感器和通信设备，如智能电表、PLC、RTU、网管、路由器等，这些自带 IP 的设备很容易遭受网络攻击。攻击者可以利用其中的漏洞入侵智能电网的通信网络，窃听和篡改感知、通信和控制数据。

传统的信息侧防御和物理侧防御相互独立，换言之，信息侧防御策略仅对信息侧发生的故障或攻击负责，而物理侧防御策略仅对物理侧发生的故障或攻击负责。一旦协同设计网络攻击和物理攻击，信息侧和物理侧的防御手段均可能失效，单一的信息侧或物理侧防御手段无法抵御信息物理协同攻击。因此，需要设计新型防御手段来应对此类攻击。本节将给出信息物理协同的防御机制（Coordinated Cyber-Physical Defense, CCPD）。CCPD 不是将信息侧防御策略和物理侧防御策略简单叠加，而是一个基于传统策略的新型防御机制。CCPD 利用智能电网信息物理深度融合的特点，其核心思想是，通过主动改变物理侧参数来试探信息侧是否被攻击。本节将通过基于分布式柔性交流传输系统（Distributed Flexible AC Transmission System, D-FACTS）设计的信息物理协同防御策略来给出 CCPD 的设计思路。

我们先来了解一下智能电网中信息侧和物理侧防御的现状。

1. 信息侧防御

在设计之初，信息侧的防御手段并未考虑对物理系统的影响。事实上，由于对多层网络实时通信的需求，智能电网的网络防护要弱于信息系统。例如，几乎所有个人电脑均会安装杀毒软件并实时更新，但是，电网中的上位机和计算单元无法安装和执行上述软件，因为软件对病毒的扫描和更新会导致设备崩溃甚至电网停摆。

为构建深度防御体系，智能电网会采取安全分区、网络专用、横向隔离和纵向认证的安全防护措施。端对端的认证机制是保障信息安全的基本方法，可保护智能电网数据和代码的完整性。但是，不同层内的通信网络中包含数量庞大的设备，如智能电表和 RTU 等，这使得密钥管理（密钥分配、更新、支撑和激活）要解决需求多样及安全交互的问题。黑名单、防火墙、入侵检测装置和代码完整性检测等技术也常用于智能电网的防护中。然而，攻击者可以利用"零日漏洞"来绕过这些机制。另外，若攻击者用伪装装置替换通信设备，这些防御机制也将失去作用。

近年来，有些研究者研究了如何利用物理属性来增强信息侧的防御能力。例如，深度包解析利用功能码中包含的物理语义来判断心脏报文是否被破坏。基于物理状态的转移规律，深度包解析可以检测和定位恶意攻击。另外，利用机器学习方法，基于 SCADA 系统采集的物理侧数据来判断是否存在网络攻击也是近年来的研究热点。然而，机器学习方法的准确性依赖于从原始数据中提取的特征属性，并保证用于训练的数据未被污染。

2. 物理侧防御

传统电网主要采用保护控制来保证电网的功能安全，但保护控制只在局部作用。例如，继电保护会在出现短路时将某条输电线路切断，断路器会在出现故障时切掉输电线路、发电机和变压器等，其他的保护措施（如远动保护和母线保护等）均为局部动作。这些保护措施在系统出现故障时及时、快速地做出响应以减小影响，它们主要用于防止故障蔓延而非网络攻击。同时，传统保护措施也可能被攻击者劫持并利用。

为构建更加安全的智能电网，工程师会采用控制理论来分析系统稳定性和鲁棒性。已有很多研究分析了时延和丢包给系统稳定性和性能带来的影响，控制工程专家提出了传感器或执行器调度以及鲁棒控制理论来应对系统不确定性。然而，在这些理论研究中，抽象的系统模型无法准确描述系统的运行规律，网络攻击仍然能够绕过这些防护机制。

考虑到智能电网安全，有些系统采用冗余机制来增强系统的抗干扰能力，从而保证生产过程的连续性。例如，设计冗余的控制器、执行器和传感器来保证不停机。然而，实践证明，冗余结构存在严重的脆弱性，攻击者可用其构造更为隐蔽的攻击。

无论是信息侧还是物理侧防御机制，往往只关注某一侧的安全性问题，无法兼顾具有信息物理耦合特性的攻击手段，使得现有防御机制在面对新型攻击时出现顾此失彼的情形。另外，攻击手段的强隐蔽性也使得利用单侧（信息侧或物理侧）的防御机制无法发现和定位攻击。因此，亟须研究融合信息、物理特征，并实现跨层交互的信息物理协同防御机制。

3. CCPD

与上述两种防御手段不同，为增强智能电网安全，研究者提出信息物理协同防御手段 CCPD。CCPD 基于智能电网信息物理深度耦合、全面交互的特点，即物理侧的任何改变均会改变信息侧的行为，反之亦然。CCPD 利用物理扰动来探测网络攻击，物理扰动就像探针，信息侧防御手段就像灵敏的反应器。一旦反应器中的变化未依据探针刺激的结果而改变，就说明系统中存在攻击。由于大部分攻击者无法精准地改变物理参数，如电抗、导电性、拓扑和电路结构等，主动的物理扰动很难被攻击者推断得到。需要强调的是，CCPD 并不是针对特定攻击而设计的，它更像疾病防御系统，能够产生广谱抗体。

4. 基于 D-FACTS 的信息物理防御策略

作为 CCPD 的实例，本节给出基于 D-FACTS 的信息物理防御策略，并将其命名为输电线路扰动策略（Branch Perturbation Strategy，BPS）。BPS 的核心思想是通过主动改变输电线路的阻抗参数来检测信息物理攻击。如图 9-18 所示，在物理侧，通过 D-FACTS 设备改变输电线路参数，增强信息侧检测器对攻击的检测能力，使得攻击者难以在物理系统和通信网络中执行攻击。

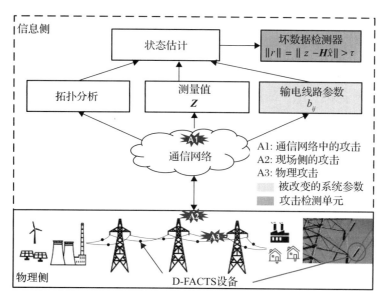

图 9-18 BPS 的作用原理

（1）检测错误数据注入攻击

电力系统的物理变量之间的关系常常采用 AC 模型和 DC 模型来描述，本节分别基于 AC 和 DC 模型来介绍 BPS 对错误数据注入（FDI）攻击的检测机理。

针对 AC 模型，对于节点 i，其有功/无功功率与状态变量之间的关系可表示如下：

$$p_i = v_i^2 \sum_{j \in K_i} \frac{g_{ij}}{\tau_{ij}^2} - v_i \sum_{j \in K_i} \frac{v_j}{\tau_{ij}} (b_{ij} \sin\theta_{ij} + g_{ij} \cos\theta_{ij})$$

$$q_i = -v_i^2 \sum_{j \in K_i} \frac{b_{ij} + \gamma_{ij}}{\tau_{ij}^2} + v_i \sum_{j \in K_i} \frac{v_j}{\tau_{ij}} (b_{ij} \cos\theta_{ij} - g_{ij} \sin\theta_{ij})$$

$$p_{ij} = \frac{v_i^2}{\tau_{ij}^2} g_{ij} - \frac{v_i v_j}{\tau_{ij}} (b_{ij} \sin\theta_{ij} + g_{ij} \cos\theta_{ij})$$

$$q_{ij} = -\frac{v_i^2}{\tau_{ij}^2} (b_{ij} + \gamma_{ij}) + \frac{v_i v_j}{\tau_{ij}} (b_{ij} \cos\theta_{ij} - g_{ij} \sin\theta_{ij})$$

其中，p_i 和 q_i 分别表示节点 i 的有功和无功注入功率；p_{ij} 和 q_{ij} 分别表示输电线路 $\{i, j\}$

上的有功和无功电力流;θ_i 和 θ_j 分别表示节点 i 和 j 的电压相角,$\theta_{ij}=\theta_i-\theta_j$ 表示节点 i 和 j 之间电压相角之差;v_i 和 v_j 分别表示节点 i 和 j 的电压幅值;g_{ij} 和 b_{ij} 分别表示输电线路 $\{i,j\}$ 上的电导和电纳,两者构成输电线路的导纳 $y_{ij}=g_{ij}+jb_{ij}$;K_i 表示与节点 i 相连的邻居节点集合;θ_{ij} 为变压器变压比值。对于整个系统,若将有功/无功注入功率和有功/无功输电线路电力流作为测量值,电压相量作为状态变量,那么 AC 模型可被简写成:

$$z = h(x)$$

其中,z 表示测量值,x 表示系统状态变量,$h(\cdot)$ 表示非线性测量函数。针对该模型,攻击者可设计攻击向量 $a=h(x+c)-h(x)$ 以实现隐蔽性 FDI 攻击。由此可知,攻击者针对 AC 模型设计隐蔽性 FDI 攻击时,需要获知输电线路参数 y_{ij}。BPS 正是通过动态改变该参数,使得攻击者无法设计和执行 FDI 攻击。

具体地,基于 D-FACTS,防御方可以随机动态地扰动输电线路导纳。假设输电线路 $\{i,j\}$ 的导纳被扰动,则

$$y_{ij} \to y'_{ij}$$

其中,箭头表明输电线路导纳在 BPS 被激活前后发生的改变,y'_{ij} 表示 BPS 被激活后输电线路 $\{i,j\}$ 上的导纳值。但是,导纳 y_{ij} 不可被改为任意值,导纳扰动结果需要满足如下约束条件:

$$y_{ij}^{\min} \le y'_{ij} \le y_{ij}^{\max}$$

基于 AC 模型,若 D-FACTS 设备部署在输电线 $\{i,j\}$ 上,由于 $h(\cdot)$ 与输电线路参数(即导纳)有关,一旦 BPS 被激活,与节点 i 和 j 相关的测量值就无法被攻击者隐蔽地篡改。换言之,攻击者无法设计针对节点 i 和 j 的 FDI 攻击。因此,BPS 可抵御基于原有输电线路参数的 FDI 攻击。

接下来,我们再给出 DC 模型下 BPS 的防御机理。DC 模型可由 AC 模型线性近似得到,可简记为

$$z = Hx$$

其中,H 为仅与系统拓扑和输电线路电纳参数相关的测量矩阵。针对 DC 模型,攻击者可设计隐蔽性 FDI 攻击向量

$$a = Hc$$

其中,c 为任意向量。由此可知,攻击者设计隐蔽性 FD 攻击需获知输电线路电纳参数。BPS 可通过 D-FACTS 动态改变该参数,使得攻击者无法设计和执行 FDI 攻击。基于 D-FACTS,防御方可以动态随机地扰动输电线路电纳,以增加系统的信息不确定性。假设输电线路 $\{i,j\}$ 的电纳被扰动,即

$$b_{ij} \to b'_{ij}$$

其中,b'_{ij} 是 BPS 被激活后输电线路 $\{i,j\}$ 上的电纳值,它被限制在如下范围:

$$b_{ij}^{\min} \leq b_{ij}' \leq b_{ij}^{\max}$$

由于攻击者无法推测出当前输电线路参数，仅能获知原有测量矩阵 H。因此，如果攻击者只能设计形如 $a=Hc$ 的攻击向量，那么 BPS 被激活后，若 $a \notin S(H)$，将无法绕过基于测量矩阵 H' 构建的坏数据检测器，其中，$S(\cdot)$ 表示 BPS 被激活后的测量矩阵的列向量空间。

（2）检测信息物理协同攻击

在现有研究中，信息物理协同攻击可实现隐蔽性，且可对系统造成极大的破坏。隐蔽性 CCPA 的设计思路是采用网络攻击来掩盖物理攻击。具体地，在智能电网中，攻击者通过切断输电线路使得部分区域停电。由于系统拓扑随之改变，系统的状态变量（尤其是模拟信号）也会发生改变。系统操作员一般通过现场层采集和发送的数据来判断是否出现输电线路被切断的情况。然而，由于通信网络存在脆弱性，感知和上报的数据可被攻击者阻断和篡改。因此，如果攻击者只发送"正常数据"给控制中心，操作员将无法获知物理侧发生的攻击。

CCPA 的构造方式如下。首先，攻击者物理切断输电线路（物理攻击）；其次，通过错误数据注入攻击来掩盖物理攻击。假设被切断的输电线路不影响输电网络的连通性。为设计 CCPA，攻击者需要获知输电线路的阻抗参数，且对应的输电线路能够形成环。如图 9-19 所示，为掩盖切断输电线路 $\{i, j\}$ 的物理攻击，攻击者需要获知输电线路 $\{i, j\}$、$\{i, o_1\}$、$\{o_1, o_2\}$、$\{o_2, o_3\}$、$\{o_3, o_4\}$、$\{o_4, j\}$ 上的参数。

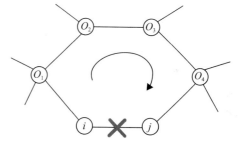

图 9-19 构成环的输电线路

BPS 通过改变物理侧输电线路参数，使得攻击者无法获知准确的阻抗信息以构建 CCPA 中的 FDIA。为扰动输电线路阻抗，需要采用一种称为分布式柔性交流输电系统（D-FACTS）的设备。该设备本来是通过扰动输电线路上的阻抗来控制输电线路的输电容量以消除输电瓶颈和约束。D-FACTS 设备小且轻，能够串接在输电线上。为抵御 CCPA，BPS 需满足下列任一条件：①在被切断的输电线路上部署 D-FACTS 设备；②在上述由输电线路构成的环中，至少存在一条输电线路部署 D-FACTS 设备。

设计 BPS 面临的挑战是：防御方不知道攻击者所切断的输电线路，因此，无法判断哪条输电线路需要部署 D-FACTS 设备。由于攻击者行为无法预测，因此，任何输电线路被切断后如果不影响输电网络的连通性，均可成为攻击目标。信息不对称会使 BPS 的防御能力减弱。为解决该问题，本节基于图理论来确定需部署 D-FACTS 设备的输电线路。

攻击者设计 CCPA 需要获知某个环内所有输电线路的参数（阻抗）信息，因此，可通过扰动所有环内的输电线路参数来抵御 CCPA。为设计相应的 BPS，需满足如下条件：如果去掉部署了 D-FACTS 设备的输电线路，输电网络中不再存在环。为满足该条件，需找到输电网络 G 对应的生成树 T。假设除生成树 T 中包含输电线路外的输电线路构成集合 R，可证明无法在 T 或 R 中找到输电线路以构成环。因此，若扰动对应于 T 或 R 的输电线路上的参数（阻抗），攻击者将无法获知某个集合的输电线路参数，且这些输电线路构成环，进而攻击者无法构造 CCPA。

本节以 IEEE 14-Bus 电力系统为例，构建上述的 BPS 策略。如图 9-20 所示，虚线构成的图对应于该输电网络的生成树。为抵御所有 CCPA，需要在输电线路 {1,2}、{2,3}、{4,5}、{7,9}、{9,14}、{6,11} 和 {12,13} 上部署 D-FACTS 设备。

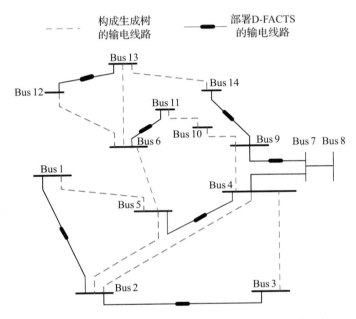

图 9-20　D-FACTS 设备部署方案：IEEE 14-Bus 电力系统

9.4　控制逻辑代码安全审计

PLC 是一种专门为工业环境设计的嵌入式微机系统，广泛应用于现场系统的自动化控制。PLC 采用类微机架构，工程师可以将系统的控制逻辑与算法通过编程存储于 PLC 中，由 PLC 执行程序实现对控制过程的监测与控制。

PLC 是工控现场系统中的关键设备，在第 4 章中介绍了多种针对 PLC 的攻击模式，尤其是植入 PLC 控制逻辑中的后门、逻辑炸弹和勒索病毒，不仅会造成 PLC 的瘫痪，还会对 PLC 相关的工业过程造成破坏性的打击。另外，PLC 的控制逻辑一般采用委托开发的方式，虽然控制逻辑需要进行充分测试才能部署，但若还有未发现的缺陷或 bug，也会给现场系统带来安全隐患。

因此，PLC 控制代码的开发要借鉴 IT 领域中的软件工程，将代码审计（Code Audit）作为其中重要的一环。在软件工程中，代码审计主要是指对目标程序代码进行分析，保证程序符合相应的规范，并从中发现程序的缺陷与漏洞。一般来讲，代码审计主要针对的是源代码，也就是所谓的"白盒"分析，本节着重讨论此类分析方法。在有源代码的情况下，开发者可以根据特定的编码规范对代码进行检查，发现代码中存在的问题。广义上讲，代码审计还可以在无源代码的情况下进行，即"黑盒"分析，常用的方法有逆向分析、模糊测试等。

代码审计的主要工作是定义安全规范和代码分析。安全规范包含编码规范、权限规范、配置规范、逻辑规范等部分。定义规范是一项极为复杂的工作，虽然有一些标准化的规范（如 GB/T 28169—2011、GB/T 354943—2017）可作为参考，但还要根据具体应用场景来定义规范。在进行代码分析时，通常采用自动化审计工具和人工分析相结合的方式。自动化审计工具一般用于检查编码规范，但自动化工具存在漏报和误报的风险，因此要结合人工分析对报告的问题进行审核跟踪，排除误报，挖掘更深层的缺陷与漏洞。

代码审计的理论与技术在 IT 领域相对成熟，C、Java 等编程语言都有成熟的标准与自动化审计工具。PLC 的编程语言和运行机制与 IT 软件有所不同，PLC 的图形化编程语言使得通用的代码分析技术无法直接复用。但工控领域系统对可用性要求的提高和震网病毒等 PLC 恶意代码的出现，使 PLC 代码审计的作用更加重要。

本节首先对 PLC 程序的组成、运行以及编程进行介绍；然后介绍 PLC 的安全规范，以及代码分析的基本理论和方法；最后以 PLC 的梯形图逻辑为例，讲解 PLC 代码的形式化分析与具体的应用。

9.4.1 PLC 的程序运行机制与编程方法

不同厂商的 PLC 结构相似，都支持标准的编程语言，且运行机制大致相同，因此本节从编程的角度介绍 PLC，包括 PLC 的基本结构、程序运行机制、程序结构以及标准化的编程语言，为后续理解代码分析和审计奠定基础。

1. PLC 的基本结构

PLC 具有与嵌入式系统类似的架构，可以将其视为一个嵌入式微机系统。它具备 CPU、存储器和输入/输出单元，同时提供外部接口与总线，可以与扩展模块、PLC、上位机（PC）相连。图 9-21 所示为 ABB 公司的 PLC 本体和输入、输出、网络等扩展模块。

PLC 的控制逻辑程序（以下简称程序）是通过上位机的编程软件写入的。编程软件会将程序编译成二进制的字节码，以数据块形式传送到 PLC 内部。注意，这种程序编译得到的字节码一般不能在 PLC 的处理器上直接执行，也就是说，字节码并不是处理器的原生指令。字节码的指令及其数据块的格式是厂商私有的，运行时由 PLC 内部的一个执行环境解释运行，类似于 Java 虚拟机的工作方式。

图 9-21　ABB PLC 及其扩展模块

PLC 的输入/输出与一般微机不同，通常是通过特定模块和设备直接相连，以信号形式进行输入/输出（虽然 PLC 也支持网络输入/输出，但只针对实时性要求不高的信号）。输入/输出信号一般分为数字量和模拟量，可以分别连接按钮、开关、信号灯等布尔型数据信号和电流、电压、电动阀等整型或浮点型数据信号。

2. PLC 程序运行机制

PLC 通过程序对输入的过程、状态数据进行处理，然后输出控制信号驱动执行器进行控制。程序的运行过程分为三步：

1）读取输入信号的值，并存入 PLC 内部的输入映像区，映射到相应的输入变量。

2）执行程序，根据输入变量和控制算法更新输出变量的值，并将其存放到内部输出映像区。

3）将输出映像区的变量输出到相应的输出信号。

这三个步骤称为一个扫描周期，并循环反复，因此 PLC 属于反应式系统（Reactive System），这也是 PLC 程序与一般程序的区别之一。除了一些服务程序外，PC 程序一般执行一次即停止。所以，在分析 PLC 程序时，要注意这种循环执行机制，整个 PLC 程序相当于一个大循环。

3. PLC 的程序结构

PLC 的程序也属于函数式程序，只不过这里的"函数"指的是块，程序由若干种不同的块组成。最基本的块是组织块（Organize Block，OB），这种块只能由硬件直接调用，不能被其他块调用。以西门子 PLC 为例，OB1 是主程序块（即程序入口），OB35 是循环中断块。可以被其他块调用的块称为功能块（Function Block，FC）；系统提供的库函数也是特殊的功能块，称为系统功能块（简称 SFC）。

4. PLC 的编程语言

IEC61131-3 标准规定了用于 PLC 编程的 5 种语言，分为图形化编程语言和文本编程语言两类，其中梯形图（Ladder Diagram，LD）和功能块图（Function Block Diagram，FBD）属于图形化编程语言，指令表（Instruction List，IL）和结构化文本（Structure Text，ST）属于文本编程语言。顺序功能图（Sequential Function Chart，SFC）较为特殊，不属于上述两类。

梯形图符合电气工程的思想，是常用的编程语言之一。如图 9-22 所示，可以看出 LD 与 C 等文本编程语言有很大的区别。LD 程序由一系列不同模块（用图形符号表示）及其之间的连线构成，这些模块包括触点、线圈、定时器、计数器等，如"---| |---"表示常闭触点，"---( )---"表示线圈。一个模块实际上是一条指令，模块上的文本代表该模块引用的变量。模块之间的线也称为"能流"，代表电能的流动。LD 中的能流具有从左到右的方向性，即模块按从左到右的顺序激活。LD 的最左侧有一条纵线，称为左母线（也称为左电源轨线），从这里开始沿着能流向右直到结束称为一个梯级，梯级是 LD 程序结构的基本单位。连接同一条左母线的梯级组成一个网络，一个 LD 程序最少包含一个网络。LD 程序按照网络从上到下、梯级从左到右的顺序执行。

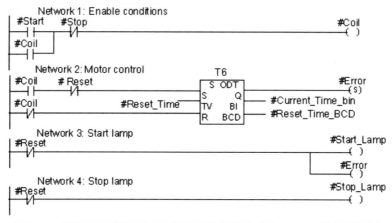

图 9-22　梯形图程序示例（引自西门子公司的《用 STEP 7 编程手册》）

9.4.2　PLC 代码安全规范

代码安全规范来源于实践，是通过总结问题、分析成因达成的共识，这些共识对保证代码质量和安全性有极为重要的作用。代码安全规范一般分为两类：一类是针对该语言的语法和使用进行约束，称为编码规范，这类规范是脱离实际应用场景的，有一些标准可参考；另一类是基于实际应用场景制定的规则，比如权限、输入/输出、负载等。在工控领域，由于程序是针对特定应用场景开发的，因此在制定规范时应更多地考虑场景。

以 LD 为例，有一些常见的编码规范，如"输入变量不能同时作为输出变量"，有的开发软件可以自动识别这类问题；还有一些规范隐蔽性较强，需要进一步分析程序。例如，"输出变量常值问题"是指程序在任意输入下，某个输出变量始终保持常值，这显然是不允许的，要么该变量是无效的，要么是控制逻辑出错。再比如，在某个应用场景中，某个设备只能在设定的阈值下工作，就需要规范对应变量执行时的值，这种问题也是很难发现的。

表 9-1 列举了 PLC 代码逻辑缺陷及其相关描述，可以此为依据来定义 LD 代码的安全规范。

表 9-1　PLC 代码逻辑缺陷及其描述

属性	描述
计时器条件竞争缺陷	计时器竞争现象可造成计时器震荡
比较函数硬编码缺陷	采用硬编码，易于被攻击者修改，造成执行流程改变
触发线圈缺失缺陷	PLC 的输出作为开关时，触发线圈缺失将导致开关不可控
跳转和链接缺失缺陷	PLC 程序中存在跳转、标签、返回指令，这些指令都可能被攻击者利用并嵌入恶意程序
隐藏跳转缺陷	代码中存在隐藏跳转，可改变程序的执行流程
重复对象使用缺陷	代码存在多个输入对同一个输出进行控制，造成输出响应故障
未使用对象缺陷	已定义但未使用的对象易被攻击者利用

这里以 LD 语言为例分析 PLC 代码的逻辑缺陷。如前文所述，LD 程序由触点、线圈等图形符号并结合数字指令、算术运算指令、控制指令等指令符号构成，PLC 代码逻辑缺陷是由于这些元素和组件位置不恰当、链接和范围不正确引起的。下面结合表 9-1 对代码逻辑缺陷进行详细描述，并介绍攻击者可能的利用方法。

1. 计时器条件竞争缺陷

PLC 编程中的计时器可通过预设时间来触发计时器。计时器通常有触发位和完成位两个外部触点和内部的计时预设值。计时器触发位作为输入触点，用于激活计时器并复位预设值；当计时器的计数值达到预设值时，完成位会产生输出。当错误地连接计时器完成位时，可能导致由计时器完成位触发的后续过程和计时器本身进入竞争条件。尤其是将计时器完成位连接到其自身触发位时，会使计时器不断复位从而陷入死循环。

如图 9-23 所示，把计时器的预设时间设为 0，使得定时器触发位和定时器同时打开，造成计时器持续振荡，输出 O4.1 无法被触发，导致程序流程错误或进程无法关闭等故障，实现拒绝服务攻击。

2. 比较函数硬编码缺陷

PLC 逻辑代码中的数字指令包含比较指令。如果比较指令编码不正确就会导致安全隐患，恶意用户可以通过比较指令将不正确的数据插入进程中。这些数据会导致进程序列发生变化，或者导致进程完全终止。

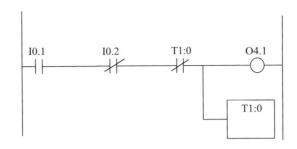

图 9-23　计时器条件竞争缺陷梯形图

如图 9-24 所示，假设常开触点 I0.1 可以触发高压锅炉的初始化，常开触点后连接一个比较函数，O4.1 控制高压锅炉的关闭进程。当 A 的值大于等于 B 的值时，O4.1 被激活，锅炉停止加热。如果比较元素 B 不参考符号表中的数值而是使用定值进行硬编码，B 中的数据是不受保护的，提高 B 的温度值会造成高压锅炉不断加热，导致设备损坏甚至发生爆炸。

3. 触发线圈缺失缺陷

常开和常闭触点是 PLC 梯形图逻辑代码中功能组件之间的集成点，是 PLC 梯形图中每个梯级必需的组件。如果某个触发器没有相应的触发线圈，则整个梯形逻辑不会按照期望的结果运行。

在图 9-25 所示的梯形图中，O4.3 为紧急关闭进程的输出线圈，常开触点 O4.2 可激活线圈 O4.3，由于触点 O4.2 没有对应的触发线圈，因此在触点常闭的情况下，紧急关闭进程不断启动。在常开触点的情况下，紧急关闭进程永远不会启动，通过删除梯形图中的关键输出位置的触发线圈，可影响系统流程。

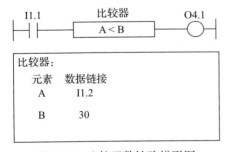

图 9-24　比较函数缺陷梯形图

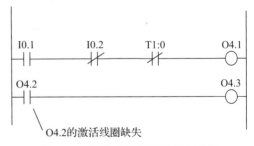

图 9-25　缺失触发线圈缺陷梯形图

4. 跳转和链接缺陷

跳转和链接缺陷是由一些影响程序执行顺序的跳转指令和逻辑块指令错误跳转到某个程序段引起的。这种类型的代码缺陷类似于中间人攻击，攻击者可以利用错误的跳转指令跳转到一个非预期的位置，并且在非预期的位置插入恶意的程序段，再返回到跳转之前的位置。

图 9-26 给出了跳转和链接缺陷的利用方法,可以通过 JSR 指令(程序跳转指令)从 File 1 跳转到恶意代码文件 File 3 中,此时执行恶意的子程序 File 3,再返回到 JSR 跳转之前的位置,完成恶意代码的插入。

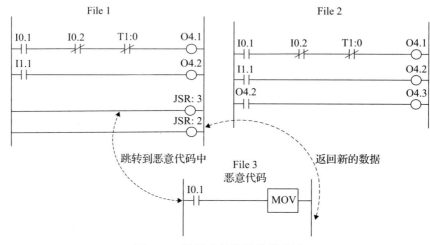

图 9-26 跳转和链接缺陷梯形图

5. 隐藏跳转缺陷

隐藏跳线主要用于开发人员调试代码,攻击者会利用隐藏跳线在 PLC 梯形逻辑图中插入空白的子级来绕过或覆盖 PLC 梯形逻辑的部分组件。

如图 9-27 所示,假设常开触点 I0.1 用于激活过程输出的 Q4.1,I0.1 连接一个比较函数(LEQ A, B),当变量 A 关联的数据必须小于或等于与变量 B 关联的数据时,才能激活下一进程。通过选择插入软件跳线可以绕过 LEQ 命令,在不满足 A≤B 时,激活输出 Q4.1。

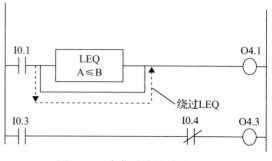

图 9-27 隐藏跳线缺陷梯形图

6. 重复对象使用缺陷

在梯形图逻辑代码中,触发功能和触发的元素之间存在一对一或多对一约束关系。输入/输出的映射关系错误会触发梯形图逻辑代码的错误,造成触发器触发延迟甚至不能触发。

如图 9-28 所示,假设 O4.2 为高压锅炉的触发器使能输出,用于控制高压锅炉的关闭过程,但在第二梯级和第三梯级中,O4.2 存在重复触发点 O4.1 和 I0.3。当两个触点同时触发时,处理器将处于僵局,无法按照需求关闭高压锅炉。攻击者可利用这个缺陷,通过实现多线圈同时触发来扰乱系统流程。

7. 未使用对象缺陷

开发人员在最初开发梯形图逻辑代码时,除了在符号表内实例化必要的组件外,还会创建额外的组件用于调试,而这些未使用的组件一旦被攻击者确定,就可能被用于篡改逻辑代码。

如图 9-29 所示,常开触点 O4.2 可激活紧急关机过程,输出 O4.3 为紧急关闭的触发器。攻击者首先会找到符号表中已定义但未使用的触点 I3.7,并将该常开触点放入紧急关闭线圈 O4.3 前,I3.7 一直置于断开状态,这样就能在发生系统攻击之前成功阻止紧急关闭进程,改变系统的执行流程。

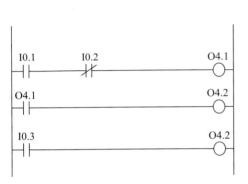

图 9-28 重复对象缺陷梯形图

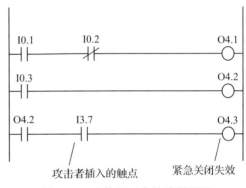

图 9-29 未使用对象缺陷梯形图

综上可知,当 PLC 程序中存在缺陷时,不仅会引发工控系统的安全风险,而且很容易被攻击者利用。攻击者可以将恶意 LD 程序注入 PLC 现有的控制逻辑中,从而改变控制动作或者等待特定的触发信号来激活恶意行为,使 PLC 拒绝服务,甚至影响 PLC 的控制流程,导致物理设备被破坏。因此,在审计 PLC 代码时,要使用安全规范来约束程序的行为,避免出现上述缺陷。

9.4.3 文本化编程语言安全分析方法

一般性语法问题通常可以采用源码静态扫描和规则匹配检测出来。但是,某些问题(如上文提到的设备阈值问题)是一种程序行为表现,要在动态测试中才能发现。这是不是意味着在代码审计阶段无法发现这类问题呢?我们可以对程序进行适当简化,通过定义一些抽象运算和抽象数据域来建立一个对应的程序模型,基于这个模型分析程序行为,发现这类动态行为问题,这就是下面要介绍的代码形式化分析方法。

代码形式化分析方法主要用于分析程序的动态行为,比如程序是否存在死循环或变量是否始终为常值,这种方法在编译和程序行为分析中得到了广泛应用。当然,发现这些行为最准确的办法是进行软件测试，但是测试存在一定的问题，尤其是对于复杂程序，往往很难覆盖程序的所有可能性。形式化分析则通过抽象来遍历程序模型。由于抽象的代价是损失精度，因此形式化分析给出的答案往往是近似的。假设一个问题的答案为"是"或"否"，那么形式化分析会给出"是""否"或"不知道"，"不知道"代表包含"是"和"否"。近似性又分为：

- 下近似（under-approximation）：回答"是"或"不知道"。
- 上近似（over-approximation）：回答"不知道"或"否"。

例如，要判断程序中的多个变量是否为常值，下近似判断为"是"的变量一定是常值，判断为"不知道"的变量有可能是常值，因此得到的答案是正确答案的子集；下近似判断为"否"的变量一定不是常值，判断为"不知道"的变量可能也不是常值，这里的答案是正确答案的超集。这两种近似可以根据具体的问题来选择，即对问题是漏报敏感还是误报敏感进行权衡。有时候，某种近似方法无法得到满意的答案，例如得到的全部是"不知道"，这样的答案没有任何意义，那么就可以尝试另一种方法。

在具体分析方法上，如果问题与语句顺序无关，则称为非流敏感分析（flow insensitive），可以在程序的语法树上进行；反之则称为流敏感分析，意味着如果语句顺序不同，则分析的结果也不同。

流敏感分析一般是在程序的控制流图上进行的。控制图用节点表示一个具体的语句，用有向边表示语句执行的前后顺序，另外有两个特殊节点用于表示程序的入口与出口，控制流图可以从源代码中抽取得到。

基于控制流图的流敏感分析一般有如下步骤：

1）根据具体问题，从入口或出口选择一个起始点（存在确定解的节点），并以此确定是从控制流的正向还是反向开始分析。

2）根据步骤1中确定的控制流流向，定义出合并语义。这里包含两种情况：①单条路径上的前后节点，②多条路径的合并点。

3）根据分析的问题，定义出每个指令的语义。

4）沿着步骤1中确定的控制流流向，根据语句语义和合并语义进行分析，得到一组方程。

5）对方程组进行迭代求解，当解收敛时结束，此时得到问题的解。

下面用一个程序实例来详细讲解流敏感分析，程序的控制流图如图9-30所示。这个问题是活跃变量分析（Liveness Analysis），即给出一条语句找出对应的活跃变量。所谓活跃变量，是指语句执行前变量的值会被后续语句（也包含该条语句）使用。这个问题需要分析变量值在运行时的使用情况，是经典的流敏感分析问题中的数据流分析，在编译器技术中用于变量消除。

根据前面的定义，活跃变量在节点 v 执行之前会被后续语句修改。本例中，唯一可以确定的是出口节点（exit）的活跃变量为空集，因为它没有后续节点，当然也没有变量会被后续节点使用,所以不存在活跃变量。因此,我们从出口节点开始,逆向沿着有向边开始遍历,根据节点的具体行为,对新的活跃变量进行合并,直到入口节点。

用〖v〗表示节点 v(即语句 v)的活跃变量集合。对于单条路径上的前后节点,已知〖v〗,如果它的前继节点 w 本身没有使用任何变量的值,那么其活跃变量〖w〗相比于〖v〗就没有新增;如果 w 使用某变量 a 的值,那么〖w〗=〖v〗∪{a}。

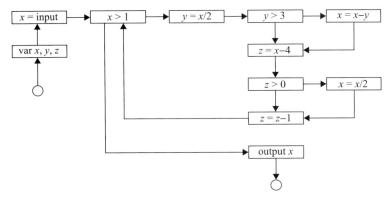

图 9-30　活跃变量分析示例的控制流图

考虑一个有两个后续节点的节点,如图 9-30 左上角的 x>1 节点。两个后续节点的结果都是集合,对集合有"交"和"并"两种运算。如果取交集,则得到结果肯定是活跃变量,但是会舍弃可能的活跃变量,这就是下近似。如果取并集,那么可能把实际执行中不可能执行到的节点活跃变量包含进来,这就是上近似。假如想发现的是非活跃变量,那么采用上近似来求解更为合适。无论实际采用何种运算,下面统一用 merge(v) 表示对节点 v 的合并运算。

另外,对于不同语句,还要根据其行为定义出活跃变量判断规则,这里也称为语义。下面给出图 9-30 中各语句的具体语义:

- 对于条件语句和 output 语句,这些语句只读变量值,记该语句读取值的变量集合为 var(v)(这就是该语句新增的活跃变量),则〖v〗=merge(v)∪var(v)。
- 对于赋值语句,记被赋值的变量为 id,显然该变量被赋值之前的值在后面不会被使用了,因此该变量要被剔除出活跃变量,则〖v〗=merge(v)\{id}∪var(v)。
- 对于变量声明语句,相当于重新对变量初始化,因此和赋值语句一样,〖v〗= merge(v)\{id}∪var(v)。

根据语义,可以得到如下一组方程(这里的 merge 运算采用并集):

$$〖var\ x, y, z〗=〖x = input〗\{x, y, z\}$$
$$〖x = input〗=〖x > 1〗\{x\}$$
$$〖x > 1〗=(〖y = x/2〗\cup〖output\ x〗)\cup\{x\}$$
$$〖y=x/2〗=(〖y > 3〗\backslash\{y\})\cup\{x\}$$

$$[\![y > 3]\!] = [\![x = x - y]\!] \cup [\![z = x - 4]\!] \cup \{y\}$$
$$[\![x = x - y]\!] \cup ([\![z = x - 4]\!] \setminus \{x\}) \cup \{x, y\}$$
$$[\![z = x - 4]\!] = ([\![z > 0]\!] \setminus \{z\}) \cup \{x\}$$
$$[\![z > 0]\!] = [\![x = x / 2]\!] \cup [\![z = z - 1]\!] \cup \{z\}$$
$$[\![x = x / 2]\!] = ([\![z = z - 1]\!] \setminus \{x\}) \cup \{x\}$$
$$[\![z = z - 1]\!] = ([\![x > 1]\!] \setminus \{z\}) \cup \{z\}$$
$$[\![\text{output } x]\!] = [\![\text{exit}]\!] \cup \{x\}$$
$$[\![\text{exit}]\!] = \{\}$$

最后对该组方程组的求解得到问题的答案。在求解时，一般采用迭代求解的方式。对于示例中的方程组，先将每个节点的活跃变量集合初始化为空集，然后自底向上开始运算，在一轮求解后再继续迭代。如果方程组可以收敛，那么在若干轮迭代之后，其解不会再发生变化，则得到最终结果。

9.4.4 梯形图编程语言安全分析方法

对文本类语言编写的控制逻辑程序，可以采用代码形式化方法进行分析。但是对于用图形化编程语言编写的程序，需要将其转换为文本形式的中间语言程序。中间语言程序与原始程序在语义上应当是一致的，即保证在同样的输入条件下，输出是相同的。当然，也可以在中间语言这一层上直接进行抽象，但要保证中间语言程序的输出近似于实际输出（证明上近似或下近似）。

下面介绍一种梯形图程序的自动化分析方法，并介绍该方法的原理与应用。

1. 抽象域

对于控制逻辑程序，一般关心的是变量在执行期间的值。假如只考虑数字量，其值为布尔型数据，那么变量的值域为 {T, F}。这里对变量值进行抽象，用 ⊥、T、F、⊤ 四个值来表示变量的抽象取值，其中 ⊥ 表示空集，⊤ 表示 {T, F}。这四个值构成了一个格（Lattice），它在形式化方法中是证明方程组收敛性的一个重要概念。对变量值进行抽象是代码分析的一种常见技巧：程序中一般涉及对变量的计算，在分析变量取值问题时，如果用于生成方程组的语义直接使用实际数据值，那么方程组很难收敛甚至无解。为了加快收敛得到有效解，一般会进行抽象，但是要保证抽象域与实际数据值域的映射。这里的抽象域元素是集合，用 {T} 表示变量值为真，{F} 表示变量值为假，用全集表示变量值可能为真也可能为假，用空集表示变量无效（一般不会使用）。

2. 方程形式（集合约束式）

前面讲过，程序分析过程会生成一系列方程，通过求解所有方程来得到问题的解。这里得到的方程称为集合约束式（set constraint），形如 $x \subseteq y$，其中 x 和 y 为表达式。表达式是约束式的基本组成单位，语法如下：

$$E ::= \alpha \mid \perp \mid \top \mid c \mid E_1 \cup E_2 \mid E_1 \cap E_2 \mid E_1 \Rightarrow E_2$$

其中，α 表示变量名，c 表示常值。

集合约束式中的表达式求值规则如下：

$$\rho(\perp) = \phi$$
$$\rho(\top) = \{T, F\}$$
$$\rho(T) = \{T\}$$
$$\rho(F) = \{F\}$$
$$\rho(E_1 \cap E_2) = \rho(E_1) \cap \rho(E_2)$$
$$\rho(E_1 \cup E_2) = \rho(E_1) \cup \rho(E_2)$$
$$\rho(E_1 \Rightarrow E_2) = \begin{cases} \rho(E_2) & \rho(E_1) \neq \phi \\ \phi & \text{其他} \end{cases}$$

根据上述规则，对生成方程组求值，可以得到形如 $\{T\} \subseteq b$ 的解，表示变量 b 的值为真。

3. 语义定义与集合约束式的生成

根据梯形图的执行顺序，逐个处理程序中的模块，将其转换为中间语言。以常闭触点"---||---"为例，该模块引用一个变量，记为 V_{ct}，其值为 v_{ct}（以后不加说明的话，用大写字母表示变量名，用对应的小写字母表示其抽象值）。功能是当输入能流为真且 v_{ct} 为真时，输出能流为真；其他条件下，输出能流为假。将常闭触点记为中间语言指令"XIC V_{ct}"，用 V_{ct} 表示引用变量，另外用 v_1 表示输入能流值，用 v_2 表示输出能流值。

常闭触点指令的语义用于生成对应的集合约束式，我们关心的是变量的值，这条语句只改变了输出能流，因此要生成一条对输出能流 v_2 的约束式。首先，当 v_1 为真且 v_{ct} 为真时，v_2 为真，可以用 $((v_1 \cap T) \Rightarrow (v_{ct} \cap T) \Rightarrow T) \subseteq v_2$ 来表示。然后，考虑其他情况：当 v_1 为假时，v_2 为假，表示为 $((v_1 \cap F) \Rightarrow F) \subseteq v_2$；当 v_{ct} 为假时，v_2 为假，表示为 $((v_{ct} \cap F) \Rightarrow F) \subseteq v_2$。这三种情况都可能出现，因此最终生成约束式应为这三种情况的并集。

下面介绍生成规则。生成规则形如：

$$E, I \rightarrow E', S, v_1, v_2$$

其中：

- E 和 E' 都是变量与其抽象值的映射关系。另外，定义运算符 + 来进行映射的扩展，如

$$(E + \{V, v\})(V') = \begin{cases} v & \text{若 } V = V' \\ E(V') & \text{其他情况} \end{cases}$$

- I 为当前的语句。
- S 是该条语句生成的集合约束式。
- v_1 和 v_2 分别为当前指令的输入和输出能流值。

这样可以写出完整的语义，常闭触点中间语言语句 XIC 的语义如下：

$$v_{ct} = E(V_{ct})$$

$$\frac{S = \{((v_1 \cap T) \Rightarrow (v_{ct} \cap T) \Rightarrow T) \cup ((v_1 \cap F) \Rightarrow F) \cup ((v_{ct} \cap F) \Rightarrow F) \subseteq v_2\}}{E, \text{XIC } V_{ct} \rightarrow E, S, v_1, v_2} [\text{XIC}]$$

类似地，常开触点 XIO 的语义如下：

$$v_{ct} = E(V_{ct})$$

$$\frac{S = \{((v_1 \cap T) \Rightarrow (v_{ct} \cap F) \Rightarrow T) \cup ((v_1 \cap F) \Rightarrow F) \cup ((v_{ct} \cap T) \Rightarrow F) \subseteq v_2\}}{E, \text{XIO } V_{ct} \rightarrow E, S, v_1, v_2} [\text{XIO}]$$

下面介绍线圈语句 " ---( )---"。其中间语言为 OTE V_{ct}，表示当 v_1 为真时，将变量 V_{ct} 的值置为真，否则置为假。这条语句会为 V_{ct} 赋值，其语义如下：

$$E' = E + \{V_{ct}, v_{ct}\}$$

$$\frac{S = \{((v_1 \cap T) \Rightarrow T) \cup ((v_1 \cap F) \Rightarrow F) \subseteq v_{ct}\}}{E, \text{OTE } V_{ct} \rightarrow E', S, v_1, v_2} [\text{OTE}]$$

我们不再详细介绍其他语句的语义，有兴趣读者可以参考相关资料。

4. 输出变量常值问题

现在将代码形式化方法应用在输出变量常值问题的分析上。

如图 9-31 所示，示例中的常闭触点和常开触点用并联的方式与线圈连接。显然，并联之后的输出能流始终为真，因此无论输入变量 A 的取值如何，输出变量 B 的值始终为真。

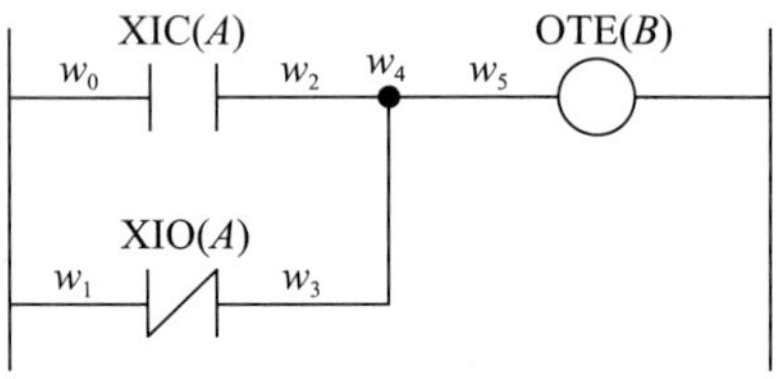

图 9-31 中标注了所有能流的变量名，下面介绍生成集合约束式（即方程组）的过程。

图 9-31 存在输出变量常值问题的 LD 程序

首先将左母线的右侧能流初始化为真，得到

$$\{T\} \subseteq w_0$$
$$\{T\} \subseteq w_1$$

然后根据常闭和常开触点语义分别得到：

$$((w_0 \cap T) \Rightarrow (a \cap T) \Rightarrow T) \cup ((w_0 \cap F) \Rightarrow F) \cup ((a \cap F) \Rightarrow F) \subseteq w_2$$
$$((w_1 \cap T) \Rightarrow (a \cap F) \Rightarrow T) \cup ((w_1 \cap F) \Rightarrow F) \cup ((a \cap T) \Rightarrow F) \subseteq w_3$$

接下来是并联，有：

$$((w_2 \cap T) \Rightarrow T) \cup ((w_3 \cap T) \Rightarrow T) \cup ((w_2 \cap F) \Rightarrow (w_3 \cap F) \Rightarrow F) \subseteq w_4$$
$$w_4 \subseteq w_5$$

最后由线圈的语义得到：

$$((w_5 \cap T) \Rightarrow T) \cup ((w_5 \cap F) \Rightarrow F) \subseteq b$$

可以令 $T \subseteq a$，表示输入变量 A 的取值为任意值。对上述方程组求解，得到的结果为 $T \subseteq b$。这里就出现了由于抽象导致的上近似性问题，因此该问题的答案 $\{T\} \subseteq b$ 包含在方程组的解中。

这个问题是由于变量取值的抽象域、常闭触点和常开触点的语义中对输出能流取值的近似处理导致的。我们可以采用另一种办法：首先令 $\{T\} \subseteq a$，然后求解得到 $\{T\} \subseteq b$；再令 $\{F\} \subseteq a$，求解得到 $\{T\} \subseteq b$。由于已经把输入变量 A 的所有取值都遍历过，得到的 B 始终不变，因此可以认为输出变量 B 为常值。

5. Relay Race 问题

正常程序在固定输入下，输出变量值在不同扫描周期应当是相同的，如果不相同，则认为出现 Relay Race 问题。与输出变量常值问题不同，Relay Race 问题需要考虑多个连续的扫描周期才能发现。

如图 9-32 所示，示例程序中的变量 B 和 C 都是输出变量，程序没有输入变量。通过分析可知，B 和 C 的值会随扫描周期而变化，说明存在 Relay Race 问题。

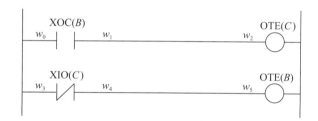

图 9-32　存在 Relay Race 问题的 LD 程序

同样可以生成方程式组如下（这里将已知值代入，进行了一些简化）：

$$\{T\} \subseteq w_0$$
$$((b \cap T) \Rightarrow T) \cup ((b \cap F) \Rightarrow F) \subseteq w_1$$
$$w_1 \subseteq w_2$$
$$((w_2 \cap T) \Rightarrow T) \cup ((w_2 \cap F) \Rightarrow F) \subseteq c$$
$$\{T\} \subseteq w_3$$
$$((c \cap F) \Rightarrow T) \cup ((c \cap T) \Rightarrow F) \subseteq w_4$$
$$w_4 \subseteq w_5$$
$$((w_5 \cap T) \Rightarrow T) \cup ((w_5 \cap F) \Rightarrow F) \subseteq b'$$

注意，这里变量 B 的取值用两个不同值来表示，代表不同语句执行后更新的值。

首先令 $\{T\} \subseteq b$，可以得到扫描周期结束后 $\{T\} \subseteq c, \{F\} \subseteq b'$，说明下一个扫描周期开始时 $\{F\} \subseteq b$，再代入并求解得到 $\{F\} \subseteq c, \{T\} \subseteq b'$。至此，说明变量 B 和 C 出现了 Relay Race 问题。更严格的证明可以进一步参考相关文献，此处不再赘述。

9.5 本章小结

本章聚焦安全防御前沿技术，从控制装备与软件平台、控制系统运行两个角度分析了系统安全技术，从逻辑组态存储、编译、传输、运行四个阶段介绍工程文件全生命周期安全技术，从基于水印认证机制的异常检测方法和基于 D-FACTS 的信息物理协同防御方法两个维度梳理结合业务行为的安全防护技术，并从控制逻辑代码安全审计角度给出了控制器安全技术。本章旨在介绍最新安全防御技术的设计、实现思想，为读者了解相关的研究方向提供帮助。

9.6 习题

1. 控制系统全生命周期包括哪些阶段？主要的安全增强技术有哪些？
2. 在流敏感分析中，如果用交集实现 merge 运算，结果会怎样？
3. 简述工程文件的生命周期，以及工程文件全生命周期保护技术在各个阶段采用的方法和保护效果。
4. 在工业控制系统中，为什么基于水印认证机制的异常检测方法能够检测数据注入攻击？
5. 前面章节中提到的水印是否属于一种信息物理协同防御手段？
6. 信息物理协同防御方法的本质思路是什么？

第 10 章

工业互联网安全技术应用与行业案例

工业互联网应用的加速发展依赖于多种促进因素,功能安全和信息安全是两个关键因素。很多厂商开始将安全视为工业互联网业务中不容忽视的部分,国内相关的研究机构和行业组织也将安全视为工业互联网体系的必要组成部分。然而,因为成本、复杂性以及资源因素等方面的限制,仍然有大量企业没有在工业互联网应用方案中充分考虑安全问题。

在本章中,我们将通过四个案例来着重介绍用于工业互联网关键基础设施和运行环境的安全策略。这些案例能够帮助我们从实际工作的角度了解保护工业互联网的思路和手段。

10.1 工业互联网设备系统安全案例

随着工业互联网的普及,传统、独立的工业控制系统迎来了互联互通的时代,以前不连接互联网的工业设备不得不面对各种网络安全问题。随着越来越多的设备被暴露在工业互联网上,组态软件可以方便地对这些控制设备进行数据采集和远程控制,从而不可避免地带来入侵风险。

前面已经对恶意软件 Triton 进行了介绍,它是针对工业控制系统中的安全仪表系统发起的网络攻击,会导致工厂停产等严重后果。下面通过分析这一恶意软件,深入探讨工业互联网中工业恶意软件给基础设备带来的安全隐患和影响。

10.1.1 工业恶意软件 Triton 攻击事件回顾

2017 年 8 月,一家石油天然气工厂的工业设备在正常工作时突然停止,原因是安全仪表系统根据判断停止了整个系统的运行,最终使整个工厂停止运行。这家公司随后检查连接到该系统的所有设备，以及控制系统的操作站及工程师站。最终在控制系统中发现一个奇怪的文件 trilog.exe。

技术人员最初认为这可能是软件的问题，于是向相关公司求助，彻查这个可疑文件。

经过技术人员的分析，攻击者利用恶意软件 Triton 进行的攻击以失败告终，但工厂的系统在监测到异常后进入故障安全模式，于是停止了设备的运行，没有造成实际的物理破坏。由于系统进入故障安全模式避免了灾难的产生，也限制了恶意软件 Triton 的实际破坏力。

美国国家网络安全和通信整合中心（NCCIC）首先发布了关于恶意软件 Triton 的分析报告。国内的工控安全研究公司分别从技术分析、防护方案、攻击过程等方面对 Triton 进行了研究，并发布了企业级安全解决方案，提出了针对工业互联网基础设备的安全防护规则及关键防护信息。

10.1.2 工业恶意软件 Triton 的原理

1. Triton 的特点

Triton 是针对安全仪表系统的恶意软件，有的安全公司也将其命名为 Trisis，国内部分安全公司将其称作"海渊"。由于安全仪表系统与工厂的工艺、技术程度、产品线有深度的联系，因此要了解恶意软件 Triton 的攻击过程，就需要了解工厂系统的特点。安全仪表系统用于维护每个生产工艺或者产品线的安全，只要安全仪表系统的安全功能不失效，就不会对工厂中的设备造成损害。

2. Triton 的攻击过程分析

恶意软件 Triton 属于攻击型病毒，它对 IT 环境没有任何作用或影响，但它会破坏 OT 网络，使 IT 业务数据无法在 OT 网络中传输。Triton 使用了一种访问 OT 网络的方法，一旦满足条件，Triton 即可入侵 OT 网络。

Triton 和震网病毒 Stuxnet 类似，具有控制实际设备的能力。Triton 使用公开可用的 py2.exe 编译器编译的 Python 脚本，可以在没有安装 Python 的机器或者设备上运行。大多数 ICS 环境，尤其是在 SIS 设备上通常没有安装 Python，因此给 Triton 带来了可乘之机。

恶意软件 Triton 的攻击流程如图 10-1 所示。

在攻击流程中，主要是识别并捕获环境中的工业控制系统，获取其访问权限并与环境中的目标 SIS 系统进行通信。

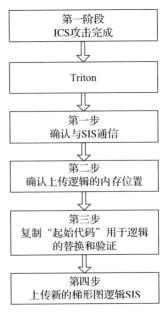

图 10-1 恶意软件 Triton 的攻击流程图

1）第一步：验证阶段。确定目标环境中 SIS 系统类型，并根据环境中的目标系统修正恶意病毒 Triton 的逻辑和加载器参数。

2）第二步：感染阶段。病毒伪装成日志分析软件，并加装恶意代码，识别并捕获内存适当位置，并验证与 SIS 通信上传的功能。

3）第三步：替换阶段。上传"起始代码"恶意代码，替换原有逻辑，并验证逻辑和数据的有效性。

4）第四步：执行阶段。将感染后的逻辑代码上传至环境中的 SIS 系统，等待触发条件的发生。

3. 恶意软件 Triton 的脚本分析

这里引用安天公司对 Triton 的技术分析内容进行介绍。通过对恶意软件的脚本分析，可以了解 Triton 如何与工业场景中的安全仪表信息进行通信与控制，为后续进行防御打下基础。

（1）通信过程分析

Triton 与安全仪表系统的通信主要依赖于 TsHi、TsBase、TsLow、Ts_cnames 等模块，这些模块提供了强大的远程连接、控制 Triconex 的代码。其关键函数是 connect 中的 detect_ip，它使用 TCP/1502 端口，如图 10-2 所示。

```python
def detect_ip(self):
    ip_list = set()
    bc_sock = None
    try:
        bc_sock = socket.socket(socket.AF_INET, socket.SOCK_DGRAM)
        bc_sock.setsockopt(socket.SOL_SOCKET, socket.SO_BROADCAST, 1)
        bc_sock.settimeout(0.25)
        TS_PORT = 1502
        ping_message = '\x06'
        close_message = '\x04'
        bc_sock.sendto(ping_message, ('255.255.255.255', TS_PORT))
        while True:
            try:
                data, addr = bc_sock.recvfrom(1024)
            except:
                break
            if data != ping_message:
                continue
            try:
                if addr[1] == TS_PORT:
                    ip_list.add(addr[0])
                    bc_sock.sendto(close_message, (addr[0], TS_PORT))
            except:
                continue
    except:
        print 'exception while detect ip'
```

图 10-2 detect_ip 函数

```
    if bc_sock != None:
        bc_sock.close()
    if len(ip_list) == 0:
        print 'no TCM found'
        return
    if len(ip_list) > 1:
        print 'more than one TCM found:'
        for ip in ip_list:
            print ip

    for ip in ip_list:
        return ip

    return
```

图 10-2 （续）

（2）上传功能分析

Triton 通过使用 SafeAppendProgramMod 函数上传 PresetStatusField，其中的关键代码是 script_code，这是被上传的代码。通过这段代码，可以控制目标设备的运行情况。如图 10-3 所示。

```
def PresetStatusField(TsApi, value):
    if len(value) != 4:
        return -1
    script_code = '\x80\████████████████████████ \x1c\x00\x82@\x04\x00b\x80`\x00\x80<@
    \x03|\x0c\x00\x82@\x█████████████████████x00\x01\x84`@
    \x02|\x18\x00\x80@\x█████████████ + ████████ + '\x80<' + value[0:2] +
    '\x84`\x00\x00\x82\x█████████████
    AppendResult = TsApi.SafeAppendProgramMod(script_code)    //上传PresetStatus
    if not AppendResult:
        return -1
    cp_info = TsApi.GetCpStatus()
    status = cp_info[40:44]
    if status != value:                                       //对比特定标识，判断是否可被入侵
        return 0
    return 1
```

图 10-3　PreseetStatusField 函数

（3）模块分析

Triton 构建了与 TriStation 通信的框架，其中包含 TsHi.py、TsBase.py、TsLow.py、Ts_cnames.py 等模块。除框架外，还包含一个 Script_test.py 脚本，此脚本使用 TriStation 通信框架连接到 Triton，并注入载荷。

Script_test.py 采用 TriStation 协议与设备进行通信，这个通信协议是未公开的私有协议。攻击者有可能通过对 TriStation 协议进行逆向分析而掌握与设备的通信能力。

Script_test.py 首先尝试与 Tricon 安全仪表系统进行通信。一旦寻找到目标，将上传 PresetStatus 判断此目标是否可进行攻击。如果判断目标可利用，将上传 inject.bin 和 imain.bin 这两个主要载荷，篡改图表，以达到破坏或监控目的。最后，上传无用代码覆盖载荷，消除入侵痕迹。Script_test.py 寻找目标的核心代码如图 10-4 所示。

```python
def detect_ip(self):
    ip_list = set()
    bc_sock = None
    try:
        bc_sock = socket.socket(socket.AF_INET, socket.SOCK_DGRAM)
        bc_sock.setsockopt(socket.SOL_SOCKET, socket.SO_BROADCAST, 1)
        bc_sock.settimeout(0.25)
        TS_PORT = 1502
        ping_message = '\x06█████████████'
        close_message = '\x04█████████████'
        bc_sock.sendto(ping_message, ('255.255.255.255', TS_PORT))
        while True:
            try:
                data, addr = bc_sock.recvfrom(1024)
            except:
                break
            if data != ping_message:
                continue
            try:
                if addr[1] == TS_PORT:
                    ip_list.add(addr[0])
                    bc_sock.sendto(close_message, (addr[0], TS_PORT))
            except:
                continue
    except:
        print 'exception while detect ip'

    if bc_sock != None:
        bc_sock.close()
    if len(ip_list) == 0:
        print 'no TCM found'
        return
    if len(ip_list) > 1:
        print 'more than one TCM found:'
        for ip in ip_list:
            print ip

    for ip in ip_list:
        return ip

    return
```

图 10-4 寻找 Triton 安全仪表系统代码

10.1.3 工业恶意软件的防护

1. 安全防护

恶意软件 Triton 是一种具有极大破坏性的网络病毒，这种病毒能够突破安全约束，攻击现实世界中正在运行的物理设备，并可能影响人身安全。这种病毒既有网络病毒的属性，又有破坏实际环境的能力，因此应该采用被动防御和主动防御相结合的方式。

1）OT 网络防护：恶意软件 Triton 可以在 OT 网络内传播与扫描，因此在 OT 网络中，应部署网络流量审计和防火墙等设备，在核心交换机处对网络流量进行监控，及时发现网络中的异常情况。在核心区域，应部署防火墙，以降低外来网络入侵的可能性。

2）IT 网络防护：目前，大部分工业恶意软件都是经过 IT 网络入侵到 OT 网络中的，因此 IT 网络的入侵防御机制至关重要。对于未知恶意软件，需加强主动防御能力，提高 0Day 漏洞的感知能力与预警能力。

3）安全意识：应提高企业全体员工的安全意识，对网络威胁和应变工作要形成常态化管理。工业互联网将各种信息孤岛、制造工艺、产业链条连接起来，网络将无处不在，网络威胁将更加隐蔽与危险，因此提高全体人员的安全意识是保障车间、企业乃至整个工业互联网安全运行的最基础、最有效的措施。

4）采用科学方法，提高安全防护能力：在工业互联网建设期间，就应该同步建设整体安全架构，建设安全可信的基础平台。在运维期间，应充分利用网络安全工具，降低网络安全威胁，提升设备运行时的抗干扰能力，保障企业的平稳、健康生产。

2. 工业恶意软件的发展趋势与防护

（1）工业恶意软件的专业性

以 Triton 为代表的恶意软件具有很强的专业性，针对不同的工业场景，恶意软件会涉及更多的专业知识，Triton 的代码量在工业恶意软件里不算多，对 Triton 分析后可以看出，攻击者既了解生产工艺、控制系统，还了解安全仪表系统对于生产工艺防护的专业知识。而分析人员具有不同程度的知识盲区。

工业安全防护人员在分析病毒、开发与防护措施的过程中，需要增加病毒运行相关场景的知识。例如，针对恶意软件 Triton，需要了解安全仪表系统，还需要了解炼油厂的安全紧急停车知识。在防护过程中，既不能影响现有系统的运行，又要在复杂的工艺流程中查找出病毒，这些都需要具备更多的知识以及对交叉领域的分析能力。

（2）工业恶意软件的复杂性

工业恶意软件目前朝着多元化、交叉叠加的趋势发展，如恶意软件 Triton 就结合了 Python 语言、PLC 语言以及 C 语言。这不仅加大了恶意软件的分析难度，也对安全分析人员的知识宽度与深度提出了更高要求。

安全分析人员在分析病毒样本的过程中，需要掌握更多的知识。应在不同编程语言之间准确找到病毒的核心关键特征，建立有效的安全规则，从而有效保护工业现场的运行安全。

（3）工业恶意软件的针对性

工业恶意软件的针对性越来越强，震网病毒主要攻击离心机的核心控制设备，Triton 则攻击控制系统的安全仪表系统。这种趋势表明，恶意软件针对工业控制系统安全核心，直击安全要害的趋势越发明显，工业控制系统的安全风险越来越高。

作为安全防护人员，要从基础的工艺运行环境出发，找到安全薄弱环境，加强整体安全防护水平。工业互联网时代将会有更多隐蔽、不易发觉的安全隐患。例如，工业互联网的边缘层具有复杂度高、形式多样、覆盖面广等特点，这些特殊场景会带来更加隐蔽、跨越不同专业、难以发现的网络安全问题。

10.2 工业互联网安全风险评估案例

本节以面向智能制造的工业互联网为背景,通过案例介绍风险评估的流程及方法,帮助读者更好地理解工业互联网的安全风险评估。

10.2.1 案例背景

某飞机制造公司(以下简称为 C 公司)是一家从事飞机和航空产品零部件研制、生产的工业企业。该公司为提升效率,加快信息化建设,设计、建设了工业互联网并投入使用,为公司的高质量发展奠定了良好的基础。为满足企业的安全需求,需对该公司的工业互联网安全进行一次全面评估,以便了解和评价企业安全现状、安全态势并量化风险,给出风险处置建议,为采取适当的安全防护措施将风险降低到可接受水平提供科学的支撑,也为后续的安全防御体系设计提供依据,从而保障公司各项业务正常运行。

10.2.2 风险评估的准备

- 确定项目目标:找出公司内信息安全管理制度的缺陷及系统目前存在的安全风险,提供风险评估报告,并依据该报告完善公司信息安全管理制度和工业互联网安全建设体系,提高核心系统的信息安全管理、保障能力。
- 项目评估范围:该公司有办公大楼及工厂,涉及研发、生产和销售业务。由于工业互联网建设主要涉及生产工厂部分,因此此次的评估范围为生产工厂。
- 项目评估业务系统:生产工厂涉及多种飞机机型的生产,由于直升机的生产制造是公司的主营业务,因此选择直升机制造业务系统进行评估。
- 项目评估对象:在此次评估过程中,由于时间、预算及生产排期等因素的限制,因此对关键环节及重要内容采取抽样评估的方式。抽样后的评估对象如下:12 个网络系统设备,抽样率 40%;2 台主机系统,抽样率 50%;2 套数据库系统,抽样率 100%;3 套应用系统,抽样率 40%;11 个安全管理目标。
- 组建项目团队:本次评估涉密等级较高,因此采用自评估的方式,评估项目团队成员如表 10-1 所示。

表 10-1 项目成员表

序号	成员	姓名	工作内容
1	项目经理	孙**	领导、组织评估项目工作
2	实施人员	钱**	确定风险计算模型、分析和讨论工作
3	企业管理层	张**	沟通、协调参与各方的相关事宜
4	现场人员	李**	相关基础数据的信息采集工作
5	第三方技术专家	赵**	提供评估过程中的专业技术咨询服务

- 现场工作内容：现场的工作内容包含项目启动会、系统与业务现场调查、信息资产调查统计、威胁调查统计、安全管理问卷的发放与回收、网络与信息系统评估信息获取、工厂物理环境现场勘察、系统漏洞扫描、系统运行状况核查。
- 评估工作内容：评估工作的内容包括战略、业务和资产评估，威胁评估，脆弱性评估，系统漏洞扫描结果分析，已有安全措施确认，编写评估报告。
- 评估方式：此次评估工作采取自评估方式，评估团队包含管理层、业务管理部门、相关业务骨干以及信息技术等相关人员。

10.2.3 要素识别

要素识别阶段的工作主要是对评估活动中的发展战略、业务、各类关键要素资产、威胁、脆弱性、安全措施进行识别与赋值。

1. 发展战略的识别

发展战略的识别是风险评估的重要环节。在此环节中，要根据战略推导出各业务的发展情况，为后续的业务识别做准备。识别发展战略的主要方法是对高管进行访谈，如通过对首席执行官和首席战略官进行访谈，了解公司相关战略部署，因为他们对公司的发展战略最为熟悉；对于战略包含的相关业务，则可以对负责相关战略落地的分管领导进行访谈。通过详细访谈，获取 C 公司的发展战略的相关信息，如表 10-2 所示。

表 10-2 发展战略识别表

序号	战略	相关业务部署
战略 S1	自主创新，发展壮大民族直升机品牌	- 自主研制直升机 - 自主生产直升机
战略 S2	推进军民融合，拓展通航应用空间与领域	- 组建通航公司 - 布局通航基地
战略 S3	提升运营服务能力	- 组建民机运营部 - 成立通用航空协会

2. 业务识别

完成发展战略识别后，通过对熟悉公司业务结构的业务人员及管理人员进行访谈，完成战略相关业务的识别和赋值工作。依据业务在战略中的重要性，可将业务分为五个等级，并赋予相应的权重。对于 C 公司而言，自主生产直升机业务在核心战略"自主创新，发展壮大民族直升机品牌"中极为关键，所以赋值为 5，其他业务的赋值以此类推。最终的业务识别表如表 10-3 所示。

3. 资产识别

完成发展战略识别及业务识别的工作后，选择在公司战略中处于关键地位的"自主生产直升机"业务作为重点评估对象,对该业务涉及的资产进行识别。

飞机机体制造要经过工艺准备、工艺装备制造、毛坯制备、零件加工、装配和检测等过程。在资产识别环节,主要通过查阅文档和资料,了解 C 公司直升机制造的工业互联网功能架构图,如图 10-5 所示。

表 10-3 业务识别表

序号	业务	内容	战略业务关联分析	业务重要性赋值
业务流 B1	自主生产直升机	由生产部门负责,提供直升机制造服务,涉及旋翼制造机床、尾浆制造机床、测试设备等	在战略 S1 中地位关键	5
业务流 B2	组建通航公司	由投资部门负责,提供投资服务	在战略 S2 中地位一般	3
业务流 B3	布局通航基地	由投资部门负责,提供通航基地建设服务	在战略 S2 中地位关键	4

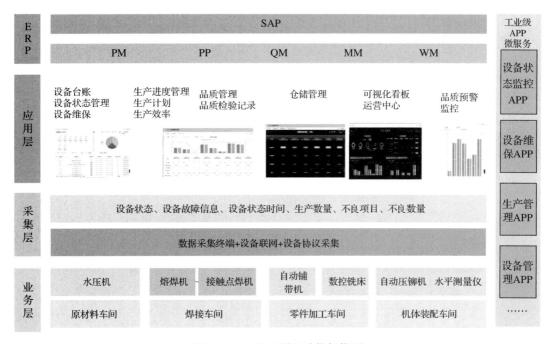

图 10-5 工业互联网功能架构图

1)业务层:包括原材料车间、焊接车间、零件加工车间和机体装配车间。原材料车间的工作是将飞机机体的大型锻件进行锻压成型,所用设备为巨型水压机;焊接车间的工作是对飞机机体的部件进行连接,使用熔焊机完成起落架、发动机架等钢制部件的连接,使用接触点焊机和滚焊机完成不锈钢和铝合金钣金件的连接;零件加工车间主要生产飞机钣金零件和大型整体结构件,例如,舱门中复合材料的加工需要用到自动铺带机,舱门的整体加工需要用到多坐标联动的数控铣床;机体装配车间按照构造特点分段进行机体的装配工作,首先将零件在型架中装配成翼梁、框、肋和壁板等构件,再将构件组合成部段(如机翼中段、前缘、机身前段、中段和尾段等),最后完成一架飞机的对接。其中,零件连接以铆钉连接为主,需用到自动压铆机。另外,在装配时还要确保飞机的对称性,所以需要水平测量仪进行检测。

2)采集层:每个生产车间都有一个智能数采终端,基于工业以太网、工业总线等通信协议和 4G 网络、NB-IoT 等无线通信协议将设备接入网络。由于网关负责采集加工参数、设备状态、故障分析与预警等实时数据,因此集成了多种采集协议,兼容 ModBus、OPC、CAN、Profibus 等工业通信协议和软件通信接口,能够实现数据格式的转换和统一。另一方面,基于网关的内置高性能芯片与处理系统能够对数据进行预处理,如提取设备状态、设备故障信息、设备状态信息、生产数量、不良数量等。之后,将这些数据从边缘侧传输到云端,实现数据的远程接入。

3)应用层:经过采集层预处理后的数据会存储到应用层的服务器,再经过应用层的模块对采集到的数据进行综合应用,实现设备生产信息的全方位监控与智能分析,建立车间级的数字化管理平台。此外,也可以通过应用 APP 来掌握设备生产以及状态信息。

根据表 7-2 所示的资产分类方法,我们将本例涉及的资产进行分类整理,结果如表 10-4 所示。

表 10-4 资产统计表

序号	业务类型	设备名称	资产编号	主机名	IP 地址	提供的服务	责任人
1	自主生产直升机	数控铣床	H088-001	DMG#1	10.230.X.3	零件加工服务	张**
2	自主生产直升机	工程师站	H088-002	Operator#1	10.230.X.5	设备状态监控服务	李**
3	自主生产直升机	数据服务器	H088-003	Data#1	10.230.X.7	数据分析服务	钱**
4	自主生产直升机	工业互联网平台	H088-004	Platform#1	10.230.X.8	生产管理服务	孙**
5	自主生产直升机	工业网关	H088-005	Router#1	10.230.X.9	品质管理服务	赵**

统计完资产后,应按重要性对资产进行赋值。如表 10-5 所示,业务重要性赋值取资产各相关业务重要性赋值的最高值。业务资产关联程度是计算的权重值之一,表示业务与资产的关联程度,关联程度越高,数值越大,最大值为 5。本例中,资产重要性的结果为业务重要值与业务资产关联程度的乘积、资产可靠性、资产完整性、资产保密性、资产可用性、隐私和数据保护性的平均值,最后的结果进行四舍五入。公式如下:资产重要性 =

(资产可靠性＋资产完整性＋资产保密性＋资产可用性＋隐私和数据保护性＋业务重要性*业务资产关联程度)/6。

在本例中，数控铣床的资产可靠性为3，资产完整性为3，资产保密性为4，资产可用性为2，隐私和数据保护性为3。因为该资产所属业务在战略识别及业务识别中已确定为关键业务，所以业务重要值为5。而且，数控铣床直接关系到原材料的加工，且暂时无替代设备，所以业务资产关联程度为1。照此方法，可以对所有资产进行识别并赋值，最终结果如表10-5所示。

表10-5 资产识别表

序号	资产	所属业务	资产可靠性	资产完整性	资产保密性	资产可用性	隐私和数据保护性	业务重要值	业务资产关联程度	资产重要性赋值
1	数控铣床	自主生产直升机	3	3	4	2	3	5	1	3
2	工程师站	自主生产直升机	2	3	1	2	2	5	0.5	2
3	数据库服务器	自主生产直升机	4	3	3	5	2	5	0.8	4
4	工业互联网平台	自主生产直升机	2	2	3	4	3	5	0.8	3
5	工业网关	自主生产直升机	3	4	2	4	2	5	0.7	3

4. 威胁识别

C公司的威胁来源主要涉及人为因素和环境因素。可参照表7-6，通过访谈和查阅资料等方式对威胁进行分类。其中，威胁可能性是根据威胁动机、威胁能力以及威胁频率三者进行加权赋值的。在本例中，我们使用以下公式：威胁可能性=(威胁动机+威胁能力+威胁频率)/3，并对结果四舍五入；威胁计算值=(业务重要性+威胁可能性)/2，并对结果四舍五入。

自主生产直升机在C公司的发展战略中具有关键地位，该业务受到破坏后会造成重大的经济损失。该业务可能受到的威胁包括地震、数据窃取、工业网关方面的故障等。以地震为例，一旦发生地震，业务运行及业务流程都会被中断，因此威胁动机赋值为5；地震可导致信息系统或基础设施被破坏，影响业务功能、程序等方面，因此威胁能力赋值为5；通过对以往安全事件报告中出现的威胁及其频率的统计，并结合实际环境的监测数据，C公司所处位置属于地震高发区，所以威胁频率赋值为4。通过公式可计算出地震威胁的可能性=(5+5+4)/3=4.6，四舍五入后取值为5，表示地震威胁发生的可能性极大。同理，计算出地震的威胁计算值=(5+5)/2=5。照此方法，可以对所有威胁进行识别并赋值，结果如表10-6所示。

表 10-6 威胁识别表

业务	业务重要性	可能影响的资产	威胁	威胁动机赋值	威胁能力赋值	威胁频率赋值	威胁可能性赋值	威胁计算值
自主生产直升机	5	数控铣床	地震	5	5	4	5	5
自主生产直升机	5	工业互联网平台	数据窃取	3	5	2	3	4
自主生产直升机	5	网络故障	工业网关	3	4	1	3	4

列出所有威胁来源并进行赋值后，对这些威胁进行统计，方便后续的风险分析。
- 威胁统计分析：2 大类威胁（环境、网络攻击），9 类威胁子项。
- 设备：7 个高威胁，3 个中等威胁，2 个低威胁，1 个很低威胁。
- 控制：5 个高威胁，4 个低威胁，3 个很低威胁。
- 网络：2 个很高威胁，1 个高威胁，2 个中等威胁，4 个低威胁，3 个很低威胁。
- 应用：2 个中等威胁，2 个低威胁，2 个很低威胁。
- 数据：1 个很高威胁，2 个高威胁，2 个中等威胁，3 个很低威胁。

5. 脆弱性识别

脆弱性识别包括技术脆弱性识别和管理脆弱性识别，主要采用现场技术检查、调查问卷和访谈的方式进行。脆弱点可参照相关的国际/国家标准，也可参照 7.4.6 节中的标准列表。对于本例，由于数控铣床本身存在系统漏洞，该漏洞的可利用性较高，一旦遭受网络攻击，将对自主生产直升机业务和数控铣床造成一定损害，所以其脆弱性赋值为 3（脆弱性分级可参照 7.4.6 节的内容）。按照这种方法，可以对所有资产的脆弱性进行识别并赋值，结果如表 10-7 所示。

表 10-7 脆弱性识别表

类型	评估对象	威胁	脆弱性	赋值
技术脆弱性	数控铣床	网络攻击	系统漏洞	3
	工程师站	篡改	未及时更新补丁	3
	Modbus 协议	泄密	协议未加密	2
	APP 微服务	供应链问题	APP 未进行多因素认证	3
	设备生产数据	数据残留	云计算平台数据无法验证是否完全删除	4
管理脆弱性	物理安全	地震	设备暂无防震措施	5
	管理制度	管理不到位	管理制度和策略不完善	4

列出所有资产的脆弱性并赋值后,对其进行统计,以方便后续的风险分析。分析结果如下:
- 设备:2个高脆弱性,3个中等脆弱性,2个低脆弱性,1个很低脆弱性。
- 控制:5个高脆弱性,5个低脆弱性,3个很低脆弱性。
- 网络:1个高脆弱性,2个中等脆弱性,4个低脆弱性,3个很低脆弱性。
- 应用:2个中等脆弱性,2个低脆弱性,1个很低脆弱性。
- 数据:2个高脆弱性,2个中等脆弱性,4个很低脆弱性。

10.2.4 脆弱性和已有安全措施的关联分析

在完成威胁及脆弱性识别后,还应以威胁为核心识别已有安全措施,对已有安全措施进行有效性评估,确认其是否能真正抵御威胁,降低系统的脆弱性。在表10-8所示的脆弱性识别表中,APP微服务存在未进行多因素认证的脆弱性,通过分析确认绑定移动终端IMEI是安全有效的,所以其脆弱性数值从原先的3降低为0。照此方法,可以对所有资产的脆弱性和已有安全措施进行关联分析,最后得到已有安全措施的脆弱性赋值,如表10-8所示。

表 10-8 脆弱性识别表

类型	评估对象	脆弱性		已有安全措施		已有安全措施的脆弱性	
		脆弱性	赋值	安全措施	作用方式	安全措施后的脆弱性	赋值
技术脆弱性	数控铣床	系统漏洞	3	无	无	系统漏洞	3
	工程师站	未及时更新补丁	3	配置操作系统防火墙	降低	通过技术检测验证防火墙未起到作用	3
	Modbus协议	协议未加密	2	无	无	协议未加密	2
	APP微服务	APP未进行多因素认证	3	绑定移动终端IMEI	消除	无	0
	设备生产数据	云计算平台数据无法验证是否完全删除	4	引入数据安全管理工具	增加	通过技术检测发现原先的脆弱性未消除,并引进了新的漏洞	5
管理脆弱性	物理安全	设备无防震措施	5	加装防震设备	降低	设备具有一定防震能力,能够抵抗中震,无法抵抗强震	2
	管理制度	管理制度和策略不完善	4	制定对应的制度及策略	降低	尚存在一些管理制度的脆弱性	2

10.2.5 计算风险

完成了业务识别、资产识别、威胁识别、脆弱性识别,并对已有安全措施进行确认后,接下来应采用适当的方法与工具确定利用脆弱性导致安全事件发生的可能性。根据安全事件所影响的资产的价值及脆弱性的严重程度,综合判断安全事件造成的损失对组织的影响,即安全风险。

1. 计算威胁

首先需要计算威胁值,在表10-6中已计算出威胁值,可直接引用。从中可知,数控铣床面临地震威胁的可能性赋值为5。

2. 计算安全事件发生的可能性

根据前面的评估可知,数控铣床面临地震威胁的可能性赋值为5。根据表10-8脆弱性识别表可知,数控铣床的脆弱性严重程度为3。我们根据这些数据构建安全事件发生可能性矩阵,结果如表10-9所示。根据矩阵所示的威胁发生频率值和脆弱性严重程度值,确定地震这一安全事件发生的可能性值为12。

表10-9　安全事件发生可能性矩阵

指标	脆弱性严重程度	1	2	3	4	5
威胁可能性	1	2	4	7	11	14
	2	3	6	10	13	17
	3	5	9	12	16	20
	4	7	11	14	18	22
	5	8	12	17	20	25

由于安全事件发生可能性将参与风险事件值的计算,为了构建风险矩阵,将上述计算得到的安全风险事件发生可能性划分为5级,如表10-10所示。因为前面计算得到的地震的安全事件发生可能性为12,所以安全事件发生可能性等级为3。

表10-10　安全事件可能性等级矩阵

安全事件发生可能性值	1～5	6～11	12～16	17～21	22～25
发生可能性等级	1	2	3	4	5

3. 计算安全损失

安全事件损失矩阵如表10-11所示。根据表10-5可知,数控铣床的资产重要性为3,根据表10-7可知数控铣床的脆弱性严重程度为3,再根据表10-11的矩阵可确定数控铣床的安全事件损失值为11。

构建安全事件损失等级矩阵对上述安全事件损失值进行等级划分,如表10-12所示。数控铣床的安全事件损失值为11,所以安全事件损失等级为3。

表 10-11 安全事件损失矩阵

指标	脆弱性严重程度	1	2	3	4	5
资产价值	1	2	4	6	10	13
	2	3	5	9	12	16
	3	4	7	11	15	20
	4	5	8	14	19	22
	5	6	10	16	21	25

表 10-12 安全事件损失等级矩阵

安全事件损失值	1～5	6～10	11～15	16～20	21～25
安全事件损失等级	1	2	3	4	5

4. 计算风险值

构建风险矩阵，如表 10-13 所示。已知数控铣床的安全事件发生可能性等级为 3，安全事件损失等级为 3，对照表 10-13 所示的矩阵，可确定数控铣床的安全事件风险为 13。

表 10-13 风险矩阵

指标	可能性	1	2	3	4	5
损失	1	3	6	9	12	16
	2	5	8	11	15	18
	3	6	9	13	17	21
	4	7	11	16	20	23
	5	9	14	20	23	25

以此类推，可根据表 10-4 针对资产统计表计算风险值，结果如表 10-14 所示。后续可参照此方法对 C 公司抽检的资产进行风险值计算。

表 10-14 风险值列表

序 号	资 产	风 险 值
1	数控机床	14
2	工程师站	9
3	数控铣床	16
4	工业互联网平台	11
5	工业网关	15

5. 风险结果判定

计算资产风险后，需将已计算的风险值进行等级划分，通常划分为五个区间。为更好地对已计算风险值进行区分，区间最大值应四舍五入。例如，已计算风险最大值是16，那么区间最大值取20。将1~20平均分为五个区间，即可得到风险等级划分表10-15。

表10-15 风险等级划分表

风险值范围	1~4	5~8	9~12	13~16	17~20
风险等级	1	2	3	4	5
	很低	低	中等	高	很高

将表10-14中的风险值依据表10-15进行等级划分，可以得到资产安全风险等级表，如表10-16所示。

表10-16 资产安全风险等级

序号	资产	风险值	风险等级	等级标识
1	数控机床	14	高	4
2	工程师站	9	中等	3
3	数控铣床	16	高	4
4	工业互联网平台	11	中等	3
5	工业网关	15	高	4

10.2.6 风险评估建议

从表10-16资产安全风险等级表可以看出，C公司的工业互联网安全状况比较差，最高级别的安全风险占比超过40%，且为公司的主营业务，公司整体的安全风险级别为"高"。

通过风险评估和分析可以看出，C公司的管理制度不完善，对于外部的威胁没有采取足够的安全防护措施，工业互联网中的数据与网络都缺乏有效的安全技术保障手段。C公司应加强安全管理制度，完善针对工业互联网的安全技术措施。

通过这个案例，读者能够了解工业互联网安全风险评估的过程。工业互联网属于关键基础设施范畴，所以在战略识别及业务识别中，应更关注其对国家安全的影响。工业互联网资产的安全属性，除了传统的保密性、完整性、可用性外，还有可靠性、隐私和数据保护性两方面，在进行相关分析及赋值时，需要留意这些安全属性。工业互联网安全风险评估是工业互联网安全体系的重要组成部分，也是建立工业互联网安全体系的基础和前提。

10.3 智能制造行业安全技术防护建设案例

本节将以某工厂的工控系统安全体系建设为例,介绍如何对一个具体的业务系统进行网络安全风险分析,以及如何基于风险评估的结论,从安全设计规划、安全运营与响应、安全测试与评估等各方面建设安全防护体系。

10.3.1 案例背景

智能制造应用的发展推动了企业 IT 和 OT 的融合,工业控制系统从封闭走向开放,面临更加复杂的信息安全威胁。本案例基于工厂的物流自动化系统进行讨论。

物流自动化系统主要由上位监控计算机、网络交换机、PLC 组成。比较先进的企业会配置相应的 APP 和云应用平台,相关系统通过网络交换机与数据中心进行链接以实现数据传输,系统拓扑如图 10-6 所示。本例中的安全防护建设就是基于现有的物流自动化系统,参照相关行业标准进行安全防护体系的建设工作。

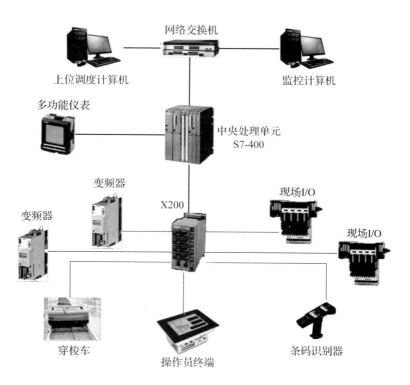

图 10-6 物流自动化系统网络拓扑图

10.3.2 方案实现

本例采取"分级分域、整体保护、积极预防、动态管理"的总体策略。首先,对物流自动化系统进行风险评估,掌握系统的风险现状。然后,基于风险状况设计相应的安全升级加固和整改措施,例如通过隔离管理网和生产网确保生产网不会引入来自管理网风险,保证生产网边界的安全;在车间内部,工控系统采取监测、防护措施,保证车间内部安全等。最后,将各个防护点组成一个完整的技术防护体系,保障物流自动化系统安全、稳定运行。

1. 安全测试与评估

通过风险评估和渗透测试能够准确了解工控网络系统的安全现状,详细掌握工控系统的威胁和风险。这项工作从云平台、应用、网络、上位机、下位机几个层面展开,并对合规、组织与人员、风险管理、安全策略、业务连续性等方面进行评估,发现存在如下技术风险:

1)管理网和生产网直接互联。
2)网络访问关系没有审计措施。
3)工控设备存在已知漏洞和风险。
4)设备采用的工业协议未进行安全加固。
5)缺乏统一监控管理的措施。

以上风险的优先级和量化数据如表 10-17 所示。

表 10-17 技术风险值

序　号	风　　险	风险值
1	管理网和生产网直接互联	24
2	网络访问关系没有审计措施	18
3	工控设备存在已知漏洞风险	10
4	设备采用的工业协议未进行安全加固	10
5	缺乏统一监控管理的措施	16

2. 安全设计与规划

根据企业的安全需求和风险评估结果,结合 P2DR 模型等安全理念,通过设计可行的措施,可以提升工业控制系统的安全管理和防护水平。企业的安全需求一般来源于本企业的合规要求和业务需要,风险评估结果一般来源于通过风险评估和渗透测试了解的系统安全现状,包括面临的威胁和风险等。然后,选择相应的技术、管理方案进行有针对性的安全设计与规划工作。

（1）建设目标

本案例的目标是建设具有威胁检测能力、威胁防御能力、威胁响应能力的安全保障体系，实现对安全事件"预警、检测、响应"的动态防御，即能够在攻击发生前进行有效预警和防护，在攻击发生时进行有效的攻击检测，在攻击后能快速定位故障，进行有效响应，从而避免损失，实现网络安全的闭环管理。

（2）建设依据

依据的政策法规、标准、文件主要有：

- 中华人民共和国网络安全法
- 等级保护标准体系 2.0
- 烟草行业应对网络安全攻击基本防护措施
- 关键信息基础设施安全保护条例（征求意见稿）
- 关于深化"互联网＋先进制造业"发展工业互联网的指导意见
- 关于加强工业控制系统信息安全管理的通知
- 工业控制系统信息安全防护指南
- 工业控制系统信息安全行动计划（2018—2020 年）
- YC/T 453-2012 烟草行业信息安全体系建设规范
- YC/T 389-2011 烟草行业信息系统安全等级保护与信息安全事件的定级准则
- YC/T 494-2014 烟草工业企业工控网与管理网网络互联安全规范
- GB/T 26333-2010 工业控制网络安全风险评估规范
- GB/T 30976.1-2014—工业控制系统信息安全 第 1 部分：评估规范
- GB/T 30976.2-2014—工业控制系统信息安全 第 2 部分：验收规范

（3）设计理念

本例中的安全技术防护体系设计借鉴了 P2DR 安全模型，从"策略""检测""响应""恢复"四个环节进行安全防护能力设计。下面重点对后三个环节进行说明。

1）检测环节：该环节是响应环节的依据，通过持续地监测系统环境的安全状态，发现业务运行过程中的威胁和脆弱性。一般需要实现针对系统日志、业务流量、入侵行为、漏洞状态、恶意代码、边界过滤状态、资产状态等维度的信息检测手段。这些要求可通过以下技术或产品来实现：安全审计技术、入侵防御技术、漏洞扫描技术、防病毒技术、终端管理系统、安全管理平台等。

2）响应环节：在该环节，一旦遭遇入侵即迅速采取系统响应措施，实现安全事件的有效处置。这里需要定位技术、拦截技术、冗余技术以及管理要求中的网络安全管理、系统安全管理、沟通与合作、安全事件处置、应急预案管理等措施协同完成。这些要求可通过以下技术或产品来实现：安全审计系统、网络运维管理系统，并结合安全管理要求的专业技术支持服务和应急响应服务等来实现。

3）恢复环节：数据安全层面的备份和恢复中的冗余设计、数据备份、异地灾备等保证信息系统可以及时恢复运行。其中，备份包括数据级备份和系统级备份。另外，对信息系统的保护还需要考虑成本与价值的关系，由于低级别的信息系统重要程度较低，投入的保护成本也应较低，因此，信息系统从低级到高级的安全保护要求依次提高。

（4）建设内容

主要建设内容包括工业防火墙、工控主机安全防护、工控网络安全监测与分析。

3. 安全防护措施的部署

1）工业防火墙：部署工业防火墙，防范 DDoS 攻击和越权访问。

2）工控主机安全防护：在各上位监控计算机、操作员站上部署工控主机安全防护措施、配备安全 U 盘。除物流自动化系统相关业务系统之外，禁止使用其他非授权软件，确保整个物流自动化环节的安全可控。

3）工控网络安全监测与分析：在物流自动化各环节的网络交换机上旁路部署监测与分析系统，对工业网络的数据流量、网络会话、攻击威胁行为做全面审计，便于事后追踪和溯源。汇聚多点工业安全监测与系统数据，以及工业主机防护的资产、脆弱性、威胁告警、工控系统异常告警等数据，提供工控系统整体安全视图，协助工业安全运营人员进行应急处置。

4. 安全运营与响应

1）安全威胁分析：定期梳理已经采集到的流量日志信息，对隐藏在流量中的攻击行为、失陷信息进行挖掘，并结合"安全大脑"数据为客户提供对高级威胁告警的深入分析与判定。

2）应急响应：通过制定应急响应管理流程、响应指标与损失量化指标等安全规范与标准，对安全事件进行应急处置和溯源，维护和保障业务安全运行。

3）灾备与恢复：包括灾备架构整体规划设计以及灾备演练方案规划与实施，编写灾备业务连续性计划、风险分析报告、业务连续性分析报告等方案，发生安全事件时指导灾备中心应急处置，对受损系统和业务进行恢复等。

建设后的安全拓扑示意如图 10-7 所示。

10.3.3 案例结论

在本例中，我们对工厂的网络安全风险进行了分析、评估、识别出当前面临的威胁和风险，针对这些可能存在的问题，设计、选择、部署了合适的安全措施，添加合理的安全配置策略，整改安全管理制度，进而提升整个工厂物流自动化系统安全运营与响应水平。这个案例展现了一个企业系统进行安全咨询诊断后，从设计、整改、建设到运营的一个完整流程，这是大多数工业互联网安全从业人员应该掌握的核心能力和工作方法。

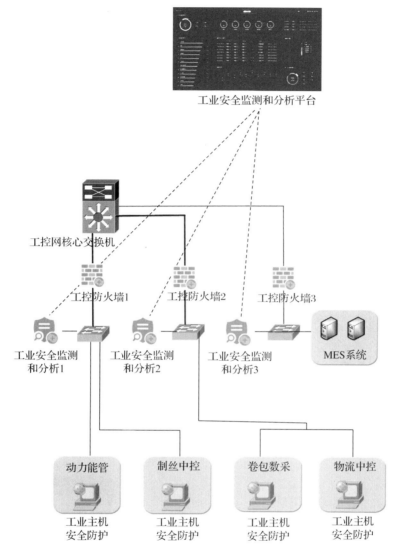

图 10-7 安全拓扑示意图

10.4 工业系统应急响应取证安全案例

工业系统一旦遇到安全事故,首先要做的就是快速进行应急响应工作。以往的应急响应工作主要针对生产事故,现在针对 IT、OT 和 CT 环境中各类系统的应急处置、数据分析还原、取证工作越来越多。本节通过一个工业系统安全事故中的应急响应取证案例,帮助大家更好地了解工业互联网发生安全事件后,应采取的措施以及如何取证。

10.4.1 案例背景

在一个有 12 个风力涡轮机的农场中，一个 70 米高的风力涡轮机机舱突然着火，现场如图 10-8 所示。我们要针对这次事故进行应急响应调查，大家可以通过这个案例熟悉基于 PLC 内部易失性存储器的工业控制系统取证知识。

图 10-8 事故现场照片

10.4.2 取证过程

1. 现场保护

在这次火灾中，涡轮机机舱里的电子设备损坏严重，唯一完好无损的装置是水轮机塔内的地面控制器。在火灾事故发生后，此控制器被从水轮机底座上取下，如图 10-9 所示。

现场调查人员到达现场后，并没有启动地面控制器，因为如果没有在正确连接状态下启动设备，可能导致设备生成错误的消息，从而覆盖原先存储在控制器内部关于此次安全事故的日志信息。

因为现场已经没有电力，经过现场检查确认，连接到地面控制器的电池组包含两个 1.5V 电池，为控制器 RAM 提供 3V 的电源。这就成为能否获取此次事故有效线索信息的关键。通过万用表等测量仪器进行现场测量

图 10-9 地面控制器前面板

发现，当时电池电量已经下降到 2.2V，无法确定所有 RAM 数据是否保存完好。

在这种情况下，应急处置人员没有打开现有的设备电池盒，而是在外部新增了两个额外的电池组支架以及新电池，与原来的两节电池进行并联，如图 10-10 所示。这样可以确保一旦原先的电池出现电压下降的情况，新增的电池组可以直接接替原先的电池组继续提供电能，确保 RAM 数据不丢失。而且，这样可以保证调查机构和 PLC 控制器的风力发电机制造商等能够使用同规格、型号的地面控制器安全地替换此事故控制器，然后对事故控制器做进一步的安全分析。

2. 证据识别与收集

在数据收集阶段，需要从原先的设备控制器中复制 RAM 内存数据。由于没有专用的嵌入式系统环境取证手段，也不能保证可靠和安全性，因此收集取证数据使用的是风力涡轮机制造商提供的软件和硬件。首先，在同一厂家的另一个地面控制器上测试软件，测试成功后，再对被毁坏风机的地面控制器进行同样的测试。

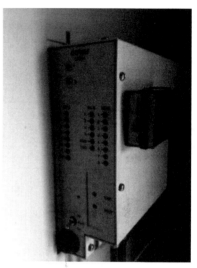

图 10-10 并联的电池组

硬件接口采用通过串口到红外的转换器进行转接，如图 10-11 所示。将其连接到地面控制器，并配置地面控制器的串口连接参数，然后从地面控制器成功下载了内部配置信息、日志文件、系统日志、业务记录和警报日志，包括事故发生期间的相关日志。2.2V 的电池保证了这台控制器中 RAM 的数据内容没有被破坏。唯一发生了覆盖行为的是证据采集正常启动时涉及的日志文件。在启动两个地面控制器时，使用实时 DCF 时钟检查系统时间，以确定地面控制器的系统时间是否存在差异（而且是实时的）。准确地知晓日志文件中记录的时间与实际时间的误差，对于后续进行取证分析是非常重要的。要做到这一点，可以借助便携的 DCF 电波钟实现（参见表 10-18）。

图 10-11 串口红外转换器

电波钟就是用无线电信号控制普通的振荡器，使振荡器达到与原子钟一样的效果。电波钟接收无线时间编码信号并同步到协调世界时（UTC）。电波钟内部拥有一个无线接收装置，这个装置能够接收来自原子钟的无线电时间信号，晶体振荡器的频率用接收到的无线电时间信号约束。这里的 DCF 电波钟就是使用 DCF（Distributed Coordination Function）控制器实现的电波钟。

表 10-18 通过 DCF 时钟测量的时间误差

地面控制器	时间控制器	DCF 时钟时间	误差
15190(turbine 12)	12-12-2013　10：48：05	12-12-2013　10：23：47	00：24：18
15183(turbine 2)	12-12-2013　11：07：01	12-12-2013　10：42：42	00：24：19

在成功地下载所有配置和日志文件后，对下载的文件计算 SHA-256 散列值，以便在稍后的取证分析过程中验证保存的数据集是否被更改。

3. 数据分析和呈现

在成功地从地面控制器下载了所有重要的文件后，首先查看相关日志文件，这里用到的是厂商的配套软件。风力涡轮机制造商的软件有一个专门选项，可以将文件保存为 xml 文件，从而方便地读取其中的内容。因为这个日志文件中的时间和日期不是实时的，所以必须转换所有的相对时间，包括在启动期间测量的差值和使用 DCF 电波时钟进行检查。

除了控制器自身导出的数据日志外，还需要对被摧毁的水轮机地面控制器进行研究，通过检查涡轮机外的其他数字证据来源可以找到更全面的线索。其中一个重要的数据来源就是与此控制器连接的 SCADA 服务器。这台服务器是一台小型的电脑工业控制主机，运行的是比较古老的 MS-DOS 操作系统。接下来，使用的就是针对主机系统的传统电子数据取证方法，用一个硬盘只读锁和取证软件 FTK-imager 制作了 SCADA 服务器硬盘的取证副本。这个 SCADA 服务主要用于创建事件、度量和警报的报告。经过数据还原分析，发现其中一个事件（如图 10-12 所示），这是一封来自 SCADA 服务器发出的警报邮件。

电子数据证据的另一个重要来源是网络运营商。网格操作员能够提供事件发生前后此系统所处网络环境的网格信息，并从网格中生成一个时间样本为 10 秒的数据报告，如图 10-13 所示。

10.4.3 案例结论

在实际应急响应取证工作中，尤其是在工业网络环境中，对于现场环境的保护格外重要，现场环境保护、电源保护和数据保护都是后续进行证据采集和数据分析的基础和前提。针对嵌入式工业控制设备（PLC、RTU 等）、网络设备（交换机、路由器等）、物联网设备（摄像头等）、智能设备（机器人、无人机等），在证据采集阶段主要收集两类数据：

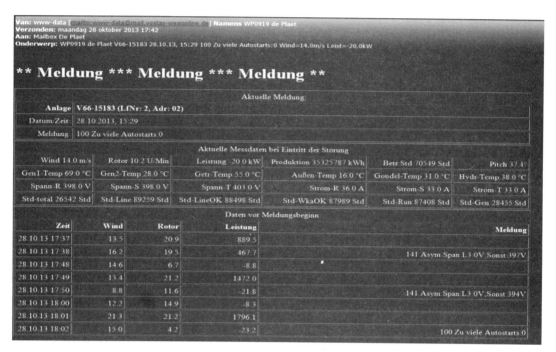

图 10-12 SCADA 发出的邮件信息

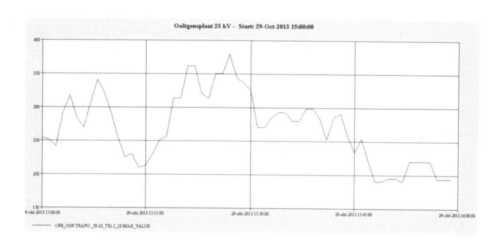

图 10-13 事件发生期间的网格数据概要

1）物理数据：主要包括设备的描述信息、识别信息（制造商、序列号、版本号等）、连接状态（串口、USB 和以太网等）、前后面板的状态灯、能耗、温度、湿度等。

2）电子数据：主要包括运行中的配置（包括用户账号）、最后一次正常运行的配置、运行中的固件和认可的固件、CPU 和存储器的占用情况、正在运行的进程和程序、活动端口（串口、USB、以太网等）、日志（安全、系统）、内存转储等。

另外，除了系统自身以外，还要全面分析此系统关联的外部环境，比如案例中的 SCADA 系统、运营商网络的监控数据等。

其实从技术层面上来说，数据分析工作并没有那么复杂，很多工作与传统的电子数据取证工作类似，但需要更多地了解业务情况、分析异常行为原因，这需要与业务人员、厂商等进行充分沟通，而不能仅从表面数据分析得出结论。

相比传统的电子数据取证，针对工业系统进行取证不仅是为了找到与网络犯罪活动相关的证据，大多数调查其实都与安全事故相关，比如系统发生火灾或爆炸。这就像我们在进行数据包协议分析的时候，不仅是为了找到威胁入侵，更是要寻找导致网络异常的故障原因，更好地进行优化分析工作。所以如果参与这类调查，就应该了解工业系统的工作方式及其业务特性。

工业系统的应急响应取证技术是防范网络犯罪的重要手段。特别是，工业系统具有网络业务规律相对固定、便于预测的特点，在事后调查中，这种可预测性会带来很大的帮助。只要有可靠的历史数据和经验源，就能很好地实现事后的应急响应追溯工作。这些数据包括历史数据、pcap、防火墙日志文件、SCADA 系统等。另外，安装了相同工业控制系统的其他站点也可以作为良好的参考模型。这里的技术思想核心就是 8.3.3 节提到的计算机免疫技术。

10.5 本章小结

在本章中分析了四个工业互联网安全案例。第一个案例从安全厂商和研发人员的角度，介绍了工业恶意代码的机理和应对措施。第二个案例从安全咨询和测试评估人员的角度，介绍了一个典型的工业互联网场景下进行安全风险评估的过程和方法，分享了许多操作性非常强的实用经验。第三个案例从安全体系规划和建设人员的角度，介绍了针对工业制造行业进行安全体系整改和建设的规划、设计方法，以及相关技术、产品、框架模型的应用思路。第四个案例从安全运营和应急响应人员的角度，介绍了工业控制环境中的应急处置工作过程和注意事项，并说明了针对工业控制器的取证技术。

10.6 习题

1. 工业互联网安全工作的主要参与者，除了厂商、咨询、建设、运营四类角色之外，还有哪几类角色是本章案例中没有涉及的？
2. 类比工业互联网恶意代码安全的案例，针对 5.3.1 节提到的攻击模式，从厂商和开发者的角度思考有哪些处理方法。
3. 参照工业互联网安全风险评估案例，结合业务背景，针对此案例中的 C 系统进行一次完整的资产识别、威胁识别、脆弱性识别、安全措施确认和风险值计算分级的实践。

4. 参照智能制造行业安全体系建设案例，请运用本书第4章的知识，分别使用 STRIDE 和 KillChain 模型进行威胁建模工作，说明此案例使用方式存在哪些不足。
5. 如果发生安全事件后，在工控设备没有电源环境和备用电池的情况下，我们可以采用哪些方法实现针对工业安全事件的现场取证工作？

后 记

1940年，维纳关于防空预测器的项目获批，当时项目经费是2300美元。六年后，控制论领域的里程碑著作 Cybernetics 出版，其副标题是"关于动物和机器的控制与通信"。该书将人类背景下的思维与工程背景下的控制和通信放在一个主题之下，希望发现自动机器功能以及人类神经系统的共性要素，从而发展一套覆盖整个机器以及生物体控制和通信领域的新理论。虽然当时原始的计算系统和通信设备没能立刻将人机交互的设计愿景付诸实现，但控制论在多个不同科学领域持续引发共鸣。

此后的半个多世纪里，数字化和网络化快速而深刻地改变了工业生产和人类生活。我们目睹了人－机－物在不同层面的闭环反馈逐渐形成，信息空间与物理空间因深入交织作用而变得界限日益模糊。有意思的是，目前计算机一方面已经聪明强大到可以在一些领域战胜人类，另一方面又可能愚蠢脆弱到被少年攻破。随着越来越多控制系统的接入，网络空间的疆域向工业延伸，电力、石化、冶金、制造等国家关键基础设施悄然被"电子珍珠港"的幽灵所笼罩。在这样一个潜在的"新战场"上，我们是否需要预测可能新的"弹道轨迹"？

工业互联网正处于持续深入的发展阶段，对工业互联网安全理论和技术的探索也方兴未艾。工业互联网"变""融""新"的特征，加之信息安全、功能安全和物理安全威胁的相互渗透、交织作用，使工业互联网安全面临巨大的挑战。本书从目前公认的工业互联网参考体系出发，从系统的视角分析特性，探究安全问题根源，沿着"威胁分析—安全检测—体系防御"的主线整理、组织内容，暗合了"建模—量测—执行"的闭环反馈思路。本书内容的多视角选择颇具安全特色，重点关注的信息物理融合威胁也是工业互联网安全有别于传统网络安全的独特之处。工业互联网尚处于成长期，安全理论和技术还在持续发展，由于编者知识有限，难免挂一漏万，诚挚地欢迎大家提出宝贵的反馈意见，帮助我们不断迭代和完善书中的内容。

本书的编写源于2019年8月魏强老师的一个电话，随后大家便义无反顾地投入到这项重要工作中。衷心地感谢本书的合作者魏强老师、王文海老师；感谢360安全人才能力发展中心的那东旭、王志威、周家豪、张记卫，浙江大学的王孟志、王竟亦、张镇勇、汪京培、方崇荣、朱舜恺、左可、王子琛、王坤、谢一松、孟捷、张景岳、徐伟伟、易畅，信息工程大学的谢耀滨、麻荣宽、耿洋洋、王红敏、刘可、杨亚辉、冯昭阳等人在本书编写过程中投入的大量精力;感谢腾讯公司科恩实验室、郑州埃文公司对书稿的倾力支持。即使是在2020年年初只能通过网络会议平台讨论,大家也依然不舍昼夜,保持了高质量、高频度的讨论更新。感谢360安全人才能力发展中心姜思红、何宛馨、杨莹帮助把控进度,使书稿得以按时完成,也感谢机械工业出版社编辑朱劼为书稿出版做出的努力。

程鹏
2021年4月

参 考 文 献

[1] 工业互联网产业联盟（AII）. 工业互联网术语和定义（版本 1.0）[EB/OL]. https://www.sohu.com/a/298118256_120066730.

[2] 中美德日：四国工业互联网参考架构对比分析 [OL]. https://blog.csdn.net/eNohtZvQiJxo00aTz3y8/article/details/103231336.

[3] 论工业互联网的联接性 [OL]. http://i4.cechina.cn/18/0428/07/20180428074018.htm.2018-08-28.

[4] 边缘计算在工业互联网中应用的安全问题研究 [OL]. http://www.gjbmj.gov.cn/n1/2020/0509/c411145-31702912.html.

[5] 李欣，刘秀，万欣欣. 数字孪生应用及安全发展综述 [J]. 系统仿真学报，2019, 31(3): 385.

[6] 5G 安全报告 [EB/OL]. http://www.caict.ac.cn/kxyj/qwfb/bps/202002/P020200204353105445429.pdf.

[7] 赵丽莉，周彤. 以 CPS 为核心的工业互联网安全风险及监管控制 [J]. 北京科技大学学报（社会科学版），2021, 37(01): 48-55.

[8] 南希·莱文森. 基于系统思维构筑安全系统 [M]. 北京：国防工业出版社，2015.

[9] 本质安全 [OL]. https://baike.baidu.com/item/%E6%9C%AC%E8%B4%A8%E5%AE%89%E5%85%A8/1078274?fr=aladdin.

[10] 王凯全. 安全系统学导论 [M]. 北京：科学出版社，2019.

[11] 工信部等印发《"工业互联网＋安全生产"行动计划（2021—2023 年）》[J]. 智能建筑与智慧城市，2020(11): 5.

[12] 刘仁辉，张尼，吴云峰. 构筑工业互联网安全防护体系 为推动先进制造业发展保驾护航 [J]. 信息技术与网络安全，2018, 37(01): 23-24+29.

[13] 《工业和信息化部关于工业大数据发展的指导意见》解读 [J]. 中国信息化，2020(06): 16-18.

[14] 冯登国，张敏，张妍，等. 云计算安全研究 [J]. 软件学报，2011, 22(1): 71-83.

[15] 曹元大. 入侵检测技术 [M]. 北京：人民邮电出版社，2013.

[16] 《工业互联网标识解析安全白皮书（2020）》正式发布 [J]. 信息安全与通信保密，2021(02): 53.

[17] 陈雪鸿，杨帅锋，张雪莹. 浅谈工业互联网数据安全防护 [J]. 自动化博览，2021, 38(01): 15-17.

[18] 斯拉瓦尼·巴塔查尔吉. 工业物联网安全 [M]. 北京：机械工业出版社，2019.

[19] 赛虎学院. 请不要将工控系统中的 IT(信息技术) 和 OT(运营技术) 的安全保护混淆 [OL]. https://www.sohu.com/a/332085326_120136504.

[20] 《工业互联网创新发展行动计划（2021—2023 年）》解读 [J]. 中国信息化，2021(03): 10-14.

[21] 中国电子技术标准化研究院.《工业大数据白皮书》2019 版正式发布 [J]. 机器人技术与应用，

2019(3): 3-3.

[22] 工业互联网数据安全白皮书 [EB/OL]. https://www.sohu.com/a/437913681_653604.

[23] A Aziz.The evolution of cyber attacks and next generation threat protection [C]. RSA Confrerence 2013. https://docs.huihoo.com/rsaconference/usa-2013/Next-Generation-Threat-Protection-to-Counter-Advanced-Attacks.pdf.

[24] 熊文泽. 第五十九讲：安全一体化模型概述——功能安全和信息安全的集成 [J]. 仪器仪表标准化与计量，2017(3).

[25] 2020 工业互联网大会 对话工业互联网趋势洞察与路径探索 [OL]. https://www.163.com/dy/article/FLNIFJFV05149RFA.html.

[26] 邬江兴. 网络空间内生安全——拟态防御与广义鲁棒控制 [M]. 北京：科学出版社，2020.

[27] 蒋昕昊. 工业互联网体系架构 2.0 [OL]. http://www.aii-alliance.org/zjgd/20200304/1715.html.

[28] 工业互联网产业联盟（AII）. 工业互联网体系架构（版本 2.0）[EB/OL]. http://www.miit.gov.cn/n973401/n5993937/n5993968/c7886657/content.html.

[29] 工业互联网产业联盟（AII）. 工业互联网安全框架 [EB/OL]. http://www.aii-alliance.org/bps/20200302/840.html.

[30] U.S Department of Commerce. Information Assurance Technical Framework[DB/OL]. https://ntrl.ntis.gov/NTRL/dashboard/searchResults/titleDetail/ADA606355.xhtml.

[31] Industrial Internet of Things Volume G4: Security Framework[OL]. http://www.iiconsortium.org/pdf/IIC_PUB_G4_V1.00_PB-3.pdf.

[32] 中国信息与电子工程科技发展战略研究中心. 中国电子信息工程科技发展研究工业互联网专题 [M]. 北京：科学出版社，2019.

[33] 刘云浩. 从互联到新工业革命 [M]. 北京：清华大学出版社，2017.

[34] 工业互联网术语与定义（版本 1.0）[EB/OL]. https://wenku.baidu.com/view/760181bbeffdc8d376eeaeaad1f34693daef10e2.html.

[35] 王建伟. 工业赋能：深度剖析工业互联网时代的机遇和挑战 [M]. 北京：人民邮电出版社，2018.

[36] 魏毅寅，柴旭东. 工业互联网：技术与实践（第 2 版）[M]. 北京：电子工业出版社，2021.

[37] 杨青峰. 未来制造：人工智能与工业互联网驱动的制造范式革命 [M]. 北京：电子工业出版社，2018.

[38] 李颖，尹丽波. 虚实之间：工业互联网平台兴起 [M]. 北京：电子工业出版社，2019.

[39] 工业互联网平台白皮书（2019）[EB/OL].www.aii-alliance.org/upload/202002/0228_135747_302.pdf.

[40] Lee J, Bagheri B, Kao H A. A cyber-physical systems architecture for industry 4.0-based manufacturing systems [J]. Manufacturing Letters，2015，3：18-23.

[41] Sridhar S, Hahn A, Govindarasu M.Cyber-physical system security for the electric power grid [J]. Proceedings of the IEEE，2012，100（1）：210-224.

[42] 闫怀志. 工业互联网安全体系理论与方法 [M]. 北京：科学出版社，2020.

[43] 王建伟. 决胜安全：构筑工业互联网平台之盾 [M]. 北京：电子工业出版社，2019.

[44] Zhang G,Yan C,Ji X, et al. Dolphinattack:Inaudible voice commands[C]. Proceedings of the 2017 ACM SIGSAC Conference on Computer and Communications Security. 2017: 103-117.

[45] 刘烃，田决，王稼舟，吴宏宇，孙利民，周亚东，沈超，管晓宏 . 信息物理融合系统综合安全威胁与防御研究 [J]. 自动化学报，2019, 45(01): 5-24.

[46] Leveson N G, Thomas J P. STPA handbook[J]. NANCY LEVESON AND JOHN THOMAS, 2018, 3: 1-188.

[47] Assante M J, Lee R M.The industrial control system cyber kill chain[J]. SANS Institute InfoSec Reading Room, 2015, 1.

[48] 工业控制系统网络杀伤链 [OL]. https://www.codercto.com/a/54968.html.

[49] Alexander O, Belisle M, Steele J. MITRE ATT&CK for industrial control systems:Design and philosophy [OL]. http://collaborate.mitre.org/attack ics/img_auth.php/3/37/ATT&CK_for_ICS_philosophy_paper.pdf.

[50] Technique Matrix [EB/OL]. https://collaborate.mitre.org/attackics/index.php/Technique_Matrix.

[51] Feiler P H, Gluch D P. Model-based engineering with AADL:an introduction to the SAE architecture analysis & design language[M]. Addison-Wesley, 2012.

[52] Ellison R, Hudak J, Kazman R, et al. Extending aadl for security design assurance of cyber physical systems[R]. CARNEGIE-MELLON UNIV PITTSBURGH PA PITTSBURGH United States, 2015.

[53] Xie L, Mo Y, Sinopoli B. False data injection attacks in electricity markets[C]. 2010 First IEEE International Conference on Smart Grid Communications. IEEE, 2010: 226-231.

[54] Deng R, Xiao G, Lu R, et al. False data injection on state estimation in power systems—Attacks, impacts, and defense:A survey[J]. IEEE Transactions on Industrial Informatics, 2016, 13(2): 411-423.

[55] 启明星辰 ADLab. 工控十大网络攻击武器分析报告 [EB/OL]. https://www.venustech.com.cn/article/1/8925. html.

[56] Havex Hunts For ICS/SCADA Systems [EB/OL]. https://archive.f-secure.com/weblog/archives/00002718. html.

[57] CISCO. The MeDoc Connection [EB/OL]. https://blog.talosintelligence.com/2017/07/the-medoc-connection. html.

[58] J Staggs. Adventures in attacking wind farm control networks [C]. Black Hat, 2017.

[59] Spenneberg R, Brüggemann M, Schwartke H. Plc-blaster: A worm living solely in the plc [J]. Black Hat Asia, Marina Bay Sands, Singapore, 2016.

[60] Falliere N, Murchu L O, Chien E. W32.stuxnet dossier [J]. White paper,Symantec Corp., Security Response, 2011, 5(6): 29.

[61] Laesen J. Miniaturization[C]. Black Hat. 2019.

[62] Abbasi A, Hashemi M. Ghost in the plc designing an undetectable programmable logic controller rootkit via pin control attack[J]. Black Hat Europe, 2016: 1-35.

[63] Aurora Generator Test [OL]. https://en.wikipedia.org/wiki/Aurora_Generator_Test.

[64] Di Pinto, A A, Dragoni, Y, Carcano, A. TRITON:the first ICS cyber attack on safety instrument systems [J]. In:Proceedings of the Black Hat USA, 2018.

[65] Formby D, Durbha S, Beyah R. Out of control: Ransomware for industrial control systems [C]. RSA Conference. 2017.

[66] 震网九年复盘与思考 [OL]. https://www.freebuf.com/vuls/215817. html.

[67] Dragonfly: Western energy sector targeted by sophisticated attack group[OL]. https://symantec-blogs.broadcom.com/blogs/threat-intelligence/dragonfly-energy-sector-cyber-attacks.

[68] Klick J, Lau S, Marzin D, et al. Internet-facing PLCs-a new back orifice [J]. Blackhat USA, 2015: 22-26.

[69] Kalle S, Ameen N, Yoo H, et al. CLIK on PLCs! Attacking control logic with decompilation and virtual PLC[C]. Binary Analysis Research (BAR) Workshop, Network and Distributed System Security Symposium (NDSS). 2019.

[70] dll 劫持 [OL]. https://baike.baidu.com/item/dll%E5%8A%AB%E6%8C%81.

[71] Govil N, Agrawal A, Tippenhauer N O. On ladder logic bombs in industrial control systems[M]. Springer, Cham, 2017: 110-126.

[72] Krotofil M, Larsen J. Rocking the pocket book: Hacking chemical plants for competition and extortion[J]. DEF CON, 2015, 23.

[73] 安天实验室. 乌克兰电力系统遭受攻击事件综合分析报告 [EB/OL]. https://www.antiy.com/response/A_Comprehensive_Analysis_Report_on_Ukraine_Power_Grid_Outage/A_Comprehensive_Analysis_Report_on_Ukraine_Power_Grid_Outage.html.

[74] 汤奕，陈倩，李梦雅，等. 电力信息物理融合系统环境中的网络攻击研究综述 [J]. 电力系统自动化，2016, 40(017): 59-69.

[75] 王琦，邰伟，汤奕，等. 面向电力信息物理系统的虚假数据注入攻击研究综述 [J]. 自动化学报，2019, 45(01): 74-85.

[76] 罗小元，潘雪扬，王新宇，等. 基于自适应 Kalman 滤波的智能电网假数据注入攻击检测 [J]. 自动化学报，2020.

[77] 赵俊华，梁高琪，文福拴，等. 乌克兰事件的启示：防范针对电网的虚假数据注入攻击 [J]. 电力系统自动化，2016, 40(07): 149-151.

[78] Industrial communication networks-Network and system security,part3-3:System security requirements and security levels[S]. IEC 62443-3-3.2013. https://webstore.iec.ch/publication/7033.

[79] Honeypot Deception Tactics: Reasoning, Adaptive Planning, and Evaluation of HoneyThings [OL]. https://www.researchgate.net/publication/330084850_Honeypot_Deception_Tactics_Reasoning_Adaptive_Planning_and_Evaluation_of_HoneyThings.

[80] Common Cybersecurity Vulnerabilities in Industrial Control Systems [OL]. https://us-cert.cisa.gov.

[81] ABBAS1 A. Ghost in the PLC:stealth on-the-fly manipulation of programmable logic controllers' I/O[R]. CTIT Technical Report Series, No.TR-CITI-16-02, 2016.

[82] 腾讯科恩实验室. 雷克萨斯汽车安全研究综述报告 [EB/OL]. https://keenlab.tencent.com/zh/2020/03/30/Tencent-Keen-Security-Lab-Experimental-Security-Assessment-on-Lexus-Cars/.

[83] 全球首次攻破特斯拉安全系统 [OL]. http://www.sohu.com/a/114763761_465216.

[84] Sen Nie, Ling Liu, Yuefeng Du. Free-fall: Hacking Tesla from Wireless to CAN Bus [C]. Black Hat USA(2017): 1-16.

[85] Lin H, Zhuang J, Hu Y C, Zhou H.Defrec: Establishing physical functionvirtualization to disrupt reconnaissance of powergrids' cyber-physical infrastructures[C]. In Network and Distributed System Security Symposium (NDSS)，2020.

[86] Li Q，Feng X，Wang H，Sun L.Understanding the Usage of Industrial Control System Devices

[87] Spring N, Mahajan R, Wetherall D.Measuring ISP Topologies with Rocketfuel[J].In Acm Sigcomm Computer Communication Review, 2002.

[88] Gueye B, Ziviani A, Crovella M, et al.Constraint-Based Geolocation of Internet Hosts[J].In IEEE/ACM Transactions on Networking, 2006, 14: 1219-1232.

[89] Katz-Bassett E, John J P, Krishnamurthy A, et al.Towards IP geolocation using delay and topology measurements[C].In IMC, '06, 2006.

[90] Wong B, Stoyanov I, Sirer E G.Octant:A Comprehensive Framework for the Geolocalization of Internet Hosts[C].Proceedings of the 4th Symposium on Networked Systems Design and Implementation(NSDI 2007). USA: Cambridge, 2007.

[91] INNA.https://www.iana.org/.

[92] IETF.https://www.ietf.org/.

[93] 王占丰, 冯径, 邢长友, 等.IP 定位技术的研究 [J]. 软件学报, 2014.

[94] Wang Z, Li H, Li Q, et al.Towards IP geolocation with intermediate routers based on topology discovery[J]. Cybersecurity, 2019, 2(1): 1-14.

[95] 王志豪, 张卫东, 文辉, 等.IP 定位技术研究 [J]. 信息安全学报, 2019, 4(3).

[96] 国工智能. SCADA 系统能为制造业带来什么 [OL]. https://baijiahao.baidu.com/s?id=1668726932130866040&wfr=spider&for=pc.

[97] SCADA 系统 [OL]. https://baike.baidu.com/item/SCADA%E7%B3%BB%E7%BB%9F/10417660?fromtitle=SCADA&fromid=930344&fr=Aladdin.

[98] 安数君. 从委内瑞拉大停电, 盘一盘历史上那些振聋发聩的工业安全事件 [OL]. https://www.freebuf.com/column/200384.html.

[99] 安天. 安天发布针对工控恶意代码 TRISIS 的技术分析 [EB/OL]. https://www.antiy.cn/research/notice&report/research_report/20180911.html.

[100] 工控 SIS 恶意软件 TRITON 深度分析报告（六方云工业防火墙及下一代防火墙已支持检测）[OL]. http://blog.sina.com.cn/s/blog_187afd8140102xkcx.html, 2018-07-03.

[101] Ali Abbasi, Majid Hashemi, Emmanuele Zambon.Stealth Low-Level Manipulation of Programmable Logic Controllers I/O by Pin Control Exploitation[C]. Critical Information Infrastructures Security. Cham:Springer International Publishing.

[102] Hamid Reza Ghaeini, Matthew Chan, Raad Bahmani. PAtt:Physics-based Attestation of Control Systems[C]. 22nd International Symposium on Research in Attacks,Intrusions and Defenses, RAID 2019. USENIX Association, 2019.

[103] Beddoe M A. Network protocol analysis using bioinformatics algorithms [OL]. https://www.researchgate.net/publication/228531955_Network_protocol_analysis_using_bioinformatics_algorithms.

[104] Cui W, Kannan J, Wang A H J. Discoverer: Automatic Protocol Reverse Engineering from Network Traces[C]. Usenix Security Symposium, 2007.

[105] Bossert G, Frédéric Guihéry, Hiet G. Towards Automated Protocol Reverse Engineering Using Semantic Information[M]. ACM, 2014.

[106] Caballero J, Yin H, Liang Z, et al. Polyglot:Automatic extraction of protocol message format

using dynamic binary analysis[C]. Proceedings of the 2007 ACM Conference on Computer and Communications Security. ACM, 2007.

[107] Lin Z, Jiang X, Xu D, et al. Automatic Protocol Format Reverse Engineering through Context-Aware Monitored Execution [C]. network and distributed system security symposium, 2008.

[108] Wang Z, Jiang X, Cui W, et al. ReFormat:automatic reverse engineering of encrypted messages[C]. european symposium on research in computer security, 2009.

[109] Caballero J, Poosankam P, Kreibich C, et al. Dispatcher:enabling active botnet infiltration using automatic protocol reverse-engineering[C]. computer and communications security, 2009.

[110] 刘建兵. 基于非对称算法的工控核心区内嵌认证技术 [J]. 电子技术应用，2019, 45(12): 10-15.

[111] libmodbus[OL].https://github.com/stephane/libmodbus.

[112] 安天发布针对工控恶意代码 TRISIS 的技术分析 [OL].https://www.antiy.com/response/20180911/20180911.pdf.

[113] TRITON:How It Disrupted Safety Systems And Changed The Threat Landscape Of Industrial Control Systems Forever[OL].https://i.blackhat.com/us-18/Wed-August-8/us-18-Carcano-TRITON-How-It-Disrupted-Safety-Systems-And-Changed-The-Threat-Landscape-Of-Industrial-Control-Systems-Forever.pdf.

[114] D Quarta，M Pogliani，et al.An Experimental Security Analysis of an Industrial Robot Controller[J].2017 IEEE Symposium on Security and Privacy (SP)，2017: 268-286.

[115] Ke LIU，Mufeng WANG，Rongkuan MA，et al. Detection and localization of cyber attacks on water treatment systems:an entropy-based approach[J].Frontiers of Information Technology & Electronic Engineering, 2000.

[116] Rongkuan MA，Hao ZHENG，Jingyi WANG，et al.Automatic protocol reverse-engineering for industrial control systems with dynamic taint analysis[J].Frontiers of Information Technology & Electronic Engineering, 2000.

[117] Ma Rongkuan，Cheng Peng，Zhang Zhenyong, et al.Stealthy Attack Against Redundant Controller Architecture of Industrial Cyber-Physical System[J].IEEE Internet of Things Journal，2019，6(6): 9783-9793.

[118] ISO/IEC 31000-2018 风险管理指南 [S/OL]. https://www.iso.org/iso-31000-risk-management.html.

[119] 中国国家标准化管理委员会. GB/T20984—2007　信息安全技术 信息安全风险评估规范 [S/OL]. https://max.book118.com/html/2018/1224/7120025034001166.shtm.

[120] 中华人民共和国国家质量监督检验检疫总局，中国国家标准化管理委员会. GB/T 30976.1—2014 工业控制系统信息安全 第 1 部分：评估规范 [S/OL]. http://c.gb688.cn/bzgk/gb/showGb?type=online&hcno=2FF0ACA2FCB1E80DB3A533F9EBD78B5F.

[121] 中华人民共和国国家质量监督检验检疫总局，中国国家标准化管理委员会. GB/T 33009.3—2016 工业自动化和控制系统网络安全 集散控制系统（DCS）第 3 部分：评估指南 [S/OL]. http://openstd.samr.gov.cn/bzgk/gb/newGbInfo?hcno=CA1EB66020080D72297C521EDF3ABE7F.

[122] 国家市场监督管理总局，中国国家标准化管理委员会. GB/T 22239—2019　信息安全技术 网络安全等级保护基本要求 [S/OL]. http://openstd.samr.gov.cn/bzgk/gb/newGbInfo?hcno=BAFB47E8874764186BDB7865E8344DAF.

[123] 工业互联网产业联盟. 工业互联网体系架构（1.0）[EB/OL]. http://aii-alliance.org/static/upload/

[124] 工业互联网企业网络安全分类分级指南（试行）[DB/OL]. https://www.miit.gov.cn/n1146285/n1146352/n3054355/n3057724/n3057728/c7571643/part/7571653.pdf.

[125] Mounting an Active Cyber Defense in the Nuclear World [OL]. https://media.nti.org/documents/Mounting_an_Active_Cyber_Defense_in_the_Nuclear_World.pdf.

[126] Market Guide for Security Threat Intelligence Services [OL]. https://www.gartner.com/en/documents/2874317/market-guide-for-security-threat-intelligence-services.

[127] 王宸东，郭渊博，甄帅辉，杨威超. 网络资产探测技术研究 [J]. 计算机科学，2018, 45(12): 24-31.

[128] 杨杰. 信息安全审计的应用研究 [J]. 计算机安全，2010(10):18-21.

[129] 戚湧，莫璇，李千目. 一种面向融合泛在网的协同防护体系设计 [J]. 计算机科学，2017, 44(05):100-104, 131.

[130] 威胁情报在工业互联网安全的应用 [OL]. https://www.secrss.com/articles/17773.

[131] A Simple Hunting Maturity Model [OL]. http://detect-respond.blogspot.com/2015/10/a-simple-hunting-maturity-model.html.

[132] 刘建伟，石乐义. 入侵容忍相关技术研究 [J]. 福建电脑，2011, 27(09):65-66, 68.

[133] 胡毅勋，郑康锋，杨义先，钮心忻. 基于 OpenFlow 的网络层移动目标防御方案 [J]. 通信学报，2017, 38(10):102-112.

[134] J Wu. Cyberspace Mimic Defense:Generalized Robust Control and Endogenous Security[J]. 2020.

[135] Michalski R S, Carbonell J G, Mitchell T M. Machine Learning:An Artificial Intelligence Approach [M]. Berlin:Springer, 2013.

[136] 高运，伏晓，骆斌. 云取证综述 [J]. 计算机应用研究，2016, 33(01):1-6.

[137] 曾良伟，张宇，朱金玉. IP 地理定位优化方法初探 [J]. 智能计算机与应用，2019, 9(05):334-337, 340.

[138] 王文海，张稳稳，嵇月强，张益南，许志正，周伟，魏昊旻. 一种基于控制系统可信架构的 TPCM 模块及可信检测技术 [P]. CN104778141A, 2015-07-15.

[139] 冯登国，秦宇，汪丹，等. 可信计算技术研究 [J]. 计算机研究与发展，2011, 48(8).

[140] 詹静，杨静. 基于远程证明的可信 Modbus/TCP 协议研究 [J]. 工程科学与技术，2017, 49(01):197-205.

[141] 赵勇，詹静. 工业组态监控软件执行过程动态保护方法 [P]. CN107256358A, 2017-10-17.

[142] 赵勇，詹静. 一种适用于 Web 组态的脚本控制方法 [P]. CN107341371A, 2017-11-10.

[143] Fang C, Qi Y, Cheng P, et al. Optimal periodic watermarking schedule for replay attack detection in cyber-physical systems[J]. Automatica, 2020, 112:108698.

[144] 彭瑜，何衍庆. IEC 61131-3 编程语言及应用基础 [M]. 北京：机械工业出版社，2009.

[145] Valentine S E. PLC code vulnerabilities through SCADA systems[C]. University of South Carolina, 2013.

[146] Schwartzbach M I. Lecture notes on static analysis [Z/OL]. http://pp.ipd.kit.edu/lehre/SS2009/compiler2/schwarzbach-static-analysis.pdf.

[147] 新型 ICS 攻击框架 "TRITON" 导致工业系统运营中断技术分析与防护方案 [OL]. https://www.nsfocus.com.cn/upload/contents/2018/01/20180102164318_44926.pdf.

[148]　Dragos: TRISIS Malware——Analysis of Safety System Targeted Malware [OL]. https://dragos.com/blog/trisis/TRISIS-01.pdf.

[149]　飞机制造 [OL]. https://baike.baidu.com/item/%E9%A3%9E%E6%9C%BA%E5%88%B6%E9%80%A0/2437749?fr=aladdin.

推荐阅读

物联网信息安全（第2版）

ISBN：978-7-111-68061-1

本书特点：

- 采用分层架构思想，自底而上地论述物联网信息安全的体系和相关技术，包括物联网安全体系、物联网信息安全基础知识、物联网感知安全、物联网接入安全、物联网系统安全、物联网隐私安全、区块链及其应用等。
- 与时俱进，融合信息安全前沿技术，包括云安全、密文检索、密文计算、位置与轨迹隐私保护、区块链技术等。
- 校企协同，导入由企业真实项目裁减而成的实践案例，涉及RFID安全技术、二维码安全技术、摄像头安全技术和云查杀技术等。
- 内容丰富，难易适度，既可作为高校物联网工程、计算机科学与技术、信息安全、网络工程等专业的"物联网信息安全"及相关课程的教材，也可作为企业技术人员的参考书或培训教材。
- 配套资源丰富，包括教学建议、在线MOOC、电子教案、实践案例、习题解答等，可供采用本书的高校教师参考。